Matthias Wissmann (Hrsg.)

Soziale Marktwirtschaft

Matthias Wissmann (Hrsg.)

Leitbild auch für morgen:

Die soziale Marktwirtschaft

Thesen zur Gestaltung
Deutschlands und Europas

WIRTSCHAFTSVERLAG
LANGEN MÜLLER / HERBIG

Schutzumschlag: Wolfgang Heinzel
Satz: Fotosatz Völkl, Puchheim
Druck: Jos. C. Huber KG, Dießen
Binden: R. Oldenbourg, Heimstetten
Printed in Germany
ISBN: 3-7844-7388-1

Inhalt

MATTHIAS WISSMANN

Soziale Marktwirtschaft im 21. Jahrhundert – ein bewährtes Konzept muß modernisiert und an den Herausforderungen der Zukunft ausgerichtet werden

Das Konzept der sozialen Marktwirtschaft hat sich bewährt

Die politischen Entwicklungen in Europa seit 1945 haben der Welt gezeigt: Das Programm der sozialen Marktwirtschaft hat sich in der praktischen Anwendung bewährt. Der beispiellose wirtschaftliche Aufschwung, den die Bevölkerung in Westdeutschland in den Nachkriegsjahren vollbracht hat, wäre ohne die Konzeption der sozialen Marktwirtschaft nicht möglich gewesen.

Um so dankbarer müssen wir heute sein, daß sich im schwer zerstörten Deutschland der Nachkriegsjahre, als im Empfinden vieler Menschen eigentlich viel mehr für eine wohlfahrtsstaaliche Lenkung der Wirtschaftsabläufe sprach, marktwirtschaftliche Prinzipien durchsetzen konnten, die bis heute ihre Gültigkeit behalten haben.

Nach den Erfahrungen aus der Weltwirtschaftskrise, aber auch mit dem „schwarzen Markt" beschrieb als erster Alfred Müller-Armack mit der „sozialen Marktwirtschaft" als neuem Leitbild des Wirtschaftsliberalismus den Weg zwischen reinem Liberalismus auf der einen Seite und Sozialismus auf der anderen. Die Verbindung des Prinzips der Freiheit auf dem Markt mit dem des sozialen Ausgleichs ist bis heute die theoretische Basis unseres Wirtschaftssystems geblieben.

Ihre pragmatische Ausgestaltung in Form einer funktionsfähigen marktwirtschaftlichen Ordnung, die zugleich vom Staat gesteuert wird, um soziale und gesellschaftliche Ziele zu verwirklichen, erhielt die soziale Marktwirtschaft durch Ludwig Erhard. Entgegen dem herrschenden Zeitgeist legte er damit den Grundstein für das deutsche „Wirtschaftswunder", um das uns unsere europäischen Nachbarn beneidet haben. Der rasche Wiederaufbau, der Abbau der Massenarbeitslosigkeit und die Schaffung von sechs Millionen zusätzlicher Arbeitsplätze, ein Anstieg der allgemeinen Einkommen und des Lebensstandards und ein relativ gleichmäßiges Wachstum gelten noch heute als beispielhafte Erfolge einer überzeugenden wirtschaftspolitischen Konzeption.

Eine erneuerte soziale Marktwirtschaft ist unser Zukunftskonzept für das 21. Jahrhundert

Auch heute besteht für die Union kein Zweifel, daß die soziale Marktwirtschaft die auf Dauer für uns richtige wirtschaftspolitische Konzeption ist, um Wirtschaftswachstum auf Dauer zu verwirklichen und damit auch den nötigen sozialpolitischen Spielraum zu schaffen. Die Erfolge von damals sollen uns Vorbild und Ansporn sein, auch die Problemlösungen von heute auf der Grundlage der sozialen Marktwirtschaft zu suchen, denn nach wie vor ist unsere Wirtschaftsordnung den Grundfreiheiten wie Recht auf freie Entfaltung der Persönlichkeit, Koalitionsfreiheit, freie Berufs- und Arbeitsplatzwahl und Garantie des Privateigentums ebenso verpflichtet wie den Prinzipien der Sozialstaatlichkeit und der Sozialbindung des Privateigentums.

Unsere gewiß nicht einfache Aufgabe ist es heute, die soziale Marktwirtschaft in ihrer praktischen Ausgestaltung an den Zielsetzungen von heute und insbesondere an unseren Vorstellungen für eine gute Zukunft Deutschlands im 21. Jahrhundert auszurichten.

Die soziale Marktwirtschaft ist kein statisches Konzept. Vielmehr verlangt ihre Umsetzung in der konkreten Politik bei der Festlegung der Spielregeln einen ständigen Abstimmungsprozeß mit den Zielen der Wirtschafts-, Finanz- und Gesellschaftspolitik und muß für Akzentverschiebungen offen sein. Umgekehrt bedürfen auch politische Entscheidungen der Korrektur, wenn sie sich – häufig unmerklich und unter dem Einfluß kurzfristiger Opportunität – von den Prinzipien der sozialen Marktwirtschaft zu deutlich entfernt haben.

Die Maxime muß immer lauten: Der Mensch steht im Vordergrund. Seiner Eigeninitiative und Leistungsbereitschaft muß Vorrang eingeräumt werden vor staatlicher Intervention. Für die Wirtschaftspolitik bedeutet dies: Eingriffe des Staates zur Korrektur unerwünschter Ergebnisse rein marktwirtschaftlicher Prozesse müssen marktkonform sein, dürfen marktwirtschaftliche Prozesse, insbesondere den Wettbewerb nicht behindern. Hierzu gehört auch die Erhaltung eines leistungsfähigen Mittelstandes. Der Gestaltungsspielraum des Staates muß in einer sozialen Marktwirtschaft daher mit besonderem Bedacht und besonderer Verantwortung genutzt werden.

Die soziale Marktwirtschaft muß auch in den einzelnen Politikbereichen die Basis unseres Handelns bleiben

Vor diesem Hintergrund stellen sich heute gerade auch junge Menschen der Frage, was soziale Marktwirtschaft heute für uns bedeutet. Sie erwarten von der Politik Antworten darauf – und hier sind zu Recht diejenigen Politiker besonders herausgefordert, in deren Händen die politische Gestaltungsverantwortung in den kommenden Jahren liegen wird –, welche gesellschaftspolitischen Zielsetzungen die soziale Marktwirtschaft als unsere moderne Wirtschaftsordnung des 21. Jahrhunderts verfolgt und wie künftige Spielregeln im einzelnen ausgestaltet werden sollen.

Die wohl größte Herausforderung für unsere Wirtschaftsordnung zur Jahrtausendwende ist der Abbau der hohen Arbeitslosigkeit. In den neuen Bundesländern gilt dies in besonderem Maße. Daß der Sozialismus versagt hat, ist offensichtlich; um so größer sind hier die Erwartungen, die an eine marktwirtschaftliche Wirtschaftsordnung gestellt werden. Arbeitslosigkeit – worin auch immer sie im Osten unseres Landes ihre besonderen Gründe finden mag – darf nicht zum Menetekel der sozialen Marktwirtschaft werden! Groß war in den ersten Jahren nach der Wiedervereinigung für viele die Versuchung, die enormen strukturellen Anpassungserfordernisse in Ostdeutschland den Mechanismen der reinen Lehre der Marktwirtschaft zu überlassen. Gerade hier muß jedoch der Staat dafür Sorge tragen, daß auch dem sozialen Anspruch unserer Wirtschaftsordnung Rechnung getragen wird. Dies bedeutet vor allem, die Voraussetzungen für Wirtschaftswachstum aus eigener Kraft zu schaffen und die Unternehmen bei der notwendigen Umstrukturierung und Modernisierung zu unterstützen, um den Anpassungsprozeß sozialverträglich zu gestalten.

Wenn wir die Menschen beim Verlust ihrer Arbeitsplätze allein lassen, werden wir dem Anspruch der sozialen Marktwirtschaft nicht gerecht, ja wir setzen die Akzeptanz des marktwirtschaftlichen Systems aufs Spiel. Hier wird auch der hohe Stellenwert der Bildungspolitik in der sozialen Marktwirtschaft deutlich.

Eine neue Herausforderung für die soziale Marktwirtschaft ist auch die Gestaltung des Verhältnisses von Wirtschaft und Umwelt. Unsere Aufgabe ist es, mit marktwirtschaftlichen Instrumenten die notwendigen Anreize zu schaffen, damit sich sowohl die Unternehmen als auch die Bürger in freier Selbstbestimmung für einen verantwortungsvollen Umgang mit unserer Umwelt entscheiden und damit zur Sicherung unserer natürlichen Lebensgrundlagen beitragen. Hier sind alle Politikbereiche gemeinsam gefordert. Wir müssen uns von der in der Vergangenheit immer deutlicher gewordenen Verselbständigung der Politikfelder verabschieden und wieder zu einer integrierten Betrachtungsweise zurückfinden, die auch dem Konzept einer ökologischen und sozialen Marktwirtschaft entspricht.

Dies gilt in besonderem Maße auch für die Verkehrspolitik, einem derjenigen Politikbereiche, in denen die Abgrenzung zwischen staatlichen und privaten Aufgaben gerade vor dem Hintergrund der sozialen Marktwirtschaft immer wieder neu auf den Prüfstand gestellt werden muß. Dies beginnt bei der Frage nach der staatlichen Verantwortung für die Infrastruktur. Ohne diese grundsätzlich in Frage zu stellen, erfordern es heute die knapper werdenden öffentlichen Finanzmittel, hier auch Spielraum für privates Engagement zu schaffen. Auch geht es um die Notwendigkeit, bei den großen Liberalisierungsschritten der letzten Jahre, die sowohl in Europa als auch national überfällig waren, die Auswirkungen durch ein schrittweises Vorgehen sozialverträglich zu gestalten, um auch hier die Instrumente des Marktes verstärkt nutzen zu können. Dies bedeutet auch, daß wir die weitgehend mittelständische Struktur des Verkehrsgewerbes als Voraussetzung für einen funktionsfähigen Wettbewerb erhalten müssen.

In einer Zeit, in der die Zusammenhänge unserer Wirtschafts- und Gesellschaftsordnung sowohl national als auch international immer komplexer werden, kann nur eine freiheitliche Wirtschaftsordnung, in der sich der Staat auf die notwendigen Aufgaben beschränkt, die Gewähr dafür bieten, daß die Ressourcen eines Landes dort eingesetzt werden, wo sie unter den jeweiligen Rahmenbedingungen den größten Nutzen für die Gesellschaft stiften. Der Staat kann dies nicht ersetzen; seine Aufgabe muß es bleiben, die notwendigen Rahmenbedingungen so zu setzen, daß freie Entscheidungen im Wettbewerb auf den Märkten mit den sozialen Bedürfnissen eines Volkes in Einklang stehen. In diesen Grenzen müssen Deregulierung und Privatisierung weiter vorangetrieben und Bürokratie weiter abgebaut werden.

Politik für den Wirtschaftsstandort Deutschland – der Reformkurs trägt Früchte

Auf der Basis dieses Grundverständnisses der sozialen Marktwirtschaft hat die Union in den letzten Jahren den Modernisierungskurs der Bundesregierung gesteuert und ein wirtschaftspolitisches Zukunftsprogramm verabschiedet, das die Grundlage unserer politischen Entscheidungen insbesondere in den Bereichen der Wirtschafts- und Sozialpolitik, der Gesundheits-, Bildungs- und Umweltpolitik für das 21. Jahrhundert bildet.

Heute zeigt sich erneut die Verläßlichkeit des marktwirtschaftlichen Ansatzes: Nach einigen schwierigen Jahren, in denen wir die große Aufgabe der Wiedervereinigung unter konjunkturell angespannten Bedingungen, verbunden mit dem Erfordernis erheblicher struktureller Veränderungen in weiten Teilen der Wirtschaft und Gesellschaft, zu meistern hatten, zeigt die wirtschaftliche Entwicklung unseres Landes wieder deutlich nach oben:

1998 wird Deutschland mit 2,5 % bis 3,0 % die höchste Wachstumsrate aller OECD-Staaten erzielen. Die Inflationsrate liegt auf historisch niedrigem Niveau. Eine niedrige Inflationsrate ist nicht nur die beste Sozialpolitik, sondern auch beste Konjunkturpolitik, denn 1 % weniger Inflation bedeutet Kaufkraftgewinn von 18 Mrd. DM pro Jahr.

Entscheidend ist, daß der Aufschwung jetzt auch auf den Arbeitsmarkt übergreift. Im Mai 1998 ist die Arbeitslosigkeit erstmals seit Sommer 1995 für ganz Deutschland gegenüber dem Vorjahr kräftig gesunken. In Westdeutschland ist der Durchbruch geschafft, und auch in Ostdeutschland steht – wenn auch mit einiger Zeitverzögerung – eine deutliche Trendwende bevor. Nicht zuletzt belegt die in West- wie Ostdeutschland erhebliche Zunahme der offenen Stellen die Belebung am Arbeitsmarkt.

Die Reformen der unionsgeführten Bundesregierung haben entscheidend zum Wirtschaftsaufschwung und der Belebung am Arbeitsmarkt beigetragen:

1. Sie hat die Gewerbekapital- und die Vermögenssteuer abgeschafft und den Solidaritätszuschlag um 2 %-Punkte gesenkt, die Erbschaft- und die Schenkungsteuer neu geregelt. Damit ist die Grenzsteuerbelastung von Kapitalgesellschaften 1998 bereits von 60,4 % auf 56,2 % gesunken.
2. Gesundheitsreform, Rentenreform und Neuregelung der Lohnfortzahlung im Krankheitsfall führen zu einer Entlastung der Lohnzusatzkosten. Allein die Neuregelung der Lohnfortzahlung entlastet die Unternehmen in Höhe von 20 Mrd. DM. Ohne die Gesundheitsreform 1997 hätte das Defizit der gesetzlichen Krankenkassen ca. 10 Mrd. DM betragen, der Beitragssatz hätte weiter angehoben werden müssen. Erste Krankenkassen haben jetzt dagegen Beitragssatzsenkungen angekündigt. Dies ist ein gutes Signal auch für mehr Arbeitsplätze.
3. Die notwendige Flexibilisierung des Arbeitsmarktes hat u. a. durch Erleichterungen beim Kündigungsschutzgesetz, bei befristeten Arbeitsverträgen und bei der Gewährung von Einarbeitungszuschüssen wichtige Impulse erhalten. Die Heraufsetzung der Schwelle für Kündigungsschutz hat nach Handwerksumfrage bereits zu 20.000 zusätzlichen Arbeitsplätzen geführt. Allein die Möglichkeit zum Abschluß befristeter Arbeitsverträge wird im Handwerk bereits von 13 % der Betriebe genutzt; dies entspricht rd. 150.000 Arbeitsplätzen.

   Mit dem Arbeitszeitgesetz von 1994 haben wir die Rahmenbedingungen für mehr Arbeitszeitflexibilität entscheidend verbessert. Umfragen zeigen, daß damit allein in den zehn größten amerikanischen Unternehmen in Deutschland über 45.000 Arbeitsplätze neu geschaffen oder gesichert wurden.
4. Marktöffnung und Privatisierung in Schlüsselsektoren wie Post- und Telekommunikation, Energiewirtschaft, Bahn und Luftverkehr intensivieren den Wettbewerb und führen zu neuer Dynamik. So sind z. B. bereits im Vorfeld der Energierechtsreform in Deutschland die Strompreise gesunken: Gegenüber 1993 lagen sie 1997 um 8,7 % niedriger. Die Öffnung des Strommarktes wird diese Entwicklung noch beschleunigen.

5. Durch die Vereinfachung und Beschleunigung von Planungs- und Genehmigungsverfahren haben wir Investitionshemmnisse beseitigt.
6. Die Rahmenbedingungen für privates Wagniskapital haben wir deutlich verbessert, ebenso die Förderung von Existenzgründungen. Allein 1997 konnten wir 530.000 neue Selbständige in Deutschland zählen. Dies ist die höchste Zunahme seit der Wiedervereinigung. Natürlich sind nicht alle Neugründungen erfolgreich, aber Jahr für Jahr erfolgen deutlich mehr Neugründungen als Schließungen. 1997 lag der Gründungsüberschuß immerhin bei 90.000 Betrieben!

Unterstützt durch all diese Maßnahmen, ist es der deutschen Wirtschaft mit erheblichen eigenen Anstrengungen zur Verbesserung der Produktivität gelungen, den notwendigen Restrukturierungsprozeß einzuleiten und in zahlreichen Branchen bereits so erfolgreich voranzubringen, daß die Schaffung neuer Arbeitsplätze jetzt konkret ansteht. Auch die Tarifparteien haben durch eine moderate Lohnpolitik einen wichtigen Beitrag zum Wirtschaftsaufschwung geleistet.

Durch den Reformkurs der unionsgeführten Bundesregierung und die Beiträge von Wirtschaft und Gewerkschaften sind die Lohnstückkosten und damit die Kostenbelastung je Arbeitsplatz kontinuierlich zurückgegangen. Deutschland wird international wieder wettbewerbsfähig:

- Die Lohnstückkosten sind bis 1995 gestiegen, seit 1996 fallen sie im dritten Jahr in Folge.
- Die Arbeitsproduktivität ist seit 1991 kontinuierlich gestiegen und lag 1997 knapp 18 % höher als 1991.
- Im internationalen Vergleich nimmt Deutschland bei der Bruttowertschöpfung eine Spitzenstellung ein.

Jetzt geht es darum, diesen Reformkurs konsequent fortzusetzen, denn noch längst ist nicht alles Notwendige geschafft. Vorfahrt gilt den Arbeitsplätzen, und daher heißt es

- Vorfahrt für Neueinstellungen statt Überstunden,
- Vorfahrt für Beschäftigung statt Bremsen für Einsteiger,
- Vorfahrt für neue Berufe statt Überregulierung und staatlichem Dirigismus.

Die Schaffung neuer Arbeitsplätze ist – auch und gerade in einer sozialen Marktwirtschaft – in erster Linie eine Aufgabe der Wirtschaftspolitik und nicht der Sozialpolitik. Neue Arbeitsplätze entstehen nicht durch Sozialtransfers, sondern erfordern investitionsfreundliche Rahmenbedingungen.

Daher müssen wir festgefahrene Strukturen in Wirtschaft und Gesellschaft noch weiter aufbrechen und unser Land in vielen Bereichen noch viel moderner gestalten. Dies heißt zum einen, eine Vielzahl alter Tabus in Frage zu stellen und an liebgewordenen Besitzständen zu rütteln. Es bedeutet zum anderen aber auch, unsere Bürger und Unternehmen von den Fesseln zu befreien, die Leistung, Unternehmensgeist, Eigenverantwortung, Innovationsbereitschaft und Innovationsfähigkeit behindern.

Steuern senken für mehr Arbeitsplätze

Kernstück einer erfolgreichen Reformpolitik für das 21. Jahrhundert ist eine große Steuerreform. Ohne die Reform der Einkommen- und Unternehmensbesteuerung wird Deutschland im Kampf um Arbeitsplätze und Investitionen im internationalen Wettbewerb nicht dauerhaft bestehen können.

Drei Ziele sollten mit einer erfolgreichen Steuerreform verfolgt werden:

1. Wir brauchen ein international wettbewerbsfähiges niedrigeres Steuerniveau. Wir wollen bei einem Nettoentlastungsvolumen von rd. 30 Mrd. DM den Eingangssteuersatz von 25,9 % auf 15 % und den Spitzensteuersatz von 53 % auf 39 % senken. Gesenkt werden sollen auch der Spitzensteuersatz für Einkommen aus gewerblicher Tätigkeit von 47 % auf 35 sowie der Körperschaftsteuersatz auf 25 % bei ausgeschütteten und auf 35 % bei einbehaltenen Gewinnen.
2. Durch die weitgehende Abschaffung von Sonderregelungen, eine breitere Besteuerungsgrundlage und verbesserte Steuermoral werden wir die Steuerreform in der nächsten Legislaturperiode solide finanzieren und zugleich zu einer gerechteren Besteuerung insgesamt kommen.
3. Unser Steuersystem soll klar und verständlich sein und von allen Bürgern akzeptiert werden. Dies nimmt zugleich den Anreiz zu unsolidarischer Steuerflucht und Schwarzarbeit.

Arbeitskosten verringern – netto mehr verdienen

Damit die große Steuerreform ihre Wirkungen insbesondere auf dem Arbeitsmarkt optimal entfalten kann, muß sie von weiteren Maßnahmen flankiert werden.

So gilt es angesichts der Globalisierung mehr denn je, die Arbeitskosten in Deutschland zu verringern, gleichzeitig aber zu einer Erhöhung der Nettolöhne zu kommen. Deshalb müssen wir die sozialen Sicherungssysteme weiter reformieren und auch künftig auf eine solide Grundlage stellen. Unser Ziel ist die Senkung der Sozialabgabenquote innerhalb der nächsten Legislaturperiode auf unter 40 %. Die Menschen müssen wieder netto mehr von ihrem Einkommen in der Tasche behalten. Die von der unionsgeführten Bundesregierung durchgesetzte Rentenstrukturreform 1999 ist auf diesem Weg bereits ein erster zielführender Schritt: Sie wird den Beitragsanstieg bremsen und weiterhin – wenngleich moderater – steigende Renten erlauben.

Neuer Schwung am Arbeitsmarkt

Ein Blick ins Ausland zeigt: Je flexibler der Arbeitsmarkt, desto niedriger die Arbeitslosigkeit. Arbeit wird durch mehr Flexibilität billiger, ohne daß die Nettolöhne insgesamt sinken müssen. Nur so können wir mit unserem vergleichsweise hohen Lohnniveau mithalten. Eine stärkere Flexibilisierung des Arbeitsmarktes kann ihm neuen Schwung bringen.

Wir brauchen im internationalen Wettbewerb keine „Lohnspirale nach unten", sondern einen Wettbewerb um die besten und kostengünstigsten Produkte und Ideen. Die Aufnahme bezahlter Arbeit muß sich wieder lohnen, nicht zuletzt für Empfänger von Sozialhilfe oder Arbeitslosenhilfe. Wir wollen insbesondere für Geringqualifizierte oder Menschen, die den Anschluß an den Arbeitsmarkt verloren haben, wieder neue Perspektiven für Beschäftigung und die Wiedereingliederung in das Arbeitsleben eröffnen.

Für Sozialhilfeempfänger ist die Aufnahme einer bezahlten Tätigkeit bisher oft unattraktiv, weil das Arbeitseinkommen fast vollständig auf die Sozialhilfe angerechnet wird. Wir wollen daher „Kombi-Löhne" fördern, die niedrigere Einstiegstarife mit höheren Freibeträgen bei der Anrechnung auf die Sozialhilfe verbinden.

Bei der Höhe der „Einstiegslöhne“ müssen auch die Tarifparteien umdenken. Niedrigere Einstiegslöhne sind nicht unsozial, im Gegenteil: Sie geben denen eine Chance zur Beschäftigung, die bei gegebenem Lohnniveau keine Arbeit finden. Mit einer großen Steuerreform, die den Eingangssteuersatz von 25,9 % auf 15 % senkt, werden auch geringer bezahlte, einfache Tätigkeiten generell attraktiver. Gerade im Dienstleistungsbereich könnten so für weniger Qualifizierte mittelfristig Hunderttausende neuer Arbeitsplätze entstehen.

Leistungs- und Risikobereitschaft müssen besser honoriert werden

Die Leistungs- und Risikobereiten müssen in unserem Land generell mehr Unterstützung finden. Nur wer die Starken motiviert, kann auch den Schwachen helfen. Entscheidend für die Wettbewerbsfähigkeit unserer Unternehmen ist auch weiterhin eine produktivitätsorientierte Lohnpolitik.

Daher brauchen wir unterhalb der Ebene der branchen- und flächenbezogenen Tarifverträge noch mehr Spielraum für Tarifvereinbarungen, die den Belangen der einzelnen Unternehmen Rechnung tragen. In Frage kommen insbesondere: Ausbau von befristeten Arbeitsverhältnissen, Einstiegstarife für Geringqualifizierte, ein stärker branchen- und regionalspezifisch orientiertes Tarifvertragssystem sowie ein massiver Ausbau der beruflichen Weiterbildungssysteme.

Besonders zukunftsweisend sind leistungs- und ertragsorientierte Gehaltskomponenten. In sie fließt nicht nur der Erfolg des einzelnen Teams, sondern auch – in Form der Gewinnbeteiligung – der Erfolg des gesamten Unternehmens ein.

Eine Flexibilisierung in der Tarifpolitik muß auch für den Einstieg in die Vermögensbildung in Arbeitnehmerhand genutzt werden. Wir wollen, daß sich die Arbeitnehmer unter Einhaltung des Freiwilligkeitsprinzips stärker am Unternehmenskapital beteiligen und das Produktivvermögen dadurch gleichmäßiger verteilt wird. Wir wollen in der Tradition Ludwig Erhards das Ziel einer Gesellschaft von Teilhabern anstreben. Dies fördert zudem die Identifikation der Arbeitnehmer mit ihrem Arbeitsplatz und eröffnet neue tarifpolitische Spielräume.

Offensive für Existenzgründer und einen selbständigen Mittelstand

Ein wesentlicher Beitrag zur Modernisierung des Standortes Deutschland liegt auch künftig in der Stärkung des Mittelstandes. Der Mittelstand erwirtschaftet fast die Hälfte unseres Sozialprodukts, zahlt 60 % der Steuern, stellt 80 % unserer Ausbildungsplätze und ist der Motor für die Schaffung neuer Arbeitsplätze. Noch immer streben aber 40 % unserer Hochschulabgänger in den öffentlichen Dienst. Von dieser Mentalität müssen wir uns verabschieden!

Wir brauchen in Deutschland eine neue Kultur der Selbständigkeit und der Risikobereitschaft. Deshalb muß die Förderung von Existenzgründern und mittelständischen Unternehmen auf hohem Niveau fortgesetzt werden. Dafür stehen 1998 und 1999 bereits Finanzhilfen in Form von Darlehen des ERP-Sondervermögens in Höhe von 13 Mrd. DM zur Verfügung. Darüber hinaus müssen die Voraussetzungen für Wagniskapital entscheidend verbessert werden, u. a. durch ein spezielles Börsensegment für junge, innovative Unternehmen, eine Verbesserung der Rahmenbedingungen der Märkte für Beteiligungskapital im vorbörslichen Bereich und beim Gang an die Börse, durch ein umfassendes Beratungs-/Unterstützungsangebot für Unternehmen in der Gründungsphase und den Aufbau von Informations- und Maklerbörsen für kapitalsuchende Unternehmen.

Dies sind auch wesentliche Voraussetzungen für die Erschließung neuer Technologien durch junge Unternehmen. Die Zukunft gehört neuen Berufsfeldern wie der Bio- und Umwelttechnologie, der Gentechnik, der Informations- und Kommunikationstechnologie, der Mikroelektronik oder neuen Verkehrstechnologien wie dem Transrapid. Hier werden in den kommenden Jahren Hunderttausende von Arbeitsplätzen entstehen.

Mehr Privatinitiative und weniger staatliche Bevormundung

Klar ist für die Bundesregierung, daß mehr private und weniger staatliche Betätigung die Wirtschaftsdynamik beschleunigt. Eigeninitiative und Eigenverantwortung sind wesentliche Voraussetzungen für das Funktionieren der sozialen Marktwirtschaft. Daher müssen die

Staatsaufgaben auch weiterhin nach und nach auf ihren Kern reduziert und durch Privatisierungen und die Öffnung regulierter Märkte mehr Freiräume für privates Engagement geschaffen werden. So sollte es gelingen, die Staatsquote bis zum Jahr 2000 wieder auf höchstens 46 % reduzieren. Dadurch werden die effizienten Strukturen der Privatwirtschaft in noch größerem Umfang genutzt. Hierbei wollen wir Private künftig auch stärker an Finanzierung und Betrieb der Infrastruktur beteiligen, um die öffentlichen Haushalte zu entlasten.

Fit für die Wissens- und Informationsgesellschaft

Ein zentraler Bereich, in dem wir noch moderner werden müssen, ist unser Bildungssystem. Wir müssen jetzt mit der Bildungsreform durchstarten! Eine Ausbildungsabgabe, wie sie von der SPD für Unternehmen gefordert wird, die keine Lehrstellen anbieten, wäre ein Irrweg. Ein Freikaufen von der Verantwortung, Jugendlichen eine Chance am Arbeitsmarkt zu geben, lehnen wir ab. Im gesamten Bildungswesen, insbesondere im Hochschulbereich, brauchen wir dagegen mehr Vielfalt und Wettbewerb. Ein „planwirtschaftliches Zuweisen" von Studienanfängern über die Zentralstelle für die Vergabe von Studienplätzen ist nicht mehr zeitgemäß. Die Hochschulen benötigen mehr Kompetenzen und mehr Verantwortung, um die Ausbildung der Studierenden zu verbessern.

Soziale Marktwirtschaft: Zukunftsmodell auch für den Aufschwung Ost

Fest steht auch: Die Annäherung der Lebensverhältnisse in West- und Ostdeutschland bleibt eine zentrale Aufgabe der kommenden Jahre. Deutschland insgesamt wird sich im weltweiten Wettbewerb nur behaupten können, wenn in unserem ganzen Land gute Standortbedingungen bestehen, die einen hohen Beschäftigungsstand in West- und Ostdeutschland ermöglichen. Daher schaffen wir bis zum Jahr 2005 in den neuen Ländern die modernste Infrastruktur in Europa! So hat die Deutsche Telekom rd. 50 Mrd. DM in den neuen Ländern investiert, und für den Auf- und Ausbau moderner Verkehrswege hat der Bund seit Sommer 1990 bis heute rd. 80 Mrd. DM zur Verfügung gestellt. Allein zur Realisierung der Verkehrsprojekte Deutsche Einheit werden bis Mitte des nächsten Jahrzehnts nochmals rd. 25 Mrd. DM einzusetzen sein. Das Förderkonzept Ost für den Zeitraum 1999 bis 2004 ist unter Dach und Fach. Die Fördermaßnahmen werden besonders auf die Industrie konzentriert, um in diesem Bereich den Aufbau wettbewerbsfähiger Strukturen und Arbeitsplätze weiter zu beschleunigen.

Auch dies ist letztlich ein Erfolg der sozialen Marktwirtschaft: Ihre marktwirtschaftliche Komponente verschafft uns die für diesen erheblichen Finanzbedarf erforderliche Wirtschaftskraft, und dank ihrer sozialen Komponente ist die Solidarität mit den Bürgern im Osten unseres Landes für uns eine Selbstverständlichkeit.

All dies ist notwendig, damit es sich für die Unternehmen lohnt, zu investieren und neue Arbeitsplätze zu schaffen, und damit es sich für die Bürger lohnt, etwas zu leisten und sich zu engagieren. Nicht zuletzt ist dies aber auch notwendig, wenn wir den Erfolg unseres wirtschaftspolitischen Grundkonzepts der sozialen Marktwirtschaft auch im 21. Jahrhundert sichern wollen. Unser freiheitliches Menschenbild gebietet uns, alles dafür zu tun, daß freie Entscheidungen in Wirtschaft und Gesellschaft Rahmenbedingungen vorfinden, die auch für die Zukunft ein menschliches Gesicht unserer Gesellschaft gewährleisten.

I.
Standortfaktor Wirtschaftspolitik

OLE VON BEUST

Deutschland als Handelsnation im globalen Wettbewerb

Die Bundesrepublik Deutschland hat sich seit ihrer Entstehung immer mehr zur Handelsnation entwickelt. Dies basierte auf vielen alten Handelsverbindungen. So hat zum Beispiel Hamburg bereits 1828 ein Handelsabkommen mit den USA geschlossen. Davor diente schon die Hanse als Beispiel eines modernen Handelsverbundes. Entscheidende und weiter vertiefende Schritte für die Bundesrepublik in Richtung einer Handelsnation haben in den 90er Jahren noch einmal die historischen Ereignisse der deutschen Wiedervereinigung, der Überwindung des Ost-West-Konfliktes und der Erweiterung der EU gebracht.

Daher verwundert es auch nicht, daß ein Drittel des deutschen Bruttoinlandsproduktes in den Export geht und rund 25 % der Inlandsnachfrage durch ausländische Waren gedeckt werden. Die USA und Japan, die ebenfalls als Exportnationen gelten, liegen deutlich unter diesen Quoten. Mit einem stetigen Wachstum des Bruttoinlandsproduktes ging ein überproportional hoher Anstieg der Kennzahlen in der Außenwirtschaft einher. Damit schlugen sich die zunehmende internationale Arbeitsteilung, zwischenzeitliche Wechselkursvorteile, insbesondere gegenüber dem Dollar, aber vor allem auch die hohe technologische Qualität insbesondere in den deutschen Paradebranchen Maschinenbau und Automobilbau nieder. In den letzten Jahren wurde dieser klassische Handel verstärkt durch Dienstleistungen und Kapitaldienste ergänzt und schuf damit neue Wertschöpfungspotentiale.

Insgesamt muß man festhalten, daß die Bundesrepublik Deutschland in den letzten Jahrzehnten stark vom Abbau der Handelshemmnisse im internationalen Rahmen profitiert hat – ein Punkt, den man insbesondere bei Europadiskussionen immer im Auge behalten sollte.

Man muß aber auch auf die Risiken einer solch starken Auslandsorientierung hinweisen. Jede Flaute der Weltwirtschaft, Währungs- oder Börsenturbulenzen, aber auch regionale Probleme, wie sie jetzt in Asien zu beobachten sind, zeigen unmittelbar entsprechende Auswirkungen auf die korrespondierenden Wirtschaftszweige. Außerdem stellt sich für alle Handelsakteure ein höherer Wettbewerbsdruck, als dies in abgeschotteten Märkten der Fall wäre.

Denn Handelsnation wird man nur, wenn man auch die eigenen Märkte öffnet. Diesem weiten Spannungsfeld, seinen Chancen, Risiken und seinen Notwendigkeiten, möchte ich meine weiteren Gedanken widmen.

Eine allgemeine Hypothese zur Erklärung von Wettbewerbsvorteilen

Die Modelle der Außenhandelstheorie zeigen, daß sich die Struktur des Außenhandels eines Landes kaum mit einem einzigen theoretischen Modellansatz erklären läßt. Vielmehr ist die Zahl der Einflußfaktoren groß, und es wirken mehrere von ihnen gleichzeitig auf den Außenhandel eines Landes ein. Trotz der Anwendung sogenannter multifaktorieller Handelsmodelle ist es bisher selten gelungen, die wechselnden Wirkungen, die von den einzelnen, in der Realität zusammenwirkenden Faktoren auf den Außenhandel einzelner Länder ausgegangen sind, zweifelsfrei voneinander zu trennen und auch nur annähernd zu quantifizieren.

Die Modelle der reinen Außenhandelstheorie können die Realität also nicht genau erklären, sie können jedoch helfen, geeignete Ausgangspunkte für die Analyse der Realität zu finden. Ihnen kommt somit eine gewisse empirische Relevanz zu.

Zur Erklärung der Bestimmungsgründe des internationalen Handels sowie der Entwicklung der Wettbewerbsfähigkeit einzelner Länder sind zunächst zwei Fragestellungen zu formulieren:

- Welche speziellen Produktionserfordernisse müssen für die Herstellung eines bestimmten Gutes gegeben sein?
- Welche Produktionsmöglichkeiten sind im betrachteten Land vorhanden?

Eine allgemeine Erklärung von Wettbewerbsvorteilen kann lauten: „Die Wettbewerbsvorteile eines Landes sind bei einem Gut unter sonst gleichen Bedingungen um so größer, je besser die spezifischen Produktionserfordernisse für dieses Gut mit den gegebenen Produktionsmöglichkeiten dieses Landes übereinstimmen."

In ganz allgemeiner Form sind Wettbewerbsvorteile also das Ergebnis des Zusammenwirkens von länderspezifischen Produktionsmöglichkeiten und güterspezifischen Produktionserfordernissen. Die Wettbewerbsvorteile eines Landes sind dann hoch, wenn eine hohe länderspezifische Faktorausstattung auf eine hohe güterspezifische Faktorintensität trifft oder aber eine niedrige Faktorausstattung und eine niedrige Faktorintensität zusammenwirken. Andererseits sind die güterspezifischen Wettbewerbsvorteile eines Landes niedrig, sobald ein Zusammenwirken von hoher Faktorausstattung und niedriger Faktorintensität bzw. von niedriger Faktorausstattung und hoher Faktorintensität stattfindet. Dieser Erklärungsansatz von Wettbewerbsvorteilen faßt die verschiedenen angebotsorientierten Außenhandelstheorien zusammen.

Natürlich sind gegen jeden angebotsorientierten Ansatz zur Erklärung von Wettbewerbsvorteilen zahlreiche Einwände möglich. Diese beruhen in erster Linie auf der Vernachlässigung der inländischen Nachfragestrukturen. Eine hohe Inlandsnachfrage könnte die produktionsbedingten Wettbewerbsvorteile eines Gutes in nachfragebedingte Preisnachteile verkehren.

Ein weiterer Einwand fußt auf der Annahme, daß die güterspezifischen Produktionserfordernisse für alle Länder in gleicher Weise zu gelten haben. Dieser Einwand ist allerdings bei Primärgütern, deren spezifische Produktionserfordernisse in der Verfügbarkeit nicht substituierbarer natürlicher Ressourcen bestehen, weitgehend belanglos.

Von besonderer Bedeutung ist der auf empirischer Beobachtung fußende Einwand, daß die länderspezifische Faktor- und Ressourcenausstattung keine statische Größe darstellt, sondern sich unter dem Einfluß des Außenhandels ändert.

Die Bestimmungsgründe der länderspezifischen Produktionsmöglichkeiten

Der wirtschaftliche Entwicklungsstand eines Landes kann anhand des pro Kopf erzielten Bruttoinlandsproduktes dargestellt werden. Die Außenhandelsstruktur eines Landes verändert sich im Zuge seiner wirtschaftlichen Entwicklung sehr deutlich. Im Sinne der angebotsorientierten Außenhandelstheorie wird deshalb mit der wirtschaftlichen Entwicklung eine Veränderung der länderspezifischen Produktionsmöglichkeiten einhergehen. In empirischen Untersuchungen wurde ein sehr enger Zusammenhang zwischen dem wirtschaftlichen Entwicklungsstand eines Landes und der Verfügbarkeit von technischem Entwicklungspotential, Sachkapital, Humankapital und Produktivitätssteigerungen aufgrund von Massenproduktionen festgestellt. Es ist also möglich, vom wirtschaftlichen Entwicklungsstand eines Landes auf die länderspezifischen Produktionsmöglichkeiten zu schließen. Ein direkter Rückschluß vom wirtschaftlichen Entwicklungsstand eines Landes auf dessen Ausstattung mit natürlichen Ressourcen ist allerdings nicht möglich.

Über die internationale Wettbewerbsfähigkeit eines Landes mit rohstoffintensiv hergestellten Produktionen entscheidet in sehr hohem Maße der Grad der Verfügbarkeit von Mineralien und fossilen Brennstoffen. Gleichzeitig beeinflußt er auch die internationale Wettbewerbsfähigkeit aller anderen Wirtschaftsfaktoren eines Landes. Die Hauptschwierigkeit bei der Messung der länderspezifischen Verfügbarkeit gerade von Bodenschätzen liegt in der Bestimmung der abbauwürdigen Ressourcen, da genaue Potentialschätzungen nicht vorliegen.

Als Maßstab des länderspezifischen Verfügbarkeitsgrades von Mineralien und fossilen Brennstoffen kann der Anteil der Rohstoffexporte an den gesamten güterwirtschaftlichen Exporten eines Landes verwendet werden.

Wendet man diese Hypothesen auf die deutsche Außenhandelsposition an, so läßt sich relativ leicht erkennen, bei welchen Produktionsverfahren Deutschland keinen Wettbewerbsvorteil hat. Dies ist zum Beispiel der Fall bei lohnintensiv hergestellten Produkten, die in Massenproduktion hergestellt werden können. Bei diesen Produkten haben Länder mit einem großen Angebot an „billigen" Arbeitskräften einen deutlichen Wettbewerbsvorteil. Eine Ausnahme könnte es dann geben, wenn es deutschen Firmen gelänge, sich durch Produktdifferenzierung Marktanteile zu verschaffen. Auch bei Produkten, die einen sehr hohen Rohstoffbedarf haben, hat Deutschland keinen Wettbewerbsvorteil.

Schließlich bedeutet die vergleichsweise dichte Besiedlung auch eine knappe Ausstattung mit Umweltgütern im weitesten Sinne, so daß auch in schadstoffintensiven Produktionsverfahren kein Wettbewerbsvorteil besteht. Die Produktionsvorteile können dagegen gesehen werden in einem hochqualifizierten Produktionsfaktor Arbeit, da Deutschland über eine sehr gute Ausstattung mit Humankapital verfügt. Weiterhin verfügt Deutschland über Wettbewerbsvorteile in kapitalintensiver Produktion und bei Produkten auf hohem technischem Niveau. Der in Deutschland hervorgebrachte technische Fortschritt läßt sich auf die Qualifikation der Arbeitskräfte sowie auf die permanent hervorgebrachten Innovationen bei Produkten und Produktionsverfahren zurückführen.

Politisch relevante Determinanten des Handels

Nach diesen theoretischen Grundlagen muß nun betrachtet werden, welchen Einfluß Politik nehmen kann und muß, um einen störungsfreien Handel auch im volkswirtschaftlichen Sinne zu gewährleisten, um damit ein Optimum an Arbeit und Einkommen zu sichern. Grundsätzlich bedeutet Handel den Austausch von Waren und Dienstleistungen. Allerdings sind die Dienstleistungen in diesem Zusammenhang erst in den letzten Jahren ins Blickfeld gerückt. Sie werden voraussichtlich in Zukunft wertmäßig den Warenaustausch überflügeln. In den heute erfaßbaren Kategorien wird unter Handel immer noch hauptsächlich der Warenaustausch verstanden. Damit werden in erster Linie Verkehrsbewegungen verursacht. So stieg das Volumen des internationalen Handels mit Industriegütern seit 1950 um den Faktor 40. In sehr eindrucksvoller Weise zeigt sich, daß – mit steigender Tendenz – die international gehandelten Mengen deutlich stärker wachsen als die Produktionsmengen.

Während im Zeitraum von 1963 bis 1973 die Produktion weltweit um rund 6 % p. a. stieg, nahm die Handelsmenge um fast 9 % p. a. zu. Im Zeitraum 1990 bis 1996 wuchs weltweit die Produktionsmenge nur noch um knapp 2 % p. a., während die Handelsmenge um etwa 6 % p. a. zunahm.

Diese Beobachtung ist für die Bundesrepublik Deutschland aufgrund ihrer zentralen Lage in der Mitte Europas und der EU von besonderer Bedeutung. So wickelt Deutschland über 50 % seines Außenhandels mit den EU-Staaten ab und erzielte insgesamt 1997 einen Handelsbilanzüberschuß von 130 Mrd. DM. Mit der herausgehobenen Bedeutung des Warenverkehrs ist das erste Handlungsfeld der Politik festgelegt. Obwohl eine Detailerläuterung der einzelnen Verkehrsträger zu weit gehen würde, sollen doch einige kurze Gedanken eingefügt werden:

Insbesondere die Flughäfen bildeten bislang ein staatliches Monopol. Erst mit Einleitung von Liberalisierungsbestrebungen auf EU-Ebene gab es Tendenzen und auch Beschlüsse zu Liberalisierungen und Privatisierungen bei den Bodenabfertigungsdiensten, aber auch bei den Flughafenbetreibergesellschaften insgesamt. Das zur Zeit fortgeschrittenste Beispiel ist die British Airport Authority (BAA), die bereits seit den 80er Jahren in Form einer Aktiengesellschaft voll privatisiert ist und englische Flughäfen, u. a. London-Heathrow, betreibt. Dies hat auch in Deutschland zum Umdenken geführt. So wurde konkret zumindest die Teilprivatisierung des Flughafens Düsseldorf durchgeführt, für Köln und Hamburg ist dies angedacht.

Für die Bundesrepublik muß ein besonderes Augenmerk auf dem Flughafen Frankfurt liegen. Frankfurt hat aus internationaler Sicht oft den Status einer Europazentrale, was auch durch die Zahl der Flugbewegungen unterstrichen wird. Damit bildet der Flughafen das Rückgrat des deutschen Luftverkehrs für internationale Verbindungen. Er ist ein wesentliches Element schnellen Handels, wie auch die seit Jahren überproportional steigenden Zahlen der Luftfracht belegen. Die Sicherung der Funktionsfähigkeit von Frankfurt, aber auch der anderen deutschen Flughäfen, ist damit zentrale Aufgabe der Verkehrspolitik. Wie die erfolgreiche Entwicklung der BAA zeigt, ist der Weg zur Ausschöpfung der Reserven und zur Erhöhung der Rentabilität durch Privatisierungen sinnvoll.

Der Straßenverkehr ist und bleibt Hauptverkehrsträger des Wirtschafts- und Privatverkehrs. Er bleibt einer der größten Schadstoffemittenten und hat auch aus diesem Grund das Problem einer fairen Kostenanlastung. Darüber hinaus steht er im Bewußtsein der Bürger im Spannungsfeld zwischen „freier Fahrt für freie Bürger, aber bitte nicht vor meiner Haustür." Dies führt mich zu zwei Schlußfolgerungen:

1. Es ist Aufgabe der Politik, einen gezielten Ausbau besonders belasteter Strecken zu gewährleisten. Aber ehrgeizige Großprojekte sind aufgrund des zu erwartenden Widerstandes und nicht zuletzt auch aus Kostengründen nur noch in beschränktem Rahmen zu realisieren.

2. Deshalb ergibt sich für mich der notwendige Schwerpunkt in Verbesserungen durch Telematik und Verkehrslenkung sowie weiteren Verbesserungen im Bereich der Umweltemissionen. Neben der Möglichkeit, auch den künftig steigenden Straßenverkehr damit besser bewältigen zu können, können erfolgreiche Innovationen auf diesen beiden Gebieten erfolgreich exportiert werden. Der Bedarf ist weltweit unübersehbar.

Durch die Verbindung von Personen- und Wirtschaftsverkehr hat die Bahn in Deutschland Kapazitäts- und Zeitprobleme. Aus meiner Sicht war die Privatisierung der Deutschen Bahn ein richtiger Schritt zu mehr Flexibilität und einer besseren Ausschöpfung der Kapazitäten. Der Service für den Kunden wird sich auch durch den verstärkten Wettbewerb verbessern. Ähnlich wie für den Straßenverkehr gilt aus meiner Sicht, daß der Ausbau bestehender Strecken Priorität vor großen Neubauvorhaben haben wird. Für die Bahn, aber auch für den See- und Binnenschiffsverkehr gilt darüber hinaus, daß eine bessere Vernetzung aller Verkehrsträger vonnöten ist. Hier spielt zur Zeit das Problem der Umschlagskosten an den Schnittstellen immer noch eine zentrale Rolle.

Die Seehäfen sind das strategische Element für den Überseehandel und auch aus ökologischen Gründen zur Vermeidung von Landtransporten überaus notwendig. Der größte deutsche Seehafen Hamburg zeigt darüber hinaus, daß Häfen Anziehungspunkte für Unternehmen sind. So haben insbesondere asiatische Firmen oft ihre Europazentralen, aber auch überregionale Zentrallager in der Hamburger Region angesiedelt. Aus meiner Sicht haben im Moment die deutschen Seehäfen eine gute Wettbewerbsposition. Allerdings darf dabei nicht übersehen werden, daß bei der Leistungsfähigkeit der Anlagen, den Hinterlandverkehrsanbindungen sowie den Wassertiefen die Konkurrenzfähigkeit unbedingt erhalten bleiben muß.

Die temporäre Schiffbarkeit von Flüssen und die Dauer der Transporte sind oft entscheidende Probleme für die Binnenschiffahrt. Bei der Verkehrsträgerwahl spielt natürlich auch die Dauer der Kapitalbindung eine Rolle – ein Problem, mit dem die Binnenschiffahrt, insbesondere in neuen Marktsegmenten, zu kämpfen hat. Trotzdem bin ich der Auffassung, daß bei guter Planung und einer vorausschauenden Logistik noch Reserven im Binnenschiffahrtsbereich vorhanden sind. Für die Politik stellt sich das Problem, daß der Ausbau der Binnenschiffahrtswege mit sehr hohen Kosten bei einer unsicheren Marktakzeptanz verbunden ist.

Handel der Zukunft

Wie schon angedeutet, wird der Handel der Zukunft wohl stärker den Dienstleistungsbereich umfassen. Vermutlich wird der tatsächliche Güteraustausch ebenfalls weiter wachsen, aber der Dienstleistungsbereich wird im Handel einen erheblich höheren Anteil verzeichnen.

Mit dieser Entwicklung werden wir die traditionellen Handelswege im Wortsinn verlassen. Dienstleistungen, Beratung und Management etc. werden über das Internet oder ganz allgemein im Wege von Telekommunikationstechniken gehandelt werden.

Damit wird sich für viele auch die Arbeitswelt verändern (aber diese Betrachtungen würden hier zu weit führen).

Die großen Chancen dieser absehbaren Entwicklungen muß die Politik aktiv unterstützen. Dazu zählen (liberale) Rahmenbedingungen, zum Beispiel für die Nutzung des Internets, ebenso wie entsprechende Forschungsförderungen im Bereich neuer Technologien und der Telekommunikation.

Weitere Chancen bieten sich im Bereich der regenerativen Energien und der Umwelttechnik ganz allgemein. Deutschland hat hier bereits einen weltweit herausragenden Standard, und andere Länder werden dem über kurz oder lang folgen. So werden zum Beispiel die international getroffenen Übereinkommen zum Klimaschutz zahlreiche Staaten zwingen, ähnliche gesetzliche Regularien zu ergreifen, wie dies in vielen Industrieländern bereits erfolgt ist. Wissenschaftliche Untersuchungen haben dabei die These belegt, daß entsprechende Regulierungen in anderen Ländern zu fast identischem Innovationsverhalten führen. Ein gutes Beispiel für entsprechende Marktpotentiale ist die Katalysatortechnik an Kraftfahrzeugen.

Neben dem Handel mit Dienstleistungen wird der traditionelle Warenaustausch aber fester Bestandteil des Handels bleiben. Zusätzlich zu den bereits genannten Rahmenbedingungen zur Verbesserung der Handelsmöglichkeiten muß die Bundesrepublik für ein ausreichendes Innovationspotential sorgen. Welche wirtschaftlichen Möglichkeiten darin liegen, zeigt erneut das Beispiel des Automobilbaus. Bei Überwindung der allgemeinen Strukturkrise Anfang der 90er Jahre haben insbesondere die deutschen Autobauer mit einer Vielzahl von Produktinnovationen mittlerweile herausragende wirtschaftliche Erfolge erzielt – und dies entgegen anderslautenden Theorien auch durch die Etablierung von Produktionsanlagen im Ausland, wie dies zum Beispiel BMW oder auch Daimler-Benz vorgemacht haben. Das Automobil ist darüber hinaus ein gutes Beispiel für eine Vielzahl von Zusatzprodukten und weiteren Dienstleistungen um einen Kernbereich herum, wenn man an die zahlreichen Entwicklungen bei der Elektronik, der Telematik, bei Navigationssystemen und weiteren Service- oder Sicherheitselementen denkt. Ergänzende Dienstleistungsanteile sind Autoleasing, Flottenmanagement für Industriebetriebe und andere Dinge, die ebenfalls „handelbar" sind.

Die Studie Technotrends der BBE Unternehmensberatung gibt einen guten Überblick über solche Kernfelder von Innovation, die neben den bereits genannten Innovationsfeldern besondere Bedeutung haben werden: Mikrosysteme, Biotechnologie und Gentechnik, neue Werkstoffe und Verfahrenstechnologien, hochintegrierte Fabriken, Managementinformationssysteme, virtuelle Unternehmen, Teleworking, Multimedia/Informationsgesellschaft sowie Verkehrstelematik.

Die Politik ist gefordert, sich auf diese Kernfelder der Innovation zu konzentrieren. Der sich daraus ergebende Handel wird – wenn er von entsprechenden Rahmenbedingungen unterstützt wird – fast von allein eintreten.

Abbau internationaler Handelsbehinderungen

Nach dem Ende des Zweiten Weltkrieges planten Großbritannien und die USA die Schaffung einer neuen Weltwirtschaftsordnung. Unter anderem war eine Einrichtung zur Ordnung der weltweiten Handelsbeziehungen geplant, um eine Wiederholung der handelspolitischen Konflikte der Zwischenkriegszeit mit ihren ausgesprochen negativen Folgen für die gesamte Weltwirtschaft zu vermeiden. Die neuen Regeln des Außenhandels wurden 1948 in der „Havanna-Charta" zusammengefaßt. Bereits 1947 waren Verhandlungen zum Abbau von Zöllen geführt worden, deren Ergebnisse in einem „General Agreement on Tariffs and Trade“ (GATT) zusammengefaßt und im Herbst 1947 von 23 Staaten unterzeichnet wurden.

Vom GATT wird in erster Linie das Ziel verfolgt, den internationalen Handel von allen staatlichen Beschränkungen und Beeinträchtigungen zu befreien, um die weltweite Wohlfahrt zu erhöhen. Insgesamt wurden im Rahmen des GATT bisher acht – zum Teil mehrjährige – Verhandlungsrunden geführt. Die Einfuhrzölle wurden damit um mehr als 80 % gesenkt.

Die mit 117 teilnehmenden Staaten größte GATT-Konferenz war die von 1986 bis 1994 durchgeführte „Uruguay-Runde“, die zu einer durchschnittlichen Zollsenkung von 40 % führte. Die in den ersten Jahren geplante internationale Handelsorganisation (ITO) wurde mit der Umwandlung des GATT zur Welthandelsorganisation (WTO) 1995 Wirklichkeit. Nach einhelliger Auffassung handelt es sich um die erfolgreichste internationale Organisation der Nachkriegszeit. In dem Bewußtsein, daß Handel den Frieden fördert, wurden mittlerweile 132 Staaten Mitglied dieser Organisation.

Gemäß den Vorgaben der 1994 beendeten „Uruguay-Runde“ soll in den nächsten Jahren über weitere Marktöffnungen und Subventionen und Beseitigung verbliebener Handelshürden verhandelt werden, um das globale Handelssystem weiter zu öffnen und die ökonomischen Chancen des 21. Jahrhunderts zu nutzen.

Der Abbau weiterer Handelshemmnisse ist ein zentrales Anliegen der Handelsnation Deutschland. Der Anstieg des Handelsvolumens in den letzten Jahrzehnten ist nicht zuletzt auf diese Verbesserungen zurückzuführen.

Ausblick

Sowohl für den künftigen Warenaustausch wie auch für den sich noch bildenden Handel mit Dienstleistungen sehe ich für die Bundesrepublik Deutschland gute Chancen im künftigen internationalen Wettbewerb. Auf zwei Punkte möchte ich aber noch hinweisen, auf die die Bundesrepublik in meinen Augen besonders zu achten hat.

Das eine sind die Kostenanlastungen der Verkehrsträger. Viele europäische Staaten und auch unsere Nachbarn in der EU subventionieren mehr oder minder offen und in unterschiedlichem Umfang einzelne Verkehrsträger. Gutes Beispiel hierfür ist der Bau der Betuve-Linie von Rotterdam nach Deutschland. Bei dieser Bahnlinie wird voraussichtlich der niederländische Staat die Trassenkosten tragen, und damit wird im Gegensatz zu in der Bundesrepublik herrschenden Regelungen keine Anlastung der Wegekosten erfolgen. Die deutsche Regelung entspricht am ehesten meinen ordnungspolitischen Vorstellungen, aber dieser Kostenvorteil für den Hafen Rotterdam im Hinterlandverkehr würde zu massivem Druck auf die deutschen Seehäfen Bremen und Hamburg führen. Im Rahmen fairer Handelsbedingungen müssen wir solche Subventionen ebenso bekämpfen wie andere Handelshemmnisse. Insbesondere vor diesem Hintergrund möchte ich vor nationalen Alleingängen, Energiesteuern oder Benzinpreiserhöhungen dringend warnen. Durch osteuropäische, aber nicht zuletzt auch niederländische Konkurrenz im Straßenverkehrsgewerbe ist diese Branche in Deutschland erheblich unter Druck geraten und kann keine weiteren einseitigen Belastungen verkraften.

Ein weiterer, im Zusammenhang mit Handelsbeziehungen oft nur wenig wahrgenommener Faktor ist die deutsche Außenpolitik. Im Rückblick muß man sagen, daß wir uns in den meisten Regionen der Welt hervorragende diplomatische Beziehungen aufgebaut haben. Neben dem überragenden Stellenwert der EU sind insbesondere die strategischen Verbindungen zu den USA, aber auch die guten Beziehungen nach Rußland sowie Mittel- und Osteuropa ebenso wie in den Nahen Osten hervorzuheben. Die Wirtschaft selbst hat diese Bemühungen zum Beispiel im ostasiatischen Raum durch eigene Marktpräsenz und vielfältige Verbindungen ideal ergänzt. Ich bin der Auffassung, daß die Außenpolitik als Wettbewerbsfaktor im internationalen Handel von Deutschland bislang gut wahrgenommen wurde, und das sollte so bleiben.

Die Handelsnation Deutschland sehe ich auf dem Wege ins 21. Jahrhundert auf einem stabilen Pfad. Wer sich die Entwicklung der Weltwirtschaft anschaut, wird feststellen, daß der produzierende Sektor gegenüber dem Dienstleistungssektor im weitesten Sinne in den vergangenen Jahren und Jahrzehnten stetig abgenommen hat und daß bei dieser Entwicklung insgesamt mehr Einkommen und auch mehr Beschäftigung zu verzeichnen waren. Ein für deutsche Verhältnisse sehr weitgehendes Beispiel ist meine Heimatstadt Hamburg. Als traditionelle Handelsstadt mit einem geringeren Industrieanteil ausgestattet als der Durchschnitt der Bundesrepublik Deutschland, ist zum Beispiel die Krise der Industrie in den 90er Jahren an uns sehr viel problemloser vorbeigegangen, als dies in anderen Teilen der Bundesrepublik der Fall war.

Wenn wir unsere Chancen im modernen Dienstleistungshandel nutzen und gleichzeitig für ein ausreichendes Innovationspotential sorgen, dann brauchen wir uns um die wirtschaftliche Basis unseres Landes keine Sorgen zu machen.

KLAUS ESCHER

Die Banken in der modernen Gesellschaft

Das Bankgeschäft bringt gleichsam von Natur aus eine besondere gesellschaftliche Exponiertheit mit sich. Indem die Banken über den Kredit von Privaten, Unternehmern oder Existenzgründern entscheiden, bestimmen sie gleichzeitig über die persönlichen und ökonomischen Chancen dieser Gruppen in der Gesellschaft mit. Im Großen verbürgt oder indiziert die Ertragsstärke der Banken auch den wirtschaftlichen Erfolg anderer Branchen und der Gesamtwirtschaft – zumindest psychologisch. Banken sind dementsprechend, wie multinationale Unternehmen auch, Zielscheiben einer Kritik, die sich in Wirklichkeit häufig gegen das Wirtschaftssystem richtet oder durch eine Krise in einzelnen Marktsegmenten oder von latenten gesellschaftlichen Problemen ausgelöst wird. Die erfolgreiche Unternehmensführung endet im Falle der Banken jedenfalls nicht in strahlenden Bilanzen und hoher Ertragskraft. Von den Bankmanagern wird darüber hinaus verlangt, sich öffentlich wirkungsvoll zu artikulieren. Sie verkörpern wirtschaftliche Macht. Ihr Wort hat Gewicht, ihr Rat ist gesucht, ihre führenden Köpfe sind Monumente der deutschen Wirtschaftsgeschichte: Robert Pferdmenges, Hermann J. Abs, Alfred Herrhausen.

Die Banken tragen, als „quasiöffentliche Institutionen“, eine hohe gesellschaftliche Verantwortung und sind wegen ihrer Exponiertheit in besonderem Maße auf Akzeptanz angewiesen. Akzeptiert zu werden ist jedoch nicht leicht, denn gegen die Finanzwirtschaft verbrüdern sich viele Schulen der weltanschaulichen Kritik: die Verwerflichkeit des Zinsertrags, die Magie des Geldes, die Ungerechtigkeit des Wuchers oder die Unredlichkeit des Spekulationsgewinns. Schon Bertolt Brecht lästerte in der Dreigroschenoper: „Was ist ein Einbruch in eine Bank gegen die Gründung einer Bank.“ Doch diese abschätzige Bemerkung übersieht, wie bedeutend ein starkes Bank- und Kreditwesen für die komplexe Volkswirtschaft ist. Es bildet zusammen mit den funktionierenden Finanzmärkten und einer stabilen Währung das Rückgrat des gesellschaftlichen Wohlstands. Aufgrund der genannten

Faktoren kommt den Banken heute in der gesellschaftspolitischen Diskussion eine ganz besondere Schlüsselstellung zu.

Verantwortung und Verantwortlichkeit

Die großen Universalbanken verfügen über Einfluß auf die gesamte Palette der Geld-, Kredit- und Kapitalmärkte. Sie schalten und walten in einer zentralen volkswirtschaftlichen Stellung. Hier werden viele Facetten der ökonomischen Macht und wesentliche Informationen der Volkswirtschaft gebündelt. Dies verschafft den Banken Respekt und Bewunderung, doch es ruft auch Aversionen hervor, z. B. wenn sich der einzelne in Liquiditätsengpässen oder bei der Kreditentscheidung dieser „überlegenen Instanz" ausgeliefert fühlt. Das Bankgeschäft gründet auf Vertrauen. Doch blickt die Bevölkerung zuweilen auch mißtrauisch auf das, was an den Finanzmärkten geschieht; zumal, da die Finanzmarktprodukte immer undurchsichtiger und komplexer werden. Die Nachrichten über Bankenkrisen, Geldentwertung oder Börsencrashs verursachen verständlicherweise eine hohe Nervosität. Auch aus ihrer Identifikation mit der Macht des Kapitals rührt eine Art ideologischer Verstrickung der Banken in der gesellschaftspolitischen Debatte. Das Kreditwesen symbolisiert den Kapitalmarkt und ist diesem unmittelbar ausgesetzt. Die Fusionen und Fusionsgerüchte im Kreditgewerbe erhitzen längst auch jene Gemüter, die den Finanz- und Börsenteil der Tageszeitung sonst gern links liegenlassen. Und spätestens der Zusammenschluß der Bayerischen Vereinsbank mit der Bayerischen Hypothekenbank ist für Deutschland ganz zweifellos, über seine ökonomische Dimension hinaus, auch regionales, ja politisches Ereignis.

Internationale Währungsfragen bestimmen verstärkt das politische Klima in Deutschland. Vor allem das „säkulare Ereignis" (Helmut Kohl) der Einführung einer gemeinsamen europäischen Währung zeigt, wie groß der Beitrag von Geld- und Währungsfragen ist, um wirtschaftlich fairen Wettbewerb im europäischen Binnenmarkt zu sichern. Die asiatische Finanzkrise dient der deutschen Wirtschaftspolitik als Beleg, daß auch im südostasiatischen Umfeld die Bäume nicht in den Himmel wachsen und letztlich das Konsensmodell der sozialen Marktwirtschaft weltweit mustergültig bleibt. Die deutsche Exportwirtschaft fürchtet die Ausläufer der asiatischen Schockwelle. Die mexikanische Schuldenkrise wirkt immer noch rhetorisch in der deutschen Rentendebatte nach, weil sie vermeintlich zeigt, wie wenig verläßlich die Kapitalmärkte sind. Obwohl die Krisen Lateinamerikas und Südostasiens höchst unterschiedliche Ursachen hatten und sich vor einer völlig verschiedenen ökonomischen Kulisse ereigneten, werden sie von den Kritikern unseres Wirtschaftssystems und der Finanzwirtschaft häufig und gern in einen Topf geworfen.

Die Verwicklung von Versicherungsunternehmen und Banken in Vermögenskonfiskationen jüdischer Kunden im Dritten Reich wirft unter dem Stichwort „geraubtes Nazigold“ – zuletzt vor allem in der Schweiz – immer neue politische Fragen auf. Das gleiche gilt für die Sammelklage auf Schadenersatz, die eine New Yorker Kanzlei im Namen der Überlebenden und Opfer des Holocaust unter dem Gesichtspunkt der Zusammenarbeit der Kreditwirtschaft mit dem Nazi-Regime gegen zwei große deutsche Banken angestrengt hat. Mit punktuellen Fehlleistungen halten die Banken die politische Debatte auch selbst in Gang. Durch einen Immobilienskandal, der sich nach der Schneider-Pleite entwickelte, wurde die Strenge im Kreditentscheidungsprozeß der Banken zum öffentlichen Gesprächsstoff und zum Anlaß für Pauschalurteile über dessen Verläßlichkeit. All dies wurde in den Medien – mit einiger Häme – verfolgt. Ein aus dem Zusammenhang gerissenes, freilich auch unvorsichtiges Wort – „Peanuts“ – entwickelte einige Zeit lang ein unkontrolliertes Eigenleben und wurde zur Matrize, auf die sich alle Vorurteile und Ressentiments gegen die Kreditwirtschaft fast beliebig auftragen ließen. Eine andere Geschäftsbank ist seit längerem staatsanwaltlichen Ermittlungen ausgesetzt. Die Untersuchungen dienen dazu, den Anfangsverdacht auf Beihilfe zur Steuerhinterziehung, der durch Kapitaltransfers nach Luxemburg entstanden ist, auszuforschen. Das beschäftigt die europäische Steuerpolitik genau wie den deutschen Fiskus.

Geldwäsche oder organisierte Wirtschaftskriminalität sind die Machenschaften einiger weniger. Doch wecken sie wiederum den politischen Argwohn und fordern die Gestaltungskraft der nationalen wie europäischen Rechtspolitiker heraus. Zwei Rechtsstreite jüngeren Datums haben – jedoch überwiegend zu Unrecht – Zweifel an der Kundenfreundlichkeit der Kreditinstitute genährt. Das Bundesverfassungsgericht leitete aus dem Grundrecht auf freie Entfaltung der Persönlichkeit eine Haftungsbeschränkung des Bürgen her und erachtete den umfassenden Sicherungszugriff der Banken in diesem Zusammenhang als sittenwidrig. Dieser Schritt ist als sinnvolle Fortentwicklung des grundrechtlichen Schutzbereichs zu begrüßen, er war jedoch wohl kaum unternehmerisch vorhersehbar. Demgegenüber betraf die Entscheidung des Bundesgerichtshofs, daß bei Überweisungen die Wertstellung in angemessener Frist zu erfolgen habe, ein Verhalten einiger Banken, das die betroffenen Institute bereits aus Gründen der Fairneß längst hätten ändern müssen. Die Öffentlichkeit unterschied in der Reaktion auf das Gerichtsurteil freilich nicht zwischen jenen Häusern, die nach Treu und Glauben verfahren, und jenen, die den Kunden geschädigt hatten. Sie nahm – einmal mehr – „die Banken" insgesamt in Sippenhaft. – Freuen konnten sich Banken und Börsen, als in der zurückliegenden Börsenplazierung der Deutschen Telekom und der mediengestützten Markteinführung der T-Aktie ein sympathischer Mr. Aktie gekürt wurde – der Schauspieler Manfred Krug. Seine gutmütige, liebenswerte und menschenfreundliche Art zeichnet ein modernes Idealbild von Vertrauen, Diskretion und Verläßlichkeit.

Strategien und Märkte

Die Banken durchlaufen derzeit schwierige strukturelle Anpassungsprozesse und schweben mit ihrem Gewerbe keineswegs über allen Wassern. Die Banken segeln hart am Wind der Märkte und sind den politischen Trends, den gesellschaftlichen Veränderungen, insbesondere den neuen Anforderungen der Dienstleistungsgesellschaft, und den Schwankungen der Wirtschaftszyklen ebenso ausgesetzt wie alle anderen Marktteilnehmer. Dem herkömmlichen Bild der Bank als einer quasiöffentlichen Institution ist nämlich nicht nur die öffentliche Unantastbarkeit abhanden gekommen, sondern auch das stark Institutionelle des traditionellen Bankgeschäfts – wie es sich in dem herkömmlichen Begriff Bankbeamter, den starren Regionalstrukturen oder in einem aufstiegsorientierten Karriereverständnis niederschlägt – wurde überwunden. So hat etwa die Deutsche Bank vor rund zwei Jahren im internen Personalmanagement alle Titel abgeschafft und durch vier Verantwortungsstufen ersetzt. Die Koppelung von Titel, Hierarchiestufe und Bezahlung wurde aufgehoben. Über den Erfolg sollen nicht die formal erklommenen Stufen der institutionellen Karriereleiter entscheiden, sondern die eigenverantwortliche Verbreiterung der Wissensbasis und die Erweiterung der eigenen Fähigkeiten. Intern wie extern herrschen Marktorientierung und Wettbewerb. Es sind vor allem drei breite Strömungen, die dabei die Reform antreiben: die Liberalisierungspolitik der EG, die Globalisierung der Finanzmärkte und die vielfältigen Chancen moderner Informationstechnologie.

Die Kreditinstitute haben sich von nationalen Finanzinstitutionen zu grenzüberschreitenden Finanzdienstleistern weiterentwickelt. Die Finanzmärkte in Europa wurden in erheblichem Maße dereguliert und liberalisiert. Mit der Umsetzung der 2. Bankenrechtskoordinierungsrichtlinie im Jahr 1993 in die nationalen Rechte wurden die Kreditinstitute zu europäischen Akteuren. Sie erhalten die Möglichkeit, ihre Dienstleistungen grenzüberschreitend in der Europäischen Union anzubieten und in den Nachbarstaaten auch ohne zusätzliche Genehmigung Zweigstellen zu eröffnen. Die Wertpapierdienstleistungsrichtlinie überträgt die Freizügigkeit am europäischen Markt auf die gewerbsmäßigen Wertpapierdienstleistungen; dazu zählen neben der Anlagevermittlung das Kommissionsgeschäft, die Portfolioverwaltung, der Handel für eigene Rechnung und die Übernahme oder die Plazierung von Wertpapieremissionen. Gleichzeitig beseitigt die Richtlinie auch regulatorische Hemmnisse für die grenzüberschreitende Teilnahme an den organisierten Wertpapiermärkten der EU.

Im Streit um die öffentlich-rechtlichen Kreditinstitute, also die Sparkassen und Landesbanken, erhält neben dem Recht der Finanzdienstleistungen auch das allgemeine Primär- und Sekundärrecht des EG-Vertrages eine politische Bedeutung. Konkret geht es um die Gewährträgerhaftung und die Anstaltslast der öffentlichen Hand für ihre Kreditinstitute, mithin die Wettbewerbsverhältnisse zwischen privaten und öffentlichen Banken in Deutschland. Die Sparkassen profitieren nach dem Recht einzelner Bundesländer oder den Satzungsbestimmungen einzelner Stadtsparkassen von einer gesetzlich vorgeschriebenen Ausstattungspflicht. Diese zielt darauf, die wirtschaftliche Basis der Anstalt zu sichern, die Anstalt für die gesamte

Dauer ihres Bestehens funktionsfähig zu erhalten und etwaige finanzielle Lücken (Unterbilanz) durch Zuschüsse oder auf andere geeignete Weise auszugleichen (Anstaltslast). Die Gewährträgerhaftung begründet darüber hinaus eine Einstandspflicht des Trägers der öffentlichen Kreditanstalt im Falle der Insolvenz der Bank und statuiert – im Gegensatz zur Anstaltslast – unmittelbare Rechte der Gläubiger gegenüber dem Gewährträger. Je nachdem, ob man die beschriebenen Rechtsinstitute als Beihilfe, also Subvention, oder als Eigenhaftung des Staates kraft Unternehmensorganisation auffaßt, und je nachdem, wo man für Sparkassen wie Landesbanken die Grenzen zwischen ihrem öffentlichen Auftrag sowie Dienstleistungen im Allgemeininteresse einerseits und dem freien Agieren im Markt andererseits zieht, ergeben sich prekäre wettbewerbspolitische Schlußfolgerungen. Die Bundesregierung hat versucht, die Frage über eine Protokollnotiz zum Amsterdamer Vertrag zu entschärfen. Sie fand jedoch keine Mehrheit und wenig Verständnis. Statt dessen verständigten sich die Mitgliedstaaten auf eine sehr vage Erklärung. Anfang Mai 1998 hat die Kommission die Bundesregierung von ihrer Entscheidung unterrichtet, das Verfahren über eine mögliche Beihilfe zugunsten der Westdeutschen Landesbank – Girozentrale (WestLB) nach Art. 93 Abs. 2 EG-Vertrag zu eröffnen.

Als zweiter Trend – neben den günstigen europäischen Vorzeichen – ist die Herausbildung wahrhaft globaler Finanz- und Kapitalmärkte zu nennen. Das rasante Wachstum des Welthandels und der grenzüberschreitenden Direktinvestitionen führt zu einer immer stärkeren wirtschaftlichen und unternehmerischen Verflechtung. In den nächsten Jahren werden in Industrie wie Dienstleistungen weitere „Global Players“ entstehen, die in ihrer globalen unternehmerischen Leistungskraft die bisher bekannten Grenzen für Management und Märkte aufheben. Auch die Integration der Finanzmärkte schreitet voran. Die internationalen Kapitalströme reagieren dabei auf geringfügige Zinsunterschiede und Währungsschwankungen; d. h., daß Kapitalmarkttransaktionen von bisher nicht gekanntem Umfang bewältigt sein wollen. Dies bedeutet eine Herausforderung für die Banken wie für die Bankenregulierung, mithin die Politik, sowie für die Marktkontrolle durch Zentralbanken und Aufsichtsämter. Gleichzeitig steigen die Anforderungen an das sogenannte Risikomanagement in den Banken und bei institutionellen Anlegern. Wo sind die Klippen in den global fließenden Kapitalströmen, und welche Risiken geht die Bank wirklich ein?

Hier liegt die Schnittstelle zu einem dritten entscheidenden Trend, der die Rolle der Banken verändert hat. Die Bedeutung der Informationstechnologie (IT) im Risikomanagement, jedoch auch für Organisation und Vertrieb im Bankgeschäft nimmt rasant zu. Moderne Informationstechnologie bedeutet Quantensprünge in der Modernisierung des Bankgeschäfts, jedoch auch kostenintensive Innovation und Investitionen in Serie. IT kostet so viel, daß kleine Banken sich die Entwicklung und Fortentwicklung selbst kaum mehr leisten können. „Economies of scale" sind also gerade auf diesem Feld des Bankgewerbes zu erwarten. Die großen Anbieter freilich haben keine Wahl. Sie müssen sich dem Wettbewerb auch in diesem Segment stellen. Der Wettbewerb, doch auch die Argusaugen der internationalen Ratingagenturen lassen den großen Banken keine andere Wahl, als an der Spitze des technischen Fortschritts zu schreiten.

Gleichzeitig verändert die Informationstechnologie auch den Zugang zu den angebotenen Dienstleistungen der Banken und den Weg der Banken zum Kunden. Der Kunde ist heute über Konkurrenzangebote erheblich besser informiert, und seine Bereitschaft, sich in einer Bankverbindung zu verheiraten, ist dementsprechend gering. Mit der Flexibilisierung der Arbeitswelt und des gesellschaftlichen Lebens wächst die Erwartung an einen vollkommen flexiblen Zugang zu Bankdienstleistungen wie Internet-Banking. Der Einsatz von automatischen Terminals, die vielfältige und immer komplexere Geschäftsvorfälle durchführen können, gestattet das Erledigen von Bankgeschäften in den Schalterhallen, jedoch außerhalb der Schalterstunden. In zweifacher Hinsicht bilden die Telefondirektbanken (z. B. Bank 24, Advance Bank, ComDirekt) gesellschaftliche Trends und politische Versäumnisse ab: Sie schaffen umfassende Freiheit im Bereich des Ladenschlusses und erlauben ein Maß an Flexibilität in den Beschäftigungsverhältnissen, das über die Tarifabsprachen im Bankgewerbe hinausgeht. Zudem kann die Direktbank eine effiziente Vertriebsform im Geltungsbereich der gemeinsamen europäischen Währung sein.

Von der Einführung des Euro als gemeinsame europäische Währung wird die Strategie der Banken jedoch auch unter anderen Aspekten betroffen sein. Die Europäische Währungsunion bietet für die europäischen Kapitalmärkte die Chance, im globalen Wettbewerb wesentlich an Bedeutung zu gewinnen. Das Entstehen eines einheitlichen Rentenmarktes wird eine Umorientierung aller Marktteilnehmer verlangen und birgt die Chance, den Volumenanteil der Bonds im Vergleich zum US-Markt und dem japanischen Markt auszubauen. Für die Emittenten wird es nach dem Wegfall der lokalen Währungen allein auf ihre Bedeutung und Bonität am einheitlichen Markt ankommen. Umgekehrt folgt für die Investoren aus der einheitlichen Währung die Verringerung von Diversifikationsmöglichkeiten zur Risikostreuung durch die entfallenden Zins- und Wechselkursschwankungen **innerhalb** der EWU. Die verbleibenden Zinsunterschiede bei Anleihen werden im wesentlichen die Bonität der Schuldner widerspiegeln. Der Wahl des richtigen Schuldners fällt daher eine Schlüsselrolle für die Performance eines Portfolios zu. Das wird den bisher noch kaum existierenden Markt für Unternehmensanleihen (corporate bonds) und andere Zinsprodukte stimulieren und Banken zwingen, vom bilanzwirksamen Kreditgeschäft zunehmend auf das kommissionsvergütete Emissionsgeschäft überzugehen.

Mit der Einführung des Euro kann man von einer Verringerung der Bedeutung des US-Dollar zugunsten des Euro an den internationalen Kreditmärkten ausgehen. Es ist sehr wahrscheinlich, daß der Euro auch als internationale Reservewährung gefragt sein wird. Dies böte jedenfalls die Chance, auch die politische Stellung Europas im globalen Konzert der Mächte zu stärken. Die EWU wird zu einem einheitlichen Aktienmarkt führen, der etwa 10 %der weltweiten Börsenkapitalisierung umfaßt. Für die Finanzanlagen großer europäischer Anleger (Penionsfonds, Versicherungen etc.) bedeutet dies, daß sich durch eine internationale Streuung über das europäische Branchenspektrum am Aktienmarkt zusätzliche Diversifikationspotentiale erschließen. Der Euro bringt eine technische Umstellung von Finanzmarktprodukten auf die einheitliche Währung und bietet die Chance, die Karten im Wettkampf der Börsen Europas neu zu verteilen. Derzeit bewegen sich z. B. die derivativen Zinsmärkte noch fast ausschließlich in einer „Libor-Welt", d. h., der in London im Interbanken-Handel festgestellte Geldmarktzins (Libor) bildet die Grundlage für vielfältige Geschäfte, außerbörslich abgeschlossene Swap-Transaktionen ebenso wie börsengehandelte Terminkontrakte. Doch mit dem Euro verschärft sich das Rennen der Finanzplätze um die Spitzenposition. Die Banken in Kontinentaleuropa haben angekündigt, sich am neuen Euribor zu orientieren. Am Aktienmarkt entstehen neue europäische Aktienindizes. Ziel als Finanzplatz Deutschland ist, verstärkt Liquidität vom bisher führenden Finanzplatz London abzuziehen. Eine Schlüsselrolle kommt auch hier den Banken zu, jedoch ist auch die Politik aufgefordert, schnell die notwendigen Schritte zum Ausbau, der weiteren Deregulierung und der erhöhten Transparenz des Finanzplatzes Deutschland zu tun. Denn die Voraussetzungen des Marktes entscheiden, wo gehandelt wird.

Geschäft und Gesellschaft

Die Aktie symbolisiert wie kein anderes Instrument den Veränderungsbedarf, dem unsere Gesellschaft wirtschaftlich wie politisch ausgesetzt ist. Es fehlt den Deutschen an Wagnisbereitschaft, Mut und Unternehmertum. Zunächst und vor allem kann die Aktie einen Beitrag leisten, um eine neue Kultur der Selbständigkeit zu schaffen. Nicht in jedem schlummert ein Existenzgründer oder Unternehmer, doch kann über den Kapitalmarkt eine Art „investors' revolution" gelingen. Denn die Aktie bedeutet anteiliges Eigentum an Gesellschaften. Auch die Sparanlage baut dadurch auf Innovation und Wachstum der Unternehmen. Am Aktienmarkt lassen sich gleichzeitig die Bedürfnisse der Unternehmen nach einer effizienten und marktgerechten Unternehmensfinanzierung am besten befriedigen. Die Privatisierung öffentlicher Aufgaben sowie das Going-Public von bisher in anderer Gesellschaftsform betriebenen Unternehmen weisen den Trend. Schließlich ist der Schritt an den Aktienmarkt auch aus Sicht des Anlegers attraktiv. Alle Renditevergleiche belegen, daß die Aktie langfristig jeder anderen Anlageform überlegen ist. Mit der Aktie vollzieht sich Vermögensbildung in Bürgerhand, und der einzelne geht einen kleinen Schritt in die Unabhängigkeit von alleinigen Einkünften aus unselbständiger Beschäftigung.

Daß Arbeit und Kapital keine Antipoden sind, sondern – im Gegenteil – in ihren Interessen und Auswirkungen nahe beieinander liegen, zeigt die Struktur der neuen Unternehmungen. Arbeitsplätze in den alten Industrien (z. B. Stahl oder Automobil) erfordern einen wesentlich höheren Kapitaleinsatz. In den neuen Industrien, ob Software- oder Biotechnologiefirmen, liegt praktisch der gesamte Wert eines Unternehmens in den Fertigkeiten der Mitarbeiter. Jeder (Euro-)Cent, der an den Risikokapitalmarkt fließt und zur Finanzierung dieser Unternehmen dient, schlägt auch am Beschäftigungsmarkt positiv zu Buche. Mindestens ebenso wichtig wie der Ausbau der Aktienkultur ist ein Markt für Gründungs- und Wachstumskapital. Nach amerikanischen Schätzungen fließen von jedem Dollar, den „venture capitalists“ oder risikobereite Aktionäre bereitstellen, 80 bis 90 Cent in Personaleinstellungen. Viele der so finanzierten Neugründungen gehören zum Dienstleistungssektor.

Ob und mit welchen Chancen Unternehmer sich heute und morgen in unserem Land auf den Weg machen, hängt nicht allein von erfolgreichen Existenzgründungen ab, sondern zunehmend auch von gelungenen Firmenübergängen. Der deutsche Mittelstand wird nach der Jahrtausendwende einen großen Generationswechsel zu bewältigen haben. Für 300.000 Betriebe wird in den nächsten fünf Jahren ein Nachfolger gesucht, allein im Handwerk für 200.000 Firmen. Letzteres entspricht einem Drittel der gesamten Handwerksbetriebe. In 80.000 Fällen ist die Nachfolge völlig unklar. Vieles wird davon abhängen, daß die Banken mit Finanzierungsmodellen und umfassender Beratung den Generationswechsel flankieren. Das Phänomen der Erbengeneration bedeutet für die Banken auch im Marktsegment der Vermögensverwaltung eine große Herausforderung. Die von der eigenen Erwerbstätigkeit unabhängige Steigerung der privaten Vermögen wird weiterhin durch eine zunehmende Anzahl von Erbschaften gefördert. Bis zum Jahr 2000 wird mit 1,7 Mio. Erbfällen mit einem Gesamtvolumen von 2.600 Mrd. DM gerechnet. Dies verlangt nach hochwertiger Beratung wie nach neuartigen Produkten, denn die jüngeren Erben werden eine Verschiebung der Anlageform gegenüber den Erblassern anstreben. Die von den Bankmanagern respektvoll „High Networth Individuals“ genannten neuen Kunden werden – im Gegensatz zu den „mündelsicher“ eingestellten Erblassern – auch die komplexeren Anlageprodukte nicht scheuen, sondern zunehmend nutzen. Das bis zum Jahr 2000 auf rd. 6.000 Mrd. ansteigende Privatvermögen wird zu 67 % in Aktien und hochverzinslichen Anlagen (Investmentfonds, Sparbriefe und Festgelder, festverzinsliche Wertpapiere und Geldanlagen bei Versicherungen) und lediglich zu 33 % in niedrigverzinslichen Anlagen (Sparguthaben, Bargeld, Sichteinlagen und Geldanlagen bei Bausparkassen) investiert sein.

Die Kapitalmärkte können vor allem auch wichtige Hilfen leisten, um die Finanzierung der Altersversorgung langfristig zu sichern. Die Bevölkerung schrumpft und wird älter. Die Lohnnebenkosten haben, nicht zuletzt unter der Last der Beiträge zu den gesetzlichen Sozialversicherungen, eine investitions- und beschäftigungsfeindliche Höhe erreicht. Gleichzeitig kann auch das Rentenniveau nicht beliebig abgesenkt werden, ohne die Grundlage eines auf der Beitragspflicht beruhenden Versicherungssystems zu unterminieren. Schon heute müssen 20 Aktive zehn Rentner versorgen. Im Jahr 2015 kommen auf zehn Rentner 16 Beitragszahler, im Jahr 2030 nur noch elf. Der Anteil der über 80jährigen klettert von sieben pro 100 Erwerbstätige im Jahr 1997 auf 16 im Jahr 2040. Binnen einer Generation wird der Anteil der über 60jährigen an der Bevölkerung reichlich doppelt so groß sein wie der Anteil der unter 20jährigen. In der gesetzlichen Rentenversicherung verschlechtert sich das Verhältnis von Aufwand und Ertrag drastisch. Dies allein führt zu einer erheblichen Schlechterstellung der heutigen Beitragszahler im Vergleich zum heutigen Neurentner; doch läßt dies sogar noch außer acht, daß der veränderte Bevölkerungsaufbau der jungen Generation auch mit Blick auf die Gesundheits- und Pflegekosten die Kosten der Überalterung aufbürdet; von der Zinsenlast aus einer Staatsverschuldung in Höhe von 2.200 Mrd. DM Ende 1997 ganz zu schweigen. Das heutige gesetzliche Rentenversicherungssystem wird aus der Umlage von Arbeitnehmerbeiträgen finanziert. Es ist seiner Entstehungsgeschichte nach in erster Linie eine Arbeitnehmerversicherung. Die Ergebnisse der Bayerisch-Sächsischen Zukunftskommission erhellen die veränderten Erwerbsbiographien unter den Beschäftigten. Geringfügige Beschäftigung, die Flexibilisierung der Arbeitsmärkte, die zunehmende Bedeutung der Teilzeit sowie die zunehmende Bereitschaft, auf eigenes Risiko unter dem Radarsystem der Sozialversicherungspflicht hindurchzufliegen (z. B. Honorartätigkeiten, Selbständigkeit) – all dies führt dazu, daß das Normarbeitsverhältnis, an dem sich das heutige Umlagesystem ausrichtet, nicht mehr der gültige Fixpunkt sein kann, um die Alterssicherung auf Kurs zu halten. Die gesetzliche Rentenversicherung baut – leichtsinnigerweise – auf das „schrumpfende Fundament der Arbeit" (Kurt Biedenkopf).

Eine wirklich sichere Altersversorgung verlangt – insbesondere aus Sicht der jüngeren Generation – nach einem mutigen Umbau des bestehenden Systems. Es reicht nicht aus, entsprechend den Vorschlägen der SPD, im Prinzip alles beim alten zu lassen und auftretende Lücken durch Steuermittel zu schließen. Vielmehr muß neben die umlagefinanzierte Rente ergänzend die Kapitaldeckung treten. Diese muß privatwirtschaftlich organisiert werden, denn ein öffentlicher Kapitalstock wird die entscheidenden Renditevorteile pro Beitragspunkt nicht erwirtschaften. Außerdem legt bekanntlich eher ein Dackel einen Wurstvorrat an, als daß die öffentliche Hand einen Kapitalstock bewahrt (frei nach Schumpeter). Mit der Schaffung von Altersvorsorge-Sondervermögen (§§ 37 h bis 37 m des Gesetzes über Kapitalanlagegesellschaften) wird die Palette der privaten Anlageformen erweitert. Das neue Instrument wird erstmals über ein Anlageziel (Altersvorsorge) definiert und nicht über das Anlageprodukt. Weiterhin wurden Vorkehrungen getroffen, um Anleger gegen die Risiken aus derivativen Anlageinstrumenten oder Währungsschwankungen bestmöglich abzusichern. Die rechtlichen, institutionellen und vor allem steuerlichen Voraussetzungen für echte Pensionsfonds, also selbständig agierende Spezialfonds, werden durch das neue Instrument freilich nicht geschaffen. Echte Pensionsfonds wären ein gutes und innovatives Instrument, um dem Bedeutungsverlust der betrieblichen Altersvorsorge entgegenzuwirken. Heute scheuen die Unternehmen zunehmend die betriebliche Alterszusagen, da sie – gleich ob durch bilanzielle Rückstellungen oder Direktzusagen – die Pensionslasten ihrer Belegschaft und die Kosten der Langlebigkeit ihrer Mitarbeiter als unternehmerisches Risiko tragen müssen. Zudem ist die traditionelle Betriebsrente fest zugesagt (defined benefit), so daß die daraus erwachsenden Forderungen um so schwerer auf den Büchern der Unternehmung lasten, je schwieriger sich die ökonomische Lage des Betriebs gestaltet. Es ist unter diesen Rahmenbedingungen verständlich, daß die betriebliche Altersversorgung in Deutschland rückläufig ist. Demgegenüber werden die Ansprüche des einzelnen gegenüber dem Pensionsfonds außerhalb des Unternehmens erwirtschaftet und auf der Grundlage der Arbeitgeberbeiträge (defined contribution) marktüblich verzinst. Das Vorsorgekapital wird mit dem Ziel externer Versorgungserträge auf verschiedene Anlageobjekte verteilt. Es geht also – sinnvollerweise – nicht allein im Betriebskapital jenes Unternehmens auf, das zugleich Arbeitgeber ist. All dies hilft insbesondere den kleinen und mittleren Unternehmen, ihre Risiken zu begrenzen. Doch auch die Ertragschancen des Begünstigten steigen und seine Möglichkeiten einer individuellen Vorsorge. Nicht die gleichförmige Versorgungsleistung, sondern die am individuellen Bedarf und der Risikoneigung bemessene Ertragserwartung ist das Leitbild.

Der Schlüssel für den langfristig erforderlichen Umstieg der Alterssicherung vom Umlageverfahren zur verstärkten Kapitaldeckung liegt in der Steuerpolitik. Dies gilt für die private Vorsorge im einzelnen wie für den breiten Einstieg in das angelsächsische Modell der Pensionsfonds. Da die Fonds ausschließlich von Beiträgen der Firmen finanziert werden, müssen die gesetzlichen Vorkehrungen einer Absetzbarkeit als Lohnkosten getroffen werden. Bei betrieblichen Pensionsrückstellungen und bei der Finanzierung über Unterstützungskassen gilt bereits heute eine nachgelagerte Besteuerung, d. h., die Vorsorgeaufwendungen sind steuerfrei, die Rentenbezüge selbst grundsätzlich steuerpflichtig. Bei Pensionskassen und Direktversicherungen kommt dagegen die vorgelagerte Besteuerung zur Anwendung: Auf die Beiträge selbst fällt eine Lohnsteuerpflicht an, während von den Rentenbezügen nur noch der Ertragsanteil steuerpflichtig ist. Der steuerlichen Gleichbehandlung kommt also sowohl für die Stärkung der zweiten wie der dritten Säule des Rentensystems entscheidende Bedeutung zu. Das gilt sowohl für die Gleichbehandlung der privaten mit öffentlichen Vorsorgeaufwendungen als auch – mit Blick auf die betriebliche Altersvorsorge – für die Gleichstellung von firmeninternen mit externen Finanzierungen von Vorsorgezusagen.

Besonders in Großbritannien, den Niederlanden oder den USA verfügen große Fondskassen über erhebliche Vermögenswerte, die zum gesamtwirtschaftlichen Nutzen, mit günstigen Folgen für die Funktionsfähigkeit der Kapitalmärkte und unter positiven Wachstumseffekten investiert werden. Anzumerken ist, daß der Einstieg großer Pensionsfonds in den Aktionärskreis die Unternehmensführung einschneidend verändern kann, da die Fondsmanager natürlich klare Erwartungen an eine Mindestrendite haben. Wer nicht eine langfristige Strategie darlegt und die Rechnungslegung transparent gestaltet, kann in seiner Corporate Governance mit den Fondsvermögen als einflußreichen Anteilseignern leicht in Interessenkonflikt geraten.

Value und Werte

In kaum einem Schlagwort der politischen Debatte wurden die große Skepsis und die Vorbehalte gegenüber Bankern, Managern und Wirtschaftsbossen so lautstark zum Ausdruck gebracht wie mit dem Begriff Shareholder Value. Besonders heftige Vorwürfe werden an die Banken gerichtet. Ihrem Management wird nicht nur unterstellt, sich vorrangig auf die Steigerung des eigenen Börsenkurses zu fixieren, sondern dieses Rezept auch noch all jenen Unternehmen aufzuzwingen, auf die es Macht und Einfluß ausübt. Der Vorsitzende der Gewerkschaft IG Metall erklärte anläßlich einer Massendemonstration von Stahlarbeitern im Frankfurter Bankenviertel am 25. März 1997 die Bankenpolitik kurzerhand zu einer sozialen und gesellschaftlichen Gefahr. Anlaß war die Rolle der Banken beim Versuch eines „unfriendly takeover“ (feindliche Übernahme) von Krupp bei Thyssen. Es ist eine Paradoxie, daß der schärfste Protest gegen Firmenübernahmen von denjenigen kommt, die den Unternehmen zugleich eine kurzfristige Gewinnmaximierung unter dem Gesichtspunkt des Shareholder Value vorhalten. Denn es ist im Rahmen der Unternehmensführung die Quadratur des Kreises, einerseits den wirksamen Schutz vor Übernahmen sicherzustellen, jedoch gleichzeitig von der konsequenten Unternehmenswertsteigerung und ihrem Niederschlag im Aktienkurs abzusehen. Denn zum Übernahmeaspiranten wird jenes Unternehmen, dessen Aktiva aus Sicht der Märkte unterbewertet sind.

Dabei müßte die Grundlage des Shareholder-Value-Ansatzes jedem einleuchten. Indem ein modernes Unternehmen heute gleichsam aus vielen kleinen Unternehmen besteht, ja selbst der einzelne Angestellte als Verantwortungsträger unternehmerisch denken und agieren muß, vollzieht sich eine stille Revolution. Dies gilt auch für das Management, denn ein solches virtuelles Gebilde wie einen modernen Konzern strategisch zu steuern verlangt nach neuen Methoden. Dem Shareholder-Value-Denken kommt daher in der neuen Managementtheorie und -praxis eine entscheidende Bedeutung zu. Das Prinzip, daß die Erhöhung des Wertes des von den Eigentümern investierten Kapitals die fundamentale Zielsetzung eines Unternehmens ist, wird weithin akzeptiert. Natürlich verfolgt ein Unternehmen auch andere Zwecke, doch im Kern definiert die vorstehende Gleichung das unternehmerische Prinzip des Gewinnstrebens. Das Shareholder-Value-Konzept ist demnach zunächst ein nach innen gerichteter Ansatz der Unternehmenssteuerung.

Geht man davon aus, daß das von den Bankaktionären überlassene Eigenkapital nicht unentgeltlich zur Verfügung gestellt wird, sondern in der Aussicht auf eine den Risiken angemessene Verzinsung, so stellt sich die Frage, wie und wo diese erwirtschaftet wird. Daß demjenigen, der sein Geld einer risikobehafteteten Bank – also einer Risiko-und-Chancen-Agentur auf den unternehmerischen Märkten – zur Verfügung stellt, auch eine Rendite gebührt, ist weder verwerflich noch unmoralisch, sondern höchst vernünftig. Letztlich heißt Shareholder-Value-Steuerung also nichts anderes, als daß das Bankmanagement sämtliche Geschäftsfelder – Privatkundengeschäft, Firmenkundengeschäft, Investment Banking, aber auch Einzelinvestitions- oder Umstrukturierungsentscheidungen, die Kreditvergabe, das Anleihengeschäft – gemäß dem erwarteten Ertrag und den gegenüberstehenden Risiken aufgliedert. Jedes dieser Segmente wird unter dem Blickwinkel des gebundenen Eigenkapitals und der daraus resultierenden Eigenkapitalkosten beurteilt. Ziel ist zu erfassen, inwieweit jeweils die Mindestrentabilitätserwartungen der Bankaktionäre über- oder unterschritten werden. Wo sie überschritten werden, entsteht Wert, wo sie unterschritten werden, wird Wert vernichtet; hier sind Arbeitnehmer in einem rentablen Bereich beschäftigt, dort wird eine Tätigkeit durchgeführt, die letztlich den Unternehmenswert mindert.

Die enormen Vorteile dieser Steuerungsmethode des in viele Segmente aufgegliederten Unternehmens liegen auf der Hand. Drohende Unternehmensübernahmen durch diejenigen, die ständig auf der Suche nach unterbewerteten Aktiva sind, können abgewendet werden, wenn sich der reale Unternehmenswert im Aktienkurs widerspiegelt. Es geht mithin um das genaue Gegenteil von Spekulation – es geht um eine realistische Unternehmensbewertung. Weiterhin bedeutet der Shareholder-Value-Ansatz eine grundlegende Fortentwicklung der internen Steuerungstechniken, nachdem die traditionellen Maßstäbe des Rechnungswesens (Gewinn pro Aktie, Eigenkapitalrentabilität) nicht mehr genügen. Beim Shareholder-Value-Ansatz bildet die Cash-flow-Analyse den Ausgangspunkt, um spezifische Projekte zu bewerten und um den ökonomischen Wert der Strategie jeder einzelnen Geschäftseinheit und des Gesamtunternehmens zu bestimmen. Dabei werden auch Strategiealternativen in Betracht gezogen und die finanzielle Tragfähigkeit eines strategischen Programmes bewertet. Das erlaubt letztlich, sämtliche Investitionen, inklusive interner Projekte und Akquisitionen, objektiv zu beurteilen und dabei das Primärziel, die Erhöhung des Unternehmenswertes, im Auge zu behalten. Shareholder Value ist ein Gradmesser der Veränderung des Unternehmenswertes. Shareholder Value bedeutet jedoch auch einen Parameter, um den Erfolg von strategischen Entscheidungen nachzuweisen und die Richtung einer unternehmerischen Strukturreform auszumachen.

Wenn Rekordgewinne und steigende Kurse mit Umstrukturierungen und Beschäftigungsabbau zusammenfallen, entsteht in der öffentlichen Wahrnehmung der Banken das prekäre Bild der unbarmherzigen sozialen Rücksichtslosigkeit. Soziales Konfliktpotential baut sich insbesondere auf, wenn Unternehmen, mit dem Ziel, die Produktivität und den Shareholder Value zu steigern, im Rahmen von größeren Restrukturierungsprogrammen einerseits verstärkt Personal abbauen und andererseits das Topmanagement, bedingt durch den einhergehenden Anstieg des Aktienkurses, einen überproportionalen Einkommenszuwachs aus der Ausübung von Aktienoptionen verbucht. Denn natürlich wird der Shareholder-Value-Ansatz auch von der Zielsetzung begünstigt, daß langfristige Entlohnungssysteme (z. B. Aktienoptionpläne) für Führungskräfte enger mit der Eigentümerrendite verknüpft werden sollten. Doch die Konzentration auf den Aktionär, dessen Renditeerwartungen erfüllt werden müssen, führt im Endergebnis zu profitableren Unternehmen, was schließlich wieder den Arbeitnehmern und auch dem Staat zugute kommt. Denn nur langfristig erfolgreiche Unternehmen sind in der Lage, Arbeitsplätze zu schaffen und das Steuereinkommen zu erhöhen. Es wäre seitens der Banken trotzdem verfehlt – und zudem gesellschaftlich unklug –, sich allein auf den Shareholder Value zu fixieren. Denn alle anderen Gruppen, die Kunden, die Mitarbeiter, die nachwachsenden Talente und die Gesellschaft insgesamt, sind ebenso Stakeholder der Banken. Auch ihre Interessen sind von Wert und müssen in die Unternehmensstrategie integriert werden. Ein namhafter Wirtschaftler hat die Aufgabe, die sich daraus für Management ergibt, einmal treffend so beschrieben: „Ohne Wirtschaftlichkeit schaffen wir es nicht, doch ohne Menschlichkeit ertragen wir es nicht."

„Geprägte Freiheit"

Geld ist bekanntermaßen „geprägte Freiheit", und näher betrachtet bestimmen die Banken damit letztlich über alle wichtigen Grundlagen der individuellen Entfaltung mit. Gesamtwirtschaftlich gesehen sind die Banken eine Art Nervenzentrum. Auf die Impulse, die von ihm ausgehen, sind auch alle anderen Wirtschaftszweige angewiesen. Das Funktionieren des Bankwesen sicherzustellen ist also ein überragendes Interesse von Politik und Gesellschaft. Es bildet eine wesentliche Grundlage der sozialen Marktwirtschaft und des gesellschaftlichen Wohlstands.

Die Anforderungen an die Banken sind wegen ihrer zentralen ökonomischen Bedeutung zu Recht sehr hoch. Gleichzeitig wird eine aktive Rolle der Banken in der Kulturförderung, dem Sponsoring oder dem modernen Mäzenatentum erwartet. Die Öffentlichkeit verlangt viel, aber verständnisvoll ist sie nicht. Erfolge werden kühl registriert, Fehltritte in einer Mischung aus Empörung und Schadenfreude vermerkt. Die Folge der Exponiertheit der Banken besteht darin, daß nahezu alle geschäftlichen und unternehmerischen Entscheidungen in die Gesellschaft ausstrahlen und von dieser reflektiert werden: Und so wird sich in den gläsernen Fassaden Frankfurts auch weiterhin Licht und Schatten spiegeln.

DIRK FISCHER

Moderne Infrastruktur als Standortfaktor

„Moderne Infrastruktur ist ein wichtiger Standortfaktor": Diese gängige These gibt einen unbestreitbaren Zusammenhang wieder.

Wolfgang Roth, erfahrener Parlamentarier und heute Vizepräsident der Europäischen Investitionsbank in Luxemburg, antwortete im Mai 1998 auf die Interview-Anmerkung der Deutschen Verkehrs-Zeitung (DVZ) „Sie als Vordenker hoffen und sagen: In Verkehrswege investieren heißt, in Wirtschaftswachstum und Wohlstand investieren!" so: „Ich halte die Diskussion über Globalisierung für übertrieben. Was wir wirklich haben, ist eine starke Regionalisierung. Das heißt, die einen stellen Produkte billiger her als andere und wollen diese dann den anderen verkaufen. Dazu benötigen sie unbedingt Transportwege. Zwischen Ost und West gibt es einen unglaublichen Zuwachs an Handel und Dienstleistungen. Die Zuwachsraten liegen hier dreimal so hoch wie im globalen Bereich. ... Die Diskussion läuft oft ganz falsch. Viele denken, wir verlieren Arbeitsplätze an Osteuropa. Dabei haben beispielsweise Deutschland und Österreich eine sehr aktive Handelsbilanz mit Osteuropa. Deshalb wird der Druck, schnellere und bessere Verkehrswege zu schaffen, eher zu- als abnehmen."

Diese Aussage umreißt, worauf es, unabhängig vom oft widersprüchlichen politischen Feldgeschrei, ankommt.

Was macht also die Qualität eines Standortes aus?

In Deutschland sind die Arbeitskosten zu hoch, das ist unbestritten. Der Arbeitsmarkt ist ein Spiegelbild der strukturellen Probleme unserer Volkswirtschaft, er selbst trägt wiederum maßgeblich zu diesen Problemen bei. Bei der Diskussion über den Standort Deutschland stehen Steuersystem, Arbeitskosten und Bürokratie im Vordergrund.

Da die Wahl europäischer Investitionsstandorte entscheidend von günstigen Rahmenbedingungen im Europäischen Binnenmarkt bestimmt wird, ist die Senkung der Lohn- und Lohnzusatzkosten eine maßgebliche Voraussetzung für mehr Investitionsbereitschaft. Von einem liberalisierten Europäischen Binnenmarkt erwarten viele Unternehmer innerhalb der Gemeinschaft eine Verschärfung des Wettbewerbs. Unter diesem Aspekt überprüfen sie auch kritisch ihren bisherigen Standort. Ein hohes Qualitätsniveau bei Angebot und Leistung, aber auch bei der Struktur des Standortes bringt klare Vorteile.

Um die Standortqualität eines Landes oder einer Region zu erfassen, bilden Steuern, Löhne und Sozialabgaben wichtige und auch gut vergleichbare Einflußgrößen. Sie reichen aber als alleinige Indikatoren für dieses komplexe Phänomen nicht aus. Eine Unternehmensbefragung des Münchner ifo-Instituts für Wirtschaftsforschung im Jahr 1996 hat ergeben, daß neben Lohnkosten und Steuerbelastung auch die Markterschließung, Marktsicherheit und das Marktwachstum wichtige Motive für Standortwahl und Investitionen sind. Hinzu kommen qualitative Faktoren wie staatliche Regulierungsdichte, die gesellschaftliche Akzeptanz des technischen Fortschritts, die soziale und politische Stabilität, das Ausbildungsniveau der Arbeitskräfte, die Mobilität von Arbeitskräften und Gütern sowie der Standard der öffentlichen Infrastruktur.

Öffentliche Infrastruktur: Was ist das?

Der Begriff „Infrastruktur" gehört inzwischen zum allgemeinen Sprachgebrauch, da ist es verkraftbar, daß es bisher noch keine allgemein anerkannte Definition dieses Begriffes gibt.

„Infrastruktur ist die Gesamtheit der für ein befriedigendes Funktionieren der arbeitsteiligen Wirtschaft erforderlichen langlebigen Basiseinrichtungen materieller, institutioneller und personeller Art, die während ihrer Erstellung in der Regel mit überdurchschnittlichen Beschäftigungseffekten und nach ihrer Realisierung mit beachtlichen Wachstums-, Integrations- und Versorgungseffekten verbunden sind und darum im Rahmen der Konjunktur- und Beschäftigungspolitik bzw. der Wachstums- und räumlichen Ausgleichspolitik eine große Rolle spielen. Neuere Untersuchungen zeigen eine große Bedeutung der Infrastruktur als Attraktivitätsfaktor bei unternehmerischen Standortentscheidungen, wobei der Verkehrsinfrastruktur im Zeitalter der Globalisierung der betrieblichen Absatz- und Beschaffungsmärkte sowie abnehmender betrieblicher Fertigungstiefe zunehmende Bedeutung zukommt." So liest sich der Versuch einer umfassenden wissenschaftlichen Definition in „Vahlens Großes Wirtschaftslexikon".

Vereinfacht ausgedrückt, heißt dies: Öffentliche Infrastruktur ist die Summe aller Einrichtungen materieller, institutioneller und personeller Art, die infolge öffentlicher Aktivitäten den Wirtschaftseinheiten zur Verfügung stehen. Sie sind für das Funktionieren, das Wachstum und die konjunkturelle Entwicklung einer Volkswirtschaft entscheidend wichtig.

Zu diesen Einrichtungen zählen Verkehrswege, Kommunikationsnetze, Wasser- und Energieversorgung, Abwasser- und Abfallentsorgung, aber auch Bildungsstätten, Gesundheitswesen, soziale und kulturelle Einrichtungen, Freizeitanlagen.

Welche Bedeutung hat die Infrastruktur für eine erfolgreiche Wirtschafts- und Verkehrspolitik?

Umweltschonende und sichere Mobilität ist für die gedeihliche Entwicklung von Wirtschaft und Gesellschaft unabdingbar. Dazu muß die Verkehrsinfrastruktur und ihre Vernetzung durch Terminals für alle Verkehrsträger – Straßenverkehr, Eisenbahn, Luftverkehr, Binnen- und Seeschiffahrt, Magnetschwebebahn – bedarfsgerecht ausgebaut sein oder werden. Dies gehört zu den wichtigsten Produktionsfaktoren, die der Staat den Unternehmen zur Verfügung stellt.

Infrastruktur in Deutschland hat ein hohes Qualitätsniveau. Das betrachtet der Bürger längst als eine Normalität. Die Mängel und Defizite in den neuen Bundesländern und noch mehr bei unseren östlichen Nachbarn verstärken den Blick für solche Probleme.

Der Verkehrsminister Sloweniens, Anton Bergauer, hat bei seinem Leipziger Vortrag jüngst ausgeführt, daß die Verkehrsströme und die dynamische Wirtschaftsentwicklung in seinem Land langfristig nur durch eine aufeinander abgestimmte Entwicklung der gesamten Verkehrsinfrastruktur bewältigt werden könnten. Der Ausbau der Infrastruktur genieße Priorität. Allerdings sei es die schwerste Aufgabe seines Ministeriums, die gesetzlich vorgeschriebenen Verpflichtungen einzuhalten, da die von Fachseite vorgeschlagenen Maßnahmen den finanziellen Rahmen sprengten.

Die Zielsetzungen gleichen sich, die Probleme auch.

Verkehrspolitik befindet sich in allen Volkswirtschaften im Spannungsfeld unterschiedlicher und nicht selten widerstreitender Interessen. Der Zielkonflikt zwischen Bedarf an Mobilität und dem Schutz des Menschen und seiner natürlichen Umwelt wird immer prägnanter. Dichtbesiedelte Regionen haben es besonders schwer. Ökologische Ausgleichsflächen als „grüne Lunge" sind im gesetzlich geforderten Umfang kaum noch auszuweisen. Ausgleichsmaßnahmen belasten die Investitionshaushalte erheblich.

Der wachsende Verkehr beansprucht Umwelt und Ressourcen in steigendem Maße. Er verbraucht heute in Deutschland trotz enormer Fortschritte bei der Kraftstoffeinsparung der Fahrzeuge annähernd soviel Energie wie die industrielle Produktion. Verkehrslärm wird immer mehr als die Hauptlärmquelle empfunden. Auch kann die Kapazität unserer Verkehrswege nicht unbegrenzt gesteigert werden.

Deshalb geht die Rechnung „Wirtschaftswachstum erfordert Verkehrswachstum" auf Dauer nicht mehr auf. Eine verantwortungsbewußte Verkehrspolitik, die Weichen für die Zukunft stellen will, darf nicht nur Nachfragetrends fortschreiben, sondern muß sie auf vielfältige Art und Weise und möglichst marktgerecht beeinflussen. Wirtschaftswachstum muß in Zukunft auch ohne steigenden Ressourcenverbrauch vor allem von nicht erneuerbaren Rohstoffen möglich sein. Für das Verkehrssystem bedeutet das: Es darf nicht zum Engpaß wirtschaftlicher Entwicklung werden und muß das Grundbedürfnis individueller Mobilität weiterhin erfüllen können. Gleichzeitig gilt es aber auch, die vom Verkehr ausgehenden Umweltbelastungen weiter zu verringern, Verbrauch von fossilen Energieträgern und Landschaft möglichst gering zu halten sowie die Verkehrsabwicklung so sicher wie möglich zu gestalten.

Dieser Herausforderung muß mit einer umfassenden konzeptionellen Problemlösung begegnet werden. Dazu gehört eine moderne Verkehrsinfrastruktur – aber auch der Mut, neue Wege zu gehen.

Die historische Entwicklung der heutigen Verkehrsinfrastruktur

Bis zum Bau der Schienenwege existierten weder engmaschige Verkehrsnetze noch eine Verknüpfung einzelner Netze. Die Entwicklung regionaler Verkehrswege, soweit man unter den damaligen Gegebenheiten als „Planung“ davon sprechen kann, wurde zumeist mit zentralem Zwang durchgesetzt. Die Entscheidungs-, Finanzierungs- und Durchführungskompetenzen lagen bei den deutschen Kleinstaaten, also beim jeweiligen Landesherrn.

Anstöße zum Bau der Eisenbahnstrecken kamen zunächst überwiegend aus der Privatwirtschaft. Die staatliche Entscheidungskompetenz beschränkte sich auf die Erteilung von Konzessionen, allerdings mit Heimfallklauseln. Koordinierung, Finanzierung und Durchführung des Baus wurde privaten Unternehmern überlassen. Deshalb erfolgte die Auswahl von Strecken auch weitgehend auf der Basis ihrer Rentabilität und weniger unter Berücksichtigung einer Netzwirkung. Erst als der Erfolg dieses neuen Verkehrsmittels „Eisenbahn“ deutlich wurde, verstärkte sich auch die Beteiligung des Staates.

Leider kann nicht geleugnet werden, daß bei der späteren Verstaatlichung der Eisenbahnen weniger Effizienzerwägungen als vielmehr fiskalische und machtpolitische Motive den Ausschlag gaben.

Kritiker der privaten Initiativen für Eisenbahnstrecken sehen in dieser Organisationsform die Ursache dafür, daß der Netzaufbau zunächst unkoordiniert erfolgte und wirtschaftlich weniger entwickelte Regionen nicht durch Eisenbahnen erschlossen wurden.

Die Straßen wurden dagegen im 20. Jahrhundert weitgehend vom Staat gebaut. Mit der zunehmenden Verbreitung des Automobils und dessen wachsender Bedeutung als Verkehrsmittel auch für größere Entfernungen stieg die Nachfrage nach einer adäquaten Infrastruktur.

1930 begann die staatliche Planung der Fernverkehrsstraßen, und dies blieb im Grundsatz bis heute so. Die Zuordnung der Verkehrsinfrastruktur zur staatlichen Daseinsvorsorge wird durch Aufgabenkritik und Entstaatlichung zunehmend in Frage gestellt.

Für die sachkapitalorientierte Infrastruktur wie Verkehrs-, Telekommunikations-, Ver- und Entsorgungseinrichtungen hat sich die Frage gestellt, ob eine staatsmonopolistische Bereitstellung dieser Infrastruktur noch zeitgemäß ist. Trifft die Belastung bisher alle Steuerzahler, so würde die entgeltliche Bereitstellung von Infrastruktur den Nutzer für seinen Vorteil stärker belasten. Denkbar ist eine Mischform, bei der die Grundinfrastruktur vom Haushalt, sprich dem Steuerzahler, getragen wird, Unterhalt und Erneuerung aber aus den Entgelten der Nutzer finanziert werden.

Die Rechtfertigung für staatliche Aktivitäten mit dem Argument, Infrastruktur sei ein öffentliches Gut, hat an Überzeugungskraft verloren. Bisher wurde angenommen, daß eine über den Status quo hinausgehende Verkehrsbelastung der Infrastruktur keine oder nur geringfügige Zusatzkosten verursachte. Zutreffend ist jedoch, daß bei stark ansteigender Belastung die vorhandene Infrastruktur nicht mehr ausreicht und ein weiterer Ausbau zusätzliche Kosten auslöst.

Das Ziel einer Neuabgrenzung von Markt und Staat muß mit einem Rückzug des Staates von wirtschaftlichen Aktivitäten verbunden sein, das heißt: Deregulierung und Privatisierung. Die Bereitschaft privater Investoren, Kapital bereitzustellen und auch Risiko zu übernehmen, hat angesichts des globalen Wettbewerbs deutlich zugenommen. Da für ein qualitativ gutes Angebot auch eine entsprechende Zahlungsbereitschaft der Nutzer vorhanden ist, ersetzt Kapitalverzinsung in aller Regel öffentliche Subvention.

Welche Rahmenbedingungen und Herausforderungen kennzeichnen deutsche Verkehrsinfrastrukturpolitik?

In diesem Jahrzehnt haben verschiedene äußere Einflüsse unsere Verkehrspolitik geprägt, so unter anderem:

- Die Wiedervereinigung und das Ziel, gleichwertige Lebensbedingungen in ganz Deutschland zu erreichen, verlangen eine zügige Wiederherstellung bzw. den Neubau der Infrastruktur in den neuen Bundesländern als Voraussetzung für den Aufbau der Wirtschaft.
- Die Öffnung der Grenzen nach Osten erfordert die Integration der osteuropäischen Staaten in technischer, rechtlicher und wirtschaftlicher Hinsicht.
- Die Liberalisierung des europäischen Binnenmarktes macht notwendig, die Wettbewerbsbedingungen zu harmonisieren und die Position der deutschen Dienstleistungswirtschaft zu stärken.

- Die Rolle Deutschlands als Haupttransitland im zusammenwachsenden Europa bringt anhaltendes Verkehrswachstum.

Für unsere Bürger ist Mobilität längst zur Selbstverständlichkeit geworden und entspricht ihrem Wunsch nach individueller Freiheit und Unabhängigkeit. Mobilität ist ein Grundbedürfnis des Menschen zur Befriedigung fast aller anderen Bedürfnisse. Kommunikation, Beruf, Einkauf, Gastronomie, Sport, Freizeit, Urlaub etc., dies alles geschieht nicht wegen des Verkehrs, aber es geschieht auch nicht ohne den Verkehr. Schneller, flexibler, häufiger – das sind die Forderungen, das erhöht die Nachfrage, im Personenverkehr ebenso wie im Güterverkehr. Immer stärkere Arbeitsteilung erfordert oft ein mehrfaches, auf jeden Fall aber ein vermehrtes Transportieren. Die wirtschaftlichen und strukturellen Veränderungen durch den offenen europäischen Binnenmarkt, die Zunahme des Welthandels durch die Globalisierung der Handels- und Finanzmärkte und der Wegfall des „Eisernen Vorhangs“ in Europa führen zu einem erheblichen Wachstum der Verkehrsleistungen. Die Leistungsfähigkeit des Verkehrssystems der Bundesrepublik Deutschland, dem Transitland Nummer eins im Herzen Europas, ist in einer Weise herausgefordert, die noch vor einigen Jahren unvorstellbar war.

Zweifellos sind Pkw und Lkw heute wegen ihrer hohen Flexibilität die tragenden Säulen moderner Verkehrssysteme. Sie haben einen wesentlichen Anteil am Entstehen der arbeitsteiligen Wirtschaft und damit der modernen Industriegesellschaft. In Deutschland sind derzeit über 41 Mio. Pkw zugelassen, hinzu kommen rund 3 Mio. Lkw. Mehr als 80 % des inländischen Güterverkehrs werden auf der Straße abgewickelt. Über 81 % der Verkehrsleistungen im Personenverkehr werden hierzulande vom motorisierten Individualverkehr erbracht. Die wirtschaftliche Integration Europas ist ohne Auto-Mobilität nicht denkbar. Es ist deshalb vor dem Hintergrund verstärkt von Umweltinteressen geprägter Diskussionen rund um das Automobil eine vordringliche Aufgabe der Verkehrspolitik klarzumachen, daß Pkw und Lkw unverzichtbare Bestandteile unseres Verkehrssystems bleiben werden. Für die Akzeptanz notwendiger Infrastrukturmaßnahmen kommt es darauf an, zu beweisen, daß die berechtigten Belange des Umwelt- und Naturschutzes gleichwohl gewahrt werden können.

Die hervorragende Infrastruktur unseres deutschen Verkehrssystems ist weltweit anerkannt. Die Leistungen, die der deutsche Steuerzahler dafür erbracht hat, sind allerdings auch beeindruckend.

Mit jährlichen Verkehrsinvestitionen von rd. 20 Mrd. DM ist Deutschland Europas größter öffentlicher Investor. Seit Sommer 1990 bis Sommer 1998 sind rund 180 Mrd. DM in unsere gesamtdeutschen Verkehrswege investiert worden. Die Auswirkungen auf das Baugewerbe und die vor- und nachgelagerten Branchen sind sehr positiv, denn Investitionen von 1 Mrd. DM schaffen oder sichern durchschnittlich 12.000 bis 13.000 Arbeitsplätze. Aus der anschließenden Nutzung ergeben sich zusätzliche Beschäftigungswirkungen in Höhe von ca. 3.500 Arbeitsplätzen pro 1 Mrd. DM Investitionsvolumen u. a. durch die verbesserten Verkehrsbedingungen.

Der Ausbau der Infrastruktur in den neuen Bundesländern verdient besondere Beachtung. Wer erinnert sich nicht an das „Schlagloch-Eldorado" der Transitautobahnen oder die rumpelnden Zugverbindungen von und nach Berlin. Dabei waren die Transitverbindungen sogar noch die Aushängeschilder der damaligen DDR. Abseits dieser Strecken war die Verkehrsinfrastruktur in einem noch katastrophaleren Zustand. Investitionen in die vom Krieg zerstörten Verkehrswege fanden über 40 Jahre praktisch nicht statt.

Von den vorgenannten knapp 180 Mrd. DM sind in den letzten acht Jahren mehr als 44 %, das sind etwa 80 Mrd. DM, in die Verkehrsinfrastruktur der neuen Bundesländer investiert worden. Mehr als die Hälfte ging in den Schienensektor, ein gutes Viertel in die Bundesfernstraßen – mit den so wichtigen Ortsumgehungen, die in vielen durch das starke Anwachsen des Durchgangsverkehrs überlasteten Ortschaften die Lebensverhältnisse und die Verkehrssicherheit deutlich verbessern –, und knapp 20 % gingen im Rahmen des Gemeindeverkehrsfinanzierungsgesetzes (GVFG) in den öffentlichen Personennahverkehr (ÖPNV) und den Straßenbau der Städte und Gemeinden. Hinzu kommen für den ÖPNV, und insbesondere den Schienenpersonennahverkehr, seit 1996 noch Mittel nach dem Regionalisierungsgesetz, von 1996 bis 1998 insgesamt mehr als 33 Mrd. DM, davon 10,5 Mrd. DM für die neuen Bundesländer.

Neben den notwendigen Ersatz- und Erhaltungsmaßnahmen konnten damit bislang rund 5.300 km Schienenwege und rund 11.500

km Straßen neu-, um- oder ausgebaut werden. Das hohe Niveau wird auch 1998 beibehalten: Bei einem Gesamtinvestitionsvolumen im Verkehrshaushalt von ca. 22 Mrd. DM werden die neuen Bundesländer ca. 9 Mrd. DM für Verkehrswegeinvestitionen erhalten. Die Schaffung einer leistungsfähigen, modernen Verkehrsinfrastruktur in den neuen Bundesländern bleibt auch in den nächsten Jahren die herausragende Aufgabenstellung der deutschen Verkehrspolitik: Denn Verkehrsinvestitionen sind gerade hier ein wichtiger Motor für die notwendige strukturelle und wirtschaftliche Entwicklung.

Auch wenn der Investitionsschwerpunkt bei Schiene und Straße liegt, dürfen die anderen Verkehrsträger, Schiff und Flugzeug, nicht vernachlässigt werden.

Die Binnenschiffahrt gewinnt als umweltfreundlicher Verkehrsträger mit Kapazitätsreserven und insbesondere im Hinblick auf die Osterweiterung des europäischen Verkehrsmarktes zunehmend an Bedeutung. Deshalb hat sie im Verkehrskonzept für die neuen Bundesländer auch einen besonderen Rang. Aufgrund ihrer beachtlichen Transportleistung – gut 15 % der Gesamtleistung im Güterverkehrsmarkt – ist die Binnenschiffahrt ein integraler Bestandteil moderner Transportketten.

Für Deutschland als exportorientierte Wirtschaftsnation ist die Seeschiffahrt unverzichtbar, gehen doch jährlich 200 Mio. Tonnen Güter über hohe See. Gerade sie läßt sich hervorragend in internationale Logistikketten eingliedern. Dies setzt allerdings voraus, daß die technologisch vielseitigen Möglichkeiten von der verladenden Wirtschaft stärker genutzt werden. Dazu gehört auch, die Schnittstellen in den Seehäfen weiter zu optimieren und den Seehafenhinterlandverkehr vor allem mit Eisenbahn und Binnenschiff weiter auszubauen.

Der Luftverkehr hat im Personenverkehr über größere Entfernungen und im internationalen Verkehr mit hochwertigen Gütern seinen festen Platz. Durch die zunehmende globale Verflechtung der Industrie gewinnt er mehr und mehr an Bedeutung. Künftig werden auch die Flughäfen eine wichtigere Rolle als Schnittstellen zwischen den verschiedenen Verkehrsträgern wahrnehmen. Hier erfüllen Schiene und Straße eine wichtige Zubringerfunktion. Die Länderverkehrsminister haben sich zu Recht für eine verbesserte Koordinierung der Infrastrukturplanungen für die Verkehrsflughäfen ausgesprochen.

Verkehr bedeutet Zukunft!

Die Entwicklung der Mobilität im kommenden Jahrhundert wird für die Bedeutung des Standortes Deutschland ein maßgebliches Kriterium sein.

Wie diese Mobilität am besten organisiert werden kann, darüber müssen wir uns angesichts eines weltweit zunehmenden Verkehrsaufkommens, knapper werdender Ressourcen und der Notwendigkeit, verkehrsverursachte Umweltbelastungen zu reduzieren, bereits heute Gedanken machen.

Über Jahre hinweg lautete die Formel: Wirtschaftswachstum ist mit Verkehrswachstum gekoppelt. Dies kann heute so nicht mehr uneingeschränkt gelten. Wir würden in einer Sackgasse landen, wenn wir die Entwicklungen der letzten Jahrzehnte nur fortschreiben würden, in denen das Verkehrswachstum fast ausschließlich auf der Straße und in der Luft stattgefunden und zu steigenden Belastungen geführt hat. Heute ist die zentrale Aufgabe der Verkehrspolitik, die Rahmenbedingungen so zu gestalten, daß eine hohe Mobilität von Menschen und Gütern auch in Zukunft möglich sein wird, aber ohne ungebremstes Verkehrswachstum!

Wir treffen erneut auf den klassischen Zielkonflikt der Verkehrspolitik: Wirtschaftliche Gründe sprechen für mehr Verkehr, Umweltgesichtspunkte sprechen für weniger Verkehr. Eine moderne verkehrspolitische Strategie muß darauf abzielen, die Abwicklungskapazitäten der einzelnen Verkehrsträger für sich oder im Verbund zu optimieren und die Verkehrszuwächse so effizient und umweltverträglich wie möglich zu bewältigen. Mehr Mobilität für Personen und Güter bei weniger Verkehr, die Zahl der Fahrten und damit die Belastungen für Mensch und Umwelt reduzieren, die Fahrten aber besser ausnutzen und damit mehr transportieren – dies ist unsere Zielsetzung, die wir mit einem marktwirtschaftlich orientierten integrierten Gesamtverkehrskonzept realisieren wollen. Die vier „V“ – Verkehr vermeiden, verlagern, vernetzen, verbessern – bestimmen die Handlungsstrategien.

Wie muß eine „moderne Infrastruktur" gestaltet werden?

Das Konzept darf sich nicht allein auf den Ausbau der Verkehrswege beschränken, sondern muß eine effiziente und umweltschonende Nutzung ermöglichen. Der Aufgabenkatalog ist klar definiert:

- Der Güterverkehr muß besser gemanagt, leistungsfähiger gestaltet und umweltschonender abgewickelt werden.
- Intelligente Verkehrssysteme müssen den Verkehr vernetzen, optimieren und auch sicherer gestalten.
- Der Ausbau der Verkehrsinfrastruktur muß verstärkt der Nutzungsoptimierung dienen. Optimierte Nutzung vorhandener Verkehrsinfrastruktur muß Vorrang vor Ausbau erhalten.
- Privates Engagement für Verkehrsinfrastruktur muß nachdrücklich gestärkt und gegebenenfalls finanziell unterstützt werden.
- Die Auswirkungen des Verkehrs auf die Umwelt müssen so gering wie möglich gehalten werden. Umweltschonende Fahrzeugtechnologien müssen dazu beitragen, daß die Belastungen auch bei steigendem Verkehrsaufkommen sinken.
- Ein leistungsfähiges europäisches Verkehrssystem muß die Integration ganz Europas im Auge haben. Lösungen müssen verstärkt auf europäischer Ebene gesucht werden. Das erfordert gemeinsam zu planen in Form Transeuropäischer Netze (TEN), aber national zu finanzieren und zu bauen.

Das Verkehrsmanagement muß verbessert werden, die Arbeitsteilung zwischen den Verkehrsträgern muß effizienter und die Transportabläufe müssen rationeller gestaltet werden. Dazu gehört auch, unnötige Transporte, Umweltbeeinträchtigungen und Kosten zu vermeiden. Diese Strategie könnte eine „Entkoppelung" von Wirtschafts- und Verkehrswachstum ermöglichen – eine Strategie, die zwischen Wirtschafts- und Energiewachstum bereits gelungen ist.

Zunächst muß natürlich jeder Verkehrsträger für sich seine Leistungsfähigkeit optimieren. Ein wesentlicher Ansatzpunkt zur Rationalisierung ist der Einsatz elektronischer Logistikkonzepte.

Kein Verkehrsträger wird den Verkehr der Zukunft allein bewältigen können; kaum würde auch eine Verlagerung nur von einem auf den anderen Verkehrsträger den gewünschten Erfolg bringen. Die Vernetzung der Verkehrsträger untereinander und die Bildung intermodaler Transportketten sind entscheidende Voraussetzungen für ein integriertes Verkehrssystem. Dabei sind das Engagement, die Initiative und eine enge Kooperation aller Beteiligten wichtig. Erfreulicherweise ist die frühere Konkurrenz- bzw. Konfrontationsstrategie zwischen den Verkehrsträgern überwunden.

Zur Verbesserung des Verkehrsmanagements ist die Einführung moderner Informations-, Kommunikations- und Leittechniken im Verkehr – „Telematik" – dringlich, um die notwendige „Informationsvernetzung" für verkehrsträgerübergreifende Transportabläufe zu schaffen. Der verstärkte Einsatz dieser Systeme wird erheblich zur effizienteren Nutzung der Verkehrsinfrastruktur, zur Erhöhung der Verkehrssicherheit und zur Verringerung von Umweltbelastungen beitragen. Den Standort Deutschland profiliert, daß deutsche Politik und Industrie im guten Zusammenwirken bei der Telematik eine Vorreiterrolle in Europa, wahrscheinlich sogar weltweit errungen haben.

Einstweilen ist ein weiterer Ausbau der Verkehrsinfrastruktur notwendig, wie schon aufgezeigt, mit Vorrang in den neuen Bundesländern und für die umweltfreundlichen Verkehrsträger. Die Infrastruktur muß so ausgebaut werden, daß sie insbesondere an den Schnittstellen der Verkehrsträger (Güterverkehrszentren, Umschlaganlagen des Kombinierten Ladungsverkehrs [KV], See- und Binnenhäfen, Flughäfen, Bahnhöfe) eine gute Verknüpfung und einen problemlosen Wechsel ermöglicht.

Aufgrund der zentralen Lage Deutschlands in Europa ist das Investitionsvolumen für eine bedarfsgerechte Gestaltung unserer Verkehrsinfrastruktur immer noch sehr hoch. Es wäre wünschenswert, wenn mehr Geld zur Verfügung stünde. Neue Finanzierungsmodelle sind da hilfreich. Mit einer stärkeren Einbeziehung privaten Kapitals sind neue, erfolgversprechende Wege beschritten worden.

Die private Vorfinanzierung im Rahmen des „Konzessionsmodells" ermöglicht den vorgezogenen Bau volkswirtschaftlich dringlicher Projekte. Der Planung eines „Betreibermodells" nach dem Fernstraßenbaufinanzierungsgesetz liegt eine „echte" private Gestaltung und Durchführung von Finanzierung, Bau, Betrieb und Refinanzierung im Straßenbau zugrunde. Dieses Finanzierungsmodell muß weiter ausgebaut werden, sobald die noch zu engen EU-rechtlichen Möglichkeiten erweitert worden sind.

Der Grundsatz gilt: Mobilisierung von Privatkapital ja, Privatisierung von Bundesfernstraßen in ihrer Substanz nein. Wenn die jetzt zeitbezogen erhobene Straßenbenutzungsgebühr für schwere Lkw zu Beginn des nächsten Jahrzehnts durch eine nutzungsabhängige Gebühr abgelöst wird, werden sich auch für die private Finanzierung von Fernstraßen neue Perspektiven eröffnen.

Das zu erwartende Verkehrswachstum muß umweltverträglich bewältigt werden. Die Verkehrsträger Schiene und Binnenschiff müssen daher am zukünftigen Verkehrswachstum stärker beteiligt werden. Die Möglichkeiten des Kombinierten Ladungsverkehrs als Mittel zur Vernetzung der Verkehrsträger müssen stärker genutzt werden. Zwar besitzt der Straßengüterverkehr auf den kurzen Distanzen und in der Flächenbedienung unbestrittene Vorteile. Doch wegen der zunehmenden internationalen Arbeitsteilung nehmen die Güterverkehre auf den langen, für den Kombinierten Ladungsverkehr besonders geeigneten Distanzen zu. Wichtig ist, daß unter Kombiniertem Ladungsverkehr sowohl die Verknüpfung von Schiene und Straße als auch von Wasserstraße, Schiene und Straße (neben dem Binnenschiff auch der Seeverkehr – „from road to sea“ –) verstanden wird und daß Schiene, Straße und Wasserstraße als gleichwertige Partner an einer gemeinsamen Transportkette mitwirken.

Umweltschonendere Fahrzeug- und Fahrwegtechnologien müssen dazu beitragen, daß die verkehrsbedingten Umweltbelastungen auch bei zunehmendem Verkehr weiter sinken. Die Senkung der Verbrauchs- und Emissionswerte steht eindeutig im Vordergrund. Die bereits erzielten Fortschritte (verschärfte Abgasnormen in der EU, emissionsbezogene Kfz-Steuer, Reduzierung des Schwefelgehaltes in Dieselkraftstoffen) sind Antrieb, diesen Weg konsequent fortzusetzen. Auch neue Konstruktionen am Fahrweg – z. B. Flüsterasphalt – können helfen, Lärmemissionen zu reduzieren.

Die marktkonforme Ausgestaltung des Verkehrswesens schafft Anreize, aber auch nützliche Zwänge, die Transportkapazitäten optimal auszunutzen und eine sinnvolle Nutzung der Infrastruktur zu organisieren. Die privatwirtschaftliche Produktion von Dienstleistungen im Wettbewerbsmarkt ist gewollt und wird durch staatliche Ordnungspolitik unterstützt. Ein Irrweg wäre es, wollte man die notwendige Mobilität durch dirigistische Eingriffe und eine drastische Verteuerung des Verkehrs, gar auch noch in nationalem Rahmen, begrenzen. Dieser auf den ersten Blick zwar umweltpolitisch reizvoll erscheinende Ansatz ist in seinen gesamtwirtschaftlichen Auswirkungen kontraproduktiv, denn er verschlechtert die Wettbewerbssituation deutscher Unternehmen im europäischen Binnenmarkt.

Übrigens: Wo keine oder zu geringe Gewinne erzielt werden, kann auch nicht in moderne und emissionsarme Fahrzeuge investiert werden. Die erwünschte Verlagerung auf umweltfreundlichere Verkehrsträger läßt sich nicht durch staatliche, dirigistische Eingriffe, sondern viel eher durch das Angebot marktfähiger und überzeugender Transportlösungen erreichen.

Die Mitgliedstaaten der Europäischen Union haben für die Gestaltung einer gemeinsamen europäischen Verkehrspolitik bereits wichtige Etappen zurückgelegt. Die Abschaffung obligatorischer Tarife und mengenmäßiger Beschränkungen im grenzüberschreitenden Straßengüterverkehr, erste Schritte zur Verbesserung der Interoperabilität der Schienennetze und nicht zuletzt die gemeinsame Planung grenzüberschreitender Verkehrsinfrastruktur sind für das Zusammenwachsen des Europäischen Binnenmarktes von hoher Bedeutung. Diesen Weg müssen wir fortsetzen und dafür sorgen, daß die Unternehmen in Europa ein leistungsfähiges Verkehrssystem nutzen können.

Ein zukunftsfähiges Verkehrssystem des 21. Jahrhunderts muß insgesamt effizienter und gleichzeitig auch umweltgerechter sein. Steigende Mobilität als Basis unseres Wohlstands und Schutz der Umwelt können miteinander vereinbart werden. Eine moderne Industrie- und Exportnation wie die Bundesrepublik Deutschland hat mit einer leistungsfähigen Verkehrsinfrastruktur die besten Möglichkeiten, ihre Position im Wettbewerb in Europa zu behaupten und mit ihrer Standortqualität Investoren aus dem In- und Ausland anzuziehen. Das ist die entscheidende Frage unseres künftigen Arbeitsmarktes.

PETER JACOBY

Haushaltskonsoliderung ist Grundlage erfolgreicher Wirtschaftspolitik

Wenn von Zeit zu Zeit vom „Schicksalsbuch der Nation“ die Rede ist, dann ist regelmäßig der jährlich vom Parlament zu verabschiedende Bundeshalt gemeint. Mit diesem Begriff erhalten die Fülle von Zahlen und die trockene Materie der Haushaltspolitik eine ihrer Bedeutung angemessene Bezeichnung. Trotzdem bleiben Fragen der Haushaltspolitik für die Öffentlichkeit zumeist kompliziert und unüberschaubar.

Aber gerade die für den Wirtschaftsstandort Deutschland zentrale Bedeutung der finanz- und geldpolitischen Stabilität und die Notwendigkeit der Haushaltskonsolidierung über den Tag hinaus machen eine intensive Beschäftigung mit Fragen der Haushaltspolitik unter makroökonomischen Gesichtspunkten unumgänglich.

Die Wirtschaft unseres Landes ist nicht eine staatlich verordnete Inszenierung, sondern das Zusammenwirken eigenständiger und unterschiedlichster Faktoren. Bei aller Bedeutung von Standortfaktoren wie Arbeitskosten und Arbeitsflexibilität oder Qualifikation der Arbeitskräfte und Infrastruktur wird leicht übersehen, welche Bedeutung die finanz- und geldpolitische Stabilität für die wirtschaftliche Entwicklung eines Landes hat. Insofern ist klar, daß neben anderen Rahmenbedingungen und Standortfaktoren insbesondere eine solide und verläßliche Haushalts- und Finanzpolitik eine wesentliche Basis für eine positive Wirtschaftsentwicklung darstellt.

Stabilität in diesem Bereich war bisher ein entscheidender Garant für den wirtschaftlichen Erfolg der Bundesrepublik Deutschland. Das dokumentiert der Vergleich der Staatsquote, also der Anteil der Staatsausgaben am Bruttoinlandsprodukt, mit den jeweiligen Wirtschaftsdaten verschiedener Jahre. In Zeiten, in denen die Entwicklung des Staatshaushaltes aus dem Ruder lief, kam es immer auch zu ungünstigen Wechselwirkungen mit dem wirtschaftlichen Geschehen. Im Jahr 1982, also im letzten Jahr der sozialliberalen Koalition, lag die Staatsquote bei 50,1 %. Nach der Wende konnte die Regierung Kohl in einem beispiellosen Kraftakt diesen Wert bis auf 45,8 % im Jahr

1989 reduzieren. Damit einher ging eine deutliche Verbesserung der wirtschaftlichen Bedingungen in der Bundesrepublik: Wirtschaftswachstum, Abbau der Steuerlast durch eine mehrstufige Steuerreform, mehr Investitionen und ein deutlicher Zuwachs von Arbeitsplätzen. Damit wurde die volkswirtschaftliche These, wonach die Konsolidierung von Staatshaushalten, also die Zurückhaltung bei öffentlichen Ausgaben, höheres Wirtschaftswachstum begünstigt, eindrucksvoll in der Realität belegt.

Die Wiedervereinigung zu Beginn der 90er Jahre stellte allerdings in der Folge dann für die Haushalts- und Finanzpolitik in Deutschland eine erneute und unerwartete Herausforderung dar, deren Ausmaß uns noch weitere Jahre und Jahrzehnte beschäftigen wird. Durch die unausweichlich notwendigen vereinigungsbedingten Sonderausgaben und Transferleistungen war es unumgänglich, den Anteil der Staatsausgaben im wiedervereinigten Deutschland als Folge 40jähriger staatssozialistischer Mißwirtschaft in der DDR zu erhöhen. Es ging vor allem darum, durch die Finanzierung einer modernen Infrastruktur, etwa im Verkehrs- und Telekommunikationsbereich, die Grundvoraussetzung für wirtschaftliche Entwicklungsperspektiven in den neuen Bundesländern zu schaffen. Zusätzlich mußten im Sinne einer Angleichung der Lebensverhältnisse gigantische Mehrausgaben in den Sozialsystemen und in der Arbeitsmarktpolitik geleistet werden, so daß die Staatsquote Anfang der 90er Jahre noch einmal nahezu 51 % erreichte.

Die Bundesregierung hat sich zu Beginn der laufenden Legislaturperiode des Deutschen Bundestages zum Ziel gesetzt, diese Quote im Jahr 2000 auf den Wert von 46 %, also fast auf den Stand vor der Wiedervereinigung, zu reduzieren. Durch die an den Maastricht-Kriterien orientierte strenge Konsolidierungspolitik des Bundes konnte die Staatsquote für 1998 bereits auf 48 % zurückgeführt und damit ein wichtiger Schritt in die richtige Richtung getan werden. Der Erfolg der Bemühungen der Bundespolitik zur Rückführung des Staatsanteils an den gesamtwirtschaftlichen Leistungen läßt sich auch am Anteil der Bundesausgaben am Bruttoinlandsprodukt ablesen. Dieser beläuft sich derzeit auf 12 %. Zum Vergleich: 1982, im letzten Jahr der SPD-Regierung unter Helmut Schmidt, lag dieser Wert noch bei 15,4 %. Legt man diese Quote dem diesjährigen Haushalt der Bundesregierung zugrunde, so müßten die Ausgaben um 130 Mrd. DM höher liegen. Allein diese Zahl macht klar, welche enormen Konsolidierungsleistungen in der deutschen Haushaltspolitik schon erbracht wurden.

Auch eine weitere Zahl ist sehr aufschlußreich und läßt einen direkten Leistungsvergleich zwischen früherer und heutiger Haushaltspolitik zu. Der Anteil der Nettokreditaufnahme des Bundes am Bruttoinlandsprodukt liegt 1998 bei 1,5 %. Im letzten Jahr der sozialliberalen Koalition unter Bundeskanzler Helmut Schmidt lag dieser Anteil bei 2,3 %. Die nüchternen Zahlen dokumentieren auch hier die Anstrengungen der gegenwärtigen Koalition.

Seit der Wiedervereinigung flossen mehr als 1.000 Mrd. DM an öffentlichen Nettotransfers in die neuen Länder. Allein der Bundeshaushalt wurde mit 600 Mrd. DM netto belastet. Es ist und bleibt eine besondere Leistung der Haushaltspolitik, daß in der jetzt zu Ende gehenden Legislaturperiode von 1994 bis 1998 die Ausgaben des Bundes insgesamt nicht angestiegen sind, sondern sich sogar leicht verringert haben. Gleichzeitig ist das Bruttoinlandsprodukt um 15 % gestiegen. Dieses Ergebnis konnte nur durch eine grundlegende Konsolidierungspolitik mit nachhaltigen Umschichtungen und Umstrukturierungen im Haushalt erreicht werden. Zu dieser Politik gab und gibt es keine Alternative. Die Opposition fordert demgegenüber von Jahr zu Jahr Mehrausgaben in Millardenhöhe und blockiert gleichzeitig im Bundesrat Reformgesetze, die weitere spürbare Entlastungen und zudem strukturelle Verbesserungen bringen würden.

Dessenungeachtet und allen Widrigkeiten zum Trotz zeigt die Politik der Bundesregierung erkennbare Wirkungen. Im ersten Quartal 1998 konnte beim Bruttoinlandsprodukt die höchste Steigerung seit der Wiedervereinigung verzeichnet werden. Die starke Exportkonjunktur ist auch auf die Binnennachfrage übergesprungen. Die Investitionen in Anlagen und Ausrüstungen sind um über 10 % gestiegen. Viele Branchen sind bereits an ihre Kapazitätsgrenzen gelangt. Das wirkt sich auch entlastend auf den Arbeitsmarkt aus. Im Westen gibt es wieder einen realen Anstieg an Arbeitsplätzen. Diese positiven Wirtschaftssignale sind erste Erfolge der bisherigen Reformgesetze, wie der Abschaffung der Vermögens- und Gewerbekapitalsteuer, der Flexibilisierung des Arbeitsrechtes und kostensenkender Maßnahmen im Gesundheits- und Rentensystem. Erneut wird der Nachweis erbracht, daß die Rückführung der Staatsquote, verbunden mit einer Politik der Senkung von Abgaben – also Aufgaben der Haushalts- und Finanzpolitik –, elementare Auswirkungen auf Wirtschaft und Arbeitsmarkt hat.

Trotz aller erkennbaren Konsolidierungsbemühungen bleibt die Last der vor uns liegenden Aufgaben groß. Dies wird am deutlichsten, wenn man die nach wie vor viel zu hohe Schuldenlast der öffentlichen Hand betrachtet. Sie stellt eine Hypothek für spätere Generationen dar und engt die aktuellen und zukünftigen Handlungsspielräume der Politik spürbar ein. Eine ansteigende Gesamtverschuldung wirkt sich zudem in hohem Maße restriktiv auf die gesamtwirtschaftlichen Entwicklungsmöglichkeiten aus. Immer mehr staatliche Gelder fließen in den unproduktiven Schuldendienst und stehen nicht mehr für notwendige Investitionen in Infrastruktur- und Innovationsmaßnahmen zur Verfügung. Der Staat bedient sich am Kapitalmarkt, ein Zinsanstieg ist die Folge – zum Schaden der Wirtschaft. Da sich Unternehmen bei ihrem Investitionskalkül am Niveau der Kapitalmarktzinsen orientieren, kommt auch hier der Konsolidierungspolitik des Staates hohe Bedeutung zu. Würde der Bund seine Kreditaufnahme für Investitionszwecke ausweiten, wären auf den internationalen Märkten zwangsläufig negative Zinseffekte die Folge. Schon geringfügige Zinssteigerungen als Folge fehlenden internationalen Vertrauens in die Ernsthaftigkeit des deutschen Konsolidierungswillens multiplizieren sich im privatwirtschaftlichen Sektor unserer Volkswirtschaft zu gewaltigen Belastungen. Dies gilt um so mehr, als steigende Kapitalmarktzinsen tendenziell auch inflationäre Entwicklungen nach sich ziehen. Die Zinsbelastung der öffentlichen Haushalte stellt deshalb das gravierendste Problem für die zunehmende Handlungsunfähigkeit der öffentlichen Finanzen dar.

Wurden aus dem Bundeshaushalt im Jahr 1969 gerade 2,2 Mrd. DM an Zinsausgaben geleistet – das waren 2,7 % der Gesamtausgaben –, so hatten sich bis 1982 diese Ausgaben auf 22 Mrd. DM oder 9 % der Gesamtausgaben verzehnfacht. 1998 wird die Zinsbelastung für den Bund 88,5 Mrd. DM betragen, davon sind allein 32 Mrd. DM vereinigungsbedingt. Bis zum Jahr 2000 wird die Zinslastquote auf gut 22 % ansteigen. Schon diese Zahlen sollten jedem politisch Verantwortlichen klarmachen, daß der Abbau von Defiziten und die Zurückführung von Schulden höchste Prioriät haben müssen.

Die Kritik am Konsolidierungskurs der Bundesregierung ist vor diesem Hintergrund nicht nur abwegig, vielmehr muß klar gesagt werden: Die bisherigen Bemühungen reichen nicht aus, im Gegenteil. Eine Politik der intensiven und nachhaltigen Schuldenreduktion müßte eigentlich von allen politischen Gruppierungen auf allen Ebenen vorgenommen werden. Ansonsten werden wir in Zukunft unsere Menschen und unsere Wirtschaft unerträglichen Belastungen aussetzen. Diese Entwicklung ist eine Bedrohung für unser gesellschaftliches und politisches System insgesamt.

Ein weiteres Problem liegt in der Fehlleitung der Haushaltsausgaben vom investiven zum konsumptiven Bereich. Werden staatliche Gelder dazu verwendet, um Maßnahmen der Infrastruktur, Investitionen in Zukunftsbereiche und Projekte der nachhaltigen Wirtschaftsförderung zu ermöglichen, dann rechnet sich auch eine teilweise Kreditfinanzierung, denn den Belastungen stehen entsprechende Erträge gegenüber. Öffentliche Investitionen spielen deshalb auch unter volkswirtschaftlichen Gesichtspunkten eine gewisse Rolle. Dies sollte jedoch nicht, wie so oft in der Vergangenheit, dazu verleiten, wegen vermeintlicher konjunkturfördernder Effekte in Zeiten geringeren Wachstums die Staatsverschuldung anwachsen zu lassen. Das Gegensteuerungsinstrument der staatlichen Nachfrage – das ist die Lehre, die wir insbesondere aus den 70er Jahren ziehen können – ist zur stumpfen Waffe geworden. Die erwarteten Effekte sind verpufft, gigantische Schulden geblieben. Wie bereits am Anfang gesagt: Die Wirtschaft ist keine vom Staat inszenierte Veranstaltung. Sie besteht aus dem Zusammenwirken einer Fülle von Akteuren und Faktoren. Als Nachfrager ist der Staat nur einer unter vielen. Gerade Politiker aus dem linken Spektrum, die mental offenbar dem Gedanken der Staatswirtschaft nachhängen, überschätzen vielfach die Funktion öffentlicher Ausgaben als Konjunkturmotor. Von zentraler Wichtigkeit sind vielmehr die privatwirtschaftlichen Investitionen, denn im längerfristigen Durchschnitt entfallen fast 90 % aller volkswirtschaftlichen Anlageinvestitionen auf Unternehmen. Der Anteil des Staates beträgt nur ca. 10 %. Von den öffentlichen Anlageinvestitionen sind wiederum nur ein Achtel Bundesinvestitionen. Schon diese Zahlen machen deutlich, daß der Förderung der Dynamik privater Investitionen durch eine vertrauensbildende Konsolidierungspolitik des Staates höhere Bedeutung zukommt als nur kurzfristig wirkenden Konjunkturprogrammen.

Besorgniserregend ist zudem der zunehmende Schwerpunkt staatlicher Ausgaben im konsumptiven Bereich. Zu nennen sind schwerpunktmäßig Subventionen, Sozialtransfers, aber auch die Personalkostenentwicklung im öffentlichen Dienst. So hatte es seinen guten Grund, daß in den Bundeshaushalten von 1995 bis 1998 der Personalbestand jährlich zwischen 1,5 und 2 % gesenkt wurde. Das Ergebnis: Heute hat die Bundesverwaltung etwa den gleichen Mitarbeiterstand wie vor der Wiedervereinigung. Allerdings sind bei der Finanzierung von Beamtenpensionen für die kommenden Jahren ausufernde Belastungen für die öffentlichen Haushalte zu erwarten. Hier sind inbesondere auch die Länder und Kommunen betroffen. Bis zum Jahr 2010 wird dort eine Verdreifachung der Ausgaben prognostiziert. Solche und andere Entwicklungen werden die bereits vorhandene Disparität zwischen investiven und konsumptiven Staatsausgaben weiter verschärfen.

Beginnend mit der zweiten Hälfte der 70er Jahre haben sich die Ausgaben für den gesamtgesellschaftlichen Konsum zu Lasten der Investitionen ständig ausgeweitet. War das Verhältnis früher ausgewogen, so liegt der Betrag aller Sozialtransfers heute mit rund 1.200 Mrd. DM um etwa 400 Mrd. DM über dem Betrag aller Investitionen von rund 800 Mrd. DM. In der Saldenmechanik der volkswirtschaftlichen Gesamtrechnung gilt die Faustformel, wonach die makroökonomischen Verhältnisse eines Staates unter anderem dann als einigermaßen gesund anzusehen sind, wenn beide Beträge einander ungefähr entsprechen. Dies ist jedoch schon seit 20 Jahren nicht mehr der Fall. Anstatt diese alarmierenden Zahlen ernst zu nehmen und gesamtgesellschaftlich umzusteuern, wollen nicht wenige diese Fehlentwicklung mit vordergründigen sozialen Begründungen noch weiter treiben und blockieren dringend notwendige Reformen unserer Sozialsysteme. Wer wie die Koalition aus CDU/CSU und FDP dieses Thema offensiv angeht, muß sich immer noch den Vorwurf des „Sozialabbaus" gefallen lassen. Doch die nüchternen Zahlen sprechen eine andere Sprache. Zwischen 1991 und 1998 stiegen die Ausgaben des

Bundes für die soziale Sicherung um rund 48 % von 117 Mrd. auf 173 Mrd. DM. Alle übrigen operativen Ausgaben, d. h. alle Bundesausgaben ohne Sozialetats und Zinslasten, sanken von 222 Mrd. DM um 10 % auf 200 Mrd. DM. Diese Entwicklung birgt hochbrisanten Sprengstoff für unser Wirtschafts- und Finanzsystem.

Die alten Konzepte sind schon seit längerem an ihre Grenzen gestoßen. Eine neue Haushalts- und Finanzpolitik ist erforderlich. Wir brauchen in Deutschland eine breite Diskussion über innovative Konzepte, neue Prioritätensetzungen und die Neudefinition staatlicher Aufgaben – alles Themen, die weit über den enggefaßten Bereich der Haushaltspolitik hinausgehen. Weil sich der Zustand der öffentlichen Finanzen allerdings in der schonungslosen Zusammenschau der Haushaltsgesetze, in den nüchternen und ernüchternden Zahlen des „Schicksalsbuches der Nation" fokussiert, muß von der Haushalts- und Finanzpolitik der Anstoß für diese überfällige Diskussion ausgehen. Dabei müssen alle staatlichen Bereiche auf den Prüfstand. Hier muß sich haushaltspolitische Vernunft gegen Partikularinteressen durchsetzen, eine mehr als schwierige Aufgabe. Das Zitat des britischen Politikers Antony Eden gilt auch heute noch: „Jeder erwartet vom Staat Sparsamkeit im allgemeinen, aber Freigebigkeit im besonderen."

Die Macht, über die Mittel für die Regierung zu entscheiden, ist die wichtigste Kompetenz der Parlamente. Was wir brauchen, ist ein parteiübergreifender Konsens über die Tatsache, daß unsere Finanzen im Sinne einer Konsolidierung neu geordnet werden müssen. Dies müßte eine Selbstverpflichtung aller politischen Kräfte werden, zumal schon jetzt unser Budgetrecht von außen beschnitten wird. Die Konvergenzkriterien für die europäische Wirtschafts- und Währungsunion und den europäischen Stabilitätspakt setzen uns enge Grenzen in der Frage der Defizitbildung und sind eine dauerhafte Aufforderung zur Haushaltskonsolidierung. Trotzdem kann uns dies nicht von weitergehenden Anstrengungen befreien. Zwar ist auf europäischer Ebene ein bestimmter Handlungsrahmen definiert (das jahresbezogene Defizit darf nicht mehr als 3 % des BIP betragen, das Gesamtdefizit der öffentlichen Hand darf nicht über 60 % liegen), allerdings ist die Frage, wie man diese Konsolidierungsziele erreicht, einzig und allein Angelegenheit der Mitgliedstaaten. Während andere europäische Länder wie zum Beispiel die Niederlande oder Großbritannien nach teilweise schwierigem Umsteuern erfolgreiche Strukturreformen ihrer Finanz- und Wirtschaftspolitik erreicht haben, hinken wir in Deutschland – nicht zuletzt infolge der Reformverweigerung durch die Opposition – der Entwicklung hinterher. Doch gerade in der Bundesrepublik sind die Herausforderungen, bedingt durch die Sonderlasten der Wiedervereinigung, besonders groß.

Es ist der Bonner Regierungskoalition nicht vorzuwerfen, daß in diesem Bereich zuwenig geschehen ist, im Gegenteil. Wenn man sich die Diskussion um das Programm für mehr Wachstum und Beschäftigung, die Reform des Arbeitsförderungsgesetzes, die Gesundheitsstrukturreform, die Rentenreform, die Reform des öffentlichen Dienstes und insbesondere die Steuerreform betrachtet, so wurde von der verfaßten öffentlichen Meinung in der Bundesrepublik der Regierungskoalition immer wieder der Vorwurf gemacht, man würde den Menschen zuviel auf einmal zumuten. Leider hat die Blockade durch die SPD-regierten Länder im Bundesrat die Vorhaben der CDU/CSU-FDP-Koalition immer wieder verwässert oder in ihrer Umsetzung verzögert. Die Verweigerung der großen Steuerreform, das Thema mit der größten politischen Symbolkraft, legte sich wie Mehltau über die Republik. Dadurch ist trotz vorhandener Konsolidierungserfolge der Eindruck der Unbeweglichkeit entstanden.

Was ist zu tun, damit wir in der konkreten Ausgestaltung der Haushaltspolitik den Herausforderungen gerecht werden können? Der Staat muß sich zunächst auf seine hoheitlichen Aufgaben beschränken. Das bedeutet, daß alle anderen Aufgaben darauf überprüft werden müssen, ob sie nicht vom privaten Sektor kostensparender geleistet werden können. Alle Erfahrungen, die im Zusammenhang mit der Privatisierung gemacht wurden, unterstreichen die These, daß dies ein richtiger Weg zur Ausgabensenkung ist. Denn wenn die Lösung von Aufgaben dem freien Wettbewerb unterliegt, führt dies meist zu effizienteren und kostengünstigeren Ergebnissen. Deshalb ist die Umsetzung des „schlanken Staates" eine Überlebensfrage für unsere Volkswirtschaft. Der Staat muß sich darüber hinaus von allen nicht finanziell oder hoheitlich notwendigen Beteiligungen trennen. Mit seiner Privatisierungspolitik, wie zum Beispiel bei der Telekom oder der Lufthansa, hat der Bund große Erfolge erzielt. Die Veräußerung von Unternehmensbeteiligungen der öffentlichen Hand muß auch in Zukunft weitergeführt werden. Im diesem Feld sind insbesondere auch die Länder und Kommunen gefordert. So betreiben Städte und Gemeinden nach wie vor etwa 100.000 privatisierungsfähige Einzelbetriebe. Die hier ruhenden Einnahme- und Einsparpotentiale sind beträchtlich.

Als ein hervorragendes Instrument hat sich auch die vom Bund eingeführte private Vorfinanzierung öffentlicher Investitionen erwiesen. Die Bilanzen der ersten abgeschlossenen Projekte sind sehr positiv. Einerseits werden durch die Vorfinanzierung die angespannten öffentlichen Haushalte zunächst entlastet, andererseits werden die Projekte auf diese Weise schneller und wirtschaftlicher durchgeführt. Dies gilt speziell für Bauvorhaben. Wenn die Projekte von privaten Konsortien durchgeführt werden, können diese ihr spezifisches Knowhow in Planung und Umsetzung einbringen. Dies verringert Zeitaufwand und Kosten und entlastet zusätzlich die sonst damit beschäftigten staatlichen Planungsstellen, die sich auf ihre hoheitlichen Aufgaben beschränken können. Aus Sicht der Haushaltspolitik ist darauf hinzuweisen, daß durch den Einsatz privater Vorfinanzierung unter der Voraussetzung, daß parlamentarische Kontrolle und Transparenz gewährleistet sind, nicht etwa das parlamentarische Budgetrecht ausgehebelt oder mit „Schattenhaushalten“ operiert wird. Dieser Vorwurf, der immer wieder erhoben wird, ist falsch. Es geht bei diesem Verfahren einzig und allein um einen kostengünstigeren Einsatz von Steuergeldern und eine schnellere Realisierung von Großprojekten.

Die Haushaltspolitik der Bundesregierung hat sich in der zurückliegenden Legislaturperiode an einem strikten Konsolidierungskurs orientiert. Erkennbare Erfolge sind das Ergebnis. Auch für die Zukunft müssen die notwendigen Maßnahmen und richtigen Instrumente angewandt werden, um den Zielen Konsolidierung und Defizitabbau gerecht zu werden. Dies ist die Basis eines Aufschwungs mit spürbar mehr Arbeitsplätzen, weniger Soziallasten und mehr Steuereinnahmen. Denn nur wenn wir in den Haushalten die Einnahmeseite verbessern, können wir bei gleichzeitiger konsequenter Ausgabenreduktion die Defizite nachhaltig abbauen und zu einer Sanierung der Staatsfinanzen gelangen.

Die Zurückführung der Staatsquote, die Verringerung der Steuer- und Abgabenlast sowie die Reduzierung der Nettokreditaufnahme sind die Wirkstoffkombination, mit der die Finanz- und Haushaltspolitik zur Verbesserung des Wirtschaftsstandortes Deutschland beitragen kann. Diese gesamtwirtschaftlichen Eckwerte haben entscheidende Bedeutung für Wachstum, Beschäftigung, Leistungsbereitschaft, Motivation und Stabilität. Sie sind der notwendige Schritt auf dem Weg zu besseren Investitionsbedingungen und mehr Arbeitsplätzen in der deutschen Volkswirtschaft. Nur mit konsolidierten Haushalten können wir in Zukunft erfolgreich Wirtschaftspolitik betreiben.

MANFRED KOLBE

Perspektiven für den Aufschwung Ost

Der Aufbau Ost ist kein statischer, sondern ein dynamischer Prozeß. Verschiedene Aufbauphasen wechseln einander ab und überlagern sich teilweise. Die Wachstumsdelle des Jahres 1997 ist einem Wechsel der Auftriebskräfte geschuldet, und bereits im ersten Quartal 1998 zeichnet sich ihre Überwindung ab. Auch in Zukunft werden verschiedene Aufbauphasen aufeinanderfolgen. Zuvor ist jedoch noch einmal von der Ausgangslage zur Jahreswende 1989/90 auszugehen.

Jeder, der sich mit dem Aufbau Ost der vergangenen acht Jahre auseinandersetzt, muß bei der desolaten Lage der DDR zur Jahreswende 1989/90 ansetzen. Niemand kann diese authentischer dokumentieren als der damalige Vorsitzende der Staatlichen Plankommission Gerhard Schürer, der nach dem Sturz Honeckers im Oktober 1990 vom SED-Politbüro beauftragt worden war, eine Analyse der ungeschminkten wirtschaftlichen Lage der DDR für den neuen SED-Generalsekretär Egon Krenz anzufertigen. Schürer stellte in seiner Vorlage für das Politbüro des Zentralkomitees des SED vom 30.10.1989 fest:

- „Die Verschuldung im nicht sozialistischen Wirtschaftsgebiet ist seit dem VIII. Parteitag 19… gegenwärtig auf eine Höhe gestiegen, die die Zahlungsfähigkeit der DDR in Frage stellt. Allein ein Stoppen der Verschuldung würde im Jahre 1990 eine Senkung des Lebensstandards um 25–30 % erfordern und die DDR unregierbar machen."
- „In bestimmten Bereichen der Volkswirtschaft sind die Ausrüstungen stark verschlissen, woraus sich ein überhöhter und ökonomisch uneffektiver Instandhaltungs- und Reparaturbedarf ergibt. Hinzu kommt, daß große Investitionsobjekte mit bedeutendem Aufwand nicht den geplanten Nutzen erreicht haben."
- „Der Ausbau der Infrastruktur, darunter das Straßenwesen, mußte insgesamt aufgrund der zurückgehenden Akkumulationskraft vernachlässigt werden; der Verschleißgrad des Autobahn- und Straßennetzes ist hoch."

Schürers Krisenanalyse schließt mit der Forderung: „Es ist eine grundsätzliche Änderung der Wirtschaftspolitik der DDR verbunden mit einer Wirtschaftsreform erforderlich.“ Die DDR wurde dann in den folgenden Monaten auch nicht von außen ein Opfer irgendwelcher angeblicher Imperialisten, sondern ist von innen von der eigenen Bevölkerung wegen des desolaten sozialistischen Wirtschaftssystems wegdemonstriert worden. Vorbild war dabei für die meisten Menschen die erfolgreiche Gesellschafts- und Wirtschaftsordnung der sozialen Marktwirtschaft in der Bundesrepublik Deutschland.

Eine verfehlte sozialistische Volkswirtschaft hat die Menschen über Jahrzehnte in einer der ehemals reichsten Regionen Deutschlands um den Preis ihrer Arbeit und ihres Fleißes gebracht. Noch 1939 betrug der Wert der Industrieproduktion pro Einwohner in Mitteldeutschland 1.380 Reichsmark gegenüber nur 1.185 Reichsmark im Westen Deutschlands. Oder in Sachsen war das Bruttosozialprodukt pro Einwohner etwa doppelt so hoch wie in Baden und Württemberg, während 50 Jahre später das Bruttosozialprodukt pro Einwohner in Baden-Württemberg doppelt so hoch war wie in Sachsen. Es ist ein gewaltiger Erfolg der nationalen Solidarität aller Deutschen, daß es hier wieder zu einer Annäherung gekommen ist, und es wird in den kommenden Jahren noch gewaltige Anstrengungen kosten, damit sich dieser Prozeß fortsetzt.

Erste Aufbauphase: Infrastruktur

Nach der Umgestaltung der grundlegenden Rahmenbedingungen wie Währung, Tarifpolitik und Eigentumsverhältnisse durch die Währungs-, Wirtschafts- und Sozialunion zum 1.7.1990 und den Einigungsvertrag zum 3.10.1990 war es in der ersten Aufbauphase das vorrangige Ziel der CDU-geführten Bundesregierung, die Infrastruktur in den östlichen Ländern möglichst rasch auszubauen, da sie die Voraussetzung für den wirtschaftlichen Erfolg ist. Die hierbei in den letzten acht Jahren erzielten Erfolge sind beeindruckend und politisch auch unumstritten: Noch niemals in der deutschen Geschichte wurde in so kurzer Zeit so massiv die Infrastruktur eines Landesteiles ausgebaut.

Im Mittelpunkt stand naturgemäß die Verkehrsinfrastruktur. 11.500 km Straßen wurden entweder aus- oder neugebaut, davon 370 km Autobahnen erweitert und circa 70 km Autobahnen neu gebaut. 530 km Schienenwege erneuert, und 250 km Wasserstraßen wurden ausgebaut. Eine Schlüsselrolle nehmen dabei die von der Bundesregierung im April 1991 beschlossenen 17 „Verkehrsprojekte Deutsche Einheit" ein, die die rapide wachsenden Verkehrsströme zwischen Ost und West aufnehmen und im nächsten Jahrzehnt fertiggestellt werden sollen. Von 1990 bis Ende 1997 wurden über 76 Mrd. DM investiert, davon rund 40 Mrd. DM in den Schienenbereich, rund 21 Mrd. DM in die Bundesfernstraßen und 1,6 Mrd. DM in die Bundeswasserstraßen.

Am deutlichsten ist der Fortschritt im Bereich der Telekommunikation. 1989 gab es lediglich 1,8 Mio. Telefonanschlüsse in der DDR; diese belegte mit elf Fernsprechanschlüssen pro 100 Einwohner nur den 65. Platz in der Welt, und 72 % der Fernmeldetechnik waren älter als 30 Jahre. Bis Ende 1997 wurde dann in den östlichen Bundesländern eines der modernsten Telekommunikationsnetze der Welt errichtet, mit mehr als 8,3 Mio. Telefonanschlüssen und einem Investitionsvolumen von rund 45 Mrd. DM.

Schließlich hatte wegen des schlechten Zustandes großer Teile des Wohnungsbestandes die Förderung von dessen Modernisierung und Instandsetzung hohe Priorität. Bis heute wurden knapp 500.000 Wohnungen neu gebaut und knapp 5 Mio. Wohnungen modernisiert oder instand gesetzt.

Alle diese Maßnahmen im Infrastrukturbereich haben dazu geführt, daß der Aufschwung Ost in den ersten Jahren ganz wesentlich von der Bauwirtschaft getragen wurde. Die hohen Wachstumsraten im Osten mit 7,8 % in 1992, 9,3 % in 1993 und 9,6 % in 1994 sind im wesentlichen auf den Baubereich zurückzuführen, der während dieser Jahre im Osten den dreifachen Anteil an der gesamten Wertschöpfung hatte wie im Westen.

Umgekehrt ist der Rückgang der ostdeutschen Wachstumsrate auf 1,9 % in 1996 und vor allem 1997 das mit 1,6 % erstmals schwächere Wirtschaftswachstum im Osten gegenüber 2,2 % im Westen auf den Einbruch in der Baubranche zurückzuführen. Das Telekommunikationsnetz war fertiggestellt, im Gewerbebau gibt es einen hohen

Leerstand und im Wohnungsbau eine weitgehende Sättigung, so daß auch die steuerlichen Sonderabschreibungen ab 1997 wesentlich beschränkt wurden und ab 1999 auslaufen. Die Bauwirtschaft verlor deshalb nach der ersten Aufbauphase bis 1995 ihre konjunkturelle Lokomotivfunktion, die jetzt in der zweiten Aufbauphase von der gewerblichen Wirtschaft übernommen werden muß.

Dennoch wird die Bauwirtschaft auch 1998 nachhaltig unterstützt, damit der dortige Beschäftigungsabbau zum Stillstand kommt. Das Modernisierungsprogramm der bundeseigenen Kreditanstalt für Wiederaufbau kann jetzt auch für Investitionen im Wohnumfeld in Anspruch genommen werden, der Förderrahmen für die Modernisierung von Plattenwohnungen wird erhöht, und der Bau von Bundesfernstraßen soll vorgezogen werden. Wünschenswert wäre darüber hinaus noch eine Aufstockung der besonders arbeitsplatzintensiven Städtebauförderung sowie ein Sonderprogramm für örtliche Umgehungsstraßen.

Zweite Aufbauphase: gewerbliche Wirtschaft

Die zweite Aufbauphase ab 1995 wird zunehmend von der gewerblichen Wirtschaft getragen, die allmählich die Rolle der Bauwirtschaft der ersten Jahre übernimmt.

Dabei traten in der gewerblichen Wirtschaft 1990 zunächst die gravierenden Defizite der DDR-Wirtschaft, die das Erbe von 40 Jahren sozialistischer Planwirtschaft waren, am deutlichsten zutage: Der Kapitalstock war stark verschlissen und technisch weitgehend veraltet, die Betriebe produzierten mit übermäßig hohem Material- und Arbeitseinsatz. Entsprechend niedrig waren Produktivität und Rentabilität. Die Produktion orientierte sich am Plan und nicht am Markt. Die Einbindung in die weltwirtschaftliche Arbeitsteilung war nur sehr unvollkommen. Die Umweltbelastung durch die Produktion war unvertretbar groß. So zeigte sich bereits 1990, daß große Teile des in der Planwirtschaft aufgebauten Produktionsapparats nicht wettbewerbsfähig waren, und bereits im zweiten Halbjahr 1990 halbierte sich die industrielle Produktion und ging 1991 und 1992 noch mal weiter zurück. Der steile Anstieg der Lohnkosten und die im Verhältnis zu Westdeutschland zunächst deutlich höheren Lohnstückkosten erschwerten den industriellen Neubeginn, und auch die Treuhandanstalt begleitete den Übergang der ostdeutschen Industrie in die Marktwirtschaft nicht ausreichend und konnte insbesondere keinen einzigen größeren selbständigen Unternehmenssitz im Osten Deutschlands erhalten.

Dennoch gab es eine Reihe spektakulärer Ansiedlungen. VW in Mosel bei Zwickau und Opel in Eisenach errichteten die modernsten Automobilwerke Europas. BMW/Rolls-Royce bauen in Dahlewitz eine neue Triebwerksgeneration für Regionalflugzeuge. BASF Schwarzheide, Bayer Bitterfeld und der Chemiekomplex in Buna zeugen von der Erneuerung der chemischen Industrie. Siemens und AMD fertigen in Dresden Mikrochips. Carl Zeiss Jena und Jenoptik haben aus Jena ein Zentrum für Zukunftstechnologie gemacht. Siemens baut Leipzig mit Produktionsbeginn Anfang 1999 zum weltweit einzigen Produktionsstandort für systemgebundene Telefone und Bildtelefone aus.

Die industrielle Produktion erholte sich dann in den Folgejahren zunächst bei den Gütern, die vornehmlich für den regionalen Markt bestimmt waren und bei denen die marktnahe Fertigung den Herstellern Standortvorteile brachte. Dazu gehören transportkostenintensive Güter wie Baustoffe oder solche, die rasch den Verbraucher erreichen müssen, wie z. B. Nahrungsmittel und Zeitungen. Mittlerweile zieht die Produktion auch in der Stahl-, Chemie- und Papierindustrie wieder an, während im Maschinenbau und im Schiffbau die Lage nach wie vor schwierig ist.

Die Aussichten sind gut, daß das verarbeitende Gewerbe in der jetzigen zweiten Aufbauphase von der Bauwirtschaft die Funktion übernehmen kann, das Wachstum voranzutreiben. Die gewerbliche Wirtschaft im Osten wuchs 1995 um plus 9,9 %, 1996 um plus 5,9 %, 1997 um plus 8,8 % und im ersten Quartal 1998 sogar um mehr als plus 15 %. Diesem Aufschwung in der gewerblichen Wirtschaft Ost ist es bei gleichbleibend schwieriger Lage am Bau zu verdanken, daß im ersten Quartal 1998 das Bruttoinlandsprodukt Ost mit plus 4,0 % erstmals wieder leicht stärker gewachsen ist als mit plus 3,8 % im Westen! Verfestigt sich diese Tendenz im Laufe des Jahres, wäre der Übergang in die zweite Aufbauphase für jeden sichtbar, und der Aufschwung Ost bekäme eine neue Perspektive.

Nicht zu leugnen ist jedenfalls, daß sich seit 1991 die gesamtwirtschaftliche Leistung in den östlichen Ländern um über 40 % erhöht hat und der ostdeutsche Anteil am gesamtdeutschen Bruttoinlandsprodukt bei einem Bevölkerungsanteil von 19,9 % von 7,2 % in 1991 auf immerhin 11,6 % in 1997 anstieg. Die Produktivität erreichte 1997 gut 60 % des westdeutschen Niveaus, gegenüber noch 31% in 1991, womit fast die Hälfte des ursprünglichen Rückstandes aufgeholt wurde. Optimistisch stimmt insbesondere, daß von 1996 auf 1997 der ostdeutsche Anteil an den gesamtdeutschen Ausfuhren um 26 % gestiegen ist und damit jetzt immerhin bei 5,4 % liegt.

Problematisch ist dagegen nach wie vor die Situation am Arbeitsmarkt. Auch 1997 gingen noch einmal rund 200.000 Arbeitsplätze im Osten verloren, so daß im Jahresdurchschnitt noch 6,06 Mio. Menschen im Osten erwerbstätig waren. Diese Entwicklung muß gestoppt werden. Aber es gehört auch zur Wahrheit, daß zu DDR-Zeiten in Zwickau 40.000 Mitarbeiter rund 150.000 Trabant produzierten, während jetzt noch lediglich 3.500 Mitarbeiter sowie 10.000 Arbeitnehmer in den Zulieferbetrieben rund 175.000 VW-Fahrzeuge von deutlich höherer Qualität erzeugen.

Diese zuletzt erfreuliche Wachstumsrate im verarbeitenden Gewerbe darf aber nicht darüber hinwegtäuschen, daß ein sich selbst tragender Aufschwung noch nicht erreicht ist. Insbesondere die Eigenkapitalausstattung ostdeutscher Unternehmen liegt erst bei rund 55 % des westdeutschen Niveaus. Auch die Marktzugangs- und Absatzprobleme sind noch längst nicht gelöst. Und als zentrale Erblast der Treuhand verbleibt die Tatsache, daß es keine Unternehmenssitze mit höherwertigen Arbeitsplätzen in Verwaltung, Vertrieb und Forschung im Osten Deutschlands gibt.

Deshalb bleibt eine weitere Investitionsförderung Ost unabdingbare Voraussetzung für den weiteren Aufschwung Ost. Mit dem „Gesetz zur Fortsetzung der wirtschaftlichen Förderung in den neuen Ländern“ vom Sommer 1997 haben Bundesregierung und Koalitionsfraktionen sichergestellt, daß die steuerliche Investitionsförderung Ost auch für den Zeitraum 1999 bis 2004 auf hohem Niveau erhalten bleibt. Diese steuerliche Förderung wird künftig noch stärker auf die Industrie und die produktionsnahen Dienstleistungen konzentriert. Die Investitionszulage wird von 5 auf 10 % in der Grundförderung und von 10 auf 20 % für kleine und mittlere Unternehmen erhöht. Im Gegenzug fallen steuerliche Sonderabschreibungen vollständig weg. Die Erhöhung der Investitionszulage und der Wegfall der Sonderabschreibungen stärken die Position der kapitalschwächeren ostdeutschen Unternehmen, da Investitionszulagen im Gegensatz zu Sonderabschreibungen unabhängig von der Ertragslage dem Unternehmen direkt zufließen. Dagegen wird es im Immobilienbereich keine weitere allgemeine Förderung bei Bürogebäuden oder im Mietwohnungsbau geben, da hier der Markt weitgehend gesättigt ist. Auch die Förderung nach der Gemeinschaftsaufgabe „Verbesserung der regionalen Wirtschaftsstruktur" als zweites zentrales Instrument der Investitionsförderung im Osten muß auf hohem Niveau fortgeführt werden, und die Treuhandnachfolgerin BvS sollte hin und wieder auch einmal wirtschaftspolitisch und nicht nur rein fiskalisch denken.

Wichtig ist insbesondere, daß die Bundesregierung die Förderung der ostdeutschen Industrieforschung ausbaut. Die Entwicklung neuer und konkurrenzfähiger Produkte und Verfahren und deren Durchsetzung auf den Märkten sind unabdingbar für die Wettbewerbsfähigkeit der ostdeutschen Unternehmen. Die damit verbundenen hohen Kosten und Finanzierungsrisiken können von den kleinen und mittleren Unternehmen im Osten meist aber nicht alleine getragen werden, so daß die öffentliche Hand hier noch einspringen muß, um den Aufbauprozeß voranzutreiben.

Dritte Aufbauphase: Dienstleistungen

Eine dritte Aufbauphase könnte dann ca. ab dem Jahre 2000 noch einmal vom Dienstleistungsbereich getragen werden und die Auftriebskräfte aus der gewerblichen Wirtschaft verstärken.

Der Dienstleistungsbereich und insbesondere Handel und Handwerk spielten bereits in den ersten Jahren des marktwirtschaftlichen Aufbaus eine Vorreiterrolle. Die Zahl der Handwerksunternehmen hat sich seit 1989 verdreifacht und liegt jetzt bei 110.000 mit zuletzt 1,2 Mio. Beschäftigten. Im Handel sind 60.000 meist kleinere, mittelständische Unternehmen in innerörtlichen Lagen entstanden. Im sonstigen Dienstleistungsbereich haben sich insbesondere die konsumnahen Dienstleistungen und einfache produktionsnahe Dienstleistungen wie Wach-, Reinigungs- und Botendienste entwickelt.

Noch unterproportional sind aber im Osten Deutschlands sogenannte„höherwertige“ produktionsnahe Dienstleistungen wie Werbeagenturen, EDV-Dienstleistungen und private Forschungs- und Entwicklungseinrichtungen vertreten. Auch die freiberufliche Rechts- und Wirtschaftsberatung ist selten vor Ort präsent, sondern wird größtenteils noch durch westdeutsche Kanzleien getätigt. Gering ist ebenfalls noch der auf den Osten entfallende Anteil an Erwerbstätigen im Kredit- und Versicherungsgewerbe, da der ostdeutsche Markt größtenteils von überregional tätigen Banken und Versicherungsunternehmen geprägt wird, deren personalintensive Zentralen im Westen liegen. Schließlich ist auch die Medienwirtschaft im Osten nur sehr schwach vertreten.

Die Ursachen für dieses teilweise Fehlen eines höherwertigen Dienstleistungsangebotes sind mannigfaltig. Westliche Unternehmer bringen meistens ihre seit langem bewährten Berater von der Zentrale mit. Ostdeutsche Unternehmenszentralen mit eigenem Beratungsbedarf gibt es kaum. Teilweise waren insbesondere im rechts- und wirtschaftsberatenden Bereich die entsprechenden Qualifikationen zum Zeitpunkt der deutschen Vereinigung im Osten nicht vorhanden und können jetzt erst durch eine langwierige Ausbildung erworben werden. Außerdem leben gerade höherwertige Dienstleister oft von einer jahrzehntelangen Reputation, die viele Gründer im Osten naturgemäß noch nicht haben können.

Diese bisherigen Defizite im höherwertigen Dienstleistungsbereich bieten aber im nächsten Jahrtausend eine Chance zu verstärktem Wachstum im Osten. Mit dem Umzug von Bundestag und Bundesregierung nach Berlin im Sommer 1999 wird das politische Entscheidungszentrum Deutschlands inmitten der östlichen Bundesländer liegen. Botschaften, Parteien, Verbände, Lobbyisten, Journalisten und Gastronomen werden folgen. Der Bedarf an höherwertigen Dienstleistungen in Berlin wird enorm wachsen und weit ins Umland hineinstrahlen. Gleiches gilt für die um die Jahrtausendwende stattfindende Verlagerung von Bundeseinrichtungen in die östlichen Länder, etwa des Bundesverwaltungsgerichts nach Leipzig. Anwaltskanzleien werden am Sitz des Gerichts eröffnet, Fachtagungen werden stattfinden, und die Universität wird davon profitieren. Diese sich anbahnende Chance darf aber die Bundesregierung nicht durch den Abzug der derzeit noch wenigen Bundeseinrichtungen im Osten zunichte machen.

Zahlreiche Gründer der 90er Jahre werden dann die erforderliche Erfahrung und Reputation erworben haben, um nach der Jahrtausendwende als gesamtdeutscher Mitbewerber auftreten zu können. Die Universitäten im Osten Deutschlands haben in den letzten Jahren den Nachwuchs auch für höherwertige Beratungstätigkeiten herangebildet, und dieser wird nach der Jahrtausendwende zunehmend seine Ausbildung abschließen und sich dann wohl überwiegend vor Ort niederlassen. Diese Entwicklung wird eine Lücke schließen und positive Auswirkungen für die gesamte Wirtschaft im Osten haben.

Ausblick

Bei allen Problemen, die sich tagtäglich stellen, kann niemand die historische Dimension des Aufbaus Ost seit 1990 in Frage stellen. Für den sächsischen Ministerpräsidenten Kurt Biedenkopf beruht diese historische Dimension auf drei Grundlagen: erstens auf der Überwindung der SED-Herrschaft durch die Bevölkerung, zweitens auf einem Akt nationaler Solidarität in Gestalt der Transferleistungen und drittens auf den großen Aufbauleistungen der Menschen im Osten Deutschlands.

In der Tat haben sich 1990 die erfolgreiche Wirtschafts- und Gesellschaftsordnung der sozialen Marktwirtschaft und die Menschen im Osten Deutschlands getroffen und gemeinsam einen historischen Aufschwung zustande gebracht. Die soziale Marktwirtschaft hat die freiheitlichen Rahmenbedingungen geliefert, die alleine einen solchen Aufschwung ermöglichen, und die Bürger von der Bevormundung durch die Kollektive von Bürokraten und Funktionären befreit. Die Menschen im Osten Deutschlands haben aktiv an der Umgestaltung mitgewirkt und Verantwortung übernommen, um ein damals schwer beschädigtes Land wieder neu aufzubauen. Dieser Aufschwung Ost ist trotz mancher Schwierigkeiten auf gutem Wege, und alle Deutschen werden in den nächsten Jahrzehnten den Nutzen daraus ziehen.

CLAUDIA NOLTE

Frauen sind die Gewinnerinnen der modernen Welt

Über die Entwicklung der sogenannten „Rolle der Frau“ ist viel geschrieben worden. Ein interessantes Thema, das sicherlich weitere Aufarbeitung verdient. Aber als Ergebnis entscheidend ist: die Individualität von Frauen und die Pluralität ihrer Lebensentwürfe. Wahlfreiheit zwischen Familie und Beruf, Wahlfreiheit, beides miteinander zu vereinbaren, gleichzeitig oder in Phasen abwechselnd – all diese Optionen sind möglich. Der Abschied vom aufoktroyierten Leitbild, das ist der große unumkehrbare Fortschritt für Frauen.

Ich bin in einem Staat aufgewachsen, der die berufstätige Frau pries und annahm, nur in der Erwerbsarbeit könnten Frauen Erfüllung finden. Daß da auch viel Ideologie mitwirkte und das Interesse bestand, die Familie zu schwächen, indem man sie der Mütter beraubte, bestreite ich nicht. Tatsache ist aber, weit über 90 % der Frauen in der ehemaligen DDR waren berufstätig, empfanden und empfinden das als etwas Selbstverständliches.

Im Jahre 1982 waren in Deutschland nur 10 % aller verheirateten Frauen im Alter zwischen 30 und 49 Jahren erwerbstätig, 1990 waren es gesamtdeutsch bereits 59 %, und 2010 dürften es 75 bis 85 % sein.

Eine Angleichung der niedrigeren Frauenbeschäftigungszahlen im Westen und der höheren im Osten wird stattfinden, aber eben in die Richtung, die wir aus den neuen Bundesländern kennen. Allen Spekulationen über die Abnahme der Erwerbsarbeit zum Trotz: Frauen wollen am Berufsleben teilhaben.

Wenn Frauen ihre spezifischen Erfahrungen, ihre Sichtweise, ihre Fähigkeiten und Stärken einbringen, ist das gut für alle gesellschaftlichen Bereiche von der Wirtschaft bis zur Politik. Wir werden die Chancen der technologischen Revolution nicht nutzen und ihre Risiken nicht bewältigen können, wenn die Kompetenz der Frauen ignoriert wird.

Gutausgebildete Frauen mit ihren kommunikativen und auf den Mitmenschen orientierten Talenten und Fähigkeiten sind aus der modernen Wirtschaftswelt einer Dienstleistungs- und Kommunikationsgesellschaft nicht wegzudenken.

Die rasanten Effizienzsteigerungen bewirken, daß viele traditionell organisierte und entlohnte Arbeiten überflüssig wurden und werden. Um so stärker wachsen die Dienstleistungen. Auf sie entfallen mittlerweile bis zu 80 % der gesamten Gestehungskosten im weiteren Sinne, verteilt über den gesamten Produktionsprozeß von den ersten Initiativen in Forschung und Entwicklung über Fertigung, Distribution und Nutzung bis hin zum Recycling oder zum endgültigen Ausscheiden aus dem Wirtschaftskreislauf. Dienstleistungen ergänzen aber nicht mehr nur die klassische materielle Güterherstellung – sie dominieren inzwischen alle Sektoren.

Frauen sind wie geschaffen für die moderne Welt, die sich in einem atemberaubenden Tempo verändert, die einen globalen Wettbewerb der ökonomischen, ökologischen, wissenschaftlichen, bildungspolitischen und fiskalischen Systeme mit sich bringt: Frauen sind krisenfester und reagieren viel flexibler auf neue Anforderungen.

Humanvermögen und vor allem Informationen sind die Rohstoffe der Zukunft. Das Humanvermögen wird wesentlich durch die Frauen geprägt. Auch heute sind überwiegend sie die erfolgreichen und glaubwürdigen Vermittlerinnen, wenn es um die Werte geht, die in gesunden Familien erfahrbar werden, die Kinder prägen sollen und die unsere Gesellschaft zusammenhalten.

Deshalb ist die Frage, ob die bessere Vereinbarkeit von Familie und Beruf tatsächlich gelingt, von so großer Bedeutung für die Erziehung der Kinder, die Entwicklung des Wirtschaftsstandorts Deutschland und die Auswirkungen des demographischen Wandels.

Die Frauen sind ein wichtiger positiver Standortfaktor unseres Landes im globalen Wettbewerb. Wer Frauen vor die Alternative stellt, Familie oder Beruf, bewirkt möglicherweise eine Entscheidung gegen die Kinder.

Die stärkere Erwerbsbeteiligung von Frauen erzwingt deshalb ein Umdenken in der Unternehmenskultur. Der erste konkrete Schritt wäre die verstärkte Einführung von familienfreundlichen Arbeitszeiten, insbesondere Mobilzeiten, die eine Koordinierung zwischen Familie und Beruf erleichtern würden.

Mobilzeit umfaßt dabei eine breite Vielfalt von Arbeitsverhältnissen unterhalb des Vollzeitstandards: kürzere Tages- oder Wochenarbeitszeit, z. B. Sechsstundentag oder Viertagewoche, flexible Jahresarbeitszeit, Bandbreitenmodelle, wochenweises Arbeiten z.B. in Blockarbeitszeit oder Langzeiturlaube. Mobilzeit beinhaltet eine Arbeitszeitgestaltung, die Produktivität, Flexibilität und Motivation im Unternehmen erhöht und gleichzeitig den Beschäftigten mehr Freiräume und Wahlmöglichkeiten in ihrer Arbeitszeitgestaltung gibt.

Im internationalen Vergleich liegt Deutschland nach der OECD-Statistik mit einer Teilzeitquote von 16,3 % noch weit zurück, z.B. gegenüber den Niederlanden mit 37,4 % (in 1995). Manche Voraussetzungen sind dort zwar anders, z.B. die Alterssicherung und die Kinderbetreuung, aber wenn unser Nachbarland gleichzeitig mit der Zunahme der Teilzeitbeschäftigung einen außergewöhnlichen Beschäftigungsanstieg vor allem im expandierenden Dienstleistungssektor verzeichnet, dann ist dies auch ein starkes Argument für die Mobilzeit.

Mobilzeit nutzt aber nicht nur den Arbeitnehmern, sie ist auch für die Betriebe eine gute Möglichkeit, wie sie besser auf wechselnden Arbeitsanfall reagieren und die Produktivität steigern können. Durch den weltweit sich verschärfenden Wettbewerb sehen sich viele Betriebe zum Handeln gezwungen: Die Produktivität muß steigen, die Kosten müssen gesenkt und teure Fertigungsanlagen besser ausgelastet werden. Die Unternehmen entkoppeln die Betriebszeiten von individuellen Arbeitszeiten, um konkurrenzfähig zu bleiben. Eine an der Auftragslage bzw. den Kundenwünschen orientierte flexible Arbeitszeit ist bei wachsendem globalem Konkurrenzdruck eine wichtige Voraussetzung für unternehmerischen Erfolg.

Und durchgehende Vollzeiterwerbsbiographien lassen nur ungenügend Zeit für die Eltern, wenn die Kinder klein sind, wenn Übergänge in Kindergarten, Schule und weiterführende Einrichtungen gestaltet werden sollen oder wenn kranke oder behinderte Menschen in der Familie oder im erweiterten Familien-, Verwandten- und Bekanntenkreis gepflegt oder mitbetreut werden.

Familienfreundliche Arbeitszeiten und Wettbewerbsfähigkeit sind kein Widerspruch, sie bedingen sich wechselseitig. Mobilzeit ist der entscheidende Einstieg in den familienfreundlichen Betrieb. Dafür gibt es inzwischen genügend Beispiele.

Teilzeitarbeit ist weniger ein Organisations- als ein Kulturproblem. Deswegen brauchen wir einen Umdenkprozeß, eine Korrektur der

Wertorientierungen, die unseren Entscheidungen zugrunde liegen. Für die dazu notwendigen weitreichenden Einstellungsänderungen brauchen wir die Fach- und Führungskräfte in ihrer Vorbildfunktion und normierenden Wirkung ebenso wie die Vorstände und Betriebsleitungen. Und wir brauchen mehr Frauen in diesen verantwortungsvollen Positionen.

Zwar hat allgemein die Frauenerwerbsbeteiligung zugenommen, hat sich die Ausbildungssituation von Frauen wesentlich verbessert, aber nur 5,9 % der Führungskräfte in der Privatwirtschaft sind Frauen. Insgesamt gibt es lediglich 0,7 % weibliche Vorstandsmitglieder in den Großunternehmen Deutschlands. Von einer Chancengleichheit von Frauen im Erwerbsleben sind wir noch weit entfernt. Zwar sind nicht nur die formal hochwertigen Ausbildungsabschlüsse, sondern auch die sogenannten Schlüsselqualifikationen und Führungseigenschaften von Frauen unbestritten; dennoch bleiben in den Führungsetagen der deutschen Wirtschaft die Männer weitgehend unter sich. Auch hier spielt ein Zeitregime eine große Rolle, das auf die traditionelle männliche Biographie einer lebenslangen Berufstätigkeit ausgerichtet ist und hohe Zeitinvestitionen gerade am Anfang einer Karriere vorsieht. Die sogenannte „Normalbiographie", die von der Ausbildung über ein ununterbrochenes Vollzeit- oder Normalarbeitsverhältnis zum Ruhestand reicht, war für 50 % der Bevölkerung, für Frauen, aber nie normal, sondern eher die Ausnahme.

Der direkteste Weg, Verantwortung in einem Unternehmen zu übernehmen, ist der Weg in die Selbständigkeit. Leider stoßen hierbei immer noch viel zu viele Frauen auf Mißgunst, wenn nicht gar Ablehnung. Die Vorurteile beginnen bereits bei der Gewährung von Krediten. Die Frau als Unternehmerin ist bei manchen Bankern immer noch eine eher suspekte Vorstellung.

Es gibt eine Vielzahl von positiven Beispielen, die zeigen, daß Frauen als Unternehmerin genauso Erfolg haben wie Männer. Sie sollten auch anderen Frauen Mut machen, den Schritt in die Selbständigkeit zu wagen. Frauen stellen ein wirtschaftliches Potential dar, das bei weitem noch nicht ausgeschöpft ist.

Die Deutsche Ausgleichsbank hat seit 1990 bundesweit rund 82.000 Existenzgründerinnen mit zinsgünstigen Gründungsdarlehen unterstützt. Den größten Teil davon in den neuen Ländern, denn unter den 185.000 dort geförderten Existenzgründungen sind rund 62.000 Frauen. Und sie sind dabei besonders erfolgreich:

Laut Ausgleichsbank bewältigen Frauen die Hindernisse auf dem Weg in die Selbständigkeit besser als Männer. Wettbewerbsrelevante Vorteile von Frauen liegen nach Aussagen von Experten in ihren „sanften" Führungsqualitäten und partnerschaftlicher Mitarbeiterführung, aber auch in ihrem eher ganzheitlichen Denken. Durch soziale Kompetenz und hohe Dienstleistungs- und Kundenorientierung sind sie Männern oft überlegen.

880.000 Frauen leiten heute als Selbständige ein Unternehmen. Jedes vierte Unternehmen im gesamten Bundesgebiet wird inzwischen von einer Frau gegründet.

Ich finde es bemerkenswert, daß die Zahl der weiblichen Selbständigen in den letzten Jahren stärker zugenommen hat als die der männlichen. In den neuen Bundesländern ist der Drang der Frauen in die Selbständigkeit sogar noch stärker ausgeprägt. Hier stellten sie 1995 29 % der Selbständigen (alte Bundesländer: 25,9 %).

Obwohl Frauen immer noch unter weit ungünstigeren Voraussetzungen den Schritt in die Selbständigkeit wagen, kommt hier ein kreatives Potential zum Durchbruch, das nicht mehr übersehen werden kann.

Die Welt der Arbeit hat sich gewandelt. Nicht in Geld vergütete produktive Tätigkeiten gewinnen zunehmend an Bedeutung und werden als Arbeit anerkannt. Und das ist gut so, denn das freiwillige bürgerschaftliche Engagement, das klassische Ehrenamt, all das, was eine Bürgergesellschaft ausmacht, ist für ein modernes Gemeinwesen unverzichtbar.

Es hat sich zwischenzeitlich herumgesprochen, daß dieses gemeinnützige Engagement – das wir in anderen Ländern übrigens bereits viel ausgeprägter erleben – eine wichtige Qualifikation für die Erwerbstätigkeit bedeutet. In den USA wird beispielsweise von einem Manager „Volunteering" erwartet.

Es ist kein Zufall, daß in Deutschland dieser Bereich immer noch eine Domäne der Frauen ist. In Deutschland besteht deutlicher männlicher Nachholbedarf in familiärem und gesellschaftlichem Engagement.

Und dabei sind die Voraussetzungen gar nicht so schlecht. In den letzten 120 Jahren erhöhte sich in Deutschland die Arbeitsproduktivität auf das 17fache. Die Einkommen stiegen im Durchschnitt um das Zehnfache, und die Arbeitszeit halbierte sich fast von 3.000 auf etwa 1.600 Stunden im Jahr. Aus der Sicht unserer Urgroßmütter und -väter genießen wir heute also Teilzeitarbeit mit mehrfachem Lohnausgleich. Ganz von der technischen Revolution im Haushalt abgesehen, ein weiteres Argument, Familie, gesellschaftliches Engagement, Bürgerarbeit und/oder Erwerbsarbeit miteinander zu vereinbaren.

Daß das klappt, haben Frauen bereits bewiesen. Der Staat ist gefordert, Rahmenbedingungen zu schaffen, die die Vereinbarkeit dieser unterschiedlichen Aufgaben erleichtern. Frauen und Männer, ihre Kinder und die ganze Gesellschaft wären die Gewinner dieser Entwicklung.

GUNNAR ULDALL

Die Steuerreform

Seit Jahren wird nun in Deutschland über die große Steuerreform diskutiert. Vielen ist inzwischen völlig unklar, worin sich die steuerpolitischen Konzepte der verschiedenen Parteien überhaupt unterscheiden. Da es dabei jedoch sehr große Unterschiede gibt, in denen sich die wirtschaftspolitische Gesamtkonzeption der jeweiligen Partei widerspiegelt, soll in diesem Beitrag noch einmal die steuerpolitische Konzeption der Union herausgearbeitet werden.

Hauptzielsetzung einer Steuerreform muß die Verbesserung der Rahmenbedingungen für Investieren und Arbeiten in Deutschland sein. Die Notwendigkeit für eine tiefgreifende Reform der Einkommensteuer ist für jeden einsichtig. Unser Steuerrecht

- ist unverständlich und zu kompliziert: Der Unternehmer muß sich zuviel mit Steuerfragen beschäftigen, anstatt sich auf seine Kunden, die Qualität seiner Produkte, seine internen Betriebsabläufe konzentrieren zu können.
- leidet im internationalen Vergleich unter zu hohen Steuersätzen: Nicht die Steuerlastquote ist im internationalen Vergleich zu hoch, sondern die nominalen Steuersätze. Dadurch stellen wir den Standort Deutschland im Ansiedlungswettbewerb ungünstiger dar, als er tatsächlich ist.
- ist leistungsfeindlich: Dem Arbeitnehmer und Unternehmer werden zu hohe Anteile abgezogen. In Deutschland ist das Brutto zu hoch, das Netto zu niedrig.
- ist zu ungerecht: Durch zu viele Schlupflöcher kann man sich der Steuerzahlung entziehen.
- führt zu einer Kapitalfehllenkung: Durch steuerliche Vergünstigungen ist Kapital in immensem Ausmaß in Sektoren geflossen, in denen es gar nicht benötigt wird (z. B. Gebäude in Ostdeutschland). Dieses Kapital fehlt dort, wo es neue Arbeitsplätze schaffen würde.
- Und nicht zuletzt trägt das Steuerrecht zu einer Entfremdung zwischen Staat und Bürgern bei, denn der Steuerzahler versteht nicht, wie sich seine Abzüge berechnen.

Unser Steuersystem muß wieder einfach, gerecht und leistungsfreundlich werden. Ich empfehle als Zielvorstellung meinen Steuervorschlag, der m. E. immer noch der beste ist. Der komplizierte Formeltarif wird durch einen Stufentarif ersetzt mit den Steuersätzen 8, 18 und 28 %. Dafür werden alle Ausnahmen im Steuerrecht gestrichen. Das Faszinierende hieran: Wenn alle Ausnahmen gestrichen werden, wird trotz der niedrigen Steuersätze im großen und ganzen das gleiche Steueraufkommen erzielt. Bei der Körperschaftsteuer wird ein einheitlicher Satz für ausgeschüttete und einbehaltene Gewinne festgesetzt, und zwar in Höhe des Spitzensteuersatzes der Einkommensteuer von 28 %. Gewinne werden dann bei der Entstehung versteuert, das umständliche Verrechnen bei der Ausschüttung entfällt.

Dieser Vorschlag, den ich im Sommer 1994 zum erstenmal der Öffentlichkeit vorstellte, war der Ausgangspunkt der steuerpolitischen Diskussion in den vergangenen Jahren. Während mein Vorschlag anfangs als Utopie und Traumtänzerei abgetan wurde, fand er in den Jahren 1995 bis 1997 immer mehr Anhänger, die erkannten, daß es so wie bisher nicht weitergehen kann im Steuerrecht. Auslöser dieser Entwicklung waren insbesondere die Beratungen über das Jahressteuergesetz 1996, die ganz deutlich vor Augen geführt haben, daß das deutsche Steuerrecht einem kaputten Auto gleicht, das man nicht mehr reparieren kann, sondern durch ein neues ersetzen muß. So kam es, daß sich im Laufe des Jahres 1995 immer mehr CDU-Landesverbände meinem Vorschlag anschlossen, im Frühjahr 1996 dann schließlich die Christlich-Demokratische Arbeitnehmerschaft (CDA) zusammen mit dem Deutschen Beamtenbund (DBB) und der Deutschen Steuergewerkschaft (DStG). Besondere Unterstützung erhielt mein Vorschlag eines Stufentarifs von der FDP, die sowohl 1996 als auch auf ihrem Parteitag im April 1998 ebenfalls einen Stufentarif – mit etwas veränderten Steuersätzen und Einkommensgrenzen – beschloß.

Einen weiteren Höhepunkt in der steuerpolitischen Diskussion stellte schließlich der Beschluß des CDU-Bundesparteitages vom Oktober 1996 dar: „Es ist unser Ziel, im Rahmen eines linear-progressiven Tarifs oder eines Stufentarifs den Eingangssatz der Lohn- und Einkommensteuer von derzeit 25,9 % auf einen Wert unter

20 % und den Spitzensatz von derzeit 53 % auf einen Wert um 35 % zu senken. Bei so niedrigen Steuersätzen sind Sonderregelungen und Steuervergünstigungen grundsätzlich entbehrlich."

Dieser weitreichende Parteitagsbeschluß weckte große Erwartungen für die darauf folgenden Verhandlungen zwischen den Koalitionspartnern CDU, CSU und FDP. Die eigens hierfür eingesetzte Steuerreformkommission unter Vorsitz von Bundesminister Waigel legte im Januar 1997 die sogenannten Petersberger Steuervorschläge vor, die dann bis zum Sommer 1997 im Parlament beraten und schließlich im Juni 1997 von der Mehrheit des Deutschen Bundestages verabschiedet wurden.

Kernelemente der Petersberger Steuervorschläge zur Stärkung von Investitionen, Arbeitsplätzen und Leistungsgerechtigkeit sind:

- Senkung des Eingangssteuersatzes von 25,9 % auf 15 %,
- Senkung des Einkommensteuer-Spitzensatzes von 53 % auf 39 %,
- Senkung des Einkommensteuer-Spitzensatzes für Einkommen aus gewerblicher Tätigkeit von 47 % auf 35 %,
- Senkung des Körperschaftsteuersatzes für einbehaltene Gewinne von 45 % auf 35 %,
- Senkung des Körperschaftsteuersatzes für ausgeschüttete Gewinne von 30 % auf 25 %,
- Abschaffung von steuerlichen Sonderregelungen,
- Vereinfachung des Steuersystems,
- Nettoentlastung von ca. 30 Mrd. DM.

Die Petersberger Beschlüsse kommen damit meinem Steuerreformvorschlag schon sehr nahe, auch wenn sie erwartungsgemäß keine Umsetzung in der Relation 1:1 darstellen. Dies war auch gar nicht meine Erwartung, als ich im Sommer 1994 meine Initiative zum Anstoß der dringend notwendigen Reformdiskussion ergriff. Doch nun ist nicht die Zeit, über weiterreichende Zielvorstellungen zu diskutieren. Jetzt geht es darum, unsere ganze Kraft darauf zu verwenden, die Petersberger Steuervorschläge konsequent umzusetzen und diese nicht weiter aufzuweichen.

Die Verhandlungen zwischen Bundesregierung und Opposition haben gezeigt: Durch partielle Korrekturen am Steuersystem erreichen wir kein neues Steuersystem, das den genannten Anforderungen gerecht wird. Das erreichen wir nur durch eine grundlegende Reform. Beim Streichen von Ausnahmen muß die Beweislast umgekehrt werden: Nicht die Politiker müssen erklären, warum eine einzelne Ausnahme künftig nicht mehr gewährt wird, sondern die Interessengruppen müssen künftig erklären, warum sie eine Vergünstigung beanspruchen.

Die politische Diskussion um die Steuerreform darf nicht eingeengt werden auf die Frage der Nettoentlastung des Steuerzahlers bzw. den Einnahmeausfall des Staates. Eine Nettoentlastung bei Arbeitnehmern und Unternehmern ist natürlich dringend erforderlich. Doch die Steuerreform muß mehr sein als nur eine einfache Steuersenkung. Die Steuerreform muß auch und vor allem die Steuervereinfachung zum Ziel haben. Ursache des Wirrwarrs im Steuerrecht sind die Lenkungsfunktionen, die der Staat mit der Einkommensteuer ausüben will. Wenn wir nicht grundsätzlich darauf verzichten, alle Politikbereiche über die Einkommensteuer zu lenken, wird jeder Vereinfachungserfolg in Kürze durch neue Ausnahmen wieder aufgehoben sein. Es muß Schluß sein mit dem Prinzip „Steuern mit Steuern".

Die Einkommensteuer muß wieder auf ihre ursprüngliche Aufgabe zurückgeführt werden, nämlich dem Staat die Einnahmen zu verschaffen, die er für die Erfüllung der notwendigen Staatsausgaben benötigt.

Dabei darf es keine Rolle spielen, wie das Einkommen erarbeitet wurde, die Steuer darf ausschließlich an die Höhe des Einkommens anknüpfen. Es muß gleichgültig sein, wie das Einkommen erzielt wurde, ob es

- in Industrie oder Landwirtschaft,
- bei Tag oder Nacht,
- am Sonntag oder Werktag,
- durch Arbeit oder Kapital

erzielt wurde.

Bei der anstehenden Steuerreform dürfen auf keinen Fall höhere Steuersätze vorgesehen werden als bei den Petersberger Beschlüssen. In Anknüpfung an den CDU-Parteitagsbeschluß („um die 35 %")und den FDP-Parteitagsbeschluß (35 %) muß der vorgesehene Spitzensteuersatz von 39 % die absolute Obergrenze darstellen. Wir sollten sogar noch mutiger an die Reform herangehen, weitere Ausnahmen streichen und den Spielraum für eine deutlichere Absenkung der Steuersätze nutzen.

Denn für die Realisierung der Reform sind niedrige Steuersätze unentbehrlich. Bei hohen Steuersätzen wird es politisch nicht gelingen, alle Ausnahmen gesetzlich zu streichen. Durch niedrige Steuersätze entwerten wir die Steuervorteile, eine Streichung derselben wird dann leichter durchsetzbar.

Beispiel: Ein absetzbarer Betrag von DM 1.000 führt bei einem Steuersatz von 53 % zu einem finanziellen Vorteil von DM 530, liegt der Steuersatz nur bei 28 %, beträgt der Vorteil nur DM 280. Der Widerstand gegen das Streichen einer Vergünstigung wird dann geringer. Und das Faszinierende daran ist: Wenn wir die Steuerausnahmen streichen, benötigen wir auch gar keine hohen Steuersätze mehr. Die Bemessungsgrundlage wird dann verbreitert, so daß die zu versteuernden Einnahmen/Gewinne höher ausfallen als heute. Außerdem: Vermeidungskonstruktionen sind nicht mehr so attraktiv, und die Flucht von Kapitalien in die Schweiz oder nach Luxemburg ist nicht mehr so lohnend. Am wichtigsten aber ist die Tatsache, daß deutlich abgesenkte Steuersätze einen Schub für neue Investitionen und Arbeitsplätze bringen. Das Ergebnis ist dann eine Eigendynamik der Wirtschaft – mit zusätzlichem Steueraufkommen.

Die Steuerreform darf nicht dazu führen, daß neue Steuern eingeführt werden, z. B. eine Energiesteuer oder eine neue Vermögensteuer. Es ist falsch, zu glauben, daß die Mehreinnahmen aus diesen Steuern zu einer dauerhaften Absenkung bei der Einkommen- und Körperschaftsteuer oder bei den Sozialabgaben genutzt werden. Die Finanzgeschichte zeigt: Jede neue Steuer hat bisher zu einer Erhöhung der Abgaben geführt – und so wird es auch bei diesen beiden Steuern sein.

Genauso falsch ist es, die Steuererleichterung nicht über die volle Breite zu gewähren. Wer steuerliche Regelungen – vor allem bei Unternehmen – verschlechtert und die Steuersätze gar nicht oder nur geringfügig absenkt, erhöht tatsächlich die Unternehmensteuern, er treibt Betriebe und Arbeitsplätze ins Ausland.

Was wir in Deutschland brauchen, ist eine tiefgreifende Reform der Einkommensteuer. Nur so bringen wir die marktwirtschaftlichen Kräfte zur vollen Entfaltung. Das ist dann eine Reform für die Beschäftigung und die Wirtschaft.

Im Rückblick auf die bisherige Diskussion zur großen Steuerreform könnte leicht der Eindruck entstehen, daß sich in den letzten Jahren in der Steuerpolitik gar nichts bewegt hätte. Doch weit gefehlt! Allein die folgende Aufstellung der steuerlichen Reformmaßnahmen seit 1994 belegt, daß von einem Reformstillstand in der Steuerpolitik keine Rede sein kann (Entlastungsvolumen pro Jahr):

• Senkung KSt-Satz für einbehaltene Gewinne (50 auf 45 %)	2,5 Mrd. DM
• Senkung KSt-Satz für ausgeschüttete Gewinne (36 auf 30 %)	1,5 Mrd. DM
• Senkung des gewerblichen ESt-Satzes (53 auf 47 %)	1,4 Mrd. DM
• Erhöhung des steuerfreien Existenzminimums und Verbesserung des Familienleistungsausgleichs	19 Mrd. DM
• Abschaffung der Gewerbekapitalsteuer	4 Mrd. DM
• Wegfall der Vermögensteuer	5,6 Mrd. DM
• Senkung der Erbschaftsteuer für Betriebe	80 Mio. DM
• Verlängerung der Investitionsförderung in den neuen Bundesländern	650 Mio. DM
• Senkung des Soli-Zuschlags (7,5 auf 5,5 %)	7,5 Mrd. DM

Unsere bereits in der letzten Legislaturperiode begonnene Politik der Standortsicherung (Senkung der Körperschaftsteuersätze und des Einkommensteuersatzes für gewerbliche Einkünfte) haben wir in dieser Legislaturperiode mit dem Jahressteuergesetz 1996 zur Entlastung von Beziehern niedriger und mittlerer Einkommen fortgesetzt.

Zum 1. Januar 1997 haben wir durch die Abschaffung der betrieblichen Vermögensteuer und durch die Reform der Erbschaft- und Schenkungsteuer erhebliche steuerliche Erleichterungen für mittelständische Unternehmen geschaffen. Durch den Wegfall der Vermögensteuer wird die Eigenkapital- und damit die Ertragsbasis der Unternehmen gestärkt. Im Rahmen der Erbschaftsteuerreform wurde für die Bewertung von Privat- und Betriebsvermögen ein einheitliches Ertragswertverfahren eingeführt, mit dem sich ein insgesamt niedrigeres steuerliches Bewertungsniveau von Grundvermögen ergibt. Die Übertragung von Betrieben im Erbschaftsfall ist durch den zusätzlichen Freibetrag von 500.000 DM für Betriebsvermögen und einen Bewertungsabschlag von jetzt 40 % für das darüber hinausgehende Vermögen sowie durch die Einordnung in die günstigste Steuerklasse I deutlich erleichtert worden. Zum 1. Januar 1998 wurde die letzte verbleibende Substanzsteuer, die Gewerbekapitalsteuer, abgeschafft. Damit haben wir es geschafft, die sonst erforderlich gewordene Einführung der Gewerbekapitalsteuer in den neuen Bundesländern zu vermeiden.

Gewerbekapitalsteuer und Vermögensteuer sind sogenannte Substanzsteuern, d. h., sie mußten auch bei Verlust gezahlt werden aus der Substanz. Die Substanz ist jedoch das Sicherheitspolster des Betriebs für schlechte Zeiten. Eine Steuer, die nicht aus den Gewinnen, sondern aus der Substanz gezahlt werden muß, paßt nicht mehr in unser Jahrhundert, sie ist ein Relikt aus den Anfängen der Besteuerung im letzten Jahrhundert. Man stelle sich vor, ein Betrieb kann seinen Arbeitern keinen Lohn mehr zahlen, müßte aber Steuern zahlen. Eine paradoxe Situation, deren Beseitigung eigentlich selbstverständlich sein müßte, doch lange am Widerstand der SPD scheiterte.

Das Argument der SPD, die Abschaffung der Gewerbekapitalsteuer führe zu einer Besserstellung der Unternehmen gegenüber den Privaten, ist nicht haltbar. Es kam im Rahmen dieser Reform zu keinerlei Nettoentlastung der Unternehmen, da der Steuerausfall der Gewerbekapitalsteuer durch Verschiebung auf andere Steuerarten völlig kompensiert wird. Doch auch ohne Nettoentlastung für die Unternehmen ist dieser Reformschritt ein Plus für die Unternehmen: Die Abschaffung der Gewerbekapitalsteuer bewirkt eine große Vereinfachung für Betriebe und Finanzverwaltung.

Schließlich wurde zum 1. Januar 1998 der Solidaritätszuschlag um 2 %-Punkte gesenkt. Das bringt eine steuerliche Entlastung von 7,5 Mrd. DM, davon immerhin knapp 2 Mrd. DM für Gewerbebetriebe.

Diese steuerlichen Maßnahmen zeigen: Die Steuerpolitik war in den vergangenen Jahren auf dem richtigen Weg, aber die große Steuerreform muß nun den Durchbruch bringen – zum Nutzen der Volkswirtschaft, der Betriebe und vor allem der Arbeitsplätze.

HANS-PETER REPNIK

Deutschland in der Weltwirtschaft des 21. Jahrhunderts

Neue Qualität der Globalisierung

Das 20. Jahrhundert geht zu Ende. Vieles hat sich in diesem Jahrhundert ereignet. Während die erste Hälfte des Jahrhunderts vor allem durch die globalen Wirren zweier Weltkriege und die Weltwirtschaftskrise gekennzeichnet war, brachte die zweite Hälfte den rasanten Aufbau einer dynamischen Weltwirtschaft, in der immer mehr Länder eine aktive Rolle spielen. Ein neues, globales Zeitalter nimmt Gestalt an, begünstigt vor allem durch die zunehmende Hinwendung zu demokratischen Institutionen und marktwirtschaftlichen Ordnungssystemen in den ehemaligen Zentralverwaltungswirtschaften und einer großen Zahl von Entwicklungsländern. Diese Entwicklung ist verbunden mit einer verstärkten Öffnung dieser Staaten zum Welthandel, einer beispiellosen Ausweitung des weltweiten Handels mit Waren, Dienstleistungen und Finanzaktiva sowie dem raschen technischen Fortschritt, insbesondere auf dem Gebiet der Informations- und Kommunikationstechnologie. Sie verspricht kräftiges Wachstum und einen weltweit steigenden Lebensstandard.

Die Globalisierung, also die steigende internationale Verflechtung der Volkswirtschaften durch einen zunehmenden Austausch von Waren, Dienstleistungen und Kapital über Ländergrenzen hinweg, ist kein neues Phänomen. Mit der Liberalisierung des Außenhandels durch die Schaffung einer multilateralen Welthandelsordnung (GATT) vor mehr als 50 Jahren und der zunehmenden Kapitalmarktliberalisierung sind die Weichen für die stetige Ausweitung der internationalen Arbeitsteilung gestellt worden.

Der Prozeß der Globalisierung hat sich in den letzten Jahren jedoch deutlich beschleunigt: Während das reale Welt-Sozialprodukt im Zeitraum zwischen 1976 und 1985 um 39 % und das reale Welt-Exportvolumen um 52 % zunahmen, lagen die Steigerungsquoten zwischen 1986 und 1995 bei 37 % für das Welt-Sozialprodukt und 96 % für die Welt-Ausfuhren.[1] Damit wächst der Welthandel heute fast dreimal so stark wie die Produktion, und die Intensität der internationalen Arbeitsteilung hat sich von einer Dekade zur nächsten fast verdoppelt. Noch rasanter verlief die Ausweitung internationaler Transaktionen an den Finanzmärkten: In den letzten fünf Jahren haben sich die Finanzmarktumsätze fast verdreifacht. Die Umsätze an den Welt-Devisenmärkten erreichten 1995 eine Größenordnung von 1,6 Billionen US-Dollar täglich und waren damit höher als der Bestand der Welt-Devisenreserven. Die wenigen Daten zeigen eindrucksvoll die Dynamik der Entwicklung. Es gibt keine Anzeichen, daß sich der Globalisierungsprozeß im 21. Jahrhundert signifikant verlangsamen könnte. Vielmehr ist davon auszugehen, daß sich weltwirtschaftliche Integration und Arbeitsteilung verstärkt fortsetzen werden.

Internationale Arbeitsteilung fördert den Wohlstand

Nach Schätzung der OECD[2] sind – unter Fortschreibung der existierenden Rahmenbedingungen – zwischen 1995 und 2020 eine Verdoppelung der Welt-Produktion und eine Steigerung des Pro-Kopf-Einkommens in der Welt um fast 60 % möglich. Sofern eine fortgesetzte Liberalisierung der Handels- und Finanzströme bei erfolgreicher Anpassung der Länder an das neue globale Umfeld gelinge, könne der internationale Handel, der zur Zeit rd. 30 % zum Welt-BIP beiträgt, dann einen Anteil von fast 50 % erreichen und dem Wirtschaftswachstum in allen Ländern zusätzliche Impulse verleihen. In diesem Fall seien sogar die Verdreifachung der Welt-Produktion und ein Anstieg des Pro-Kopf-Einkommens um 140 % möglich. Die Arbeitslosenquoten in Europa könnten als Folge dieses Globalisierungsprozesses auf etwa 5 % zurückgehen. Der seit Anfang der 70er Jahre zu beobachtende Trend steigender Arbeitslosenzahlen wäre gebrochen.

Die von der OECD aufgezeigte Perspektive macht deutlich, daß die zunehmende Arbeitsteilung in einer globalisierten Wirtschaft zu einem signifikanten Rückgang der Arbeitslosigkeit und einer deutlichen Anhebung des Lebensstandards in der Welt beitragen kann. Insbesondere in den Nicht-OECD-Ländern, deren Wohlstandsniveau im Vergleich zu den Industrieländern sehr viel niedriger ist, dürften die

Verbesserungen erheblich sein. Die OECD-Projektion für diese Länder geht von Steigerungen beim Pro-Kopf-Einkommen von 270 % bis zum Jahr 2020 aus, wenn Handel und Kapitalverkehr weiter liberalisiert werden. Die Globalisierung ist deshalb kein Schreckgespenst, sondern lediglich Ausdruck einer immer stärker zusammenwachsenden Welt, die für alle Länder neue Perspektiven eröffnet.

Trotz dieser Möglichkeiten weltweiter Wohlstandsmehrungen wird der Globalisierungsprozeß vor allem von Nichtökonomen zu selten als Chance begriffen. Schlagworte wie „Globalisierungsfalle“, „Kostensenkungswettlauf“ oder „Sozialdumping“ machen die Runde und ziehen Forderungen nach Protektion und Abschottung der heimischen Wirtschaft vor internationaler Konkurrenz nach sich. Hierbei spielt zum großen Teil mangelnde Kenntnis der Zusammenhänge eine Rolle. Es scheint vielen, die sich „scheinbar sachkundig“ zu äußern versuchen, nicht klar, daß Außenhandel keine Einbahnstraße für das eine oder das andere Land sein muß. Wohlstandssteigerungen des einen Landes sind nicht notwendigerweise mit Wohlstandsverlusten anderer Länder verbunden. Diese merkantilistische Sichtweise des Handels, die vorzugsweise im 16. und 17. Jahrhundert vertreten wurde, ist längst überholt.

Wohlfahrtsgewinne, die sich aus dem freien Welthandel ergeben, setzen sich aus einem Handelsgewinn und einem Spezialisierungsgewinn zusammen. Ersterer entsteht dadurch, daß gleiche Güter zu unterschiedlichen nationalen Preisen gehandelt werden. Die länderspezifischen Preise ergeben sich durch Unterschiede zwischen den einzelnen Volkswirtschaften in der Ausstattung mit natürlichen Ressourcen, mit Arbeit und Kapital sowie im Entwicklungsstand und in den Nachfragegewohnheiten. Wenn die im Ausland preiswerter angebotenen Waren importiert und die preisgünstigeren inländischen Güter exportiert werden, entsteht für die beteiligten Länder ein Handelsgewinn. Hinzu kommt der Spezialisierungsgewinn, der sich durch eine weltweite Arbeitsteilung einstellt. Dabei konzentriert sich jedes Land auf die Produktion des Gutes, das es mit seinen spezifischen Produktionsmöglichkeiten am effizientesten herstellen kann.

Bereits David Ricardo hat 1817 in seinem Buch „Principles of Political Economy and Taxation“ nachgewiesen, daß internationale Arbeitsteilung den Wohlstand aller am Handel beteiligten Länder grundsätzlich fördert. Er hat dies an einem einfachen Beispiel anschaulich verdeutlicht: In seinem Modell produzieren England und Portugal jeweils die Güter Tuch und Wein, wobei Tuch in England und Wein in Portugal, gemessen am Arbeitsaufwand, kostengünstiger hergestellt werden kann. Tuch ist somit in England relativ billig, während es in Portugal relativ teuer ist. Die Unterschiede in den relativen Preisen führen bei Aufnahme des Handels zwischen den beiden Ländern dazu, daß England portugiesischen Wein und Portugal englisches Tuch kauft. Die Spezialisierung auf das jeweils zu geringeren Kosten produzierbare Gut steigert Produktion und Verbrauchsmöglichkeiten in beiden Ländern. Internationale Arbeitsteilung ist somit eine „Zweibahnstraße zum gegenseitigen Vorteil".[3]

Diese Überlegungen Ricardos, seither im Rahmen der Außenwirtschaftstheorie in immer komplexeren Modellen weiter verfeinert, haben nach wie vor Gültigkeit.[4] Auch der Vollendung des europäischen Binnenmarktes liegt diese Erkenntnis der Wohlfahrtssteigerung durch freien, nicht durch protektionistische Maßnahmen gebremsten Handel zugrunde. Bereits der Cecchini-Bericht[5], eine Studie der EG-Kommission aus dem Jahr 1988, der die Kosten und Nutzen eines gemeinsamen Binnenmarktes gegenüberstellte, prognostizierte positive gesamtwirtschaftliche Effekte durch die bessere Ressourcenverteilung unter Nutzung von Spezialisierungsmöglichkeiten im EU-Binnenmarkt. Die EU-Kommission hat in ihrem Bericht über „Wirkung und Wirksamkeit des Binnenmarktes" 1996 diese positiven Wirkungen bestätigt. Danach habe das Binnenmarktprogramm 300.000 bis 900.000 zusätzliche Arbeitsplätze geschaffen und zwischen 1987 und 1993 eine zusätzliche Einkommenssteigerung von 1,1 bis 1,5 % bewirkt.[6] Die nun beschlossene Europäische Währungsunion wird diese Entwicklung weiter vertiefen und beschleunigt fortsetzen.

Steigender internationaler Wettbewerb erhöht den Druck zum Strukturwandel

Deutschland gehörte bislang zu den Ländern, die aus der internationalen Arbeitsteilung großen Nutzen gezogen haben. Immerhin wird heute rund ein Drittel des Bruttoinlandsprodukts im Export erwirtschaftet. Damit dies auch im 21. Jahrhundert so bleibt, muß Deutschland die Globalisierung offensiv annehmen.

Die durch internationale Arbeitsteilung möglichen Wohlfahrts- und Beschäftigungsgewinne sind für die einzelnen Volkswirtschaften nicht kostenlos zu bekommen. Sie erfordern eine permanente Anpassung nationaler Produktionsstrukturen an die sich nunmehr global ändernden Wettbewerbsbedingungen. Im Beispiel Ricardos führt die Aufnahme internationalen Handels zu einer Änderung der regionalen und sektoralen Struktur der Produktion: In Portugal schließen Tuchfabriken. Arbeit und Kapital werden freigesetzt und wandern in die Weinproduktion. Gleichzeitig wandern in England die Produktionsfaktoren in die Tuchproduktion. Das bedeutet: Die Wohlfahrtsgewinne durch die Aufnahme des Außenhandels werden in beiden Ländern zunächst auf Kosten einer Region und eines Sektors erzielt. Durch die Flexibilität und Mobilität der Produktionsfaktoren, die in diesem Modell unterstellt wird, kommt es nicht zu dauerhafter Unterbeschäftigung.

Gerade die im Zuge einer zunehmenden weltwirtschaftlichen Arbeitsteilung in den einzelnen Volkswirtschaften notwendigen strukturellen Anpassungen auf den Güter- und Arbeitsmärkten, die in der realen Welt aufgrund von Hemmnissen nicht ohne Umstellungskosten geschehen, sind der Grund für die allerorten existierenden Ängste und Bedenken gegen die Globalisierung. Man sieht die Wahrung des Besitzstandes gefährdet und fürchtet, zu den Verlierern der Globalisierung zählen zu können.

Dabei ist Strukturwandel an sich nichts Neues. Strukturelle Veränderungen hat es immer gegeben und wird es immer geben. Er ist in jeder Volkswirtschaft zu beobachten, die wächst, sich entwickelt und sich in ihrer Zusammensetzung ändert. Der Übergang von der Agrar- über die Industrie- zur Dienstleistungsgesellschaft ist mit dem Entstehen neuer Wirtschaftszweige verbunden, während andere an Bedeutung verlieren und schrumpfen. Im Rahmen dieser Entwicklung scheiden nicht konkurrenzfähige Unternehmen aus dem Markt aus, neue Unternehmen etablieren sich, werden Arbeitskräfte freigesetzt und wieder neu beschäftigt. Die damit verbundenen Anpassungen sind im Einzelfall bisweilen schmerzhaft. Doch ohne ökonomischen und gesellschaftlichen Strukturwandel wären die vielen technischen und medizinischen Errungenschaften, die uns das Leben heute leichter und angenehmer machen, gar nicht denkbar.

Strukturwandel ist also etwas Positives und eröffnet den Menschen Chancen für neuen Wohlstand. Jede Verzögerung des Strukturwandels ist dagegen mit erheblichen Kosten verbunden. Neben der ineffizienten Bindung von Produktionsfaktoren, die das Wirtschaftswachstum hemmt, steigen mit der Zeit auch die Anpassungszwänge. Erheblich mehr Produktionsfaktoren müssen dann in eine neue Verwendung gelangen mit der Folge, daß die Unterbeschäftigung zumindest temporär zunimmt. Je struktur- und anpassungsflexibler eine Volkswirtschaft ist, um so reibungsloser können die Marktkräfte den Strukturwandel bewältigen. Dies ist in einem marktwirtschaftlichen System ohnehin die effizientere Lösung, da der Staat aufgrund seines Informationsdefizits gar nicht in der Lage ist, den Strukturwandel vernünftig imperativ zu planen und zu lenken. Die Arbeits- und Aufgabenteilung zwischen Staat und Wirtschaft muß deshalb beachtet werden: Die Unternehmen müssen für ihre nachhaltige Wettbewerbsfähigkeit in erster Linie selbst sorgen. Dem Staat kommt vor allem die Aufgabe zu, das gesamtwirtschaftliche Umfeld leistungs- und wachstumsfreundlich zu gestalten.[7] Dazu müssen die gesamtwirtschaftlichen Rahmenbedingungen so gesetzt werden, daß Güter- und Faktormärkte möglichst flexibel und mobil bleiben. Dazu zählen beispielsweise eine geringe Regulierungsdichte auf den Märkten, um die Marktkräfte zur Entfaltung kommen zu lassen, eine niedrige Staatsquote und die Entlastung der Bürger und Unternehmen von Steuern und Abgaben, um private Initiative nicht zu ersticken. Dies gilt in einer Welt, in der die Märkte zusammenwachsen und die ökonomischen Entfernungen schrumpfen, in der der Wettbewerb und damit der Druck zu strukturellen Veränderungen in allen am Handel beteiligten Ländern steigt, natürlich um so mehr.

Der Transport von Gütern und Dienstleistungen ist dank moderner Verkehrsinfrastruktur schnell und preiswert rund um die Welt möglich. Neue Informations- und Kommunikationstechnologien bilden das Nervensystem der globalen Welt. Sie erlauben die Vernetzung von Produktionskapazitäten und den weltweiten Zusammenschluß von Kapitalmärkten. Wissen und Information sind weltweit verfügbar und abrufbar. In einem solchen Umfeld sind Preiserhöhungsspielräume für Unternehmen gering, Fehlentscheidungen werden umgehend vom Markt sanktioniert. Nur innovative und flexible Unternehmen, die sich schnell an neue Entwicklungen anpassen können, haben Chancen, sich durchzusetzen und sich am Markt zu behaupten. Angesichts dieses gestiegenen Wettbewerbsdrucks bekommen die gesamtwirtschaftlichen Rahmenbedingungen, die eine Volkswirtschaft für Investition, Produktion, Forschung und Absatz bietet, eine zunehmende Bedeutung. Da Unternehmen in einer offenen Welt weltweit den besten Standort für ihr Unternehmen wählen können, führt der globalisierte Wettbewerb damit direkt auch zu einer unmittelbaren Konkurrenz zwischen den einzelnen Produktionsstandorten um Investitionen und Arbeitsplätze. Deshalb müssen die Rahmenbedingungen in Deutschland ständig modernisiert und dem sich ändernden Umfeld angepaßt werden. Nur so läßt sich die Attraktivität Deutschlands für in- und ausländische Investoren auch im 21. Jahrhundert sichern und ausbauen. Das ist die Voraussetzung dafür, daß Deutschland einen entsprechenden Anteil am weltweiten Wohlstandsgewinn durch Arbeitsteilung realisieren kann.

Deutschland hat in den 50er und 60er Jahren bereits die Erfahrung gemacht, daß Strukturwandel mit Vollbeschäftigung durchaus kompatibel ist. Schätzungen gehen beispielsweise davon aus, daß „1958 etwa 50 Prozent aller derjenigen Arbeitsplätze verschwunden waren, die es zur Zeit der Wirtschaftsreform von 1948 gegeben hat".[8] Das zeigt, daß es damals gelungen ist, die im Strukturwandel freigesetzten Arbeitskräfte wieder neu zu beschäftigen. Güter- und Faktormärkte waren, begünstigt durch ein nachhaltiges Wirtschaftswachstum, flexibel genug, die Umstellung zu bewältigen.

In den 70er Jahren haben sich die Angebotsbedingungen in Deutschland verschlechtert. Auslöser war die Höherbewertung der D-Mark als Folge des Übergangs zu flexiblen Wechselkursen sowie die erste Ölpreisexplosion von 1973/74. Dadurch stieg der Anpassungsdruck vor allem in den lohnintensiv produzierenden, standardisierte Güter herstellenden Branchen, bei denen es vor allem auf die preisliche Wettbewerbsfähigkeit ankommt. Überzogene Lohnsteigerungen und der unbekümmerte Ausbau des Sozialstaates waren in der Folge mit dafür verantwortlich, daß die private Investitionstätigkeit der Unternehmen erlahmte und das Wachstumstempo abnahm.

Da zudem die Flexibilität auf dem Arbeitsmarkt nicht hinreichend gestärkt wurde, vielmehr leistungshemmendes Anspruchsdenken aufgebaut wurde, ließ sich der Strukturwandel seitdem nicht ohne Anstieg der Arbeitslosigkeit bewältigen.

Es kommt daher jetzt darauf an, die Flexibilität auf dem Arbeitsmarkt wieder zu erhöhen. Der Reformbedarf hat sich bereits in den letzten Jahren durch den zunehmenden Anteil struktureller und Langzeitarbeitslosigkeit angedeutet. Die durch Strukturwandel freigesetzten Arbeitskräfte werden aufgrund von Verkrustungen am Arbeitsmarkt nicht im erforderlichen Maß in den aufstrebenden, konkurrenzfähigen Branchen wiederbeschäftigt, in denen neue Arbeitsplätze entstehen. Diese Inflexibilitäten gilt es aufzubrechen, um eine weitere drastische Zunahme der Arbeitslosigkeit zu vermeiden, die in einer Welt droht, in der sich die Globalisierungsprozesse beschleunigen.

Dies gilt gerade auch vor dem Hintergrund, daß der interindustrielle Handel in den nächsten Jahren an Bedeutung gewinnen wird. Die aufstrebenden Entwicklungsländer wie auch die sich im Transformationsprozeß befindlichen mittel- und osteuropäischen Reformstaaten werden kraftvoll um Marktanteile kämpfen. Dabei wird in den Industriestaaten im wesentlichen geringqualifizierte Arbeit wegfallen. Da im Gegensatz zum intraindustriellen Handel in den gleichen Branchen keine neuen Arbeitsplätze entstehen, sind für die freigesetzten Arbeitskräfte eine Um- oder Neuqualifizierung, die Überwindung von Branchenbarrieren sowie häufig räumliche Mobilität unverzichtbar, um neue Arbeit zu finden.

Defensive Strategien sind die falsche Antwort

Defensive Strategien in Form von handelspolitischen Schutzmaßnahmen, Eingriffen in den internationalen Kapitalverkehr oder internationale Absprachen, um den Standortwettbewerb zu vermeiden, führen in die Irre. Sie sind von dem Gedanken getragen, Besitzstände zu wahren, und berücksichtigen nicht die Dynamik des Entwicklungsprozesses, die dazu führen wird, daß genau diese Besitzstände verlorengehen. Sich der Globalisierung nicht zu stellen und dem Strukturwandel auszuweichen, würde für ein so hochgradig in die internationale Arbeitsteilung eingebettetes Land wie Deutschland schweren wirtschaftlichen und sozialen Schaden bedeuten. Nicht nur, daß zukünftig mögliche wohlfahrtssteigernde Spezialisierungs- und Effizienzvorteile nicht genutzt werden könnten. Da eine Beschränkung des Wettbewerbs immer einhergeht mit einem Verlust an Dynamik und Effizienz, wäre auch die derzeitige internationale Wettbewerbsposition Deutschlands kaum zu halten. Der Verlust von Marktanteilen und damit Einkommenseinbußen wären die Folge. Hinzu käme die Gefahr der Verlagerung von Produktionsstätten aus Deutschland in dynamische Wachstums- und Zukunftsmärkte mit der Folge steigender Arbeitslosigkeit. Der Wohlstand Deutschlands würde sinken, der Sozialstaat wäre im Kern gefährdet.

Der Vorschlag, den beispielsweise der SPD-Vorsitzende Lafontaine immer wieder propagiert,[9] dem Druck des weltweiten Standortwettbewerbs durch Nivellierung und Harmonisierung von Standards auf dem Niveau der Industriestaaten entkommen zu können, ist ebenfalls illusorisch. Zum einen würde man dadurch den weniger entwickelten Volkswirtschaften die Aufholchancen rauben. Sie könnten auf den Weltmärkten mit dem wichtigsten Pfund, das sie besitzen, nämlich vergleichsweise niedrigen Arbeitskosten, nicht mehr wuchern. Diese Länder, denen gerade auch von deutscher Seite immer wieder die Vorzüge von Marktwirtschaft und Freihandel gepredigt wurden, werden zum anderen angesichts der guten Erfahrungen, die sie mit dem Konzept „Entwicklung durch Handel“ gemacht haben, gar nicht bereit sein, sich auf eine solche Harmonisierung einzulassen.

Auch die oftmals an die Wand gemalte Gefahr, daß deutsche Arbeitnehmer im Zuge der stärker werdenden Konkurrenz aus Niedriglohnländern im internationalen Wettbewerb nur bestehen könnten, wenn sie zu drastischen Lohnkürzungen bereit wären, ist nicht gegeben. Im Vergleich zu Niedriglohnländern verfügt Deutschland über eine bessere Kapitalbildung, höhere Qualifikation der Arbeitskräfte sowie eine leistungsfähigere Infrastruktur, die die Basis sind für technischen Fortschritt und deutliche Produktivitätsvorsprünge. Das hohe Arbeitskostenniveau in Deutschland ist so lange unproblematisch, wie es von einer entsprechend hohen Produktivität und technologischen Leistungsfähigkeit gestützt wird. Erst wenn die deutsche Volkswirtschaft nicht mehr produktiver ist als ihre Wettbewerber, das hohe Lohn- und Sozialkostenniveau aber dennoch beibehalten werden soll, ist die internationale Konkurrenzfähigkeit bedroht und damit der Arbeitsmarkt gefährdet.

Dies alles läßt nur eine Schlußfolgerung zu: Zur internationalen Arbeitsteilung und der Globalisierung des Wirtschaftsprozesses gibt es für Deutschland keine Alternative. Die Globalisierung der Wirtschaft ist insofern Schicksal und Chance. Es gilt, diesen Prozeß globalisierten Wettbewerbs anzunehmen und zu nutzen, althergebrachte Strukturen aufzubrechen und Wirtschaft und Gesellschaft in neue, moderne Bahnen zu lenken. Je später Deutschland den Strukturwandel annimmt und aktiv begleitet, um so größer sind die Anpassungskosten, die jeder einzelne zu schultern hat.

Deutschlands Chancen im 21. Jahrhundert

Deutschland hat gute Chancen, auch im 21. Jahrhundert eine führende Industrienation zu sein, mit guten Rahmenbedingungen für die Unternehmen und einem hohen Wohlstand für seine Bevölkerung. Hierzu bilden die außerordentlich gute Infrastruktur, ein hervorragend ausgebildetes Arbeitskräftepotential, das Vorhandensein von Kapital, die hohe Rechtssicherheit sowie der gesellschaftliche Grundkonsens zwischen Arbeitnehmern und Unternehmen die Basis. Dazu kommt, daß Deutschland im Herzen Europas liegt. Diese zentrale Lage ist ein weiterer Pluspunkt, vor allem im Hinblick auf die sich öffnenden Absatzmärkte Mittel- und Osteuropas.

Leider geraten diese Standortvorteile Deutschlands zu leicht in Vergessenheit, wenn über die Notwendigkeit struktureller Anpassungen gesprochen wird. Die scheinbar urdeutsche Mentalität, anstatt der Chancen immer zuerst die Risiken zu sehen und potentielle Nachteile von Veränderungen stets höher zu bewerten als deren Vorteile, verlangsamt die Umsetzung von Reformen – deren Notwendigkeit unbestreitbar ist, um den Standort Deutschland für das 21. Jahrhundert fit zu machen – und erschwert damit den Strukturwandel. Die Deutschen müssen lernen, die Herausforderungen, vor die sie gestellt sind, wieder offensiver anzunehmen und mitzugestalten.

Trotz überaus positiver Zukunftsaussichten für die Weltwirtschaft, eines hohen Wohlstandsniveaus und vergleichsweise guter makroökonomischer Rahmendaten in Deutschland herrscht eher Pessimismus als Optimismus. Nach einer repräsentativen Umfrage des Mannheimer Instituts für praxisorientierte Sozialforschung vom Februar 1998 beurteilen 37 % der Deutschen die heutige Wirtschaftslage in Deutschland als schlecht, nur 16 % halten sie für gut, und 46 % halten sie für teils gut, teils schlecht. Auch im Hinblick auf die zukünftige Entwicklung sind nur 19 % der Befragten der Meinung, daß es mit der Wirtschaft in Deutschland zur Zeit eher aufwärtsgeht. 41 % rechnen damit, daß es mit der deutschen Wirtschaft eher abwärtsgeht, und 38 % glauben, daß keine gravierenden Änderungen einsetzen werden.[10]

Diese pessimistische Grundeinstellung zeigt trotz sich weiter verbessernder Wirtschaftsdaten die tiefe Verunsicherung der Menschen. Sie spüren, daß sich die Welt um sie herum in atemberaubender Geschwindigkeit verändert. Die deutsche Einheit, das Scheitern des real existierenden Sozialismus mit den demokratischen Umwälzungsprozessen in Osteuropa und dem Ende der Ost-West-Teilung, die fortschreitende europäische Integration mit einer zukünftig einheitlichen Währung erfordern Veränderungen auch in Deutschland. Besitzstände überprüfen, eingefahrene Bahnen verlassen, überlebte Strukturen reformieren – das erfordert neues Denken, das erfordert Mut, Risikobereitschaft und Engagement von jedem einzelnen. Wolfgang Schäuble hat diesen Sachverhalt in seiner vielbeachteten Tutzinger Rede bereits 1996 aufgegriffen: „In einer Gesellschaft hingegen, die nur noch Besitzstände verteidigt, verkümmert jeglicher Idealismus, erstarrt Kreativität, wird Gemeinsinn atomisiert. Eine solche Gesellschaft verliert jeden Schwung und wird letztlich zum Nachlaßverwalter ihrer selbst. Wenn wir das begreifen und begreiflich machen, dann ist mir nicht bange, daß wir die großen Herausforderungen meistern werden. Dazu muß jeder seine Hausaufgaben machen, sonst wird das Klassenziel verfehlt. Deshalb: nicht abwarten, nicht zuschauen – sondern anpacken und mittun."[11]

Vieles ist in den vergangenen Jahren geschehen, um die Rahmenbedingungen für Investitionen und Arbeitsplätze in Deutschland zu verbessern und die Anpassungsflexibilität der deutschen Volkswirtschaft gegenüber dem Strukturwandel zu verbessern. Mehr Eigenverantwortung und Subsidiarität, weniger Bürokratie, Rückführung des

Staatsanteils – das sind die Leitlinien für Reformmaßnahmen, die in den letzten Jahren umgesetzt worden sind:

- Mit der Neuregelung der Entgeltfortzahlung im Krankheitsfall haben die Tarifparteien wieder mehr Spielraum für eigenverantwortliche Lösungen bekommen. Das Ergebnis ist ermutigend: Die Betriebe konnten mittelbar um zweistellige Milliardenbeträge entlastet werden. Der Krankenstand ist heute so niedrig wie nie zuvor und liegt auch im internationalen Vergleich niedrig.
- Die durchgreifende Modernisierung des Arbeitsrechts erlaubt es den Unternehmen nunmehr, ihre Beschäftigung flexibler an die Auftragslage anzupassen. Lockerung des Kündigungsschutzes, Beseitigung von Einstellungshemmnissen und verbesserte Möglichkeiten zum Abschluß befristeter Arbeitsverhältnisse sind einige der Maßnahmen, die dazu beitragen, Verkrustungen auf dem Arbeitsmarkt aufzubrechen.
- Durch Marktöffnung und Privatisierungen entsteht marktwirtschaftlicher Wettbewerb in bislang ausgenommenen Bereichen. Liberalisierung des Telekommunikationsmarktes, Öffnung des Postmarktes sowie des Strom- und Gasmarktes bedeuten mehr Effizienz, niedrigere Preise und größere Angebotsvielfalt für Unternehmen und Haushalte.
- Die steuerliche Belastung wurde vor allem durch die Abschaffung von Gewerbekapital- und Vermögensteuer reduziert, die im internationalen Vergleich einen spürbaren Standortnachteil darstellten.
- Mit dem Dritten Finanzmarktförderungsgesetz sind die Rahmenbedingungen am Finanzplatz Deutschland durchgreifend modernisiert und Wege für zusätzliches privates Wagniskapital geebnet worden.
- Die Rentenreform schließlich trägt dazu bei, daß die Belastungen aufgrund der demographischen Entwicklung gerechter zwischen den Generationen verteilt werden. Die Beitragssätze der Rentenversicherung und damit die Lohnnebenkosten können so stabilisiert und mittelfristig gesenkt werden.

Mit diesen Reformmaßnahmen sind erste wichtige Schritte unternommen worden, die soziale Marktwirtschaft in Deutschland zu revitalisieren. Sie tragen dazu bei, die Flexibilität und Anpassungsfähigkeit der Güter- und Faktormärkte zu erhöhen, die Arbeitskosten zu senken und spezifische Standortnachteile für Unternehmen zu beseitigen. Vor dem Hintergrund der Reformnotwendigkeiten im Hinblick auf den globalisierten Wettbewerb des 21. Jahrhunderts, aber auch im Hinblick auf den Abbau der nach wie vor bedrückend hohen Arbeitslosigkeit in Deutschland sind jedoch noch lange nicht alle Hürden genommen. Steuern, Lohn- und Lohnnebenkosten wie auch der Anteil des Staates am Sozialprodukt sind nach wie vor zu hoch. Um hier Abhilfe zu schaffen, müssen wir uns in Deutschland wieder stärker auf die Grundwerte der sozialen Marktwirtschaft besinnen, deren Basis die Wirksamkeit des Wettbewerbs und das Marktprinzip sind. Leistung, Wettbewerb und Eigenverantwortung müssen wieder mehr in den Vordergrund gestellt werden. Ein Übermaß an kollektiver Sicherheit wirkt unweigerlich demotivierend. Leistung muß sich zukünftig wieder stärker lohnen.

Für den Standort Deutschland hat die Reform des deutschen Einkommen- und Körperschaftsteuersystems Priorität. Die Steuersätze sind im internationalen Vergleich zu hoch und müssen über den gesamten Tarif gesenkt werden, um Bürger und Unternehmen zu entlasten, ihnen Leistungs- und Investitionsanreize zu geben. Niedriger, einfacher, gerechter muß die Leitlinie der Reform sein. Die vom Deutschen Bundestag beschlossene, am SPD-dominierten Bundesrat jedoch gescheiterte Steuerreform folgte dieser Leitlinie. Mit einem Eingangssteuersatz von 15 %, einem Spitzensteuersatz von 39 % bzw. von 35 % für gewerbliche Einkünfte wäre in Verbindung mit der angestrebten Nettoentlastung von 30 Mrd. DM das deutsche Steuerrecht international wieder wettbewerbsfähig geworden. Der Standort Deutschland hätte an Attraktivität für in- und ausländische Investoren gewonnen, und der Arbeitsmarkt hätte einen kräftigen Schub erhalten. Die Erfolge in den Ländern, die den gleichen Weg schon vor geraumer Zeit eingeschlagen haben, bestätigen die Richtigkeit einer solchen Steuerpolitik: Die Beschäftigungszuwächse in den USA, in Großbritannien oder in den Niederlanden wären ohne die als Katalysator wirkenden Steuersenkungen nicht möglich gewesen. Deshalb ist es für die internationale Konkurrenzfähigkeit des Standorts Deutschland wichtig, daß diese Reform möglichst schnell kommt.

In der Gesellschaft des 21. Jahrhunderts brauchen wir wieder mehr Freiheit für den einzelnen, größere gesellschaftliche Mobilität und

Flexibilität in den Arbeits- und Lebensformen sowie stärkere Eigenverantwortung. Dadurch wird die notwendige Flexibilität auf dem Arbeitsmarkt verbessert. Die Zukunft gehört den kleinen und mittleren Betrieben, die in der Lage sind, sich auf eine rasch wachsende Nachfrage nach Gütern und Dienstleistungen flexibel einzustellen. Die fabrikmäßige Arbeitsorganisation in industriellen Großbetrieben wird es dagegen immer weniger geben. Lebensarbeitsplätze werden in der Dienstleistungsgesellschaft der Zukunft die Ausnahme sein. Der Arbeitnehmer kann sich nicht mehr darauf einrichten, nur noch einen Beruf in seinem Leben zu haben. Lebenslanges Lernen wird in der Informations- und Wissensgesellschaft des 21. Jahrhunderts, in der sich die Arbeitswelt schneller ändern wird, daher die Regel sein. Bildung und Ausbildung werden deshalb zunehmend wichtiger. Sie sind der Schlüssel für die Leistungsfähigkeit und die Lebenschancen eines jeden einzelnen. In solch einem Arbeitsumfeld mit einem zunehmenden Maß an Selbständigkeit hat der einzelne mehr Eigenverantwortung für seine Lebensplanung und -führung.

In diesem Zusammenhang ist es ebenfalls notwendig, die Mischung zwischen Eigenverantwortung und sozialer Absicherung neu auszutarieren. 1997 lagen die Sozialausgaben bei insgesamt 1,25 Billionen DM. Sie beanspruchten damit rund 34 % des deutschen Bruttoinlandsprodukts. Die Höhe der Sozialversicherungsbeiträge und damit der Lohnnebenkosten hat den Abbau der Arbeitslosigkeit behindert. Die sozialen Sicherungssysteme werden dauerhaft nur tragfähig bleiben, wenn sie an die geänderten Bedingungen angepaßt werden. Deshalb müssen die staatlichen Sozialsysteme so reformiert werden, daß sie nicht einen beliebig hohen Lebensstandard garantieren, sondern lediglich Risiken absichern. Eigenverantwortliche Vorsorge muß wieder stärker herangezogen werden. Damit wird es möglich, die gesetzlichen Lohnnebenkosten zu senken, die Arbeitskosten zu verringern und den Arbeitsmarkt stärker zu flexibilisieren.

Die vorrangige Verantwortung für die Beschäftigungsentwicklung tragen die Tarifpartner. Dieser ordnungspolitisch wichtige Sachverhalt muß wieder stärker beachtet werden. Wer angesichts der nach wie vor hohen Arbeitslosigkeit ein Ende der Bescheidenheit in der Lohnpolitik fordert, gefährdet den einsetzenden Abbau der Arbeitslosigkeit und behindert den Strukturwandel. Der in den letzten beiden Jahren von den Tarifvertragsparteien eingeschlagene Weg moderater Lohnerhöhungen sollte deshalb noch so lange beibehalten werden, bis die Arbeitslosigkeit abgebaut ist. In Verbindung mit der Flexibilisierung der Tarifverträge, also stärker differenzierten, betriebsbezogenen Regelungen, sowie einer stärkeren Lohnspreizung könnte die Anpassungsfähigkeit des Arbeitsmarktes erhöht, den Unternehmen etwas der Rationalisierungsdruck genommen und die Beschäftigung insgesamt erhöht werden. Zudem könnten neue Arbeitsplatzsegmente im Dienstleistungssektor erschlossen werden.

Dezentrale Einheiten sind flexibler, anpassungs- und innovationsfähiger. Gerade in einer globalisierten Welt, in der das Tempo der Veränderungen wächst, sind deshalb Deregulierung und Entbürokratisierung wichtige Maßnahmen, um Eigenverantwortung, Wettbewerb und wirtschaftliche Dynamik zu stärken. Das gilt auch für den Staatssektor. Er muß und wird in der Gesellschaft des 21. Jahrhunderts kleiner sein als heute. Anpassungsfähigkeit, Flexibilität und Innovation werden durch zuviel Staat gebremst. Ein hoher Staatsanteil bedeutet immer auch eine hohe Steuer- und Abgabenquote, die leistungshemmend wirkt, weil sie Privatinitiative und Risikobereitschaft untergräbt. Statt dessen werden Anspruchsdenken, Leistungsverweigerung und Trittbrettfahrermentalität gefördert und die Gesellschaft entsolidarisiert. Dem kann – auch unter dem demographischen Aspekt – nur in der Weise entgegengewirkt werden, daß der Subsidiarität und der Eigenvorsorge wieder stärkere Bedeutung beigemessen wird.

Diese Vision einer Gesellschaft im 21. Jahrhundert, basierend auf mehr Freiheit und Eigenverantwortung, weniger staatlicher Reglementierung und geringem Staatsanteil, wird die Wettbewerbsfähigkeit der deutschen Volkswirtschaft im internationalen Vergleich stärken. Zu ihr gibt es im Zeitalter der Globalisierung der Märkte keine Alternative. Die Möglichkeit, der Globalisierung und ihren Folgen auszuweichen, gibt es faktisch nicht. Angesichts der Tatsache, daß Deutschland ein Drittel seines Bruttoinlandsprodukts im Export erwirtschaftet und sich der internationale Wettbewerb bereits durch die beschlossene Währungsunion signifikant verschärfen wird, wäre mit einem solchen Schritt das deutsche Wohlstandsniveau nicht zu halten, das Problem der Arbeitslosigkeit würde verschärft. Die Globalisierung ist deshalb Schicksal und Chance zugleich. Sie findet statt, ob Deutschland es will oder nicht. Je früher wir damit beginnen, uns den veränderten Rahmenbedingungen anzupassen, um so mehr können wir die Globalisierung zum Wohle unseres Landes nutzen.

[1] Vgl. zu den Zahlen Institut der deutschen Wirtschaft, Globalisierung – Bedrohung oder Chance, Köln 1998, S. 6.

[2] Vgl. OECD, Aufbruch in ein neues globales Zeitalter, Paris 1997, S. 23.

[3] Schlecht, O., Wohlstand und Arbeit für alle, in: Wirtschaftswoche Nr. 48, 20.11.1997, S. 36.

[4] Eine Abkehr vom Leitbild des Freihandels empfiehlt sich aufgrund der Informations- und Anreizprobleme bei der Implementierung strategischer Handelspolitiken auch nicht in einer Welt des Zweitbesten, wenngleich sich die Vorteile des Freihandels dann nicht mehr in der gleichen Stringenz ableiten lassen. Vgl. hierzu Köster, W., Hat Freihandel als Leitbild der Außenwirtschaftspolitik ausgedient?, in: Volkswirtschaftliche Korrespondenz der Adolf-Weber-Stiftung, 34. Jahrgang, Nr. 1/1995.

[5] Vgl. Cecchini, P., Europa 1992. Der Vorteil des Binnenmarktes, Baden-Baden 1988.

[6] Die binnenmarktinduzierten Einkommenseffekte lassen sich je zur Hälfte auf Wettbewerbssteigerungen und Effizienzverbesserungen sowie auf mit dem Binnenmarkt verbundene technische Fortschritte zurückführen. Vgl. Mitteilung der Kommission an das Europäische Parlament, Wirkung und Wirksamkeit der Binnenmarktmaßnahmen, Kom (96) 520 endg., Luxemburg 1996, S. 9.

[7] Diese Aufgabenteilung unterstützt auch der Deutsche Industrie- und Handelstag in seinem Grundsatzpapier vom Juni 1998 zur Innovationspolitik in der 14. Legislaturperiode. Vgl. Deutscher Industrie- und Handelstag, Innovationspolitik und Wettbewerb, Bonn 1998, S. 3 f.

[8] Willgerodt, H., Keine Angst vor pfiffigen Partnern, in: Frankfurter Allgemeine Zeitung, Nr. 221, 21.9.1996, S. 15.

[9] Vgl. Lafontaine, O., Müller, C., Keine Angst vor der Globalisierung: Wohlstand und Arbeit für alle, Bonn 1998, S. 56 ff.

[10] Vgl. Bundesverband deutscher Banken (Hrsg.), Deutschland vor der Zukunft: Der Wirtschaftsstandort im Zeichen des Euro, Bonn 1998, S. 12 f.

[11] Schäuble, W., Zukunftsfragen deutscher Politik, Vortrag bei der Herbsttagung des Politischen Clubs der Evangelischen Akademie Tutzing am 10. November 1996, nicht veröffentlichtes Redemanuskript, S. 19 f.

II.
Zukunftsfaktor Innovationspolitik

NORBERT LAMMERT

Neue Märkte und neue Strukturen – Die Luft- und Raumfahrt im globalen Wettbewerb

In Zeiten der Globalisierung gilt für moderne Wirtschaftspolitik noch mehr als bisher: die Wettbewerbsfähigkeit der Volkswirtschaft im Ganzen und der einzelnen Unternehmen entscheidet über Märkte, Erträge und Beschäftigung. Weniger als jemals zuvor ist durch staatliche Interventionen auszugleichen, was den angebotenen Produkten und Dienstleistungen auf internationalen Märkten mit Blick auf Qualität, Preis oder Service fehlt. Die Subventionierung einer Branche lastet in Form zusätzlicher Kosten auf den Betrieben und Unternehmen anderer Sektoren und gefährdet so deren Wettbewerbsfähigkeit.

Es ist daher folgerichtig und unabweisbar, daß der moderne Staat sich aus ganz oder überwiegend politisch dominierten Bereichen der Wirtschaft möglichst weitgehend zurückzieht und durch Privatisierung, Deregulierung und Liberalisierung deren Orientierung und Behauptung im Wettbewerb erzwingt. Dies ist in Deutschland auf Initiative der Bundesregierung in den letzten Jahren bei Post- und Telekommunikation, im Verkehr (Bundesbahn, Lufthansa, Tank und Rast) sowie in der Energiewirtschaft erfolgt.

Dies gilt im Grundsatz auch für die Luft- und Raumfahrt, die in Deutschland schon vor Jahren privatwirtschaftlich neu geordnet wurde und dennoch – unter veränderten internationalen Wettbewerbsbedingungen – weiter zu entwickeln ist, wenn sie ihre hohe politische und ökonomische Bedeutung behalten soll.

Die Luft- und Raumfahrt ist nicht irgendein Sektor unserer Volkswirtschaft; sie ist eine technologische und strategische Schlüsselbranche, deren politische und ökonomische Bedeutung weit über den Kreis der unmittelbar betroffenen Standorte und Beschäftigten hinausreicht. Sie darf im übrigen weder auf die Industrie noch auf wenige Großunternehmen reduziert werden; zu ihrer Leistungsfähigkeit und internationalen Reputation tragen Hochschulen, Forschungsinstitute sowie viele kleinere und mittlere Unternehmen bei. Bei Ausrüstern und Zulieferern haben sich in den letzten Jahren erweiterte Kompetenzen, z. B. bei Raumfahrtanwendungen und zunehmend bei den verstärkt zur Anwendung kommenden integrierten Subsystemen, herausgebildet. Statistisch betrachtet gehört die Luft- und Raumfahrtindustrie zu den kleinsten Sektoren der deutschen Volkswirtschaft: Ihr Umsatz beträgt nur rd. 1 % der Wertschöpfung der gewerblichen Wirtschaft, und sie ist am Bruttoinlandsprodukt mit einem noch niedrigeren Anteil beteiligt. Die Einbeziehung des Luftverkehrs und kommerzieller Satellitendienste vervielfältigt freilich die genannten Größenordnungen: rd. 1 Mio. Arbeitsplätze in Deutschland sind der Luftfahrt direkt und indirekt zuzurechnen. Wenn man schließlich als strategische Branche einer Volkswirtschaft solche Industrien bezeichnen will, die erstens selbst ein hohes Wachstumspotential haben und zweitens unabhängig von ihren eigenen Wachstumschancen über beachtliche, durch andere Sektoren gar nicht oder nur teilweise erreichbare technologische Ausstrahlungen in die gesamte Volkswirtschaft verfügen, dann ist unter genau diesen beiden Bedingungen die Luft- und Raumfahrt eine typische strategische Branche. Alle erkennbaren Trends und verfügbaren Prognosen deuten darauf hin, daß die Entwicklungsperspektiven und weltweiten Wachstumsraten in diesem Wirtschaftssektor etwa doppelt so hoch sein werden wie die durchschnittlichen Wachstumsraten der anderen Wirtschaftszweige.

Diese beachtlichen Zahlen wären alleine keine hinreichende Begründung, die Luft- und Raumfahrtindustrie als eine Schlüsselbranche unserer Volkswirtschaft zu bezeichnen. Von der Entwicklung dieser Industrie gehen aber zugleich bedeutende Effekte im Hochtechnologiebereich auf eine Vielzahl weiterer Sektoren unserer Volkswirtschaft aus. Schlüsseltechnologien wie Mikro- und Opto-Elektronik, Meßsteuer- und Regeltechnik, Robotik, Software-Technologie, neue Hochleistungswerkstoffe und Energietechnik wirken interdisziplinär in technisch eindrucksvoller und ökonomisch bedeutsamer Weise zusammen. Hohes eigenes Wachstumspotential und gleichzeitige stimulierende Wirkung auf andere Wirtschaftsbereiche sind die entscheidenden Merkmale, die ein Wirtschaftssektor besitzen muß, um wirklich das Attribut „Zukunftsindustrie“ für sich beanspruchen zu können.

Die Luft- und Raumfahrtindustrie ist nach OECD-Angaben der Industriesektor mit der bei weitem höchsten Intensität von Forschung und Entwicklung, mit deutlichem Abstand vor der Computerbranche sowie elektronischen und pharmazeutischen Produkten. Auch in Deutschland ist dieser Effekt besonders ausgeprägt: Die Aufwendungen der Unternehmen in der Luft- und Raumfahrtindustrie für Forschung und Entwicklung sind, bezogen auf Umsatz und Zahl der Beschäftigten, deutlich höher als der Durchschnitt des verarbeitenden Gewerbes.

Für jede hochentwickelte Volkswirtschaft stellt sich die Frage, ob man auf diesen Beitrag verzichten kann, wenn man zu den führenden Wirtschaftsnationen der Welt gehören und ein politisch handlungsfähiger Staat sein will. Eine glaubwürdige Sicherheits- und Verteidigungspolitik ist kaum vorstellbar ohne damit verbundene industrielle Kapazitäten. In Politik und Wirtschaft besteht ein breiter Konsens über die strategische Bedeutung der Luft- und Raumfahrt, die für den Standort Deutschland unter politischen wie ökonomischen Aspekten unverzichtbar ist.

Die Bundesregierung hat ihr Interesse und ihr Engagement an dieser strategischen Industrie durch Investitionen aus öffentlichen Haushalten seit den 70er Jahren in einer Größenordnung von insgesamt mehr als 150 Mrd. DM dokumentiert, die für Forschung, Entwicklung, zivile und militärische Beschaffung aufgewendet worden sind. Die Luft- und Raumfahrt ist in einem viel stärkeren Maße politisch eingebunden als die meisten anderen Wirtschaftssektoren. Der gesamte Bereich der militärischen Luftfahrt hängt ausschließlich, wichtige Rahmenbedingungen des zivilen Verkehrs hängen wesentlich von politischen Entscheidungen ab. Dies gilt selbstverständlich auch für die aktuelle Situation und die damit verbundenen Strukturüberlegungen, die freilich zunächst und in erster Linie in der Verantwortung der Unternehmen liegen. Im Unterschied zu anderen führenden Ländern ist die Luft- und Raumfahrtindustrie in Deutschland in der zweiten Hälfte der 80er Jahre privatwirtschaftlich neu organisiert worden. Dahinter stand und steht die gemeinsame Überzeugung von Politik und Wirtschaft, daß sich auf diese Weise auch ein politisch besonders bedeutsamer Wirtschaftssektor leistungsfähiger, effizienter und wettbewerbsfähiger organisieren läßt, als das in staatlicher Verantwortung möglich ist.

Politik und Industrie tragen jeweils eigene Verantwortlichkeiten, die wechselseitig nicht kompensierbar sind. Die Industrie hat keinen Anspruch auf öffentliche und dauerhafte Subventionen, wohl aber auf verläßliche politische Rahmenbedingungen und Planungssicherheit über das beabsichtigte Volumen öffentlicher Beschaffungsentscheidungen vor allem im militärischen Bereich. Das auf mehrere Jahre angelegte, zwischen Politik und Wirtschaft eng abgestimmte Luftfahrtforschungsprogramm der Bundesregierung kann als gutes Beispiel dieser notwendigen Zusammenarbeit gelten. Dagegen kann und darf die Politik den Unternehmen Standortentscheidungen nicht abnehmen, mit denen unter dem zentralen Gesichtspunkt der Wettbewerbsfähigkeit darüber zu entscheiden ist, welche Produkte an welchen Standorten mit wie vielen Beschäftigten hergestellt werden können.

Mit den politischen Entscheidungen über eine deutsche beziehungsweise europäische Beteiligung an der Internationalen Raumstation, dem Eurofighter als neuem Kampfflugzeug, dem Tiger und dem NH90 als nächster Hubschraubergeneration, einem neuen großen Transportflugzeug sowie der Weiterentwicklung der Airbusfamilie gibt es eine Reihe konkreter ziviler und militärischer Projekte, die in ihrem Planungs- und Entscheidungsprozeß unterschiedlich weit vorangeschritten, aber grundsätzlich notwendig und politisch festgelegt oder geplant sind.

In diesem Zusammenhang muß allen Beteiligten klar sein, daß die Sicherung von Standorten nicht unabhängig von den Produkten möglich ist, die an diesen Standorten hergestellt werden. Dabei spielt die populäre Forderung zur Ausgrenzung militärischer Entwicklungen und Produktionen eine besonders verhängnisvolle Rolle. Zivile und militärische Luft- und Raumfahrt sind von Beginn an eng miteinander verbunden gewesen; dieser Zusammenhang wird in Zukunft eher stärker als schwächer werden. Zwischen zivilen und militärischen Technologieentwicklungen unterscheiden zu wollen wird immer wirklichkeitsfremder. Es gilt, diesen Dual-use-Charakter auch für wirtschaftliche Entwicklungen verstärkt zu nutzen. Ansonsten besteht die Gefahr, aus Entwicklungen aussteigen zu müssen, die technologisch wie ökonomisch besonders interessante Perspektiven aufweisen.

Nach einer langen Phase stetigen Wachstums bis Anfang der 90er Jahre stand die Luft- und Raumfahrt nicht nur in Deutschland vor der schwierigen Anpassung an gründlich veränderte Nachfrage- und Wettbewerbsbedingungen. Die verringerte Nachfrage der Fluggesellschaften und der durch die politischen Veränderungen der letzten Jahre mögliche und nötige Rückgang der Rüstungsausgaben hat sich in deutlich verminderten Umsatz- und Beschäftigungszahlen niedergeschlagen. Dollarverfall bzw. DM-Aufwertung hatten die Situation verschärft, waren aber weder die einzige noch wichtigste Ursache der veränderten Wettbewerbssituation. Inzwischen hat sich die Nachfrage jedenfalls in der zivilen Luftfahrt deutlich belebt. Derzeit kann die europäische Luft- und Raumfahrtindustrie zu Recht mit einigem Stolz auf volle Auftragsbücher blicken. Es sind dadurch wieder mehrere tausend neue Arbeitsplätze entstanden. Diese unbestreitbaren Erfolge dürfen jedoch nicht den Blick für künftige Anforderungen verstellen. Der Luft- und Raumfahrtmarkt verläuft traditionell in deutlichen Zyklen. Zur Zeit haben wir in Europa eine günstige Ausgangslage für wichtige Weichenstellungen für die Zukunft, nicht mehr und nicht weniger.

Die Luft- und Raumfahrtindustrie erwartet nach einer Steigerung des Umsatzes in 1997 von 20 % auf über 20 Mrd. DM im laufenden Jahr ein Plus von 10 % und mehr. Nach dem Ertragseinbruch Anfang der 90er Jahre verdient die Branche wieder Geld und investiert auch wieder. Sowohl im zivilen wie im militärischen Bereich sind für die kommenden Jahre beachtliche neue Absatzchancen und neue Märkte zu erkennen. Allein bei den Verkehrsflugzeugen erwarten Luftfahrtgesellschaften und Hersteller in den nächsten 20 Jahren einen Bedarf von etwa 15.000 Flugzeugen mit einem Umsatz von etwa 1,2 Billionen US-Dollar. Etwa ein Drittel dürfte auf den Sektor der Großflugzeuge entfallen, in dem Boeing mit dem Jumbo (B-747) bislang eine Monopolposition auf den Weltmärkten hält.

Die aktuellen Wettbewerbsbedingungen auf den Weltmärkten, die spektakulären Unternehmenszusammenschlüsse in den USA in allen wichtigen Sektoren der Luft- und Raumfahrt und die erkennbaren weiteren Entwicklungen lassen keinen Zweifel darüber zu, daß eine enge Zusammenarbeit in Europa nicht nur eine Chance, sondern eine Überlebensbedingung für diese Industrie bedeutet. Für nahezu alle Großprojekte gilt, daß sie allein in nationaler Kompetenz mit vertretbarem Aufwand kaum noch realisiert werden können, sondern europäische Zusammenarbeit fordern. Die Luft- und Raumfahrt wird unter den gegebenen internationalen Wettbewerbsbedingungen mit dem dominierenden amerikanischen Einfluß entweder europäisch oder irrelevant. Dies setzt auf seiten der Politik wie der Industrie die Bereitschaft voraus, Abhängigkeiten einzugehen und Selbständigkeiten aufzugeben, die einer effizienten und im Weltmaßstab konkurrenzfähigen Produktionsstruktur in Europa immer noch im Wege stehen.

Schon vor zwei Jahren hat das Bundeskabinett den Bericht des Koordinators für die Deutsche Luft- und Raumfahrt verabschiedet, der nationale Konsolidierung, europäische Integration und globale Kooperation als Orientierungen der deutschen Luft- und Raumfahrtpolitik definierte.

Die Konsolidierung ist in Deutschland wie auch in den anderen europäischen Staaten mit Luft- und Raumfahrtaktivitäten weit fortgeschritten. Dazu haben neue Unternehmenskonzepte, ehrgeizige Kostensenkungsprogramme und die aktive Mitwirkung hochqualifizierter Belegschaften wesentlich beigetragen. Die Gefahr eines Substanzverlustes besteht angesichts der Größe und Leistungsfähigkeit der Wettbewerber in den USA gleichwohl weiter. Hinzu kommt, daß wir in einem vergleichsweise kleinen und zugleich zersplitterten europäischen Markt vor allem im Rüstungssektor mehr Anbieter zu verzeichnen haben als der geschlossene und gleichzeitig wesentlich größere US-Markt.

Systemführer und Ausrüster sind gleichermaßen der Auffassung, daß die Unternehmenszusammenschlüsse in den USA ähnliche Entwicklungen in Europa erfordern, wenn die europäische Luft- und Raumfahrtindustrie nicht ernsthaft Gefahr laufen will, im nächsten Jahrhundert auf ein unbedeutendes Maß zusammenzuschrumpfen. Zu diesem Zweck diskutieren die Systemführer unterschiedliche Modelle für eine integrierte europäische Luft- und Raumfahrtindustrie. Die Unternehmen DASA, Aérospatiale und British Aerospace haben letztes Jahr erkennen lassen, daß sie an einer baldigen europäischen Integration ihrer Kapazitäten interessiert sind. Die Bildung einer integrierten Airbus-Gesellschaft steht dabei im Vordergrund. Dies hat die Bundesregierung zum Anlaß genommen, auf der Basis des Koordinatorberichts vom Mai 1997 über die Handlungserfordernisse in der Luft- und Raumfahrtpolitik eine Initiative zur politischen Flankierung der industriellen Bemühungen zur europäischen Umstrukturierung zu beschließen. Eine überzeugende Lösung wird um so leichter sein, je mehr sich das künftige Unternehmen an einer privatwirtschaftlichen Organisationsform orientieren wird und je ausgewogener sich die Beteiligungen gestalten lassen.

Auch in der Zulieferindustrie ist Bewegung. Diese Unternehmen werden bei ihren Umstrukturierungsüberlegungen dem Umstand Rechnung zu tragen haben, daß sie teilweise im Wettbewerb zueinander stehende Systemführer beliefern.

Bei der Initiative der Bundesregierung geht es nicht nur um die zivile Luftfahrt und ausgewählte große Systemführer in wenigen Staaten. Um tatsächlich europäische Strukturen zu schaffen, wird es nötig sein, die interessierten Partner so bald wie möglich voll einzubeziehen. In ihren Zielsetzungen sieht sich die Bundesregierung sowohl durch Untersuchungen führender Wirtschaftsforschungsinstitute als auch durch die EU-Kommission bestätigt.

Im Herbst vergangenen Jahres hatten sich die Verteidigungsminister von Deutschland, Frankreich und dem Vereinigten Königreich parallel dazu auf eine Initiative zur Integration der Verteidigungsindustrie verständigt. Schließlich haben die Staats- und Regierungschefs dieser Länder im Dezember 1997 in einer gemeinsamen Erklärung ihr vitales Interesse an einer leistungsfähigen Luft- und Raumfahrt in Europa erklärt und die Industrie zu konkreten Vorschlägen für integrierte europäische Unternehmensstrukturen aufgefordert. Die Regierungen Spaniens, Italiens und Schwedens haben sich der Initiative angeschlossen.

Der Ende März vorgelegte Bericht der Unternehmen weist eine breitangelegte Übereinstimmung in grundsätzlichen Fragen der Unternehmensführung, der Einbeziehung ziviler und militärischer Aktivitäten und der Marktorientierung auf, identifiziert eine Reihe von Fragen, in denen bisher keine Übereinstimmung erzielt werden konnte, und spricht Problemkreise an, die von den Regierungen zu klären sind. Der Bericht ist ein substantieller Fortschritt. Auf dieser Basis sind größere Veränderungen möglich, als vor Jahresfrist noch ernsthaft hätten diskutiert werden können. Angesichts der höchst unterschiedlichen Ausgangspositionen in der Eigentümerstruktur ist das Maß an Übereinstimmung besonders auffällig.

Für die Unternehmen stehen jetzt die Klärung von Eigentümerstrukturen und Gesellschafterrechten und die Frage der Wertschöpfung im Vordergrund. Die französische Regierung hat inzwischen die Fa. Aérospatiale beauftragt, Vorschläge für eine Kapitalöffnung des Unternehmens und einen Gang an die Börse zu erarbeiten. Dies ist ein bedeutsamer Schritt in Richtung einer mit den anderen Unternehmen verträglichen Struktur. Eine abgestimmte Bewertung der einzubringenden Unternehmensteile, das einzubringende Aktivitätsspektrum und die Ausgestaltung der Überleitung in eine integrierte Gesellschaft sind weitere wichtige Fragen.

Die Unternehmen haben in ihrem Bericht die Partnerstaaten um Klärung ihres Verhältnisses zu einem künftigen europäisch integrierten Unternehmen gebeten. Ein zentraler Punkt ist dabei die Frage der staatlichen Mitsprache. Die Industriepartner erwarten zu Recht, daß dadurch die wirtschaftliche Führung des Unternehmens nicht eingeschränkt wird. Die Regierungsbeauftragten aller sechs beteiligten Länder (Deutschland, Frankreich, Großbritannien, Italien, Schweden, Spanien) haben dies gemeinsam ausdrücklich bestätigt. Es gilt daher jetzt, den gemeinsamen Nenner aus privatwirtschaftlicher Organisation und unternehmerischer Handlungsfreiheit einerseits sowie unverzichtbaren staatlichen Interessen andererseits zu finden. Echte Kompromisse von allen Beteiligten werden nötig sein. Bei der Wirtschaftlichkeit dürfen im Interesse der Wettbewerbsfähigkeit und damit der Zukunft des Unternehmens und seiner Arbeitsplätze allerdings keine Kompromisse eingegangen werden.

Der größte und wichtigste Teilschritt ist die Integration von Airbus in eine Single Corporate Entity. Dies haben sich die beteiligten Unternehmen bis Anfang 1999 vorgenommen. Schließlich ist Airbus auch ein besonders wichtiger Beleg für die allgemeine Erkenntnis, daß die Fortsetzung einer erfolgreichen Vergangenheit nicht unbedingt die Zukunft sichert. Ganz im Gegenteil: Wenn Airbus seine Marktanteile erhalten und seine Position ausbauen will, muß sich manches ändern – sowohl in der Unternehmensstruktur als auch in der Produktpalette. Eine marktgerechte Weiterentwicklung und Erweiterung der Produktpalette durch die Unternehmen ist ein wesentlicher Pfeiler für die künftige Wettbewerbsfähigkeit. Airbus möchte und muß mit der A3XX künftig auch im obersten Kapazitätsbereich für Großflugzeuge am Markt präsent sein und in wenigen Monaten technisch in der Lage sein, mit dem Bau dieses Flugzeugs zu beginnen.

Im Bereich der Regionalflugzeuge zeigt sich, daß hinreichend Raum für kleinere Unternehmen besteht. Im Wettbewerb mit kanadischen, brasilianischen und asiatischen Produzenten hat Europa gute Chancen, sich am Weltmarkt mit neuen Produkten zu behaupten. Erst im Februar gelang der Firma Dornier/Fairchild mit ihrer neuen Jet-Version der DO 328 ein vielversprechender Neustart, der weitergehende Nachfragen und konkrete Kaufabsichten großer Luftfahrtgesellschaften ausgelöst hat.

Auf dem Markt für zivile Triebwerke dominieren US-amerikanische Firmen. Mit einigem Abstand folgen britische, französische und deutsche Hersteller, meist in Kooperation mit amerikanischen Großunternehmen. Europäische Triebwerkskooperationen sind bisher überwiegend auf militärische Projekte beschränkt.

Airbus, Arianespace, Eurocopter – um nur einige zu nennen – sind Beispiele ausgezeichneter und erfolgreicher europäischer Zusammenarbeit und eine solide Basis für die Zukunft; sie sind im übrigen nicht Alternativen, sondern Voraussetzung transatlantischer Kooperationen auf der Basis gleichberechtigter Partnerschaft. Nur eine europäische Luft- und Raumfahrtindustrie, die technologisch anspruchsvolle und finanziell ausreichende Entwicklungsmöglichkeiten hat, ist für amerikanische Partner interessant. Europäische und transatlantische Zusammenarbeit schließen sich nicht aus. Wettbewerb und Kooperation zugleich sind Kennzeichen einer entwickelten Partnerschaft.

Technologisch hochwertige, immer teurere und komplexere Systeme machen zunehmend internationale Kooperationen notwendig, auch mit Ländern und Regionen, die ihre zukünftige Rolle nicht allein als Nachfrager europäischer oder amerikanischer Fertigprodukte sehen. Mit Rußland, der Ukraine, mittel- und osteuropäischen sowie einigen fernöstlichen Ländern ergeben sich interessante Möglichkeiten der Zusammenarbeit, die technologische Kompetenz und Produktionskostenvorteile miteinander verbinden könnten.

Dabei ist nicht zu übersehen, daß jede grenzüberschreitende Zusammenarbeit erheblich von den jeweiligen Exportregelungen der Partnerländer beeinflußt wird. Die Kooperationsfähigkeit deutscher

Unternehmen hängt deshalb maßgeblich davon ab, daß – zumindest europaweit – vergleichbare, möglichst einheitliche Regelungen in den Partnerländern gelten. Mit der zum 1. Juli 1995 in Kraft getretenen Dual-use-Verordnung der Europäischen Union wurde ein wichtiger Schritt zur Angleichung von Ausfuhrkontrollvorschriften vollzogen. Die Bundesregierung wird ihre Bemühungen um eine Harmonisierung fortsetzen.

Das Interesse der Politik an einer leistungsfähigen Luft- und Raumfahrt geht über das ökonomische Interesse an der Erhaltung von Standorten und Arbeitsplätzen weit hinaus. Um mehr als eine Wirtschaftsgemeinschaft zu sein, braucht ein politisch handlungsfähiges Europa neben einer engen rechts- und außenpolitischen Zusammenarbeit auch eine gemeinsame Sicherheitsidentität, für die eine europäische Rüstungsindustrie mit ausreichenden industriellen Kompetenzen und Kapazitäten unverzichtbar ist. Dazu gehört auch ein modernes, leistungsfähiges Aufklärungssystem, das in europäischer Kompetenz und Systemführung entwickelt, beschafft und betrieben werden muß.

Die Politik muß freilich von der Industrie erwarten können, daß sie die eigenen Luft- und Raumfahrtinteressen mit der gleichen strategischen Perspektive behandelt, die umgekehrt von der Politik eingefordert wird. Ein solches strategisches Interesse muß über kurzfristige Rentabilitätsinteressen hinausreichen, ohne freilich auf Wirtschaftlichkeit, Ertragschancen und Wettbewerbsfähigkeit verzichten zu dürfen. Notwendige Strukturmaßnahmen müssen zugleich gewährleisten, daß quantitativ wie qualitativ Kapazitäten aufrechterhalten bleiben, die Systemfähigkeit sicherstellen und die deutsche Industrie in die Lage versetzen, an den unbestrittenen Wachstumschancen in der zivilen Luftfahrt wie im Raumfahrtbereich tatsächlich partizipieren zu können.

Die Notwendigkeit weitreichender Strukturveränderungen gilt keineswegs nur für den engeren Bereich der Industrie, sondern für die Luftfahrt im ganzen. Die Lufthansa ist ein auffälliges und überzeugendes Beispiel dafür, daß eine mutige Umstrukturierung zur Sicherung der Wettbewerbsfähigkeit in veränderten Märkten sowohl nötig als auch möglich ist. Der massive Umsatz- und Ertragseinbruch im Luftverkehr hat dieses Unternehmen zu Kostenreduzierungen und Strukturverbesserungen gezwungen, deren Umsetzung die Lufthansa zu einem der leistungsfähigsten Luftfahrtunternehmen gemacht hat. Diese schmerzhafte, aber gelungene Anpassung, die ohne die vorherige weitgehende Privatisierung des Unternehmens und die Einbindung in globale Allianzen kaum so hätte stattfinden können, sollte eine Ermutigung auch für andere Unternehmen sein, ähnliche Anstrengungen zu unternehmen.

Politik und Industrie müssen aber auch auf Veränderungen in anderen Bereichen reagieren. Die ökologische Dimension ökonomischer Aktivitäten rückt zunehmend in das Blickfeld der Politik wie der Öffentlichkeit. Mobilität ist ein unverzichtbarer Bestandteil moderner Gesellschaften und Grundvoraussetzung jeder erfolgreichen wirtschaftlichen Tätigkeit. Insbesondere der Luftverkehr spielt hier bei der schnellen und bequemen Überwindung weiter Entfernungen eine entscheidende Rolle. Bei der Bewältigung dieser Mobilitätsanforderungen an Menschen, Güter und Dienstleistungen sind neben ökonomischen auch zunehmend ökologische Aspekte von Bedeutung. Allein für die deutschen Flughäfen wird bis zum Jahr 2010 eine erneute Verdoppelung der Fluggastzahlen erwartet. Eine solche Entwicklung ist mit beachtlichen Anforderungen nicht nur für den Ausbau der Infrastruktur am Boden verbunden. Die erwarteten Zuwachsraten im Luftverkehr sind überhaupt nur dann realistisch, wenn damit eine überzeugende Abkoppelung der Zuwachsraten im Energieverbrauch und in der Umweltbelastung verbunden werden kann. Auch die Begrenzungsmöglichkeiten negativer Umwelteinflüsse durch bessere Vernetzung der verschiedenen Verkehrssysteme wie Bahn, Auto, Flugzeug untereinander und technische Optimierung der einzelnen Verkehrsträger sind noch längst nicht ausgeschöpft.

Auch im Raumfahrtbereich ist es in den letzten Jahren zu neueren Entwicklungen gekommen, welche die Rahmenbedingungen dieses Wirtschaftssektors entscheidend verändert haben und weiter bestimmen werden. Aufgrund technologischer Innovationen ist ein beachtlicher Wachstumsmarkt entstanden, der die Kommerzialisierung der Raumfahrt ermöglicht und fördert. Vor dem Hintergrund der Entwicklung zur Informationsgesellschaft und den damit verbundenen Veränderungen im Kommunikations- und Verkehrsbereich ergeben sich zunehmend kommerzielle Tätigkeitsfelder für die Nutzung von

Raumfahrttechniken. Die Angebotsstruktur der Raumfahrtindustrie muß sich dieser Entwicklung anpassen und die wichtigsten Wachstumsmärkte der Satellitentechnik und abgeleiteter Sekundärmärkte im Endgerätebereich und im Dienstleistungssektor im Blickfeld haben.

Die deutsche Raumfahrtindustrie ist, vor allem in den letzten Jahren, immer wieder von der Bundesregierung darauf hingewiesen worden, daß sie sich zu stark auf öffentliche Aufträge zur Entwicklung von Technologien bzw. Systemen zur wissenschaftlichen Forschung konzentriert. Durch die zunehmende Kommerzialisierung mit überdurchschnittlich steigenden Umsätzen weltweit wird die Raumfahrtindustrie mehr und mehr in die Lage versetzt, diese Abhängigkeit von öffentlichen Auftraggebern zu reduzieren und sich ein zweites Standbein bei der Auslastung ihrer Kapazitäten zu schaffen. Besondere Marktpotentiale ergeben sich dabei in den Bereichen Kommunikation, Navigation und Erdbeobachtung. Satellitengestützte Systeme dürften in Zukunft zu einem unverzichtbaren Bestandteil der globalen Infrastruktur, vor allem im Verkehrsbereich, werden. Sie enthalten zukunftsweisende Technologien, die Märkte mit erheblichem Wachstumspotential erschließen. Analysten erwarten, daß in den nächsten zehn Jahren weltweit mehr als 1.500 Satelliten mit einem Gesamtwert von über 100 Mrd. Dollar in eine Erdumlaufbahn gebracht werden. Davon sollen 70 % kommerzielle, die restlichen militärische Satelliten sein.

Erfolg auf kommerziellen Geschäftsfeldern der Raumfahrt erfordert neben technologischer Kompetenz ein hohes unternehmerisches Risiko. Übersteigt das Marktrisiko bei der Umsetzung einer Schlüsseltechnologie in Produkte und Dienstleistungen das unternehmerisch vertretbare Maß und besteht ein strategisches öffentliches Interesse, ist die Möglichkeit staatlicher Risikobeteiligung in Betracht zu ziehen. Bei den Formen der Unterstützung sind kreative Lösungen gefragt und auch neue Wege einzuschlagen. Diese öffentliche Unterstützung ist aber nur flankierend und subsidiär; die notwendigen Kommerzialisierungsanstrengungen dieser Branche dürfen hierdurch nicht konterkariert werden.

Im Raumfahrtbereich gilt wie im Luftfahrtsektor, daß geplante Forschungs- und Entwicklungsprojekte in alleiniger nationaler Verantwortung kaum noch erfolgreich durchgeführt werden können. Der technologische Ressourcen- und Kapitalaufwand überfordert die Möglichkeiten der Volkswirtschaften vieler Länder, ganz zu schweigen von der Leistungsfähigkeit einzelner Unternehmen. Auch hier ist ein internationaler, mindestens aber europäischer Schulterschluß erforderlich. Diese Erkenntnis setzt sich in immer mehr Ländern und Unternehmen durch, auch in den Vereinigten Staaten. Die Internationale Raumstation Alpha dokumentiert den Willen der beteiligten Regierungen und Unternehmen, gemeinsame Planungen ehrgeiziger Zukunftsprojekte trotz schwieriger Probleme und angespannter Haushaltslage in die Tat umzusetzen.

Die Luft- und Raumfahrt benötigt in Deutschland wie in ganz Europa nicht weniger als eine grundsätzliche Neuorientierung. Diese Neuorientierung setzt im Bereich der Politik, im Bereich der Industrie und im Bereich der Belegschaften und ihrer Gewerkschaften die Bereitschaft voraus, sich veränderten Realitäten zu stellen und daraus auch veränderte Schlußfolgerungen zu ziehen.

Die Politik muß begreifen, daß die Luft- und Raumfahrtindustrie eine Schlüsselbranche ist, die unverzichtbar ist sowohl für Wachstum und Wohlstand als auch für die Sicherheitsinteressen unseres Landes und schon gar für das Erreichen der Sicherheitsidentität eines politisch handlungsfähigen Europa. Sie muß begreifen, daß weltweit dieser Sektor ein politischer Sektor und deswegen der Schulterschluß von Politik und Wirtschaft völlig unverzichtbar ist. Und schließlich muß die Politik zur Kenntnis nehmen, daß der Staat in einer Doppelrolle gefordert ist, zum einen als Gesetzgeber und zum anderen als Kunde, eine ungewöhnliche Verbindung von Aufgaben, die aber nicht auflösbar ist und weder zugunsten der einen noch der anderen Rolle alternativ entschieden werden kann.

Die Industrie ihrerseits muß begreifen, daß solche strategischen Orientierungen nicht nur vom Staat erwartet werden dürfen, sondern daß aus den gemeinsamen Zielen nur dann etwas werden kann, wenn es weder beim Staat noch bei der Industrie eine vordergründige, ausschließlich kurzfristige Ertragsorientierung gibt, sondern eine weitreichende Zukunftsperspektive, die diese Branche kennzeichnen muß. Die Industrie muß begreifen, daß globale Märkte eine internationale Orientierung fordern, die von Forschung und Entwicklung über Produktion, Beschaffung und Nutzung reicht und daß europäische Kooperationen, die wir in wichtigen Feldern bereits haben, weiterentwickelt werden müssen zu wirklich integrierten europäischen Unternehmen mit diversifizierten Produkten und Standorten.

Eine solche Neuorientierung wird auch an den Belegschaften nicht spurlos vorbeigehen können, die sich der gelegentlich schmerzhaften Einsicht stellen müssen, daß Standorte und Arbeitsplätze in Deutschland nur zu halten sind bei ständiger Anpassung an veränderte, zunehmend globale Wettbewerbsbedingungen, daß Kostensenkungen unverzichtbar, flexible Arbeitszeiten wesentlicher Bestandteil effizienter und produktiver Herstellungsverfahren sind und daß verstärkter Kapitaleinsatz nicht etwa eine Alternative, sondern die Bedingung für die Standortsicherung ist.

Unverzichtbare Voraussetzung ist schließlich ein langer Atem. Im Luft- und Raumfahrtbereich sind Entwicklungen mit einer Orientierung von ein oder zwei Jahren sinnvoll nicht zu betreiben. Selbst die Perspektive einer Legislaturperiode reicht für eine seriöse politische und wirtschaftliche Strategie nicht aus. Für Zukunftsprojekte muß in längerfristigen Zeiträumen gedacht und gehandelt werden.

Für diese Neuorientierung sind in den vergangenen Monaten beachtliche Fortschritte erzielt worden. Auf dieser Grundlage lassen sich die notwendigen neuen Strukturen aufbauen, die Europa politisch und wirtschaftlich im neuen Jahrhundert Unabhängigkeit und Wohlstand sichern.

Die Luft- und Raumfahrt ist nach wie vor eine politische Branche, aber zugleich eine mehr denn je unter Wettbewerbsbedingungen arbeitende Industrie. Politik und Wirtschaft müssen sich darauf einrichten.

GÜNTHER H. OETTINGER

Wirtschaftliche Chancen des Medienstandorts Deutschland

Die Bundesrepublik Deutschland genießt weltweit einen vorzüglichen Ruf als Land der Erfinder, der Entwickler und der Produzenten für Geräte körperlicher Mobilität. Das Befördern und Transportieren von Waren, Gütern und Personen sowohl zu Wasser, zu Lande als auch in der Luft vollzieht sich für deutsche Produkte mit einem hohen Außenhandelsüberschuß. Deutsche Automobilhersteller oder Zulieferer haben es verstanden, entsprechende Akzente zu setzen, auf die wir stolz sein können. In der klassischen Art und Weise, wie man sich vom Standort A zum Standort B fortbewegt, macht den Deutschen kaum jemand etwas vor. Dadurch konnte in der Bundesrepublik über Jahre hinweg Vollbeschäftigung erreicht werden.

Die Umsatzsprünge für Produkte, die körperlich Waren, Güter und Menschen voranbringen, bleiben hoffentlich evident. Andererseits dürfen wir uns der Einsicht nicht verschließen, daß diese Ressourcen begrenzt sind. Allein in Baden-Württemberg gibt es gleich viele benzin- oder ölgetriebene Fahrzeuge wie auf dem gesamten afrikanischen Kontinent. Man kann, ökologisch gesehen, nicht wollen und nicht verantworten, daß die so beschriebene körperliche Mobilität im nächsten Jahrhundert Wachstumsraten beibehält, wie sie in diesem Jahrhundert verzeichnet werden konnten.

Neues Zeitalter im Zeichen der virtuellen Mobilität

Vor diesem Hintergrund muß der virtuellen Mobilität wachsende Bedeutung zukommen. „Befördere nicht Waren, Güter und Menschen, sondern befördere Information“, heißt der Grundsatz, ohne daß man die Erfolgsgeschichte der körperlichen Mobilität kopieren könnte. Aber es bleibt ein nützlicher Lerneffekt.

Dazu gehört, daß Forschung und Entwicklung ein hohes, national und international konkurrenzfähiges Niveau halten, Ausbildung qualifiziert betrieben wird und Arbeitsplätze am Standort geschaffen werden. Weg von der produzierenden Industrie, hin zu intelligenter

Dienstleistung, diese Einsicht muß sich eine vorausschauende Politik, für die die Schaffung und Weiterentwicklung von Arbeitsplätzen im Mittelpunkt steht, zu eigen machen.

Medienindustrie – ein gigantischer Wachstumsmarkt

Die Medienindustrie stellt einen gigantischen Wachstumsmarkt dar. In der Bundesrepublik Deutschland kommt der gesamte Bereich der Medienindustrie derzeit auf einen Umsatz von etwa 160 Mrd. DM. An der Spitze liegen dabei die Zeitschriften mit einem Umsatzvolumen, das sich allein auf 24 Mrd. DM beläuft. Die Zeitungen folgen mit 18 Mrd. DM. Erst dann kommen die audiovisuellen Medien Hörfunk, Fernsehen und Film. Das Feld Multimedia bewegt sich derzeit noch in einer Größenordnung von 5 Mrd. DM Umsatz – allerdings mit stark wachsender Tendenz.

Europaweit verzeichnet die Medienindustrie heute schon einen Umsatz von 500 Mrd. DM.

Rundfunkrecht nicht ausschließlich durch Kartellrecht ablösen

Die Diskussionen um Deutschlands richtigen Weg in die Informationsgesellschaft kreisen immer wieder um Fragen der Marktakzeptanz und um den Regulierungsbedarf im Bereich der neuen Medien. Unter der Prämisse, daß sich die Grenzen von Rundfunk und Telekommunikation im Zuge der technischen Weiterentwicklungen immer stärker verwischen, konnte es nicht ausbleiben, daß neben der Frage nach einer Funktionsbestimmung des öffentlich-rechtlichen Rundfunks auch Überlegungen zum künftigen Regulierungsbedarf des Privatfunks immer eingehender diskutiert wurden.

Eine wichtige Rolle spielt dabei der Gedanke, der von Vertretern zur Schaffung einer neuen liberalen Medienordnung immer wieder vorgetragen wurde: Danach sei Rundfunk als Folge der Konvergenz und Globalisierung ausschließlich ein Wirtschaftsgut, welches nur einer kartellrechtlichen Regulierung unterliegen solle. Dieser Ansatz hat die medienpolitische Diskussion sicher befruchtet, was nicht zuletzt durch die Impulse des Ende 1997 vorgelegten „Grünbuchs der

EU-Kommission zur Konvergenz der Branchen Telekommunikation, Medien und Informationstechnologie und ihre ordnungspolitischen Auswirkungen“ dokumentiert wird.

Trotzdem ist es sicher nicht opportun, unter Verzicht auf jegliche Regulierung Rundfunk allein den Maßstäben des Marktes unterzuordnen, da die in der Verfassung garantierte Rundfunkfreiheit gemäß der Rechtsprechung des Bundesverfassungsgerichts als positive Ordnung einer eigenen Ausgestaltung bedarf. Technische Konvergenz führt nicht automatisch zu einer ausschließlich wirtschaftlichen Betrachtungsweise von Rundfunk. Das gilt sicher auch für die Konvergenz von Angeboten für Individual- und Massenkommunikation.

Rückführung übertriebener staatlicher Regulierung

In seinen Grundsätzen einer zukünftigen Strategie für die rechtliche Regelung der Konvergenzbereiche hebt das Grünbuch der EU-Kommission einen Aspekt besonders hervor: „Regulierung sollte nur erfolgen, wenn dies unbedingt notwendig ist, um eindeutig festgestellte Ziele zu erreichen.“ Der Staat kann Rundfunk nicht als rechtsfreien Raum definieren und sich mit der Aufgabe der Kontrolle einer gesamtgesellschaftlichen Verantwortung entziehen. Diese liegt sicher vor, aber sie muß „eindeutig festgestellten Zielen“ folgen.

Klare Trennung von Werbung und Programm

Maßnahmen der Deregulierung müssen im gesamten Werbebereich Einzug halten. Die derzeit geltenden Regelungen haben sich als starr und damit unflexibel erwiesen. Sie sind durch zahlreiche Einschränkungen und differenzierte Sendezeitregelungen gekennzeichnet. Deregulierend würde sich eine radikal vereinfachte Werberegelung präsentieren, durch die klare Grundsätze, zum Beispiel eine klare Trennung von Werbung und Programm sowie die Beachtung der Grundsätze von Menschenwürde und Jugendschutz, festgeschrieben werden. Hier ist der europäische Gesetzgeber verpflichtet, da durch die geltende Rechtslage den einzelnen Mitgliedstaaten nur die Verschärfung der Werberegelungen bleibt.

Unklarheiten rechtlicher Regelungen beseitigen

Für die im Grünbuch der Europäischen Union zu Recht als vorrangiges Entwicklungshemmnis gebrandmarkte Unklarheit der rechtlichen Regelungen finden sich auch in Deutschland Beispiele. Genannt seien an dieser Stelle etwa die unscharfen Definitionen von Medien- und Telediensten, die zu Verwirrungen führen können.

Der Harmonisierungsbedarf, den die EU-Kommission in ihrem Grünbuch konstatiert, ist selbstverständlich ein Hinweis darauf, daß sie sich auf diesen Feldern die Kompetenz attestiert und auch tätig zu werden gedenkt. Insbesondere wegen der Besonderheit der auf EU-Ebene bisher kaum präsenten deutschen Sicht der Rundfunkregulierung ist die entflammte Diskussion um das Grünbuch wichtig und begrüßenswert.

Medienpolitik im originären Kompetenzbereich der Länder

Medienpolitik verbleibt in der Bundesrepublik in der originären Zuständigkeit der Länder. Das gilt auch im Zeitalter der Globalisierung. Es dürfen nicht allein die Medienpolitiker des Bundes, die Enquetekommissionen des Deutschen Bundestages oder die Entwürfe für Bundesgesetze allein eine Rolle spielen. Der Bund ist lediglich befugt, Rahmenvorschriften über die allgemeinen Rechtsverhältnisse zu erlassen. Deshalb müssen wir primär im deutschen Föderalismus schnell genug sein, um die rechtliche, die wirtschaftliche, die politische und die wissenschaftliche Grundlage für einen modernen Medienstandort zu legen. Ausgangspunkt ist Art. 5 GG:

„(1) Jeder hat das Recht, seine Meinung in Wort, Schrift und Bild frei zu äußern und zu verbreiten und sich aus allgemein zugänglichen Quellen ungehindert zu unterrichten. Die Pressefreiheit und die Freiheit der Berichterstattung durch Rundfunk und Film werden gewährleistet. Eine Zensur findet nicht statt. (2) Diese Rechte finden ihre Schranken in den Vorschriften der allgemeinen Gesetze, der gesetzlichen Bestimmungen zum Schutze der Jugend und in dem Recht der persönlichen Ehre."

Eine Entsprechung findet sich in Art. 10 der Europäischen Menschenrechtskonvention, in dem ohne Rücksicht auf die Landesgrenzen die Meinungs- und Informationsfreiheit garantiert wird.

Medienwirtschaft und Wettbewerb in den Vereinigten Staaten

In den USA hat die republikanische Mehrheit im Kongreß 1995 eine Reihe von Deregulierungsmaßnahmen durchgesetzt und damit die Grundlagen des Wettbewerbs für die gesamte Kommunikationsindustrie verändert. So wurde zum Beispiel die strikte Trennung zwischen Filmstudios und Fernsehketten aufgehoben. Außerdem wurde die Position von TV-Kabelbetreibern dergestalt gestärkt, daß sie telefonische Dienstleistungen anbieten dürfen. Umgekehrt können Telefongesellschaften Unterhaltungsangebote liefern. Hinzu kam, daß TV-Networks selbst produzieren und die eigene Software weiterverkaufen dürfen. Im Fall der Fusion von Time Warner und Turner Broadcasting im September des Jahres 1995 schlossen sich ein großes Hollywood-Studio, das zweitgrößte Kabelnetz der Vereinigten Staaten, Pay-TV, 24 Zeitschriften und eine Reihe von Produktionsfirmen unter dem Dach von Time Warner sowie zwei Filmstudios, sieben Kabelkanalsender, eine exorbitant große Filmbibliothek sowie Profimannschaften der maßgeblichen US-Sportarten Basketball und Baseball auf der Seite von Turner Broadcasting zusammen. Die Tragweite dieser Fusion spricht für sich. Für die digitale Fernsehzukunft entstand damit in den USA eine hervorragende Verbindung: Kräfte im Bereich der Filmrechte und der Filmbibliotheken konnten gebündelt werden, die Vermarktung wurde über die erfolgreichen Kabelkanäle sichergestellt. Time Warner brachte dazu zwei sogenannte Premium Channels ein, um die herum die digitalen Programmbouquets gebunden werden.

Wettbewerber unter Zugzwang

Der Zusammenschluß von Disney und ABC schuf einen Konzern mit umfassender Filmproduktion: Fernsehen, Kino, Video, Radio, Zeitungen, Zeitschriften und ein Telefonnetz gehören zur Palette des Giganten. Die Großfusion zwischen Viacom, dem Hollywood-Studio Paramount und dem Videogiganten Blockbuster schuf einen weiteren Mediengiganten.

Europäischer Medienmarkt national sehr unterschiedlich reguliert

Der audiovisuelle Markt innerhalb der Europäischen Union wird von Land zu Land immer noch sehr unterschiedlich reguliert. Die EU-Mitglieder tun sich schwer, sich auf eine gemeinsame Linie zu verständigen. Vor dem Hintergrund der Expansion amerikanischer Medienunternehmen auf dem europäischen und dem deutschen Fernsehmarkt sind klare Zielbestimmungen in unserer Medienpolitik unabdingbar. Durch Großfusionen haben die Amerikaner ebenso wie der australisch-amerikanische Medientycoon Rupert Murdoch eine dominierende Marktstellung im globalen Wettbewerb erreicht. Das Interesse am deutschen Markt ist nicht erst seit dem Scheitern der digitalen Pay-TV-Allianz von Kirch und Bertelsmann groß. In Europa verfügt Deutschland über das höchste TV-Werbevolumen aller Länder, über günstige technologische Voraussetzungen und über hohe Programmpreise. Für die deutschen und die europäischen Medienunternehmen besteht vor diesem Hintergrund die Gefahr, dem Expansionsdrang der atlantischen Konkurrenz nicht standhalten zu können.

München, Hamburg, Köln und Berlin in der Spitzengruppe

In Deutschland machen vor allem München, Hamburg, Köln und Berlin als moderne Medienstandorte von sich reden. Sie haben sich die föderale Konkurrenzsituation zunutze gemacht. Baden-Württemberg ist hingegen in den klassischen Medien noch relativ stark. Daß diese klassischen Medien wie Buchverlage, Zeitschriftenverlage, Fachbuchverlage und Zeitungsverlage inzwischen an ihre Grenzen stoßen, ist kein Geheimnis. Die „Süddeutsche Zeitung“ war zum Beispiel vor 20 Jahren nicht größer als die „Stuttgarter Zeitung“. Heute ist die in München erscheinende überregionale Tageszeitung in Auflage und Verbreitungsgrad bestimmt doppelt so bedeutend und belegt gemeinsam mit der „Frankfurter Allgemeinen“ in Deutschland den Spitzenplatz.

Plädoyer für ein funktionsgerechtes duales Rundfunksystem

Die Beantwortung der Frage nach dem originären Auftrag der öffentlich-rechtlichen Rundfunkanbieter führt zur Neu- und Rückbesinnung der künftigen Funktion und des Auftrags öffentlich-rechtlichen Rundfunks auf seine Ursprünge, nämlich die Integrationsfunktion als seinem klassischen Rundfunkauftrag und damit die Komplementärversorgung zum privaten Rundfunk. Das bedeutet im Grundsatz die Fortführung des vor einigen Jahren sehr kontrovers diskutierten Stoiber-Biedenkopf-Papiers.

Qualität geht vor Quantität

Die Verbreitung von mehr als 50 öffentlich-rechtlichen Hörfunkprogrammen, teilweise geschaffen als konkurrierender Reflex auf die Angebote der Privaten, hat ebenso wie die Einführung von Spartenprogrammen im Fernsehen eher desintegrative Wirkung. Mit der beschriebenen Funktionsbestimmung geht auch eine Reform der inneren und äußeren Struktur der Rundfunkanstalten einher. Nicht erst seit den vom derzeitigen ARD-Vorsitzenden und MDR-Intendanten Udo Reiter vorgetragenen Reformüberlegungen ist offensichtlich, daß sich die äußere Struktur von elf Landesrundfunkanstalten allein unter Finanzgesichtspunkten auf Dauer nicht halten lassen wird. Das bedeutet nicht automatisch, daß kleinere Anstalten in größeren Einheiten aufgehen müssen. Einen Ausweg kann auch eine veränderte Funktionsbestimmung im Gefüge der ARD bieten. Diese liegt faktisch schon jetzt vor, doch die aktive Teilnahme der kleinen Anstalten an den Gemeinschaftsaufgaben der ARD wird in Zukunft weiter zurückgehen. Daß damit ihr Mitsprachegewicht entsprechend sinkt, scheint vor diesem Hintergrund keineswegs verwerflich, sondern logisch und konsequent.

Prinzipien der Marktwirtschaft im Medienbereich auf dem Vormarsch

Deutschland ist Exportweltmeister, das wurde bereits einleitend festgestellt. Wir können uns ein hohes soziales Niveau nur leisten, weil wir nach wie vor für mehr Wert Waren und Güter in die Welt exportieren, als wir im Gegenzug hereinholen. Im Bereich Multimedia sieht dies leider anders aus. Das gilt im übrigen auch für die Filmindustrie. Dort sind 90 % vom Import geprägt. Auch für die Fernsehfilmindustrie gilt derzeit: wenig Export und relativ viel Import. Bei Multimedia läßt sich, vereinfacht gesagt, feststellen, daß die erhobenen Zwangsgebühren von ARD und ZDF 50 % des Marktes stützen. Nur die nicht durch Gebühren finanzierte andere Hälfte unterliegt gänzlich den Prinzipien der Marktwirtschaft, aber beides gemeinsam führt Summa summarum zu einem Außenhandelsdefizit. Zieht man folglich den Teil ab, der nicht rein marktwirtschaftlich organisiert ist, so wird deutlich, daß wir in dieser Branche ein eklatantes Defizit aufzuarbeiten haben.

Markt bedeutet neben Liberalisierung auch Konzentration

Helmut Kohl hat erreicht, daß in der EU-Sitzung in Amsterdam durch eine Protokollerklärung ARD und ZDF noch gesichert werden konnten. Täuschen wir uns aber nicht. Auf Dauer werden die Deregulierer und Liberalisierer – stellvertretend seien die EU-Kommissare van Miert und Bangemann genannt – dafür sorgen, daß der Markt prägend wird und die Planwirtschaft in die Versenkung gerät. Wir werden auf Dauer nicht 50 deutsche nationale Hörfunkprogramme – über DAB (Digital Audio Broadcasting) in zehn Jahren empfangbar – durch Gebühren finanzieren können.

Das gleiche gilt für die zahlreichen Rundfunkorchester im Gesamtgefüge der ARD, ebenso für die Angebotspalette der Fernsehprogramme. Beispielhaft seien an dieser Stelle die acht Dritten Programme genannt, die – ursprünglich als Bildungsprogramme konzipiert – jetzt zu Vollprogrammen ausgebaut worden sind und in den Kabelnetzen massiv miteinander konkurrieren. Der gleichen Entwicklung begegnen wir auf dem öffentlich-rechtlichen Hörfunkmarkt: Die einzelnen ARD-Anstalten bieten inzwischen immer mehr Programme an, die auf ganz spezifische Zielgruppen zugeschnitten sind. All dieses wird irgendwann einmal in der europäischen marktwirtschaftlichen Entwicklung an Grenzen stoßen.

Nützliche Diskussion über Neuordnung der ARD-Strukturen

Trotzdem oder gerade deshalb lohnt es sich, auf Synergien zu setzen, wie sie die verantwortlichen Rundfunkmacher und Medienpolitiker in Baden-Württemberg und Rheinland-Pfalz mit der Fusion von SDR und SWF zum SWR im Auge gehabt haben. Der Südwestrundfunk soll spürbarer Ausdruck einer System- und Strukturveränderung werden, die die Überwindung erstarrter öffentlich-rechtlicher Schranken rasch einleitet, damit aus der Anstalt der Vergangenheit und Gegenwart eine moderne Unternehmung, ein Medienkonzern mit Zukunft werden kann.

Musterbeispiel Studio Hamburg

Beispielhaft sei an dieser Stelle das Studio Hamburg genannt. Studio Hamburg war einmal eine Produktionseinheit des Norddeutschen Rundfunks und hat bis vor 15 Jahren nur Produktion im Anstaltsbetrieb für den NDR gemacht. Die Wertschöpfung über die Gebühren hinaus ging gegen null. Dann hat der NDR den mutigen Schritt gemacht und Studio Hamburg in der Rechtsform der GmbH ausgegründet. Heute hat Studio Hamburg, die sogenannten festen freien sowie die freien Mitarbeiter mit eingerechnet, einen Personalkörper von weit über 3.000 Arbeitsplätzen aufgebaut. 80 % der Programmarbeit, die dort geleistet wird, geschieht nicht mehr für den Norddeutschen Rundfunk, sondern für private Anbieter. Dieses Volumen teilen sich zum Beispiel Premiere, SAT 1, RTL 2 sowie Werbe- und Wirtschaftsfilme. 80 % verbleiben also dem privaten Markt. Studio Hamburg ist somit ein Musterbeispiel für ein modern und damit zeitgemäß geführtes Medienunternehmen.

Erfolgreiche Medienpolitik ist auch Standortpolitik

Beachtung finden muß die ganz konkrete Industriepolitik. Deutschland hat 16 Bundesländer. Zehn von ihnen spielen, um es in der Sportlersprache zu illustrieren, in der Bezirksliga und sind in der Medienszene nicht ernsthaft präsent. Zwei Standorte spielen in der

Champions' League, die bayerische Landeshauptstadt München und Köln. In München und Köln galt keineswegs Marktwirtschaft pur, sondern war Standortpolitik für die beiden Staatskanzleien der ausschlaggebende Faktor. Man kann nicht in Mark und Pfennig bemessen, was dort von staatlicher Seite in die Filmförderung investiert wird. Allerdings wurde dort durch eine geschickte Strategie, die sich mit den Begriffen konstruktive Konkurrenz und Absprache umschreiben läßt, eine Stärkung dieser Medienstandorte erreicht.

Einfluß in der ARD hängt von der Größe der Anstalten ab

Wenn man die Kräfteverhältnisse der Bundesländer auf das Gesamtgefüge der ARD überträgt, fällt eines elementar auf. Auch in der ARD gilt, daß drei oder vier das Sagen haben und der Rest im Grunde gestalterisch kaum noch zur Geltung kommt. Der Saarländische Rundfunk wird über den ARD-Finanzausgleich hoch subventioniert. Bestimmende Größe in der ARD ist nicht von ungefähr der Westdeutsche Rundfunk. Der WDR ist verantwortlich für die wichtigsten Auslandskorrespondenten und ist ausschlaggebend bei der Vergabe der Vorabendserien. Er entscheidet letztendlich, was innerhalb der ARD vonstatten gehen soll. Die Vorabendserien finden ganz überwiegend in München, Köln und zunehmend in Hamburg statt. „Verbotene Liebe", die „Lindenstraße" und wie sie alle heißen werden im Dunstkreis der großen Medienstandorte produziert. Daß dort mit dem WDR, dem BR und dem NDR die bislang maßgeblichen ARD-Anstalten zu Hause sind, ist gewiß kein Zufall. Die Fusion von SDR und SWF zum SWR diente auch dem Ziel, auf diesem Gebiet einen potenten Mitbewerber zu schaffen.

Rechtliche, finanzielle und strategische Bündelung

Technisch und mental zu langsam agiert der Gesetzgeber immer wieder auf dem Gebiet der Medienpolitik. Einerseits bedarf es ordnungspolitisch einer Kontrollfunktion, damit Medienangebote jugend- und gesellschaftsverträglich bleiben, aber andererseits benötigt die sich rasant entwickelnde Medientechnik eine ebenso zügige und reibungslose Begleitung durch Exekutive und Legislative. Staatsverträge und Gesetze müssen so zeitnah verabschiedet werden, daß sie nicht zum Investitionshemmnis in Deutschland werden.

Wenn wir also wollen, daß ausländische Investoren Arbeitsplätze am Standort Deutschland schaffen, dann müssen wir durch die Gesetzgebung vereinfachen, deregulieren, liberalisieren und schneller werden. Das gilt sowohl für den Bund als auch für die Länder.

Landesgesetzgebung und nationale Gesetzgebung müssen sich dem Prozeß der Globalisierung und der Deregulierung stellen. Noch fehlt eine aktuelle medienrechtliche Grundlage, die für die Zukunft schon tragfähig ist. Wir müssen dabei begreifen, daß in der Konkurrenz zu Amerika und innerhalb Europas eine übertriebene Standardisierung und eine übertriebene Landesgesetzgebung ein Hemmschuh sein können.

Akzente im Bereich Bildung, Schule und Hochschule setzen

Die Etablierung von Multimedia in Ausbildung und Weiterbildung ist für die mit der Kulturhoheit ausgestattete Landespolitik ein entscheidendes Arbeitsfeld. Unsere junge Generation muß in die Lage versetzt werden, die Konkurrenz mit den Amerikanern – hier setze ich bereits bei der Altersgruppe der Acht- bis Zwölfjährigen an – aufnehmen zu können.

Marktwirtschaftliche Prinzipien in der Kommunikation

Immer entscheidender für die technische und wirtschaftliche Entwicklung der Medienwirtschaft ist eine Individualisierung der Kommunikation. Das läßt sich am Beispiel des Fernsehens illustrieren. War der Zuschauer bislang auf eine bestimmte, begrenzte Zahl von Vollprogrammen angewiesen, läßt sich durch das Auftreten zahlreicher neuer Marktteilnehmer und die Verspartung der Programme ein Prozeß der Individualisierung feststellen. Hinzu kommt das Angebot interaktiver entgeltlicher Dienste, das in der Regel unter dem Begriff „Pay-TV" subsumiert wird.

Neue Kategorien: Pay-TV, Pay-per-view, Video-on-demand

Diese Begrifflichkeit wirkt allerdings vereinfachend, denn mit „Pay-per-view“ (der Nutzer zahlt für die konkret wahrgenommene TV-Leistung) und „Video-on-demand“ treten weitere Kategorien hinzu. (Video-on-demand bietet dem Nutzer die Möglichkeit einer selbständigen Programmauswahl aus einer umfangreichen Videobibliothek des Anbieters. Technisch wird Video-on-demand realisiert, indem die Signale durch Breitbandkabel übertragen werden. Dieses ist über eine Set-Top-Box mit dem TV-Gerät oder dem PC des Nutzers verbunden.) Attestiert man den öffentlich-rechtlichen Programmanbietern einen integrativen Charakter, der sich aus dem vom Bundesverfassungsgericht mehrfach attestierten Grundversorgungsauftrag ergibt, so muß die Tendenz zur Verspartung der Programme von ARD und ZDF zumindest als problematisch angesehen werden.

Vorauseilende Technologiefeindlichkeit als Totengräber im Wettbewerb

In der Bundesrepublik Deutschland stößt man immer wieder auf breite Skepsis oder lähmende Vorbehalte, wenn moderne Technologien oder zukunftsträchtige Projekte ohne größere Reibungsverluste auf den Weg gebracht werden sollen. Ein Chor lamentierender Bedenkenträger ist meist der Totengräber der Leistung im globalen Wettbewerb. Gerade auf dem Feld digitaler Übertragungstechniken besteht in den nächsten Jahren die Chance, durch eine weitgehend flächendeckende Einführung neue und qualitativ hochwertige Akzente in der Programmgestaltung zu setzen. Die Einführung der digitalen Übertragungstechnik bedingt wiederum ein enges Zusammenwirken zwischen Bund und Ländern.

THOMAS RACHEL

Moderne Technologie- und Forschungspolitik an der Schwelle zum 21. Jahrhundert

Innovation als Triebkraft menschlicher Entwicklung

Innovationen haben bereits seit frühester Menschheitsgeschichte den Lebensraum der Menschen verändert. Mit „Schlüsseltechnologie" bezeichnet man heutzutage ein neues Verfahren oder ein neues Konzept, mit dem bis dahin Unmögliches ermöglicht wird. Eine solche Innovation verändert die Gesellschaft, aus der heraus sie geboren wird. Wer über Hammer und Meißel oder später über Pfeil und Bogen verfügte, konnte anders handeln und leben als die Menschen vorher. Er konnte Materialien wie Stein und Holz bearbeiten und erfolgreicher auf Jagd gehen. Wer Feuer erzeugen konnte, wußte seine Mahlzeit zu kochen und sich im Winter zu wärmen. Schon diese wenigen Beispiele zeigen, daß Innovationen nicht immer nur positiv sein müssen. Denn wer einen Hammer hat, kann mit diesem auch den Kopf eines anderen einschlagen; wer Feuer hat, kann damit das Haus des Nachbarn anzünden.

Innovationen bergen also auch Kehrseiten in sich. Allerdings weniger aus der „neuen Technologie" heraus, sondern durch die Menschen, die sie eben unterschiedlich nutzen. Dies ist heute nicht anders. In der Hand eines Augenchirurgen schweißt ein Laser Netzhäute und rettet das Augenlicht. Dasselbe Licht lenkt in der Hand von Militärs treffsicher Bomben auf angepeilte Ziele. Im Informationszeitalter des 20. Jahrhunderts verschafft die Vernetzung von Computern über die sogenannte Datenautobahn den sofortigen Zugriff auf weltweit verfügbare Informationen. Aber schon der Blick ins Internet zeigt, daß diese Datenflut auch Unmengen an „informativem Müll" mit sich transportiert. Auch haben nicht alle Erfindungen und Neuerungen die Hoffnungen erfüllen können, die sie zunächst geweckt haben.

Das heutige Wohlstandsniveau wäre ohne Innovationen undenkbar. Gleichwohl haben sie auch neue Fragen aufgeworfen. Manches hat sich vollkommen anders entwickelt, als Prognosen es scheinbar sicher erwarten ließen. Das zeigt: Die Zukunft ist offen. Wir können sie nicht eindeutig vorherbestimmen. Es geht aber darum, einen gesellschaftlich verträglichen und humanen Weg in die Zukunft zu finden, der sowohl den Bedürfnissen der wachsenden Menschheit als auch den Notwendigkeiten der Umwelt und der Erde gerecht wird. Hierbei ist eine zukunftsorientierte und moderne Technologie- und Forschungspolitik unerläßlich.

Große Herausforderungen für Forschung und neue Technologien im 21. Jahrhundert

Eine der größten globalen Herausforderungen stellt das rapide Wachstum der Erdbevölkerung dar. Noch 1960 lebten nur 3 Mrd. Menschen auf der Erde. Bis 1995 ist ihre Anzahl auf 5,7 Mrd. angestiegen. Jährlich kommen 86 Mio. Menschen hinzu. Mitte des 21. Jahrhunderts sollen es voraussichtlich 10 Mrd. Menschen sein. Fast der gesamte zukünftige Anstieg der Weltbevölkerung wird sich in Asien, Afrika und Lateinamerika vollziehen; über die Hälfte davon in Afrika und Südasien. Der Anteil von uns Europäern wird von derzeit knapp 13 % auf knapp 7 % fallen. Schon heute leben 1 Mrd. Menschen in absoluter Armut.

10 Mrd. Menschen auf der Erde. Das ist sicher kein Ziel. Muß es aber eine Katastrophe sein? Bereits vor einem Vierteljahrhundert hat der Club of Rome die „Grenzen des Wachstums“ skizziert: Die Menschheit wächst. Die Rohstoffe sind begrenzt. Der Energiebedarf steigt, aber die nutzbare Energie ist begrenzt. Unsere Fähigkeit, Lebensmittel zu produzieren, steigt nur schrittweise. Die Umweltbelastung und die Gefährdung der Erdkugel nehmen zu.

Damit sind die globalen Herausforderungen beschrieben. Unmittelbar damit hängt auch die Frage zusammen, wie es gelingen kann, dieser steigenden Bevölkerungszahl ein Leben unter humanen Bedingungen, Arbeit und Wohlstand zu ermöglichen. Möglich ist dies nur mit ganzheitlichem Denken, das sowohl den politischen Blick über den nationalen Tellerrand hinausrichtet als auch alle heute verfügbaren und zukünftig denkbaren Fähigkeiten der Menschen nutzt. Neben anderen Politikbereichen kommt dabei der Forschungs- und

Technologiepolitik eine Schlüsselrolle zu. Denn ohne weitreichende Fortschritte in Wissenschaft und Forschung wird man einer schnell wachsenden Weltbevölkerung humane Lebensbedingungen ohne Zerstörung der Ressourcen und der ökologischen Grundlagen nicht sichern können.

Ende des 20. Jahrhunderts liegt das „energetische Verhältnis" zwischen einem Menschen in Nordamerika und einem in China bei rund 10 : 1. Mit anderen Worten: Ein Nordamerikaner verbraucht pro Jahr die zehnfache Menge an Primärenergie im Vergleich zu einem Chinesen. Betrachtet man dieses Verhältnis im Energieverbrauch pro Kopf zwischen Nordamerika und Südasien, so steigt es auf 30 : 1. Der Energieverbrauch auf unserem Planeten ist somit höchst ungleich verteilt. Ein Viertel der Weltbevölkerung lebt in den hochindustrialisierten Ländern. Diese Industriestaaten verbrauchen zwei Drittel der weltweit erzeugten Energie.

Der Energiebedarf auf der Erde ist aber nicht statisch. Vielmehr wird der Energiebedarf der Menschheit im 21. Jahrhundert synchron zum Bevölkerungswachstum und zur steigenden Industrialisierung in den jetzt noch unterentwickelteren Ländern mitwachsen. Damit stellt sich die Kernfrage: Können wir überhaupt eine solch riesige Energiemenge zur Verfügung stellen? Und können wir es so tun, daß die Umwelt und wir selbst es überleben?

Heute werden drei Viertel des weltweiten Energiebedarfs durch fossile Energieträger, Kohle, Erdöl und Erdgas, gedeckt. Die weltweite Betrachtung zeigt, daß die fossilen Energieträger auch in den nächsten Jahrzehnten dominieren werden.

Die Konsequenz für die Umwelt sind allerdings Smog in den Städten, saurer Niederschlag und die Belastung der Atmosphäre durch freigesetzte klimarelevante Gase. Sorge bereitet hier vor allem das Kohlendioxyd (CO_2), das in der Weise in den globalen Wärmehaushalt eingreift, daß es die von der Erde abgestrahlte Wärme einfängt und nahe der Oberfläche festhält. Wissenschaftler befürchten, daß die globale Erwärmung das Erdklima weit aus seiner natürlichen Schwankungsbreite hinaustreiben und dadurch die Lebensbedingungen für Menschen, Pflanzen und Tiere auf der Erde dramatisch verändern könnte. Fast sechs Gigatonnen (Mrd. Tonnen) Kohlenstoff gelangen als CO_2 pro Jahr in die Atmosphäre.

Angesichts der rasant steigenden Weltbevölkerung stellt sich die Frage, wie deren Energiebedarf gedeckt werden soll. Öl, Kohle und Erdgas sind jedenfalls nicht die Zukunftsenergien. Denn sie sind endlich. Wissenschaftler haben errechnet, daß die heute abbaubaren Erdölfelder bei nicht steigendem Jahresverbrauch in 50 Jahren erschöpft sein werden. Auch wenn die Effizienz der Kraftwerke sinnvollerweise erheblich gesteigert werden kann und muß, wird im beginnenden 21. Jahrhundert eine Energiewende stattfinden müssen. Unklar ist aber noch, wohin wir uns überhaupt wenden müssen. Die wichtigste Maßnahme wird sicherlich darin bestehen, die Effizienz zu steigern und Energie zu sparen. Zu den Energien im postfossilen Zeitalter werden sicherlich Wind- und Sonnenenergie, Wasserkraft und Biomasse als regenerative Energien gehören. Ohne Zweifel muß dies ein wichtiges Feld der Forschung sein. Größere Bedeutung als in Deutschland werden Wind- und Sonnenenergie aufgrund der dortigen Gegebenheiten sicherlich im Ausland haben können. Zu nennen sind aber auch der Wasserstoff (Brennstoffzelle), die Kernspaltung, bei der alle Sicherheitsbestrebungen weiter forciert werden müssen, aber auch die Kernfusion. Entsprechend dem Prozeß in unserer Sonne werden hier leichte Atome zusammengefügt. Zunächst gilt es aber, hier eine Menge an physikalischen und technologischen Herausforderungen zu lösen, danach könnte die Kernfusion ein enormes Potential bekommen – wahrscheinlich aber erst für unsere Enkel oder Urenkel.

Vorausschauende Forschungspolitik kann deshalb nur bestrebt sein, alle Energieoptionen soweit wie möglich weiterzuentwickeln, damit lebensbedrohliche Sackgassen vermieden werden. Es wäre unverantwortlich, nur auf einen Energiebereich zu setzen, solange nicht definitiv sichergestellt ist, daß dieser auf Dauer den Energiebedarf der Industriegesellschaften, aber auch der wachsenden Weltbevölkerung insgesamt verläßlich erfüllen kann.

Deutschland ist einer der größten Technologieproduzenten der Welt. Der Wohlstand in unserem Lande hängt erheblich ab von der Fähigkeit unserer Wirtschaft zur stetigen Neuentwicklung von Produkten, zu Qualitätsverbesserung und raschen Produktivitätsfortschritten. Will eine Volkswirtschaft nicht in den alten Produktionsfeldern stehenbleiben und damit spätestens mittelfristig in Wirtschaftswachstum, Entwicklungspotential und Arbeitsplätzen zurückfallen, muß sie ein Interesse am technologischen Wandel haben. Gut 90 % des gesamten industriellen Wissensbestandes konzentrieren sich auf F&E-intensive Branchen. Damit wird deutlich, daß sich in diesen Branchen ein erheblicher Teil der wissenschaftlich-technischen Problemlösungskompetenz unserer Gesellschaft bündelt.

Als vor zweieinhalb Jahrzehnten „die Grenzen des Wachstums" diskutiert wurden, lief ein Innovationszyklus aus. Neue Schlüsseltechniken waren für die meisten nicht ersichtlich. In Deutschland wurde eine Kultur des Nullwachstums diskutiert. 1980 wurde eben dieses Nullwachstum tatsächlich erreicht. Es kam aber anders, denn es entstanden aus fundierter wissenschaftlicher Arbeit neue Techniken. Und hier zeigte sich, daß derjenige, der über die neuen Techniken, Produkte und Verfahren verfügte, damit gleichzeitig hohe Preise und gute Erträge erzielen konnte. Im Vorteil waren die weltweit operierenden Firmen, die einen Vorsprung im Markt erzielen konnten und mit ihren Standards dominierten.

Durch die neuen Möglichkeiten in der Mikroelektronik konnten immer mehr Informationen in einen Chip hineingepackt werden. Japanische Firmen verstanden als erstes die enormen Chancen neuer Techniken und ihrer Fertigung. Mit dem Videorecorder, dem Walkman und dem CD-Player konnten viele Firmen Märkte erobern und traditionsreiche Hersteller von Radios und Fernsehern vom Markt verbannen. War der Laser noch zu Beginn der 80er Jahre ein höchst spezielles Instrument der Wissenschaft, hat er heute Massenbedeutung zum Schweißen, bei der Behandlung von Oberflächen und beim Schneiden, in der Unterhaltungselektronik oder bei der medizinischen Operation. Neue Materialien (Glasfaser, Feinkeramik etc.) eroberten im Siegeszug neue Märkte. Gen- und Biotechnologie entwickelten sich zu wichtigen Schlüsseltechnologien.

Der Wandel der Arbeitswelt wird nicht nur für die Betriebe, sondern auch für die Menschen eine große Herausforderung werden. Die neuen Arbeitsplätze werden nicht in den traditionellen Bereichen entstehen. Dieser Wandel der Arbeitswelt resultiert nicht nur aus der wirtschaftlichen Globalisierung, der sich verändernden internationalen Arbeitsteilung und einem wachsenden internationalen Kosten- und Wettbewerbsdruck, sondern auch aus der Entwicklung zur Dienstleistungsgesellschaft, der Entstehung neuer Arbeitsformen und -abläufe durch technologische Neuerungen und schließlich aus demographischen Entwicklungen und Veränderungen im Erwerbsverhalten.

In der deutschen Industrie ist die Beschäftigung in den letzten 20 Jahren um ca. 40 % zurückgegangen. Im Dienstleistungssektor nahm die Zahl der Beschäftigten dagegen seit 1976 um gut 3,7 Mio. zu. Allein zwischen 1982 und 1991 sind im Dienstleistungsbereich rund 2,6 Mio. neue Arbeitsplätze geschaffen worden. Das entspricht ungefähr dem Neunfachen dessen, was in der Industrie an neuen Arbeitsplätzen entstand. Der umfassende Einsatz der Informationstechnik wird diesen Wandel zur Dienstleistungsgesellschaft beschleunigen. Wir befinden uns mitten im Wandel von der Industrie- zur Wissensgesellschaft. Dies wird nicht nur die Abläufe und die Anforderungen in der Wirtschaft grundlegend verändern, sondern muß unmittelbare Konsequenzen für die Ausbildung in Schulen, Betrieben, Hochschulen und Weiterbildung haben.

Aufbruch in das 21. Jahrhundert – Aspekte einer modernen Forschungs- und Technologiepolitik

Zu Beginn der 90er Jahre hatten Japan und die USA auf dem Weltmarkt für technologieintensive Güter ihren Vorsprung vergrößert und erschienen uneinholbar. Doch das Blatt hat sich gewendet. Auf dem Weltmarkt für technologieintensive Güter hat sich Deutschland mit einem Anteil von 17,1 % dicht an die Spitzenreiter Japan (19,5 %) und die USA (17,8 %) herangearbeitet. Wie der jüngste Bericht zur technologischen Leistungsfähigkeit Deutschlands belegt, ist die Bundesrepublik der größte Technologielieferant Europas vor Großbritannien und Frankreich, die mit jeweils 7,5 % zum Weltmarkt beitragen. Noch besser sieht es beim Welthandel mit höherwertiger Technik, wie z. B. im Maschinenbau, aus. Hier hat Deutschland Japan überholt und liegt mit einem Weltmarktanteil von 19,5 % an der Spitze vor Japan (19,3 %) und den USA (13,1 %). Will Deutschland dauerhaft als High-Tech-Land Erfolg haben, wird es entscheidend darauf ankommen, Schlüsseltechnologien im Inland zu beherrschen, anzuwenden und auszubauen.

Bei den Weltmarktpatenten (sogenannte „Triade-Patente“) liegt Deutschland auf Platz eins in der Welt. Deutschland kann 190 Triade-Patente auf 1 Mio. Beschäftigte aufweisen im Verhältnis zu 180 in Japan und 140 in den USA. Die Zahl innovativer Unternehmensgründungen wächst. Entstanden 1990 nur 30 innovative Unternehmen aus außeruniversitären Forschungseinrichtungen, hat sich die Zahl bis 1996 auf 90 pro Jahr verdreifacht. 1997 waren es wohl mehr als 160 Ausgründungen. Mit anderen Worten: Der Zuwachs war größer als in den sechs Vorjahren zusammen. Bemerkenswert ist, daß von 40.000 technologieorientierten Unternehmensgründungen in der ersten Hälfte der 90er Jahre 27.000 auf innovative Dienstleistungen entfallen. 60 % davon haben allein im Bereich der Software-Herstellung stattgefunden. Deutlicher ist der Übergang zur Informations- und Wissensgesellschaft kaum zu beschreiben. Die Produktionsfaktoren Boden, Kapital und Arbeit, die die Industriegesellschaft prägten, werden immer stärker ergänzt durch den Produktionsfaktor Wissen. Multimedia sichert in Deutschland schon heute 1,2 Mio. Arbeitsplätze und schafft 210.000 neue Arbeitsplätze in den nächsten Jahren. Der Bereich wissensintensiver und unternehmensorientierter Dienstleistungen wird in Deutschland erheblich an Bedeutung gewinnen. Beschäftigungszuwächse sind speziell in diesem Bereich sehr viel stärker als in anderen Bereichen.

Die Möglichkeiten der Wissenschaften nehmen zu. So auch die Fähigkeit zur Miniaturisierung. Bereits heute liegt der Miniaturisierungsgrad z. B. bei mikroelektronischen Werkzeugen jenseits der Alltagsvorstellungen des Normalbürgers. Er ist aber auf dem besten Wege, auch die Vorstellungskraft der Experten hinter sich zu lassen. Die Mikroelektronik, die mit ihrem Namen auf die Skala Mikrometer, also Tausendstel Millimeter, Bezug nimmt, wird in den nächsten Jahrzehnten in die sogenannte Nanoelektronik übergehen. „Nano“ steht für die Größe von Millionstel Millimeter – spätestens hier verläßt uns die Vorstellungskraft.

Als Folge dieser Miniaturisierung können heute wesentlich höhere Datenmengen verarbeitet werden als früher. Noch in den 70er Jahren paßte auf einen Speicherchip die Datenmenge einer Schreibmaschinenseite mit 2.000 Anschlägen. Im Jahre 1998 passen auf einen nur wenig größeren Chip ganze 16.000 Seiten. In drei Jahren – so die

Prognose – werden es voraussichtlich 64.000 Seiten sein. Bei fast gleichem Platzangebot wächst somit die Datenmenge. Damit ist erkennbar, daß die Größe elektronischer Bauelemente auf dem Chip exponentiell abnehmen wird. In den ersten Jahrzehnten des 21. Jahrhunderts werden aus der fortschreitenden Miniaturisierung neue Möglichkeiten für Wissenschaft, Wirtschaft und unsere Gesellschaft erwachsen, die heute noch kaum greifbar sind.

Deutschland hat seine Spitzenposition im Welthandel mit Umwelttechnologien zurückerobert. Grundlage dafür ist sowohl das hohe Niveau im Umweltschutz als auch die Bereitschaft, neue Technologien in diesem Sektor zu erforschen und auszubauen. Mit einem Anteil von 18,7 % konnte Deutschland den Spitzenplatz im Welthandel mit Umwelttechnik von den USA, die auf 18,5 % kommen, zurückerobern. Der Anteil Japans, des Drittplazierten, beträgt 14,5 %. Schon heute gibt es knapp 1 Mio. Arbeitsplätze in Deutschland im Umweltbereich. Das Deutsche Institut für Wirtschaftsforschung schätzt, daß bis zum Jahr 2000 über 100.000 dazukommen.

Die Bundesregierung hat ein großes Umweltforschungsprogramm vorgelegt, das Anreize für neue Umwelttechnologien bietet, die Wirtschaft stärkt und Märkte öffnet. 1 Mrd. DM stehen jährlich dafür zur Verfügung. Ziel ist es, die natürlichen Lebensgrundlagen und damit die Entwicklungschancen für die heutige, aber auch für künftige Generationen zu sichern. Konkret geht es dabei um die weitere Entkopplung des Ressourcen- und Flächenverbrauchs sowie anderer Belastungen der Umwelt vom Wirtschaftswachstum. Dabei werden unterschiedliche wissenschaftliche Disziplinen und Technologiefelder konsequent miteinander verknüpft. Umweltschutz setzt nicht mehr bei der nachträglichen Entsorgung oder Reinigung von entstandenen Umweltschäden an. Vielmehr geht es darum, bereits in den betrieblichen Produktionsprozessen Umweltschutz zu ermöglichen, so daß nicht mehr die Mengen an Abfällen und Belastungen entstehen wie in früheren Zeiten. Priorität hat also der produkt- und produktionsintegrierte Umweltschutz (PIUS) vor der nachgeschalteten Umwelttechnik.

Im Mittelpunkt der Energieforschung steht die Reduktion der Kohlendioxyd(CO_2)-Emissionen. Ohne ideologische Scheuklappen müssen alle Technikoptionen untersucht und entwickelt werden, die zu einer nachhaltigen Senkung der energiebedingten Klima- und Umweltbelastungen beitragen können. Soll die Solarenergie eine Chance bekommen, müssen die Herstellungskosten von Solarzellen und Modulen gesenkt werden. Aus diesem Grund unterstützt das Bundesministerium für Bildung und Forschung im Programm „Photovoltaik 2005" den Bau von Werken zur Produktion von Solarzellen an drei Standorten in Deutschland. Die Produktionskapazität wird jährlich 50 Megawatt betragen. Damit rückt Deutschland in die Weltspitze der Photovoltaik-Produzenten auf. Unser Land wird durch das exzellente Forschungs- und Industrieumfeld für global agierende junge Solarunternehmen interessant. Gerade in Ländern, in denen die natürlichen Nutzungsbedingungen günstiger sind als in Deutschland, wird die Nachfrage nach Photovoltaik-Anlagen weiter wachsen.

Deutschland war ganz konkret in der Gefahr, den Anschluß an den boomenden Bereich der Bio- und Gentechnologie und damit an eine der Schlüsseltechnologien des 21. Jahrhunderts zu verlieren. Bedingt durch eine von der SPD zu verantwortende extrem restriktive Gesetzgebung, waren die führenden Unternehmen ins Ausland gegangen, um dort ihre Forschung und Entwicklung im Feld der Gen- und Biotechnologie zu verwirklichen. Die Novellierung des Gentechnik-Gesetzes 1993 und die Neuordnung der Gentechnik-Sicherheitsverordnung 1995 waren der Startschuß für die Aufholjagd in der Biotechnologie. Heute können wir feststellen, daß es in Europa keinen Biotechnologiestandort gibt, der bessere Bedingungen bietet als Deutschland. Auch das Ausland hat Deutschland als Investitionsstandort in der Biotechnologie wiederentdeckt. Mit einem geschickt initiierten Bioregio-Wettbewerb hat die Bundesregierung dazu beigetragen, daß sich international herausragende Kompetenzzentren biologischer Forschung und Anwendung in Deutschland entwickeln. Sie zeichnen sich durch enge Kooperation von Wissenschaft, Wirtschaft, Kommunen und Risikokapitalgebern auf regionaler Ebene aus. Die drei Siegerregionen des Bioregio-Wettbewerbs werden jährlich mit 150 Mio DM unterstützt. Am deutschen Biotech-Markt herrschen Aufbruchstimmung, Dynamik und Kreativität. Die Zahl der Biotechnologie-Unternehmen in Deutschland hat sich in den letzten beiden Jahren vervierfacht: 1995 von 75 auf 150, 1996 von 150 auf 300 Unternehmen. Pro Unternehmensgründung entstehen durchschnittlich sechs neue Arbeitsplätze. Nach zwei Jahren Entwicklungszeit expandieren die Unternehmen auf 50 bis 100 Mitarbeiter. In den Bio-Regionen steht mittlerweile über eine halbe Milliarde D-Mark an privatem Risikokapital für Gründungen zur Verfügung. Es ist erfreulich, zu beobachten, daß deutsche Unternehmen, die ins Ausland abgewandert waren, mittlerweile zurückkehren, hier investieren und Arbeitsplätze schaffen.

Noch in den 80er Jahren hatte der SPD-Landesparteitag in Schleswig-Holstein den Transfer biotechnologischer Forschungsergebnisse aus öffentlichen Forschungseinrichtungen an die Industrie verbieten wollen. Die Technikfeindlichkeit der SPD, aber auch die langjährige Fundamentalopposition der Grünen hat der Bio- und Gentechnik in Deutschland über Jahre sehr geschadet. Diese Ablehnung neuer Technologien ist ein großer Fehler. Neue Arbeitsplätze entstehen heute nicht mehr dort, wo alte verlorengingen. Die Wissenschaft geht davon aus, daß die Biotechnologie bis zum Jahr 2020 an der Hälfte der 30 wichtigsten Innovationen beteiligt sein wird. Nach Einschätzung der OECD wird sich die Biotechnologie schon in den nächsten Jahrzehnten zu einem der Wissenschaftszweige mit größter ökonomischer Bedeutung entwickeln. Ihr künftiger Stellenwert wird mit dem verglichen, den Informationstechnik und Mikroelektronik heute besitzen. Sich diesen neuen Technologien zu verweigern, wäre für die Entwicklung unserer Volkswirtschaft und die Bemühungen um Schaffung neuer Arbeitsplätze geradezu hochgefährlich. Bis zur Jahrhundertwende können am Standort Deutschland bis zu 110.000 neue und hochqualifizierte Arbeitsplätze im Bereich der Biotechnologie entstehen, die weltweit wettbewerbsfähig sind. Biotechnologie schafft somit Arbeitsplätze und sichert Wohlstand.

Natürlich sind Aufklärung und Information der Menschen notwendig. Vor allem Wissenschaft und Wirtschaft sind hier gefordert. Jeder Verbraucher sollte selbst entscheiden können, ob er gentechnisch veränderte Lebensmittel nutzen möchte. Deshalb macht es Sinn, daß im Rahmen der EU eine umfassende Kennzeichnung gentechnisch veränderter Lebensmittel durchgesetzt wird. Volle Unterstützung muß auch die Sicherheitsforschung bei Freisetzungen finden; diese wird vom Bundesbildungs- und -forschungsministerium jährlich mit 9 Mio. DM gefördert. Denn im Sinne einer qualifizierten

Technikfolgenabschätzung gilt es, sowohl Chancen als auch Risiken zu untersuchen und zu bewerten.

Schon jetzt sind viele konkrete Möglichkeiten durch die Bio- und Gentechnologie sichtbar. Wer wollte auf sie verzichten?

Zum Beispiel Umweltschutz: Auch bei der Rauchgasentschwefelung von Kohlekraftwerken hilft Biotechnologie. Künftig wird die Reinigung der Abluft chemisch oder biologisch erfolgen können. Bakterien trennen reine Luft von reinem Schwefel.

Zum Beispiel Tierschutz: Mit Hilfe der Gentechnik werden „Ersatzmethoden zum Tierversuch" möglich. Weltweit sind Tierversuche bei der Prüfung eines Stoffes auf gesundheitsgefährdende Eigenschaften vorgeschrieben. Mit Hilfe der Biotechnologie wird die Zahl benötigter Versuchstiere erheblich verringert werden können.

Zum Beispiel Landwirtschaft/Ernährung: Eine globale Krise wird durch den wachsenden Abstand zweier Kurven markiert. Die Weltnahrungsmittelproduktion schafft nur einen relativ schwachen Anstieg, während die Bevölkerungszahl auf unserer Erde exponentiell nach oben ansteigt. Jährlich gehen weltweit bis zu 30 Prozent der Ernte verloren, weil Pflanzen von Schädlingen vernichtet werden. Allein dies ist schlimm genug. Doch das Problem wird erst in seinem richtigen Ausmaß deutlich, wenn man sich bewußt macht, daß sich die Zahl der Menschen von heute 5,8 Mrd. auf 10 Mrd. im Jahr 2050 fast verdoppelt. Die Ernährung der Weltbevölkerung und die Aufgabe der Steigerung der Ernteerträge werden zu einer Überlebensfrage. Die „grüne Gentechnik" ist dabei unverzichtbar. Denn sie kann helfen, die Nutzpflanzen für den landwirtschaftlichen Anbau zu optimieren. Neue Sorten lassen sich gentechnisch züchten, die resistent sind gegen Schädlinge und Viren, gegen Trockenheit und Salz, gegen Kälte oder Wind. Auf ungeheure Mengen Pflanzenschutzmittel wird so in Zukunft verzichtet werden können. Die Gentechnik allein wird das Problem des Nahrungsmangels in der Welt nicht lösen können. Allerdings werden wir es uns nicht leisten können, auf diesen Weg zu verzichten.

Zum Beispiel Gesundheitswesen: Bio- und Gentechnik bringen große Veränderungen. Mußte Insulin früher aus der Bauchspeicheldrüse von Schweinen gewonnen werden, kommt es heute aus Genlabors. Im Kampf gegen Krebs und Aids werden große Erwartungen an die „rote Gentechnik" geknüpft. Ein geradezu revolutionäres Potential hat die Gentechnik im Bereich der Gentherapie und der Gendiagnostik. Wenn eine Krankheit als genetisch bedingt erkannt wird, versucht die Gentherapie sie direkt an ihrem Entstehungsort zu heilen oder zu lindern. Das defekte Gen wird in zuvor entnommenen Körperzellen gegen ein gesundes Gen ausgetauscht, dann werden die Zellen dem Körper wieder zugeführt. Wenngleich dieser Bereich heute noch Neuland ist, wird er sicherlich im nächsten Jahrhundert von enormer Bedeutung sein.

Im Rahmen des „Human Genome Project“ soll die genetische Landkarte des Menschen vollständig kartiert werden. Dies soll im Jahr 2005 abgeschlossen sein. In der gemeinsamen Initiative „Humangenomforschung“ haben das Bundesministerium für Bildung und Forschung sowie die Deutsche Forschungsgemeinschaft die nationalen deutschen Aktivitäten in diesem Bereich gebündelt. Je weiter aber das menschliche Erbgut entschlüsselt wird, um so mehr werden wir auch über die genetischen Grundlagen vieler Erkrankungen wissen. Die Gendiagnose wird viel mehr Erbkrankheiten erkennen können, als es bis heute denkbar ist. Die Gentherapie wird die neuen Informationen nutzen wollen.

Damit sind wir wieder mitten in der Ambivalenz technologischer Entwicklungen. Wenn der Mensch durch die Gendiagnose Erbkrankheiten erkennen kann, bevor sie überhaupt ausgebrochen sind, wird das Konsequenzen haben. Der Mensch bekommt ein Wissen über seine Zukunft, aber auch über die Zukunft seiner Kinder, sogar über seine noch ungeborenen Kinder. Wie er diese Wahrscheinlichkeitsaussagen allerdings nutzt – das wird in der Zukunft die entscheidende Frage sein. Gerade das Genzeitalter fordert von uns Menschen, daß wir nicht nur neue Technologien und Methoden entwickeln, sondern auch die Frage nach der ethischen Verantwortung laut stellen. Die Frage nach der ethischen Verantwortung war wahrscheinlich noch nie so wichtig und existentiell wie im 21. Jahrhundert.

Forschung und ethische Verantwortung

Es ist nicht zu erkennen, daß das Wachstum endet. Zumindest nicht das Wachstum, das aus Intelligenz und Wissen entsteht. Es ist auch nicht abzusehen, daß Wissenschaft endet. Im Gegenteil. Heute sind

90 % aller Wissenschaftler tätig, die jemals auf der Welt gelebt haben. Das Wissen der Menschheit verdoppelt sich alle fünf Jahre. In den nächsten zehn Jahren wird auf der Welt genauso viel geforscht und mehr publiziert werden als in fast 2.500 Jahren seit Aristoteles. An jedem Arbeitstag erscheinen 20.000 wissenschaftliche Aufsätze. Durch die moderne Informations- und Kommunikationstechnik wird der Zugriff darauf für immer mehr Menschen möglich. Neue Wissenschaften entstehen, und es ist kaum vorherzusagen, welche Techniken sie schaffen werden. Es kann nicht Aufgabe der Politik sein, die Zukunft vorherzusagen. Vielmehr ist es Aufgabe, Zukunft zu ermöglichen, indem den besten Köpfen Mut gemacht und Gelegenheit gegeben wird, bisher Ungedachtes zu denken, stets neue Fragen zu stellen und sich dieser Arbeit voll zu widmen. Wer neue Erkenntnisse haben möchte, muß auch in die Grundlagenforschung investieren, auch wenn nicht zu überblicken ist, welchen Nutzen eine wissenschaftliche Erkenntnis einmal haben wird. Die Neugier der Wissenschaftler bleibt Motor der Grundlagenforschung, und oftmals findet sie später ihre Umsetzung in der anwendungsnahen Forschung und Entwicklung.

Aber Forschung bringt nicht nur Wohlstand, Fortschritt und Gesundheit. Sie birgt auch Risiken. Forschung selbst kann gefährlich sein, und sie kann auch gefährliche Folgen haben. Sie ist zwiespältig. Deshalb müssen wir Nutzen und Gefahren sorgfältig abwägen. Wir dürfen uns weder einem blinden Fortschrittsglauben noch einem verblendeten Forschungspessimismus überlassen.

Nicht die Technologie greift in die Lebensvorgänge ein. Es ist der Mensch, der mit Hilfe der Technologie eingreift. Weil es nicht selbstverständlich ist, daß es einen Konsens darüber gibt, was gut und was schlecht ist, brauchen wir Regeln im Spannungsfeld von Forschung und Moral. Für diese Abwägung braucht es einen Maßstab. Dieser Maßstab ist nicht das Gesetz (wie z. B. das Embryonen-Schutzgesetz, das die Herstellung von Embryonen für Forschungszwecke verbietet). Das Gesetz ist erst die Folge einer Abwägung. Erst wenn wir uns darüber klar sind, wie wir mit Forschung umgehen wollen und dürfen, können Gesetze geschaffen werden. In den Gesetzen wird der Rahmen abgesteckt, innerhalb dessen Forschung dann erfolgen kann.

Der Maßstab für eine Diskussion über Forschung ist die Ethik. Unsere Ethik ist Grundlage unseres Handelns. Das gilt für den einzelnen Wissenschaftler, der vor der Frage steht, wie er mit seinem speziellen Forschungsprojekt umgehen soll. Und das gilt für die Gesellschaft als Ganzes, die entscheiden muß, wie sie mit Forschung im allgemeinen umgehen will. Richtschnur einer Forschung aus ethischer Verantwortung muß deshalb die Orientierung an dem in unserer Verfassung dokumentierten christlichen Menschenbild sein. Der oberste Verfassungsgrundsatz lautet: Die Würde des Menschen ist unantastbar. Deshalb haben wir in Deutschland das Klonen von Menschen und die Manipulation an der menschlichen Keimbahn verboten.

Auch zukünftig werden wir fragen müssen, ob wir alles dürfen, was wir können. Gerade im Genzeitalter brauchen wir eine Ethik, die das „Können" in ein vernünftiges Verhältnis zum „Dürfen" bringt. Aber wir werden auch fragen müssen, ob wir schon alles können, was wir können müßten, um mit Hunger, Elend und Krankheiten besser fertig zu werden.

Ohne Forschung geht es nicht, ohne Ethik auch nicht. Dies ist die große Herausforderung, vor der die Menschheit, vor der wir gemeinsam stehen. Der amerikanische Präsident Bill Clinton hat (in der Zeitschrift „Science" vom 2. Juni 1997) das 21. Jahrhundert als das Zeitalter der Wissenschaft proklamiert. Wenn dies so ist, wird die größte Herausforderung der Menschheit im neuen Jahrtausend sein, moderne Forschung und neue Technologien zu ermöglichen und gleichzeitig mit den Erkenntnissen der Wissenschaft ethisch verantwortlich umzugehen.

PETER RAMSAUER

Arbeitsplatzmotor Mittelstand

Der Mittelstand – Rückgrat der sozialen Marktwirtschaft

Angesichts von über 4 Mio. Arbeitslosen ist die Schaffung neuer Arbeitsplätze in Deutschland das wichtigste innenpolitische Ziel. Natürlich kann die Politik keine Arbeitsplätze in eigener Verantwortung schaffen oder verordnen. Die Politik setzt allerdings die Rahmenbedingungen dafür, ob Unternehmen wirtschaftlich in der Lage sind, Arbeitsplätze zu sichern und neue bereitzustellen. Verantwortliche Politik muß deshalb zum Ziel haben, diese Rahmenbedingungen für unsere Unternehmen, insbesondere den Mittelstand, zu verbessern.

Mittelständische Unternehmen sind das Rückgrat der von Ludwig Erhard konzipierten und durchgesetzten sozialen Marktwirtschaft und damit der Garant für Wohlstand und soziale Sicherheit. Insbesondere die kleinen und mittleren Handwerksbetriebe leisten einen unverzichtbaren Beitrag für das öffentliche Gemeinwohl. Deutsche mittelständische Hersteller hochwertiger Industriegüter sind auf der ganzen Welt zu Hause. Die Öffnung der Märkte bedeutet insbesondere für sie eine große Chance. Der Mittelstand bleibt für die wirtschaftliche und soziale Zukunftssicherung unverzichtbar. Das gilt insbesondere auch im Hinblick auf die berufliche Ausbildung unserer Jugendlichen.

Deutschland ist angewiesen auf das Engagement der Mittelständler, das sich bei weitem nicht in einen Achtstundentag einordnen läßt. 3 Mio. mittelständische Unternehmen – rund ein Viertel davon im handwerklichen Bereich – sind aufgrund ihrer Flexibilität und Innovationsfähigkeit eine tragende Säule des wirtschaftlichen Erfolges in unserem Land. Mittelständische Unternehmen sind ein besonders wichtiger Beschäftigungsmotor. Sie stellen rund zwei Drittel aller Arbeitsplätze und vier Fünftel aller Ausbildungsplätze in Deutschland bereit. Rund ein Fünftel aller Beschäftigten und 40 % aller Auszubildenden sind im Handwerk tätig. Jeder Existenzgründer schafft im Durchschnitt vier zusätzliche Arbeitsplätze. Für mich und die CSU ist völlig klar, daß wir zu mehr Beschäftigung nur durch eine Stärkung des Mittelstandes kommen. Während die großen Unternehmen in den letzten Jahren Stellen abgebaut haben, war es der Mittelstand, der Stellen geschaffen hat bzw. Arbeitsplätze erhalten hat.

Der Aufbau mittelständischer Strukturen ist die zentrale wirtschaftspolitische Herausforderung in den neuen Ländern beim Aufbau Ost. Das SED- Regime hat den Mittelstand systematisch zerstört, weil er sich nicht in das ideologische Weltbild einfügte. Unternehmergeist und der Wille, selbst etwas in die Hand zu nehmen, sind bei den Sachsen und Thüringern genauso vorhanden wie bei Bayern oder Baden-Württembergern. Der Aufbau Ost ist eine besondere Herausforderung für den Mittelstand in Ost und West. Dem bewundernswerten Engagement der Mittelständler aus den alten Ländern ist das Entstehen eines lebensfähigen und den Aufbau Ost prägenden Mittelstandes in den neuen Ländern gefolgt. Davon profitieren wir alle – in Ost und West gleichermaßen.

Mittelstandspolitik ist für uns nicht irgendeine Facette, nicht irgendeine Unterabteilung der Wirtschaftspolitik. Mittelstandspolitik ist für uns auch nicht zu reduzieren auf Begriffe wie Förderung, Unterstützung, Nachteilsausgleich oder gar „Betreuung" und Errichtung von „Schutzzonen".

Mittelstandspolitik ist die eigentliche Wirtschaftspolitik, denn die Wirtschaft in Deutschland ist primär mittelständische Wirtschaft. Der Mittelstand stellt über 90 % aller Unternehmen und 44 % aller Bruttoinvestitionen. Die Schlußfolgerung für uns lautet daher: Wir brauchen keine Wirtschafts-, Finanz- und Sozialpolitik mit sogenannter „Mittelstandskomponente". Der richtige Weg liegt vielmehr darin, eine mittelstandsgerechte Wirtschafts-, Finanz- und Sozialpolitik zu machen.

Mittelstandspolitik muß daher in erster Linie Freiräume für Unternehmergeist schaffen, d. h.:

- die Fesseln der Bürokratie lösen,
- die Abgabenlast aus Steuern und Beiträgen erleichtern,
- die Regulierungen des Arbeitsmarktes lockern.

Dem globalen Wettbewerb stellen

Die Zeitenwende an der Schwelle zum dritten Jahrtausend erfordert neues Denken und Handeln. Arbeitsplätze und soziale Sicherheit sind nur dann zu wahren, wenn die Bereitschaft zu beständiger und vorausschauender Veränderung vorhanden ist. Deshalb gab und gibt es zu der vorausschauenden Reformpolitik von Bundesregierung und Koalition keine verantwortbare Alternative. Wir müssen uns den Problemen stellen und diese lösen, die sich aus den dramatischen Veränderungen in der Welt, in Europa und in unserem eigenen Land ergeben. Der globale Wettbewerb wird schärfer. Nur ein Tor kann glauben, sich von dieser Entwicklung abschotten zu können. Einigeln und der Rückzug in Besitzstandsdenken wären fatal für unser Land. Das Gegenteil ist richtig: Wir müssen Deutschland fit machen für die Zukunft, d. h., der Standort Deutschland muß im internationalen Wettbewerb an Vorteilen zulegen und gewinnen.

Regierung und Koalition haben gehandelt. Alle Punkte des 50 Punkte umfassenden „Programms für mehr Wachstum und Beschäftigung in Deutschland" der Unionsfraktion im Deutschen Bundestag aus dem Jahr 1996 sind mittlerweile umgesetzt oder auf den Weg gebracht, mit einer Ausnahme: die große Steuerreform auf der Grundlage der Petersberger Beschlüsse. Sie scheiterte an der SPD-Blockade im Bundesrat. Diese Steuerreform aber ist das beste Wachstums- und Arbeitsplatzbeschaffungsprogramm in Deutschland. In den 80er Jahren hat unsere Politik der dreistufigen Steuerreform zu einer Schaffung von 3 Mio. neuen Arbeitsplätzen in Deutschland geführt. Was damals möglich war, ist heute nicht unmöglich.

Weniger Steuern und niedrigere Abgaben verändern das Investitionsklima positiv, die Inlandsnachfrage würde gestärkt, Leistungsanreize verbessert. Aber die Steuerreform ist auch aus einem anderen Grund notwendig: Unser Steuersystem ist zu kompliziert. Undurchschaubare Sonderregelungen führen zu Ungerechtigkeiten, da Sonderregelungen nur von wenigen genutzt werden können. Schließlich unterhalten unsere mittelständischen Betriebe keine riesigen Steuerabteilungen, deren gesamtes Tun und Trachten darauf ausgerichtet ist, die Steuerschuld zu minimieren.

Die Globalisierung, insbesondere auch die politische Öffnung Osteuropas, hat zu veränderten Bedingungen im weltwirtschaftlichen Umfeld und zu einem Anpassungsdruck von außen auf Deutschland geführt. Die Globalisierung und der immer schärfer werdende Standortwettbewerb erfordern eine größere Anpassungsflexibilität und

Innovationsfähigkeit von Wirtschaft und Gesellschaft. Die soziale Marktwirtschaft ist in nunmehr fast fünf Jahrzehnten allen wirtschaftspolitischen Herausforderungen ordnungspolitisch gerecht geworden. Die Arbeitsmarktprobleme von heute sind nicht auf ein Versagen, sondern im Gegenteil auf eine Überforderung der Marktwirtschaft zurückzuführen. Generell gilt festzustellen: Den westlichen Industriegesellschaften geht nicht die Arbeit aus. Es fehlt nicht an Arbeit, sondern an bezahlbaren Arbeitsplätzen. Weitere Arbeitszeitverkürzungen führen in die Sackgasse, weil sie die Arbeitskosten weiter verteuern. Kräftige Lohnsteigerungen laufen am Ende auf ein Programm zur Förderung von Rationalisierung und Abbau von Arbeitsplätzen hinaus.

Strukturreformen bewältigen

Internationale Experten sind sich einig: Über 50 % unserer Arbeitslosigkeit sind strukturbedingt. Der Arbeitsmarkt in Deutschland ist längst kein Markt mehr, sondern ein Besitzstandskartell zu Lasten der Arbeitsuchenden. Die OECD beklagt die Lohnnivellierung, die mangelnde Lohndifferenzierung, relativ hohe Löhne für Ungelernte und die zu hohe und zu lang gezahlte Arbeitslosenunterstützung. Patentrezepte zur Gewinnung der Vollbeschäftigung gibt es nicht, aber wir können von anderen lernen. Ohne Strukturreformen in der Sozialversicherung können wir die Lohnnebenkosten nicht begrenzen. Nach der Neuregelung der Lohnfortzahlung im Krankheitsfall haben wir in Deutschland den geringsten Stand an krankheitsbedingten Fehlzeiten seit Jahren. Die jahrelang moderaten Tarifabschlüsse haben in den USA zu der niedrigsten Arbeitslosenrate seit Jahrzehnten geführt. In den Niederlanden haben die Beschlüsse der Tarifpartner zu Teilarbeit erheblich zur Entlastung des Arbeitsmarktes beigetragen. Bei bedingungsloser Sozialhilfe und hohen Ansprüchen auf Lohnersatzleistungen besteht wenig Anreiz zur Aufnahme einer Arbeit. Mehr Leistungsmotivation wird möglich, wenn wir die Hinzuverdienstmöglichkeiten für Sozialhilfeempfänger flexibler gestalten.

Wollen wir den Sozialstaat auf eine dauerhafte Grundlage stellen, dann brauchen wir Leistungsträger und Leistungseliten und keine Aussteiger. Leistungsträger und Leistungseliten erfordern ein Umdenken in der Bildungspolitik. Eine gute Ausbildung ist und bleibt der beste Schutz gegen Arbeitslosigkeit. Eine gute Ausbildung unserer Arbeitnehmer ist und bleibt Voraussetzung, um im globalen Wettbewerb bestehen zu können. Bildung erfordert Förderung und Forderung von Leistung der jungen Generation. Zunehmende Klagen der Ausbildungsbetriebe über mangelnde Kenntnisse der Lehrstellenbewerber in Grundfächern wie Lesen, Schreiben und Rechnen geben Anlaß zu Bedenken.

Nicht konjunkturelle Defizite, sondern eine ausgeprägte Wachstumsschwäche bildet den Kern unserer Probleme. Wer ernsthaft auf eine deutlichere Reduzierung der Arbeitslosenzahl hinarbeiten will, der muß sich ohne Wenn und Aber zu einer Reformpolitik zur Stärkung des Wachstums bekennen. Alle beschäftigungspolitisch erfolgreichen Staaten – von den USA über die Niederlande bis hin zu Neuseeland – haben sich einer angebotsorientierten Wirtschaftspolitik verschrieben. Ziel eines solchen Konzepts ist es, die Rahmenbedingungen für private Investitionen nachhaltig zu verbessern, die Kräfte des Marktes durch Privatisierung von Staatsunternehmen, Deregulierung und Entbürokratisierung zu stärken, die Märkte für neue Zukunftstechnologien zu öffnen, die Lohnnebenkosten durch Strukturreformen in der Sozialversicherung zu stabilisieren, die Leistungs- und Innovationsbereitschaft durch eine Senkung der Steuer- und Abgabenbelastung zu reduzieren und durch eine konsequente Stabilitätspolitik und eine solide Finanzpolitik die innere und äußere Geldwertstabilität zu gewährleisten. Letztlich geht es in dieser Strategie darum, das Wachstum zu stimulieren und auf diese Weise zusätzliche dauerhafte und wettbewerbsfähige Arbeitsplätze zu schaffen. In der jetzigen Phase der Globalisierung, die im Zeichen des weltweiten Wettbewerbs um Investitionskapital steht, sehe ich zu diesem Kurs keine erfolgversprechende Alternative. Und es wäre eine Utopie, sich durch internationale Absprachen oder nationalen Maßnahmen von diesem Prozeß abschotten zu wollen.

Neue Kultur der Selbständigkeit erforderlich

Der steigenden Erwerbsquote der Gesamtbevölkerung steht eine seit 1960 sinkende Quote an Selbständigen gegenüber, d. h., ein immer geringerer Anteil der Erwerbstätigen ist zur Ausübung einer selbständigen Existenz, sei es in Form der freien Berufe oder des gewerblichen Unternehmens, bereit. Die Arbeitslosigkeit wurde mithin erheblich verschärft, indem dem wachsenden Arbeitskräfteangebot eine beträchtliche Arbeitgeberlücke entgegensteht, die erst seit wenigen Jahren wieder tendenziell zurückgeht. 1996 sind nach Angaben des Instituts der Deutschen Wirtschaft in Deutschland etwa 3,1 Mio. Menschen beruflich selbständig, mithelfende Familienangehörige eingeschlossen. Damit ist der Anteil der Selbständigen an der Erwerbsbevölkerung seit 1991 von 7,9 % auf über 9 % gestiegen. Im Vergleich mit den übrigen OECD-Ländern belegt Deutschland allerdings nur einen Platz im unteren Drittel. Der OECD-Durchschnitt beträgt 11,4 %; um diesen zu erreichen, müßten hierzulande gut eine halbe Million Bürger zusätzlich den Weg in die berufliche Selbständigkeit gehen. In den Jahren von 1990 bis 1995 sind so etwa 1,9 Mio. Personen in Lohn und Arbeit gekommen.

Deutschland braucht mehr Selbständige. Bundespräsident Roman Herzog hat recht, wenn er für eine „neue Kultur der Selbständigkeit" plädiert. Mehr selbständige Existenzen bedeuten mehr Ausbildungsplätze und mehr Arbeitsplätze. Die Einführung des Meister-BAföG ist ein großer Erfolg für den Mittelstand und Ergebnis hartnäckigen Ringens der CSU-Landesgruppe im Deutschen Bundestag. Die Eigenkapitalhilfe, ERP-Programme und Programme der Ausgleichsbank wurden ausgebaut. Technologieorientierte Unternehmensgründungen werden besonders gefördert. Ferner sind spezielle Programme zur Bereitstellung von Wagniskapital zur Verfügung gestellt worden. Es gibt Hilfen für Arbeitslose, die sich selbständig machen wollen.

Förderung von Existenzgründungen ist keine Subvention, sondern unsere wirtschafts- und gesellschaftspolitische Antwort auf all jene Demagogen, die auch heute den selbständigen Unternehmer als Ausbeuter und Absahner diffamieren wollen. Im ERP-Eigenkapitalhilfeprogramm wurden in den alten Ländern seit 1994 rund 60.000 Vorhaben mit einem Volumen von knapp 4 Mrd. DM gefördert. Im ERP-Existenzgründungsprogramm wurden in den alten Ländern seit 1990 für über 110.000 Vorhaben über 10 Mrd. DM bewilligt. Im gleichen Zeitraum hat die Ausgleichsbank in den alten Ländern für über 56.000 Vorhaben fast 6,8 Mrd. DM bereitgestellt. Seit dem Programmbeginn wurde in fast 50.000 Fällen Meister-BAföG mit einem Volumen von rund 500 Mio. DM gewährt. Es ist allemal besser, Steuermittel in Existenzgründungen anstatt in absterbende Industriezweige zu investieren. Seit 1994 liegt die Zahl der jährlichen Unternehmensgründungen bei rund 500.000 pro Jahr, und diese Entwicklung muß sich angesichts der Insolvenzen und der Arbeitsplatzlücke auch in Zukunft fortsetzen.

Steuerreform ist Wachstumsprogramm

Die CSU ist der Garant für eine mittelstandsfreundliche Steuerpolitik. Die linear-progressive Tarifgestaltung steht für uns nicht zur Debatte. Das von Bundesfinanzminister Dr. Theo Waigel konzipierte Petersberger Modell brächte einen steuerpolitischen Durchbruch für den Mittelstand. Die Senkung der Steuersätze über den gesamten Tarif hinweg entlastet vor allem Mittelschichten. Die Reduzierung des Höchstsatzes für gewerbliche Einkünfte und des Körperschaftsteuersatzes für einbehaltene Gewinne wäre ein entscheidendes politisches Signal, daß sich unternehmerische Leistung wieder besser lohnt. Bei deutlicher Tarifsenkung wäre es auch vertretbar, die mittelstandspolitischen Vergünstigungen bei den Sonderabschreibungen zu streichen.

In einer technisch hochentwickelten und stark mit den Weltmärkten verflochtenen Volkswirtschaft können neue Arbeitsplätze nur durch arbeitsplatzschaffende Investitionen entstehen. Im Bereich der Großbetriebe sind allerdings die zusätzlichen Beschäftigungsmöglichkeiten angesichts der Globalisierung des weltweiten Wettbewerbs und des damit verbundenen Rationalisierungsdrucks begrenzt. Deshalb muß das Augenmerk verstärkt auf zusätzliche Beschäftigungsfelder im Bereich der kleinen und mittleren Betriebe gelegt werden – sei es in der mittelständischen Industrie und im Handwerk oder in Handel und Dienstleistungsgewerbe.

Das Zusammenwachsen nationaler Güter- und Finanzmärkte zu echten Weltmärkten hat einen Wettbewerb um Investitionskapital auf der einen und um rentable Produktionsstandorte auf der anderen Seite ausgelöst. Arbeitsplätze entstehen nur noch da, wo durch das Investitionskapital einigermaßen angemessene Renditen erwirtschaftet werden. Da internationale Investoren seit Jahren einen großen Bogen um Deutschland machen und die ausländischen Direktinvestitionen bei uns auf Null tendieren, wäre es eine Utopie, sich von diesem Prozeß abkoppeln zu wollen. Die Bonner Regierungskoalition hat sich deshalb im wesentlichen auch der angebotsorientierten Strategie verschrieben. In der jetzigen Phase der Globalisierung gibt es hierzu keine erfolgversprechende Alternative. Ihr Ziel ist es, die Rahmenbedingungen für private Investitionen nachhaltig zu verbessern, den Weg für neue Techniken und neue Technologien zu öffnen, die Leistungs- und Innovationsbereitschaft durch eine Senkung der Steuer- und Abgabenbelastung zu erhöhen, die staatliche Neuverschuldung zurückzuführen und durch eine monetäre Stabilitätspolitik die innere und äußere Geldwertstabilität zu gewährleisten. Letztlich geht es in dieser Strategie darum, das Wachstum zu stimulieren und auf diese Weise zusätzliche dauerhafte und wettbewerbsfähige Arbeitsplätze zu schaffen.

Den Standort Deutschland stärken

Deutschlands Volkswirtschaft verfügt über eine ganze Reihe vorzüglicher Rahmenbedingungen. Das gilt für die Qualität und den Fleiß unserer Arbeitskräfte, für die soziale und politische Stabilität, für die Infrastruktur und für die Spitzenstellung in Wissenschaft und Forschung. Deutschlands Volkswirtschaft weist aber auch unverkennbar nicht zu leugnende Standortschwächen auf. Wir sind das Land, das weltweit mit die höchsten Löhne, die höchsten Lohnnebenkosten, den längsten Jahresurlaub und die kürzesten Wochenarbeitszeiten aufweist. Hinzu kommen eine vergleichsweise hohe Steuerbelastung vor allem der Unternehmenserträge, Verkrustungen auf dem Arbeitsmarkt, eine Reglementierung und Verbürokratisierung der Produktionsbedingungen sowie teilweise überholte Ausbildungspraktiken. Nicht zu vergessen sind auch Defizite im mentalen Bereich, angefangen von einem kaum noch zu überbietenden Zukunftspessimismus der Gesamtgesellschaft über die Risikoscheu bis hin zum Kampf einzelner Gruppen gegen neue Technologien und infrastrukturelle Großvorhaben. Die Beseitigung der Standortschwächen setzt Reformen in nahezu allen politischen Bereichen voraus. Mit dem 50-Punkte-„Programm für mehr Wachstum und Beschäftigung" hat die Bonner Politik diese Reformen in Angriff genommen und – soweit einzelne Vorhaben nicht am ideologischen Widerstand der Bundesratsmehrheit gescheitert sind – auch in die Praxis umgesetzt. Ich nenne hier nur:

- Abschaffung der Vermögen- und Gewerbekapitalsteuer,
- mittelstandsratliche Ausgestaltung der Erbschaftsteuer,
- Erleichterung des Zugangs zu Risikokapital,
- Senkung der Lohnfortzahlung,
- Anhebung der Schwelle für die Anwendung des Kündigungsschutzgesetzes,
- Verbesserung der Existenzgründungsförderung und der alten Kapitalhilfeprogramme,
- Erstreckung der Existenzgründungsförderung auf Unternehmensnachfolger,
- Meister-BAföG.

Das Gegenstück zur Förderung von privaten Unternehmensgründungen bildet die stückweise Rückführung der Staatsquote auf ein gesamtwirtschaftlich vernünftiges Niveau. Die Rückführung von über 50 % auf jetzt etwa 48 % ist ein Erfolg. Mit den erheblichen Sparmaßnahmen der öffentlichen Haushalte der letzten Jahre werden wir es schaffen, diesen Wert wieder auf etwa 46 % zu drücken.

Zur Rückführung der Staatsquote gehört auch das Konzept des schlanken Staates, in dessen Mittelpunkt eine Reform des Behördenapparates des Bundes und der Länder sowie eine Reduzierung der Beschäftigtenzahl im öffentlichen Dienst stehen. Zu diesem Bereich gehören auch die erfolgreichen Bemühungen zur Privatisierung öffentlicher Unternehmen, wobei ich besonders auf die Beschlüsse in Zusammenhang mit der Telekom, der Deutschen Post AG, der Postbank und der Lufthansa hinweisen möchte.

Die Liberalisierung des Telekommunikationsmarktes führt schon jetzt zu einem weit überdurchschnittlichen Wachstum in dieser Zukunftsbranche. Nicht nur für die großen Netzbetreiber, sondern auch für innovative Mittelständler und Existenzgründer bietet der Telekommunikationssektor hervorragende Chancen für neue Betätigungsfelder. Hieran zeigt sich beispielhaft, daß bisher vom Staat wahrgenommene Aufgaben von privaten Dienstleistern besser, effizienter und kundenfreundlicher erbracht werden können. Postagenturen sind beispielsweise insbesondere für kleine Familienbetriebe eine zusätzliche Chance.

Nur wenn wir im Bereich der Spitzentechnologien eine führende Stellung einnehmen, können wir hochwertige Arbeitsplätze garantieren. Deshalb stehen wir hinter Bio- und Gentechnologie, hinter dem Transrapid und auch hinter einer modernen Wehrtechnik, Stichwort Eurofighter. Und deshalb haben wir auch die Beschlüsse zur schrittweisen Rückführung der Zuschüsse für übersubventionierte Bereiche wie die Steinkohle gefaßt.

Die deutsche Wirtschaft hat alle Chancen, sich im Wettbewerb zu behaupten. Voraussetzung ist eine konsequente Zukunftsorientierung. Unsere Wirtschaft braucht neue Betriebe, neue Produkte und neue Märkte. Hierbei setze ich insbesondere auf den Mittelstand.

Eine moderne Volkswirtschaft braucht ein modernes Wirtschaftsrecht. Deshalb sind in den letzten Jahren die grundlegenden Gesetze unserer Wirtschaftsordnung entscheidend reformiert worden. Die neue Handwerksordnung macht die Abgrenzungen zwischen den einzelnen Handwerken durchlässiger und ermöglicht es damit den Betrieben, „Leistungen aus einer Hand" zu erbringen.

Auch das Grundgesetz der Wirtschaft, das Kartellgesetz, haben wir reformiert und dabei die Interessen des Mittelstandes in den Mittelpunkt gerückt. Der Nachfragemacht der großen Handelskonzerne werden klare Grenzen gesetzt. Dumpingpreisstrategien sind künftig verboten.

Seit Frühjahr 1998 beschleunigen sich die konjunkturellen Auftriebskräfte. Dies ist neben den Auswirkungen der Reformpolitik vor allem auch auf die moderaten Tarifabschlüsse der letzten Zeit zurückzuführen. Wenn wir in den kommenden Jahren spürbare Erfolge beim Abbau der Massenarbeitslosigkeit erzielen wollen, dann müssen wir den Weg der zurückhaltenden Lohnpolitik weiterverfolgen.

Wir brauchen mehr Flexibilität und Differenzierung zur Sicherung der internationalen Wettbewerbsfähigkeit. Mit Arbeitszeitkonten, flexiblen Überstundenregelungen und befristeten Arbeitsverträgen lassen sich schwankende Auftragseingänge ohne Beschäftigungseinbußen abwickeln. Mit einer stärkeren Differenzierung der Löhne in sektoraler und regionaler Hinsicht lassen sich auch Arbeitsplätze mit vergleichsweise niedriger Wertschöpfung sichern. Insgesamt muß es darum gehen, die starren Flächentarifverträge künftig pragmatischer zu gestalten. Gefragt sind heute mehr denn je Öffnungsklauseln, die betriebsindividuelle Lösungen entsprechend den Kosten- und Ertragsstrukturen des einzelnen Unternehmens ermöglichen.

Den technischen Fortschritt sichern

Qualitativ hochwertige und international wettbewerbsfähige Arbeitsplätze finden sich in erster Linie in jenen Wirtschaftssektoren, die mit an der Spitze des technischen Fortschritts marschieren. Dies setzt bei allen Mitarbeitern eine positive Einstellung zum technischen Fortschritt voraus. Und in dieser Hinsicht ist es auch unverständlich, wenn politische und soziale Bewegungen gegen jede technologische Neuerung von der Kernfusion bis hin zu gentechnischen Freilandversuchen zu Felde ziehen. Ebenso wie den technischen Fortschritt müssen wir die wirtschaftliche Globalisierung als Chance begreifen. Die neuen Informationstechniken, die Liberalisierung der Finanzmärkte und die Öffnung ehemals geschlossener politischer Grenzen haben dazu geführt, daß sich aus Exportunternehmen echte Weltmarktunternehmen entwickeln. Globalisierung führt keineswegs zwangsläufig zu Arbeitslosigkeit oder gar zu Wohlstandseinbußen. Gerade wir Deutschen haben jahrzehntelang von der internationalen Arbeitsteilung profitiert. Wir müssen diesen Prozeß weniger als Gefahr, sondern vielmehr als Chance betrachten. Abschottung und Protektionismus wären die falsche Lösung. Der Prozeß der Globalisierung schreitet voran, ob wir wollen oder nicht.

Der Niedergang aller sozialistischen Wirtschaftssysteme hat gezeigt: Ökonomische Abschottung führt am Ende immer zu Wettbewerbsunfähigkeit und einer relativen Verschlechterung von Wohlstand und sozialer Sicherheit. Aus diesem Grund plädiere ich dafür, den durch die Globalisierung ausgelösten Strukturwandel offensiv anzugehen. Unsere Unternehmen haben die diesbezüglichen Herausforderungen aufgegriffen. Es geht darum, Deutschlands Volkswirtschaft durch eine aktive Standortpolitik fit zu machen für den Übergang ins nächste Jahrtausend. Einen wichtigen Beitrag zum Erfolg dieser Bestrebung bildet auch das Projekt Europa. Ein großer

Wirtschaftsraum mit einer einheitlichen Währung wird es auf Dauer den europäischen mittelständischen Unternehmen erheblich leichter machen, ihre Wettbewerbsfähigkeit auf den Weltmärkten zu sichern. Globalisierung erfordert vom einzelnen die Bereitschaft zum Wandel. Sie erfordert von jedem einzelnen, sich offensiv dem wirtschaftlichen und ökonomischen Wandel zu stellen. Und sie erfordert andererseits auch die Rückbesinnung auf bewährte Tugenden wie Innovationsfreude, Pioniergeist, Fleiß und Gründlichkeit. Die Basis unseres Wirtschafts- und Gesellschaftsmodells bildet die Entscheidung für die Freiheit.

Leistung stärken

Entscheidendes Antriebsorgan einer freiheitlichen Ordnung bildet das Leistungsprinzip. Bei allen gegenwärtigen Bestrebungen zum Umbau und zur Modernisierung des Sozialstaats geht es letztlich darum, die Beziehung zwischen Solidarität und Subsidiarität neu anzufassen. Die entscheidende Aufgabe, vor der wir am Ende des 20. Jahrhunderts stehen, besteht darin, das teilweise aus den Fugen geratene Verhältnis zwischen Selbstverantwortung und sozialer Absicherung wieder in ein gesellschaftspolitisch tragbares und ökonomisch finanzierbares Verhältnis zu bringen. Wenn die wirtschaftliche Leistungsfähigkeit eines marktwirtschaftlichen Systems unter der Last eines auswuchernden Sozialsystems zu ersticken droht, dann kann dies nicht auf ein vermeintliches Versagen des marktwirtschaftlichen Systems zurückgeführt werden. Im Gegenteil: Wenn Leistungswille und Leistungsfähigkeit unter einer anhaltend steigenden Belastung mit Steuer- und Sozialabgaben beeinträchtigt werden, dann liegt letztlich eine Überforderung des marktwirtschaftlichen Systems vor. Deshalb führt kein Weg an der Einsicht vorbei: Wenn wir unser Niveau an Wohlstand und sozialer Sicherheit aufrechterhalten wollen, dann müssen wir das System der sozialen Absicherung wieder mit dem gesamtwirtschaftlichen Leistungsvermögen des Marktes in Einklang bringen.

Die soziale Marktwirtschaft war das Modell für den Wiederaufbau, sie ist das Modell für die Bewältigung der Herausforderungen als Folge der weltweiten Globalisierung. Soziale Marktwirtschaft ist auf den Mittelstand entscheidend angewiesen. Nur der Mittelstand sichert die notwendige Anpassungsflexibilität in Deutschland. Die mittelständischen Unternehmen sind besser als alle anderen in der Lage, wirtschaftliche Dynamik unter Beweis zu stellen. Im Mittelstand bewähren sich Selbständigkeit und Eigenverantwortlichkeit als Kernelemente der sozialen Marktwirtschaft am besten bei der Herausforderung der weltweiten Globalisierung an der Schwelle zum dritten Jahrtausend. So wichtig die Veränderung von Gesetzen, Tarifen, Steuern, Arbeitszeiten usw. ist, dies wird nur dann zu besseren Zukunftsperspektiven auf Dauer führen, wenn wir in der Breite unserer Gesellschaft zu einer wirklichen Veränderung der Mentalität kommen. Wir brauchen mehr Mut zu Neuem, eine neue Kultur der Selbständigkeit, einen Weg von der Besitzstandswahrung und Staatsgläubigkeit hin zu mehr Eigenverantwortung und Leistungsbereitschaft jedes einzelnen, Absage an Risikofeindlichkeit und puren Wunsch nach permanenter Betreuung. Mehr Eigenverantwortung, Risikofreude und Mut zur Zukunft sind gefragt. Dies wird nur gelingen, wenn alles getan wird, was für die Entfesselung dynamischer Kräfte in mittelständischen Betrieben erforderlich ist.

Unsere Reformen wirken und greifen. Deutschland hat allen Anlaß, mit Selbstvertrauen die Herausforderungen an der Schwelle des 21. Jahrhunderts zu bewältigen. Zu Jammern und Pessimismus besteht kein Anlaß. Deutschland zählt zu den zehn reichsten Ländern der Welt. Deutschland erzeugt mit 1,3 % der Weltbevölkerung 10 % des Welthandels. Die Wende auf dem Arbeitsmarkt ist erreicht. Die Preis- und Kostenentwicklung ist weiterhin von hoher Stabilität geprägt. Die Zinsen bleiben auf relativ niedrigem Niveau. Deutschland hat mit Bravour die Maastricht-Kriterien zur Teilnahme am Euro erreicht. Die Zahl der Selbständigen in Deutschland steigt wieder an.

Deutschland in der Mitte des Jahres 1998 hat allen Anlaß, mit Zuversicht und Optimismus in die Zukunft zu schauen. Der Mittelstand wird sich auch in Zukunft als Arbeitsplatzmotor für Deutschland beweisen.

CORNELIA YZER

Innovation und Forschung – von Biotechnologie bis Telekommunikation

Neue Technologien bieten die Chance zur besseren Gestaltung unserer Zukunft. Das betrifft den einzelnen ebenso wie die Volkswirtschaft.

Dennoch ist die Einführung neuer Technologien kein Selbstläufer. Faktisch behält sich der Staat bis heute durch die ihm zur Verfügung stehenden Instrumente der Regulierung und Reglementierung eine Technologieauswahl vor. Deutschland hat sich hier in besonderer Weise hervorgetan. Wirtschaftsfreiheit ist nicht automatisch vorhanden; teilweise muß sie erst hergestellt werden. Offenkundiges Beispiel sind die Informations- und Kommunikationstechnologien. Obwohl Multimedia seit mehreren Jahren ein boomender Markt ist und Deutschland über das dichteste und leistungsfähigste Kabelkommunikationsnetz der Welt verfügt, das interaktiv nutzbar gemacht werden kann, ist die Liberalisierung des Kommunikationssektors in Deutschland nicht einmal ein Jahr alt. Nicht älter ist das Multimediagesetz, das die Gewerbefreiheit für Diensteanbieter gebracht hat. Vorausgegangen war eine monatelange Debatte darüber, ob Deutschland den Herausforderungen der grenzenlosen globalen Informationsgesellschaft nicht durch regionale Zulassung und Kontrolle der Anbieter durch Landesmedienanstalten adäquat begegnen könne. Mit der die Diskussion begleitenden Frage, ob der Provider für den Inhalt des Internetangebots haften soll, beispielsweise für die Gewährleistung des Jugendschutzes, beschäftigen sich bis heute die Gerichte. Derweil surften Deutschlands Jugendliche am heimischen PC oder im Internetcafé durch das dank amerikanischer Anbieter vielfältige Angebot, und Deutschlands Eltern zahlten die Gebühren.

Neue Technologien im Zeitalter der Globalisierung

Die Veränderung ist dem Neuen immanent und löst daher häufig Verunsicherung aus. Angst ist aber bekanntlich ein schlechter Ratgeber. Zwar mag sie im Einzelfall zur Vorsicht mahnen. Wegen ihrer paralysierenden Wirkung kann sie aber auch das Leben kosten. Dies gilt für Industrienationen, in denen die Risikodebatte die Oberhand gewinnt. Deutschland als ein in der Pflege von Krisenszenarien geübtes Land hat Erfahrungen sammeln können, wie kurz bei technologischen Entwicklungen der Weg vom Teilnehmer der ersten Stunde zum technologischen Underdog ist. Kurzes Abwarten genügt völlig, denn in einer Zeit sich verkürzender Innovationszyklen sind schnelle strategische Entscheidungen gefragt. Der Schnelle schlägt den Langsamen. Auch jene, die in Erinnerung an den Aufstieg der asiatischen Länder in der Triade die Hoffnung hegten, der Start aus der Rolle des Underdogs falle manchmal leichter, sollten inzwischen eines Besseren belehrt sein. Vom Platz des Nachahmers auf den des Innovators gelangt man nur durch technologische Quantensprünge. Erfreulicherweise gibt es inzwischen auch in Deutschland wieder Technologiefelder, in denen dies nicht zuletzt aufgrund einer leistungsfähigen Grundlagenforschung möglich ist. Die Biotechnologie gehört dazu.

Grundsätzlich hat sich Deutschland jedoch zu lange auf seine traditionellen Stärken verlassen und allein auf höherwertige Investitionsgüter und Technologien gesetzt. Innovationen spielten eine Nebenrolle. Eine Strategie, das eine zu tun, ohne das andere zu lassen, hat es nur in wenigen Bereichen gegeben. So brachte die deutsche Industrie im Wege des weltweiten Nachfragebooms bei mikroelektronischen Bauelementen ihre gewachsene Kompetenz in der Meß-, Steuer- und Regelungstechnik ein. Genutzt wurde auch die Kompetenz im Maschinen- und Anlagenbau, um bei Umwelttechnologien an die Weltspitze zu rücken. Allerdings bestand für Umwelttechnologien auch ein breiter gesellschaftlicher Konsens, da sie Dematerialisierung in der von den Industrienationen gewünschten Prägung bieten: Erhalt oder sogar Steigerung der Lebensqualität bei geringerer spezifischer Umweltbelastung.

Andere technologische Entwicklungen hatten diese Grundakzeptanz nicht. Sie wurden in einer Frühphase oftmals als Exotenthemen abgetan. 1977 erklärte Ken Olson, der damalige Präsident des Computerherstellers DEC, „es gibt keinen Grund für irgend jemanden, zu Hause einen Computer zu haben“. Diese Aussage hätte in Deutschland wahrscheinlich noch vor zehn Jahren eine breite Mehrheit gefunden. Dies hat sich inzwischen geändert. Des Deutschen liebste Technologie, das Auto, wird inzwischen zumindest der Zahl nach vom Computer geschlagen. Doch beklagt bis heute mehr als ein Drittel der Bevölkerung die steigende Informationsflut und die Komplexität der Wissensgesellschaft, statt sich die Verfügbarkeit des Wissens kreativ zunutze zu machen.

Die Politik zieht vielfach das vielstrapazierte Standortargument als Begründung für die Billigung neuer Technologien heran. Entsprechend sind die Kriterien staatlicher Technologiebefürwortung oder -ablehnung. Wirtschaftspolitisch erwünscht sind Hochtechnologien, die Investitionen in Forschung, Entwicklung und Produktion im Inland freisetzen und zugleich ein hohes Beschäftigungspotential bieten. Ein beachtlicher Anspruch im Zeitalter weltweiter Arbeitsteilung, in dem ein Werkstück zur Bearbeitung rund um die Welt gehen kann. Der Transport erfolgt oft über die Datenautobahn. Globalisierung steht für das Zusammenwachsen von Produktmärkten, für immer stärkere internationale Produktions- und Handelsverflechtungen in Form von Direktinvestitionen, für strategische Allianzen und für Global Sourcing.

Für internationale Standortentscheidungen spielen ohne Frage die Faktoren Kosten, Regulierungsdichte, Dauer von Genehmigungsverfahren sowie das Steuersystem eine zentrale Rolle. Deutschland hat hier im internationalen Vergleich Defizite, zum Teil aber auch aufgeholt. Allerdings sind nur etwa 15 % der deutschen Auslandsinvestitionen in den vergangenen Jahren nach Mittel- und Osteuropa oder auch Südostasien, also in Regionen mit dramatischen Kostenunterschieden, geflossen. 65 % gingen nach Westeuropa und 20 % in die USA. Der Schluß liegt nahe, daß Kostenunterschiede nicht der einzige Grund für die Internationalisierung der deutschen Wirtschaft sind. Marktstrategische Überlegungen sowie Kompetenzsicherung und Präsenz in neu entstehenden und stark wachsenden Märkten sind letztlich ausschlaggebend.

Eine Reihe von Produkten wird inzwischen von internationalen Expertenteams an verschiedenen Orten entwickelt; ihr einzig relevanter Markt ist der Weltmarkt. So kostet die Erforschung und Entwicklung eines Medikaments bis zur Marktreife heute im Durchschnitt mehr als eine halbe Milliarde Mark. Diese Kosten können nur am Weltmarkt erwirtschaftet werden. Entsprechend werden die Aktivitäten der Unternehmen internationalisiert. Auch deutsche Pharmaunternehmen haben in den vergangenen Jahren erhebliche Auslandsinvestitionen vorgenommen. Die Beschäftigtenzahl in der forschenden pharmazeutischen Industrie im Inland hat sich zwischenzeitlich zwar stabilisiert; sie wies in den vergangenen beiden Jahren sogar eine steigende Tendenz auf. Insgesamt ist der Arbeitsmarktbeitrag forschender Arzneimittelhersteller in Deutschland mit 74.500 Mitarbeitern (Zahl 1997) jedoch vergleichsweise gering. Rund zwei Drittel der in Deutschland tätigen forschenden Arzneimittelhersteller sind ausländische Unternehmen. Diese haben häufig keine eigenen F&E-Kapazitäten in Deutschland, die sich in Beschäftigtenzahlen der Unternehmen niederschlagen. Sie haben aber bedeutende Forschungsaktivitäten auf dem Feld der klinischen Forschung. Mehr als 2 Mrd. DM fließen alljährlich aus der forschenden pharmazeutischen Industrie in dieses Feld. Gerade die Universitätskliniken werden dadurch in erheblichem Maße in ihrer Arbeit unterstützt, durchaus mit Beschäftigungseffekten. Insgesamt investierte die Branche 1997 1,588 Mrd. DM in Deutschland. Die Forschungsaufwendungen beliefen sich im gleichen Jahr auf 5,3 Mrd. DM, was 14,5 Mio. DM täglich bedeutet. Ebenfalls 1997 erzielten die forschenden Arzneimittelhersteller mit 21,25 Mrd. DM einen Exportrekord, ein Anstieg von 25 % gegenüber 1996. Fast jedes zweite in Deutschland produzierte Medikament wurde exportiert. Mit einem Exportüberschuß von 8,1 Mrd. DM wurde 1997 wiederum ein bedeutender Beitrag für die deutsche Außenhandelsbilanz erbracht.

Das Beispiel dieser Branche belegt, daß die althergebrachten Kriterien zur Beurteilung des volkswirtschaftlichen Beitrages einer Branche im Zeitalter der Globalisierung vielfach nicht mehr greifen.

Als ebenso fragwürdig erweist sich mancher staatliche Technologieförderansatz. Es besteht die Tendenz, weltweit bestimmte Technologiefelder als zukunftsträchtig zu identifizieren, auf die sodann die Industrienationen ihre Förderaktivitäten in der Regel unabgestimmt fokussieren. Beispielgebend sind die Megaprojekte in den Vereinigten Staaten, die einst mit der Mission „Send the man to the moon“ begannen und heute die Humangenomforschung erreicht haben. Die übrigen Industrienationen folgen im Geleitzug. So wurde 1996 in Deutschland ein Humangenomforschungsprojekt gestartet. Ziel aller staatlichen Programme ist die Entschlüsselung des menschlichen Genoms bis zum Jahr 2005. Kürzlich hat der US-Forscher Craig Venter angekündigt, mit einem neugegründeten Unternehmen bis zum Jahr 2000 dieses Ziel allein zu erreichen. Ob es dem Unternehmen gelingt, diese ehrgeizige Zeitplanung einzuhalten und damit die weltweit in öffentlichen Einrichtungen agierenden Forschergruppen zu überflügeln, bleibt abzuwarten. Unabhängig davon, stellt sich aber die Frage, ob bei solchen Projekten, deren Ergebnisse weltweit verfügbar gemacht werden müssen und auch nur von Global Players umgesetzt werden können, zur Effizienzsteigerung nicht verstärkt Kooperation angesagt wäre.

Neue Technologien als Problemlöser

Für den einzelnen dürfte das Standortargument bei der Einführung neuer Technologien eine geringere Bedeutung haben, als von der Politik häufig vermutet wird. Zwar spielt angesichts der dramatischen Höhe der Arbeitslosenzahlen die Frage eine Rolle, welche Beschäftigungspotentiale ausgeschöpft bzw. neu geschaffen werden können. Die alte Gleichung „Wenn es der Wirtschaft gutgeht, geht es auch mir gut“ geht aber aus Sicht der Mehrheit der Bevölkerung für den einzelnen längst nicht mehr auf. Die Anerkennung einer neuen Technologie erfolgt auch nicht um ihrer selbst willen. Der einzelne macht seine Beurteilung pro oder kontra neue Technologien vielmehr konkret von seinem persönlichen Nutzen abhängig. Nicht die Technologie, sondern das technologische Produkt als Problemlöser ist gefragt. Dies ist nicht Ausdruck von Technikfeindlichkeit, sondern Ergebnis einer freiheitlichen Wirtschaftsordnung, in der der Konsument angesichts von Produktvielfalt die Wahl hat und sich in aller Regel sehr rational die Marktmechanismen zunutze macht.

Bester Beleg für diesen Entscheidungsmechanismus ist die nach Jahren der kritischen Gentechnikdebatte hohe Akzeptanz für molekulare Medizin in Deutschland. Mehr als 70 % der Bevölkerung erwarten von der Gentechnik entscheidende Fortschritte bei der Bekämpfung von Krankheiten. Eine deutliche Mehrheit der Bevölkerung würde daher auch rekombinante Arzneimittel einnehmen.

Tatsache ist, daß die Gentechnik bereits heute Forschungsprozesse beschleunigt. High Potential Screening ist mittlerweile Bestandteil jeder Arzneimittelforschung: Früher testete ein Chemiker eine Substanz pro Woche. Heute schafft ein Computer mehrere zehntausend Substanzen pro Jahr. Viel Entwicklungsarbeit erledigen Moleküldesigner heute am Computer. Eine neue Disziplin, die Bioinformatik, tut sich auf, denn Biotechnologie und Informationstechnologien vollziehen hier den Schulterschluß. Effiziente Simulationsalgorithmen, statistische Verfahren zur Datenanalyse und Visualisierungsmethoden schaffen die Voraussetzungen für modernes Drug Design. In der Diagnostik ermöglicht die Gentechnologie eine frühere Krankheitserkennung. Gentechnologie ermöglicht ferner die Konstruktion paßgenauer Wirkstoffe in großen Mengen mit großer Reinheit und kleinem Nebenwirkungsspektrum; sie macht körpereigene Wirkstoffe als Arzneimittel verfügbar und ermöglicht so die kausale Therapie von Krankheiten, die bislang unheilbar waren. Angesichts der Tatsache, daß von den 30.000 bekannten Krankheiten heute nur rund 10.000 adäquat therapierbar sind, besteht hier ein weitreichendes Handlungsfeld für Innovationen als Problemlöser.

Der Patient nimmt dieses Angebot an: Bereits heute liegt der Anteil gentechnisch hergestellter Arzneimittel am Weltmarkt bei mehr als 5 %. Allein in Deutschland wuchs der Markt für Biopharmaka von 1,1 Mrd. DM in 1993 auf rund 2,1 Mrd. DM in 1997. Mehr als 40 gentechnisch hergestellte Arzneimittel sind auf dem Markt – mehr als in jedem anderen Land der Welt. Gentechnisch hergestellte Wachstumshormone, Humaninsulin, Faktor-VIII-Präparate gegen die Bluterkrankheit, Erythropoetin zur Blutbildung bei Dialysepatienten, Interferone zur Linderung der multiplen Sklerose oder tPA, das mit großem Erfolg bei der Bekämpfung des akuten Herzinfarkts eingesetzt wird: all diese Medikamente sind heute aus einer erfolgreichen Arzneimitteltherapie nicht mehr wegzudenken. Allerdings werden nur sechs gentechnisch hergestellte Medikamente in Deutschland produziert. Nur eines ist auch in Deutschland erforscht und entwickelt worden. Zwei Drittel der Bevölkerung wünschen jedoch, daß Deutschland bei der Biotechnologie als Schlüsseltechnologie eine Spitzenstellung einnimmt. Dabei dürfte die Überlegung eine Rolle spielen, daß eine Arzneimittelinnovation zunächst dort verfügbar ist, wo sie erforscht und entwickelt wurde. Die Spitzenposition ist erreichbar, sofern verläßliche staatliche Rahmenbedingungen sie befördern. Dabei geht es nicht um staatliche Fördermittel. Die pharmazeutische Industrie erbringt Innovationen ohne Subventionen. Aber mit Blick auf Reglementierungen gilt: Weniger kann mehr sein – kurzum: Freiraum ist gefragt, sowohl in der Forschung als auch am Markt.

Neue Technologien induzieren statt subventionieren

Das Bundesministerium für Bildung, Wissenschaft, Forschung und Technologie (BMBF) hat zur Förderung der Biotechnologie neue Instrumente eingesetzt, die auch für andere neue Technologien zukunftsweisend sein können. Fast einem Tabubruch gleichkommend, hat das BMBF Abschied genommen von der gleichmäßigen regionalen Förderung – als „Gießkannenprinzip" von den Schwächeren geachtet, von den Leistungsträgern verachtet. Statt dessen wurde durch BioRegio ein Wettbewerb initiiert, durch den sich Kompetenzzentren herausbilden und der private Eigeninitiative einschließlich Kapital freigesetzt hat, das die staatlichen Fördermittel um ein Vielfaches übersteigt. Kooperationen wurden befördert und Investitionen ermöglicht, weil das Klima in den Regionen stimmt. Beispiele sind die Gründung des Gemeinschaftsunternehmens BASF-Lynx Bioscience in Heidelberg, das Genomforschungszentrum von HMR in Martinsried oder die Konzentration der europäischen Forschungskapazitäten von American Home ebenfalls in München.

In Gang gebracht wurde auch eine Gründungswelle. In Deutschland stieg die Zahl der Biotech-Unternehmen seit 1995 von 75 auf über 400 im Jahr 1997. Die Gründungswelle läuft aber auch in anderen Technologiebereichen; insbesondere bei den Informations- und Kommunikationstechnologien entstanden rund 1.000 Multimedia-Firmen in den letzten Jahren.

Befördert wird diese Entwicklung durch eine deutliche Verbesserung der Situation am Kapitalmarkt. Noch vor wenigen Jahren wurde der Mangel an Wagniskapital in Deutschland beklagt und der Venture-Capital-Markt nach angelsächsischem Vorbild als erstrebenswert, aber leider unerreichbar angesehen. Hier hat es einen Umbruch gegeben. Erfreulich ist, daß Quiagen als erstes deutsches Biotech-Unternehmen an der NASDAQ notiert. Wichtig ist aber für deutsche Unternehmensgründer zunächst, daß vor Ort Kapital zur Verfügung steht. Hier ist der Kapitalmarkt in Gang gekommen. Dies belegt auch die Entwicklung der High-Tech-Werte am neuen Markt, der allerdings als neues Segment am Aktienmarkt den traditionsreichen Bankhäusern nicht einmal der Analyse wert erschien. Hier vollzieht sich eine Abkehr von der für Deutschland und sein Universalbankensystem typischen Fremdkapitalfinanzierung. Ein Trend, den es politisch zu befördern gilt. Die in Deutschland auch in den nächsten Jahren auf der Agenda stehende Reform der Alterssicherungssysteme könnte hierzu einen Beitrag leisten.

Steuerliche Rahmenbedingungen sind so zu gestalten, daß anders als in der Vergangenheit Mittel der Vermögensbildung und der privaten Eigenvorsorge nicht im wesentlichen „verbaut“ werden, sondern in Richtung Innovationen fließen. Dazu bedarf es keiner neuen Fördermodelle. Steuervergünstigungen verzerren den Markt und haben in der Vergangenheit häufig Fehlallokationen provoziert. Vielmehr würde die Bereinigung des deutschen Steuerrechts von Abschreibungstatbeständen die verfügbaren Mittel in die Bereiche fließen lassen, die unter Marktbedingungen hohe Renditen erwarten lassen.

Neue Technologien als Herausforderung an Arbeitsmarkt und Solidarsysteme

Der Strukturwandel durch neue Technologien macht vor dem Arbeitsmarkt und den sozialen Sicherungssystemen nicht halt. Dabei ist zunächst dem Irrtum entgegenzutreten, durch den Einsatz neuer Technologien gehe in den Industrienationen die Arbeit aus. Diese seit Beginn der Rationalisierungsdebatte vertretene These, die in die Forderung nach Einführung einer Maschinensteuer mündete, hat erstaunlicherweise eine große Anhängerschar. Auch zahlreiche deutsche Sozialpolitiker halten Arbeit offenbar für eine festgelegte Größe, die es angesichts des technologischen Wandels neu zu verteilen gilt.

In Wirklichkeit ist Arbeit jedoch ein unbegrenztes Gut, das es zu akquirieren gilt. Im internationalen Wettbewerb Arbeitsplätze zu akquirieren kann durchaus bedeuten, daß mehr Leistung für weniger Geld zu erbringen ist, als dies bislang nach den im internationalen Vergleich hohen deutschen Standards üblich war. Dennoch besteht an dieser Arbeitsgewinnung ein volkswirtschaftliches Interesse. Soziale Transferzahlungen sollten deshalb weniger darauf gerichtet sein, Arbeitslosigkeit zu unterhalten. Sie sollten vielmehr darauf abzielen, Arbeit bezahlbar zu machen, für die es in Deutschland keine Anbieter gibt. So ist in Deutschland der Dienstleistungssektor nach wie vor unterentwickelt. Der Dienstleistungsboom in den Vereinigten Staaten, bei dem rund 80 % aller neuen Arbeitsplätze als qualifizierte Arbeitsplätze im Dienstleistungsbereich entstanden sind, findet in Deutschland kaum Nachahmer. Bestimmte Dienstleistungen, für die Nachfrage besteht, sind in Deutschland schlichtweg nicht verfügbar.

Neue Technologien schaffen neue Arbeitsplätze mit neuem, in der Regel höherem Anforderungsprofil hinsichtlich fachlicher Qualifikation, Leistungsbereitschaft und Flexibilität.

Nach dem Weißbuch der Europäischen Kommission hatte die Biotechnologie bereits 1994 direkte Auswirkungen auf 9 % der Bruttowertschöpfung und auf 8 % der Beschäftigung in Europa. Bis zum Jahr 2005 werden in Europa etwa 3 Mio. Arbeitsplätze von der Biotechnologie beeinflußt sein. Für den Bereich der Informations- und Kommunikationstechnologien wird ebenfalls ein hohes Beschäftigungspotential prognostiziert. Dabei haben diese neuen Technologien große Ausstrahlungskraft auf den Dienstleistungssektor. Das Unternehmen debis ist ein Beispiel dafür, wie Informationstechnologien hohe Beschäftigungspotentiale für Dienstleistung begründen. Dort stiegen die Beschäftigtenzahlen von 1995 bis 1997 von 10.200 auf 14.900. Auch die pharmazeutische Industrie in Deutschland könnte über ihre Produzentenrolle hinaus in Zukunft vermehrt die Rolle des Dienstleisters im Gesundheitswesen einnehmen, indem sie ihr Know-how über die Optimierung von Behandlungsabläufen in neue Versorgungsformen einbringt.

Durch neue Technologien entstehen Arbeitsplätze mit komplexem Anforderungsprofil, die trotz der schwierigen Arbeitsmarktlage in Deutschland nur schwer zu besetzen sind. Diese Arbeitsplätze sind auch nicht teilbar. Sie erfordern vielmehr einen Arbeitseinsatz, der kontinuierlich die 40-Stunden-Woche weit übersteigt und die deutsche Arbeitszeitordnung ad absurdum führt. 20 % der Beschäftigten in der forschenden pharmazeutischen Industrie sind im Bereich Forschung und Entwicklung tätig. Viele Start-ups im High-Tech-Feld bieten maßgeschneiderte Kundenlösungen. Dies erfordert Mitarbeiter mit Kreativität und Innovationskraft. Zur Kreativität passen keine starren tarifvertraglich vereinbarten Arbeitszeiten, nicht einmal starre betriebliche Kernarbeitszeiten sind geeignet. Kreativität ist nicht auf Kommando abrufbar; Kreativitätsphasen sollten aber auch nicht durch Arbeitszeitregelungen begrenzt werden. Die Stechuhr ist möglicherweise ein geeignetes Kontrollinstrument an den immer weniger werdenden Orten, an denen große Mitarbeiterzahlen zur Ableistung monotoner Arbeitsabläufe Tag für Tag zusammenströmen und wo für Individualität kein Raum ist. Dort jedoch, wo Eigeninitiative und -verantwortung gefragt sind, wird die Zeiterfassung funktionslos, da sie zwischen produktiven und unproduktiven Arbeitszeiten nicht unterscheiden kann. Gefragt ist hier der Mensch.

Modelle zur Flexibilisierung der Arbeitszeit sollten daher weniger vor dem Hintergrund der Neuverteilung von Arbeit als mit dem Ziel der Effizienzsteigerung und Arbeitsakquisition diskutiert werden.

Befremdend ist auch, daß in Deutschland eine Gründungswelle propagiert wird, gleichzeitig aber weite Teile der Politik der sogenannten „Scheinselbständigkeit" den Kampf ansagen. Gerade die neuen Technologien bringen neue Kooperationsformen zwischen Groß- und Kleinunternehmen hervor. Manche Existenzgründung ist im Wege der Ausgründung sukzessive im Einvernehmen mit Arbeitnehmer und Arbeitgeber erfolgt. Viele beklagen, daß erfolgreiche Existenzgründungen der 50er Jahre heute nicht mehr möglich wären, weil hohe deutsche Standards einer „Garagenfirma" entgegenstünden. Das ist leider wahr. Ebenso wahr ist aber auch, daß dank der Informationstechnologien mancher unkonventionelle Start wieder möglich ist. Häufig genügen der heimische Netzzugang und der Laptop für unterwegs. Virtuelle Unternehmen sind keine Vision, sondern Realität. Denjenigen, die Nischen suchen, dürfen keine Steine in den Weg gelegt werden, weil ihre Tätigkeit nicht in das Raster überkommener Arbeitsstrukturen paßt.

Widerstand resultiert häufig daraus, daß solche neuen Arbeitsformen sich als Sprengstoff für die sozialen Sicherungssysteme erweisen könnten, die gerade auf der Einnahmenseite unter Druck stehen. Doch sollten zukunftsweisende Arbeitsmarktentwicklungen nicht an den Solidarsystemen scheitern. Rentensystem und Gesundheitssystem sind bereits allein aufgrund der demographischen Entwicklung grundlegend zur reformieren. Im Gesundheitssektor führt darüber hinaus der technologische Fortschritt in der Medizin dazu, daß allein durch systemimmanente Effizienzsteigerungen das System nicht mehr zu halten sein wird. Die Leistungen der gesetzlichen Krankenversicherung sind nach dem Grundsatz „Subsidiarität soweit wie möglich, Solidarität soweit wie nötig" neu abzugrenzen. Erforderlich ist die Konzentration auf einen innovationsoffenen Katalog von Solidarleistungen. Alle weiteren Leistungen sind Individualleistungen, die der einzelne bei Bedarf gesondert versichern kann.

Die Politik sollte beim Umbau der sozialen Sicherungssysteme nicht weniger couragiert sein, als sie es von der von ihr oft als risikoscheu beschriebenen Gesellschaft erwartet. Den von Bundespräsident Roman Herzog in seiner vielzitierten Berliner Rede am 26. April 1997 im Hotel Adlon beschriebenen „Dreiklang in Moll" haben wir alle im Ohr. Ihn zu pflegen besteht jedoch in der Tat kein Anlaß. Viele sind in Deutschland längst wieder aus dem Jammertal zu neuen Ufern aufgebrochen. Sie gilt es zu unterstützen.

III.
Politik
für die Menschen

CHRISTOPH BÖHR

Markt und Moral

Über den Zusammenhang gesellschaftlicher Institutionen und ethischer Verbindlichkeiten

Für die Väter der sozialen Marktwirtschaft in Deutschland war – wie schon für Adam Smith und seine Nachfolger – selbstverständlich, daß Markt und Moral eng miteinander verbunden sind. Männer wie Walter Eucken oder Wilhelm Röpke wurden nicht müde, darauf hinzuweisen, daß eine Marktordnung nicht aus sich heraus Bestand hat, sondern jenseits von Angebot und Nachfrage ihre Begründung findet.

Heute hat die Zuordnung der beiden Begriffe Markt und Moral an Selbstverständlichkeit verloren. In weiten Teilen folgt die öffentliche Meinung einem Verständnis, wonach die Konzeption der Marktwirtschaft einem Denken entspringt, das einer völligen Ökonomisierung aller Lebensbereiche das Wort redet. Viele Ethiker sehen denn auch ihre vornehmste Aufgabe darin, die Moral, die sie vor allem mit den Errungenschaften der Vergangenheit in Verbindung bringen, gegen die zerstörerischen Kräfte des wissenschaftlich-technischen Fortschritts und eines globalen Wettbewerbs zu verteidigen. Dabei kommt die Marktwirtschaft sehr schnell jenseits der heraufgezogenen Zugbrücke zu stehen.

Eine Sichtweise, nach der Markt und Moral mehr oder weniger unversöhnlich gegeneinanderstehen, ist aber auch vielen liberalen Ökonomen nicht fremd. Sie meinen nicht selten, auf so manche Einsicht der abendländischen Ethiktradition besser gleich ganz verzichten zu können. Die neue Welt des 21. Jahrhunderts bedarf ihrer Meinung nach einer Debatte über ethische Fragen nicht. Dabei wird dann allerdings leichtfertig gerade das ökonomische Potential ethischer Leitvorstellungen verschenkt.

Soziale Marktwirtschaft in Deutschland

Angesichts solcher – aus unterschiedlichem Blickwinkel – auf eigenartige Weise übereinstimmender Beurteilungen des Verhältnisses von

Ethik und Wirtschaft, von Markt und Moral, läßt eine Äußerung des seinerzeitigen Ratsvorsitzenden der EKD, Klaus Engelhardt, aufhorchen, als dieser die Arbeit an dem Gemeinsamen Wort der Kirchen aus seiner Sicht resümierte: Die Marktwirtschaft, so Engelhardt damals, sei moralisch wesentlich voraussetzungsreicher, als dies gemeinhin angenommen werde.

Wenn also Markt und Moral keine Gegensätze sind, wie kann dann ihre Beziehung zueinander beschrieben werden? Sind Markt und Marktwirtschaft also doch moralische Institutionen moderner Gesellschaften? Markt und Moral folglich einander ergänzende Begriffe gesellschaftlicher Entwicklung?[1] Oder stehen beide in einem unüberbrückbaren Gegensatz zueinander?

Ein Blick über die Grenzen Deutschlands bestätigt gleichermaßen die Plausibilität wie die Brisanz einer solchen Fragestellung. In Osteuropa erleben wir gegenwärtig, daß eine bloße Liberalisierung der Wirtschaft ins Chaos führen kann, wenn die notwendigen moralisch-gesellschaftlichen Voraussetzungen nicht gegeben sind. Statt funktionierender Märkte bilden sich dann mafiose Strukturen. Auch die Krise in den Tigerstaaten Südostasiens läßt sich letztlich als eine moralische Krise deuten: Wo Korruption und schamlose Günstlingswirtschaft die moralischen Voraussetzungen einer Marktordnung bedrohen, wo gesamtwirtschaftliche Verantwortung den Interessen kleiner Eliten geopfert wird, weil es keine Machtkontrolle durch einen rechtsstaatlich geregelten politischen oder wirtschaftlichen Wettbewerb gibt, da steht der Koloß eines boomenden Wirtschaftswachstums auf tönernen Füßen, da können die Früchte jahrelanger Arbeit buchstäblich über Nacht vernichtet werden.

Auch in den entwickelten Industriegesellschaften des Westens zeigt sich die Konvergenz von Markt und Moral gerade dort, wo krisenhafte Entwicklungen einsetzen, weil das ehedem Selbstverständliche längst nicht mehr als verbindlich gilt. Wenn wir heute in unserer Gesellschaft in vielen Bereichen ein Maß an persönlicher Freiheit und an Wohlstand verwirklicht haben, wie es das nie zuvor in der Geschichte gegeben hat, dann hängt das untrennbar damit zusammen, daß wir uns alle mehr als jemals zuvor in der Zivilisationsgeschichte freiwillig an moralische Mindeststandards halten, deren Befolgung letztlich keine Polizei und keine Behörde erzwingen kann.[2] Eltern erziehen ihre Kinder zu Ehrlichkeit und Gewaltverzicht, Bürger zahlen ihre Steuern und schonen ihre Umwelt, Kaufleute halten sich an Qualitätsstandards, Arbeitgeber an ihre Verpflichtungen, und schließlich verzichten wir alle auf das Recht des Stärkeren, also darauf, einen entgegenkommenden Spaziergänger nachts auf der Straße zu überfallen und ihm seine Brieftasche abzunehmen.

Der Verzicht auf das Recht des Stärkeren ist eine ethische Leistung, die uns heute selbstverständlicher erscheint, als man tatsächlich annehmen muß. Wir haben in Europa Jahrhunderte gebraucht, um diesen Verzicht allgemein durchzusetzen. Eben deshalb können wir es in unserem Land – im Gegensatz zu vielen anderen Ländern und im Gegensatz zu vorausgegangenen Epochen – wagen, abends alleine und zu Fuß nach Hause zu gehen. Alles das, was uns heute so ganz selbstverständlich erscheint, ist aber zivilisationsgeschichtlich keinesfalls so selbstverständlich: Es ist das Ergebnis eines schwierigen und – bis in unsere Tage – an Rückfällen reichen Erziehungsprozesses, dem wir unsere Zivilisation und – damit untrennbar verbunden – unseren Reichtum verdanken.

Moralische Institutionen, Recht und Vertrauen

Das alles gilt im höchsten Maße auch für die Marktwirtschaft. Franz Böhm hat darauf hingewiesen, daß diese kein Naturgewächs, sondern eine Kunstpflanze, ein Produkt menschlicher Planung und Zivilisation ist. Marktwirtschaft hat mit dem Kampf aller gegen alle gerade einmal so viel zu tun, wie ein Fußballspiel mit einem Bürgerkrieg: Zwar treten hier wie dort Mannschaften gegeneinander an, aber die Unterschiede im weiteren Verlauf der Auseinandersetzung sind unübersehbar. Diese Unterschiede hängen vor allem damit zusammen, daß beide Parteien einander vertrauen. Dieses Vertrauen verbindet die Kontrahenten. Es zeigt sich im Gehorsam gegenüber gemeinsam befolgten Regeln. Solcher Gehorsam entsteht nur dort, wo man mit guten Gründen darauf vertrauen kann, daß auch die jeweils andere Seite sich an die gleichen Regeln hält. Vertrauen – darauf hat jüngst auch Francis Fukuyama hingewiesen[3] – ist eine unverzichtbare Voraussetzung der Funktionsfähigkeit einer freiheitlichen Gesellschafts- und Wirtschaftsordnung. Nur wo Vertrauen wächst, können Menschen zum gegenseitigen Vorteil zusammenarbeiten. Das gilt im Kleinen wie im Großen: So wie eine Marktwirtschaft von diesem Vertrauen lebt, können auch Völker nur dauerhaft zu einem friedlichen Miteinander kommen, wenn sie einander Vertrauen entgegenbringen, weil sie um die wechselseitige Verbindlichkeit gemeinsamer Regeln wissen.

Vertrauen ist das Ergebnis der Erfahrung, daß moralische Standards zu jener Gemeinsamkeit gehören, über die sich eine Kultur ihrer selbst bewußt wird. Eine Kultur ist gefestigt, wenn Regeln und Institutionen gefunden wurden, die das Verhalten des Gegenübers berechenbar machen. In den überschaubaren Lebensräumen traditioneller Gesellschaften hat man nur denjenigen vertraut, die man seit langem persönlich kannte, insbesondere den Menschen des erweiterten Familienkreises.

In der modernen Gesellschaft sind wir schon aufgrund der Arbeitsteilung gezwungen, ständig Menschen zu vertrauen, denen wir niemals zuvor begegnet sind, so daß wir über ihren Charakter und ihre Persönlichkeit nichts wissen können: Ärzten und Rechtsanwälten, Fondsmanagern, Politikern, Arbeitgebern und Gutachtern, Händlern, Handwerkern und Kraftfahrzeugmechanikern – samt und sonders Menschen, von denen unser persönliches Wohlergehen entscheidend abhängen kann. Wenn wir ihnen trotzdem vertrauen können, obwohl wir sie in der Regel nicht persönlich kennen, dann liegt das daran, daß wir gesellschaftliche Regeln und Institutionen entwickelt haben, die unseren eigenen Vorteil weitgehend an den unserer Partner binden. Indem wir zu diesen Menschen in ein Beziehungsverhältnis treten, tun wir das regelmäßig auf der Grundlage, daß beide einen Nutzen für sich erwarten.

Anreizkompatible Arrangements bringen moralisches Verhalten hervor und lassen dadurch wechselseitiges Vertrauen entstehen. Dabei ist es nicht die Uneigennützigkeit, die unser Vertrauen in den anderen begründet, sondern die beidseitige zielgerichtete Erwartung des eigenen Nutzens, der nur dann eintritt, wenn auch der andere einen Vorteil für sich geltend machen kann.

In diesem Sinne wirken kalkulierte Nutzenerwägungen und moralische Institutionen nicht gegeneinander, sondern sie bedingen und unterstützen einander wechselseitig. Das gilt auch umgekehrt: Wo Institutionen versagen und moralisch erwünschtes Verhalten bestrafen, da droht die Erosion gesellschaftlicher Moral. Das erleben wir aktuell beispielsweise angesichts einer nicht mehr durchschaubaren Steuergesetzgebung – oder auch angesichts der inzwischen nicht mehr zu leugnenden bedarfsweckenden Folgen gutgemeinter sozialer Transferleistungen.

Das größte Hindernis für die Entstehung vertrauensvoller Zusammenarbeit zwischen Menschen ist die Angst, Opfer von Ausbeutung und Übervorteilung zu werden. Nur dort, wo diese Gefahr durch entsprechende Institutionen gebannt ist, können Menschen ihr Mißtrauen ablegen und sich auf jene Lebensbereiche konzentrieren, in denen sie zum gegenseitigen Vorteil zusammenarbeiten. Regeln und Institutionen sind mithin eine Voraussetzung für die Entstehung und die dauerhafte Geltung von Moral. Sie unterstützen und verstetigen moralisches Verhalten, indem sie garantieren, daß beide Partner, sofern sie regelgebunden handeln, einen Nutzen aus diesem wechselseitigen Einverständnis ziehen.

Das ist der Grund, warum in der modernen Industriegesellschaft Ethik heute vor allem als Institutionenethik gegenwärtig sein muß. Was aber bedeutet dies für das Verhältnis von Markt, Ökonomie, Moral und Institutionen in einer freien Gesellschaft?

Die Überlebensfähigkeit einer Marktordnung hängt davon ab, daß sie auf einem intakten Fundament geltender und anerkannter Regeln aufbauen kann. Auch moralisches Verhalten wird nur dort möglich, wo der entsprechende institutionelle Rahmen gegeben ist: In einer korrupten Volkswirtschaft kann der einzelne Kaufmann nicht ehrlich bleiben, wenn er nicht vom Markt verdrängt werden will. Vertragstreue kann sich nur derjenige leisten, der weiß, daß der Rahmen der Gesetze auch alle anderen zwingt, diese Regel einzuhalten. Moral wie Markt fallen nicht vom Himmel, sondern müssen beide durch einen geeigneten institutionellen Rahmen ermöglicht werden. Ihre dauerhafte Geltung setzt die Gültigkeit dieses institutionellen Rahmens voraus. Ist ein solcher Rahmen gegeben, dann unterstützen sich Markt und Moral wechselseitig und wirken in die gleiche Richtung: Dann wachsen Einstellungen und Werte, die ihrerseits wieder die Funktionsfähigkeit politischer und wirtschaftlicher Institutionen begünstigen.

Vor diesem Hintergrund ist die heute geläufige Redensart zu kritisieren, daß nämlich die Marktwirtschaft letztlich ihre eigenen moralischen Grundlagen, die – diesem Diktum folgend – selbst zu reproduzieren sie nicht vermag, aufzehre. Es ist kein Zufall, daß sich dieses Argument in abgewandelter Form schon bei Rosa Luxemburg findet: Unter Marktwirtschaft wird dabei nicht jenes System verstanden, mit dem wir in Deutschland in den letzten vier Jahrzehnten zu leben gelernt haben, sondern ein institutionell weitgehend ungeregelter Kapitalismus, wie er die erste Hälfte unseres Jahrhunderts beherrscht hat. Dieser hat dem einzelnen Arbeiter in der Tat ein Leben in Würde und moralischer Selbstachtung schwergemacht. Ein Kapitalismus, der institutionellen Regeln weitgehend entsagt, bedroht den Zusammenhalt der Familien und zerstört die Räume, in denen Kinder und Jugendliche moralisches Handeln lernen und erproben können. Gerade das letztgenannte Beispiel zeigt, daß Moralität nicht nur eine individuelle, sondern auch eine soziale Dimension hat: Sind diese Mindestbedingungen nicht erfüllt, dann gilt das alte Wort von Bert Brecht: „Gern wär' der Mensch ein bess'res Wesen, doch die Verhältnisse, sie sind nicht so!"

Das Institutionengefüge der sozialen Marktwirtschaft, wie es in Deutschland nach dem Zweiten Weltkrieg aufgebaut wurde, folgt dieser Einsicht in die wechselseitige Verwiesenheit von Markt und Moral. Der Anspruch der sozialen Marktwirtschaft bezieht sich nicht nur auf die Wirtschaftsordnung, sondern zielt auf die institutionellen Grundlagen gesellschaftlichen Zusammenlebens überhaupt. Das ist der Grund, warum die Entscheidung zugunsten der sozialen Marktwirtschaft in Deutschland die wohl wichtigste – und vermutlich auch erfolgreichste – Weichenstellung in diesem Jahrhundert war. Politische und rechtsstaatliche Gesetzgebung und Rechtsprechung haben dieses Projekt begleitet. So ist ein Institutionengefüge entstanden, das im Ergebnis zu leisten vermochte, was individuelle Moral des einzelnen am wirtschaftlichen Prozeß Beteiligten niemals hätte erreichen können: Die moralische Bereicherung der Marktgesellschaft ging einher mit einer einzigartigen Mehrung der materiellen Güter.

Diese beiden miteinander verwobenen Entwicklungen waren das Ergebnis von Politik, genauer gesagt: von Ordnungspolitik, nämlich einer politischen Gestaltung sozialer, ökonomischer und moralischer

Institutionen. Die gerade auch unter moralischen Gesichtspunkten bedeutsamen Ergebnisse dieser Politik sind uns heute selbstverständlich, ja allzu selbstverständlich geworden: die Auflösung eines exklusiven Nationalismus, der die europäischen Nachbarn als Feinde oder doch als Rivalen statt als Kooperationspartner wahrnahm; ein vorherrschendes Gesellschaftsbild, das seitdem weitgehend vom Denken in Freund-Feind-Schemata – beispielsweise Arbeit versus Kapital – Abstand nahm; die Möglichkeit gelebter Solidarität im Sinne eines persönlichen Einsatzes über die kleinen Lebenskreise hinaus – für sozial-karitative, ökologische, kommunale oder verbandliche Anliegen; individuelle Entfaltungsmöglichkeiten in einem bis dahin historisch nicht gekannten Ausmaß, gute bis sehr gute Ausbildungsmöglichkeiten, eine beispiellose Chance zur Selbstverwirklichung (inzwischen auch für Frauen) und eine vergleichbar einmalige Selbstverständlichkeit, die Früchte eigener Anstrengungen auch selbst ernten zu können.

Markt und Moral: Herausforderungen der europäischen Integration

Der Prozeß der Globalisierung, der einhergeht mit einer technologischen Revolution, wird unsere Lebenswelt mindestens ebenso stark verändern, wie die industrielle Revolution des späten 19. Jahrhunderts die Welt unserer Vorväter verändert hat. Der Umbruch, den wir gegenwärtig nicht nur in Europa erleben, stellt die bis dahin geltenden Voraussetzungen einer überkommenen sozialen Praxis in Frage. Die moderne Welt bietet immer weniger Gelegenheit, sich auf einmal erworbenen Privilegien und Besitzständen auszuruhen, selbst wenn diese im Einzelfall unserem Gerechtigkeitsempfinden zu entsprechen scheinen.

Ohne institutionelle Reformen werden wir den neuen Herausforderungen wie den neuen Handlungsmöglichkeiten nicht gewachsen sein. Es muß zu einer Neuverteilung der Aufgaben zwischen kommunaler, regionaler, nationaler und internationaler Ebene kommen, wobei vor allem der Region und der übernationalen Ebene eine zusätzliche Bedeutung zuwachsen wird. Ein Europa der Regionen darf sich nicht am Egoismus bestehender Machtverhältnisse orientieren.

Vielmehr muß neu geklärt werden, auf welcher Ebene ein bestimmtes Problem ordnungspolitisch am ehesten anzusiedeln und am besten zu lösen ist.

Dabei müssen wir uns am Ende des 20. Jahrhunderts insbesondere von der Vorstellung verabschieden, mit Hilfe eines umtriebigen Nationalstaats ökonomische Ungleichgewichte wie die wachsende Arbeitslosigkeit bekämpfen zu können. Staatliche Beschäftigungsprogramme können diese Aufgabe heute weniger denn je erfüllen. Und die europäische Idee wird beschädigt, wenn wir Europa als einen übermächtigen Interventionsstaat mißbrauchen. Die Folge wäre lediglich, daß eine ohnehin schon verbreitete Versorgungs- und Anspruchsmentalität weiter anwächst, obwohl diese schon jetzt sowohl der notwendigen Erweiterung als auch dem Ausbau der Europäischen Union im Wege zu stehen droht.

Ein Beispiel für eine gelungene, den Problemen angemessene ordnungspolitische Antwort auf europäischer Ebene ist die Währungsunion. Sie garantiert einen stabilen und verläßlichen Rahmen wirtschaftlicher Aktivitäten. Ein weiteres Beispiel ist die europäische Wettbewerbspolitik, auch wenn diese naturgemäß in Deutschland nicht von allen geschätzt wird. Marktbeherrschende Zusammenballungen wirtschaftlicher Macht müssen auf nationaler und europäischer Ebene ebenso wirksam verhindert werden wie die dauerhafte Subventionierung einzelner Unternehmungen und Branchen durch eine entsprechende nationale Industriepolitik.

In den genannten Fällen ist es der Politik gelungen, bedeutsame marktwirtschaftliche Institutionen, die sich in der Geschichte der Bundesrepublik bewährt haben, auf der europäischen Ebene zu verankern und damit auch für die Zukunft fruchtbar zu machen. Daß es dabei in einer Reihe von Einzelfragen vielfach noch zu unterschiedlichen Einschätzungen kommt – etwa im Blick auf die genaue Bestimmung der Stabilität der europäischen Währung oder die Grenzen der zulässigen Marktmacht eines Anbieters auf nationaler wie auch europäischer Ebene –, ist angesichts des Neulandes, das die europäische Politik betritt, nicht verwunderlich. Doch mindern die bis heute offengebliebenen Fragen keineswegs die wirtschaftliche und ethische Bedeutung der neu entstehenden Institutionen. Indem diese die Transparenz konkurrierender Kosten- und Angebotsstrukturen erhöhen und wettbewerbsverzerrende Einflüsse beseitigen, schaffen sie unverzichtbare Voraussetzungen für die ökonomische Integration der nationalen Volkswirtschaften. An die Stelle privilegierter Beziehungen des Subventionsempfängers zum Subventionsgeber tritt dann ganz zu Recht die wirtschaftliche Leistung im Dienst an dem Kunden.

Europa hat sich auf den Weg gemacht, die neuen Herausforderungen institutionell zu gestalten. Was in dieser Hinsicht in europäischen Nationen wie Italien, Portugal und neuerdings auch Griechenland geschehen ist und geschieht, wird man angesichts der Nachkriegstraditionen gerade dieser Länder nur als atemberaubend bezeichnen können. Folgen hat dieser Prozeß nicht nur für die ökonomische, sondern auch für die ethische Diskussion: An die Stelle eines Denkens in nationalen Gegensätzen und Rivalitäten tritt allmählich das Bewußtsein, daß rationale wirtschaftspolitische Entscheidungen nicht nur für die Bürger der einzelnen Länder, sondern auch für die europäischen Partner Vorteile bringen. Das Verhältnis der europäischen Völker zueinander wird immer deutlicher nicht als Nullsummen-, sondern als Gewinnspiel wahrgenommen. Wo europäische Politik stabile institutionelle Rahmenbedingungen garantiert, da prämiert sie zugleich Eigeninitiative und Verantwortlichkeit, statt weiter die Abhängigkeit von industrie- und beschäftigungspolitischen Wohltaten zu pflegen. Die Geschichte der Bundesrepublik beweist, daß auf diesem Wege nicht nur die größten ökonomischen Vorteile erzielt werden, sondern auch Solidarität und Verantwortung am wirksamsten zur Geltung gebracht werden.

Integration Osteuropas

Moral und Marktwirtschaft berühren sich auch dort, wo es um die Einbeziehung der mittel- und osteuropäischen Staaten in den Prozeß der europäischen Integration geht. Wir Deutschen haben ein besonderes Interesse daran, nicht an der konfliktträchtigen Nahtstelle zwischen einem reichen Westeuropa und einem armen Osteuropa leben zu müssen. Ansonsten drohen Migrationsströme und Wanderungsbewegungen, soziale Krisen, eine überbordende grenzüberschreitende Kriminalität und zunehmende politische Instabilität in unserer unmittelbaren Nachbarschaft. Der deutschen Wirtschaft erwachsen aus den neu auflebenden traditionellen Verbindungen zu den mittel- und osteuropäischen Märkten ungeahnte Chancen. Die deutsche Hauptstadt liegt 80 km von der polnischen Westgrenze entfernt. Deutschland profitiert von den neu entstehenden Märkten im Osten mehr als jedes andere europäische Land.

Die Sicherung des Wohlstands im Westen und die Entwicklung der Wirtschaft im Osten bedingen sich wechselseitig. Die Menschen im Osten, die wie wir in Europa leben und uns durch vielfältige gemeinsame Traditionen verbunden sind, wollen jetzt am Wohlstand teilhaben und die desolate wirtschaftliche Lage, die ihnen vier Jahrzehnte totalitärer Sozialismus hinterlassen haben, überwinden. Die Ausbreitung der Mafia, eine zunehmende Kriminalität, bittere Not, Menschenhandel und ein inzwischen nach Westeuropa übergreifendes Bandenunwesen zeigen, daß ein Leben in Selbstbestimmung und Menschenwürde nicht von der Sicherung der notwendigen wirtschaftlichen Grundlagen zu trennen ist: Wir sitzen in Europa mehr denn je alle in einem Boot.

Auch diese neue Herausforderung muß politisch-institutionell gestaltet werden. Nach dem Ende des kalten Krieges sind heute gelegentlich Stimmen zu hören, die am liebsten eine neue Mauer mitten durch Europa bauen würden, um westliche Produzenten und Arbeitnehmer gegen ihre geringer verdienende Konkurrenz aus Osteuropa zu schützen. Wer zu dieser Meinung neigt, muß wissen, daß er damit ein wirtschaftliches Ungleichgewicht in Europa dauerhaft in Kauf nimmt. Das Problem sinkender Löhne und hoher Arbeitslosigkeit gerade im niedrigqualifizierten Sektor unserer Volkswirtschaft kann nicht durch einen neuen Protektionismus angegangen werden. Vielmehr brauchen wir dringend die seit langer Zeit umkämpften innenpolitischen Reformen – wie etwa die Steuerreform, den Umbau unserer sozialstaatlichen Sicherungssysteme und weiter voranschreitende Flexibilisierung der Arbeitsmarktpolitik –, um die Probleme im Inneren zu lösen und zugleich die Voraussetzungen für eine auf Ausgleich bedachte Außenpolitik zu schaffen. Wenn heute noch vielen der Wohlstand in Europa als ein Nullsummenspiel erscheint, bei dem die einen nur gewinnen können, wenn im Gegenzug die anderen verlieren, dann zeigt dies, vor welchen großen Aufgaben die Politik steht. Eine gerechte Verteilung der durch die Transformationsprozesse anfallenden Lasten ist auch deshalb notwendig, um nicht Fremdenfeindlichkeit und Nationalismus den Weg zu ebnen. In diesem Sinne erscheint Solidarität als eine gesellschaftliche Investition in eine friedliche, auf Ausgleich bedachte Zukunft. Es geht also um mehr als lediglich um einen Export der sozialen Marktwirtschaft in andere Länder. Es geht darum, die Prinzipien der sozialen Marktwirtschaft zur Grundlage eines gesamteuropäischen Integrationsprozesses zu machen. Das ist die neue Aufgabe, die nur in einem Ordnungsrahmen, der Markt und Moral miteinander verbindet, zu lösen ist.

Subsidiäre Gesellschaftspolitik

Die Fortschreibung marktwirtschaftlicher Orientierung, wie sie heute in der Zeit eines tiefgreifenden Umbruchs erforderlich ist, verlangt nach einer neuen Zuordnung von Kompetenzen im Blick auf die nationalstaatliche Ebene einerseits und die regionale Ebene andererseits. Die Europäische Union hat das Subsidiaritätsprinzip für die Gestaltung staatlicher Ordnung festgeschrieben. Damit ist der richtige Weg gewiesen. Die Reformprozesse, die in den letzten Jahren in den Unternehmen abgelaufen sind, haben die Vorteile dezentraler und teilautonomer Entscheidungsprozesse deutlich gemacht: Vor Ort liegen häufig für eine Entscheidung bedeutsame Informationen vor, über die eine ortsferne Zentrale so nicht verfügt. Vor Ort können zudem flexible Anpassungen an unvorhersehbar eintretende Umstände schnell und angepaßt erfolgen; vor Ort lassen sich schließlich Trittbrettfahrerstrategien einzelner wirksamer erkennen und verhindern, als dies aus der Ferne möglich ist.

Für die Bewältigung der Aufgabe, staatliche und gesellschaftliche Ordnungen neu zu gestalten, ist das Subsidiaritätsprinzip von herausragender Bedeutung. In diesem Prinzip liegt jenes Potential der Erneuerung, die angesichts der Herausforderungen durch den europäischen Umbruch dringlicher denn je geworden ist. Nicht nur unter organisatorischen, sondern auch unter ethischen Gesichtspunkten erweisen sich die Dezentralisierung und die Regionalisierung von Entscheidungskompetenzen als vorteilhaft. Nur so können zivilgesellschaftliche Potentiale der Selbsthilfe auf regionaler und kommunaler Ebene mobilisiert werden. Denn nur wo sich Menschen mit einem Gemeinwesen identifizieren, werden sie auch einen Beitrag für dieses Gemeinwesen leisten wollen. Dies geschieht auf lokaler Ebene sehr viel eher als auf überregionaler oder gar übernationaler Ebene.[4] Wo sich hingegen die Bürger daran gewöhnt haben, Problemlösungen an eine übergeordnete Instanz zu delegieren und dabei selbst nur mehr als Anspruchsteller und Steuerzahler aufzutreten, da werden innovative Lösungen für die gesellschaftlichen Probleme des 21. Jahrhunderts blockiert. Ein fruchtbarer Wettbewerb unterschiedlich leistungsfähiger regionaler Lösungsansätze findet nicht statt. Bürger werden sich als Objekte und Adressaten, nicht aber als Subjekte demokratischer Politik wahrnehmen.

Die Stärkung lokaler Einheiten ist keineswegs ein Widerspruch zu einer zunehmenden internationalen Verflechtung, wie wir sie gegenwärtig erleben. Im Gegenteil: Viele Folgeprobleme der wirtschaftlichen Globalisierung können nur dezentral, durch flexible und angepaßte Lösungen vor Ort bewältigt werden. Faktoren wie der wachsende Zwang zur Mobilität, die Alterung der Gesellschaft oder die Schwächung der Familien werfen insbesondere für bestimmte Gruppen ernsthafte Desintegrationsprobleme auf: Alte Menschen ohne ortsansässige Angehörige, Alleinerziehende, aber auch Jugendliche und Heranwachsende haben immer größere Schwierigkeiten, ihren Platz in der Gesellschaft zu finden. Die gegenwärtig wachsenden Probleme der Jugendkriminalität sollten auch unter diesem Gesichtspunkt – und nicht nur im Zusammenhang mit der Arbeitslosigkeit – diskutiert werden. Hier weisen moralische Fragen und eine zukunftsorientierte Weiterentwicklung der Marktwirtschaft in ein und dieselbe Richtung. Denn wie Kinder und Jugendliche in unserer Gesellschaft aufwachsen, über welche Wege sie integriert werden und welche Erfahrungen sie mit dieser Gesellschaft machen, ist für die wirtschaftliche Leistungsfähigkeit unseres Gemeinwesens zukünftig von großer Bedeutung. Das Humankapital der Zukunft – für unser Land der entscheidende Faktor auf den globalen Wettbewerbsmärkten – hängt davon ab, ob es gelingt, eine Antwort auf diese Frage zu finden. Auch hier berühren sich langfristige ökonomische Entwicklungen und ethische Grundlagen auf das engste.

Wichtige Weichenstellungen dafür erfolgen auf kommunaler Ebene. Hier müßte durch die Gestaltung der institutionellen Rahmenbedingungen eine Dynamik in Gang gesetzt werden, damit soziale Netzwerke entstehen, die das vorhandene Potential von Solidarität jenseits von Markt und Staat fruchtbar werden lassen. Wo traditionelle Gemeinschaften wie die (erweiterte) Familie geschwächt sind, da stellt sich die Frage, welche Elemente an ihre Stelle treten können. Erfahrungen in den Vereinigten Staaten etwa im Bereich der Schulpolitik zeigen, daß hier erwünschte Entwicklungen – wie die Stärkung schulischer Elternarbeit – häufig nicht von selbst einsetzen, sondern gezielt angestoßen und begleitet werden müssen. Das Engagement von Eltern, die Qualität des Zusammenlebens von jungen und alten Menschen, Ausländern und Deutschen, der Partizipationsgrad der Bürger in kommunalpolitischen Initiativen und Entscheidungen: alles das ist über entsprechende politische Institutionen durchaus zu beeinflussen. Wo es an Anreizen fehlt, da können diese politisch geschaffen werden, indem man etwa einsatzbereiten Bürgern wirkliche Mitentscheidungsrechte überträgt.

Die Mobilitätsbereitschaft der Menschen, die in einer wettbewerbsfähigen Volkswirtschaft unverzichtbar ist, wird sich nur dann erhöhen, wenn die Menschen darauf vertrauen können, mit dem Verlust ihres sozialen Umfeldes nicht ins Bodenlose zu fallen. Auch hier müssen Werte wie Einsatzbereitschaft und Mobilität, die für die weitere wirtschaftliche Entwicklung bedeutsam sind, institutionell gestützt und ermöglicht werden, um sich entfalten zu können. Die neuere sozialwissenschaftliche Diskussion über die Bedeutung des „sozialen Kapitals" hat das Bewußtsein für den untrennbaren Zusammenhang wirtschaftlicher und gesellschaftlicher Entwicklungen geweckt: Beides ist füreinander Voraussetzung und kann nur in enger Wechselwirkung betrachtet werden. Vergleichende Untersuchungen zeigen, daß jene Regionen, die über eine gutentwickelte Zivilgesellschaft mit funktionsfähigen gesellschaftlichen Akteuren – von Parteien, Kirchen und Verbänden bis hin zu Umweltgruppen und sozialen Aktivitäten – verfügen, meist auch wirtschaftlich am besten entwickelt sind. Die Herausforderung lautet also: soziale Institutionen politisch so zu gestalten, daß erwünschte Folgen durch Anreize stabilisiert und unerwünschte Entwicklungen kompensiert werden können. Es muß sichergestellt sein, daß jene Bürger, die sich im Sinne des Gemeinwesens aktiv und anteilnehmend verhalten, langfristig auch Vorteile davon haben. Die Aufgabe lautet also, mehr als bisher Anreize für ethisch erwünschtes Verhalten zu schaffen.

Die Konzeption der Verantwortungsgesellschaft

Im Westen – und stärker noch im Osten – sind in den Nachkriegsjahrzehnten Gesellschaftsordnungen entstanden, die das Risiko und die Anstrengung eigener Verantwortung dem einzelnen immer mehr abgenommen haben. Die zwingende und unausweichliche Folge des dadurch von Jahr zu Jahr steigenden Finanzierungsbedarfs war, daß Steuern und Abgaben kontinuierlich wuchsen. Heute dient die Höhe der Steuern und Abgaben selbst als Begründung für eine umfangreiche Inanspruchnahme öffentlicher Leistungen: Wer knapp die Hälfte seines Einkommens an den Staat (und die verschiedenen Sicherungssysteme) abgibt, empfindet ganz zu Recht einen Anspruch auf angemessene Gegenleistung. Verdruß macht sich dann sehr schnell breit: Der Versicherte rechnet nach, welche Leistungen der Krankenkasse seinen jährlichen Beitragszahlungen gegenüberstehen; der Steuerbürger hat kein Verständnis dafür, daß, nachdem sein Auto aufgebrochen wurde, die Polizei noch nicht einmal die Spurensicherung schickt; wenn eine geringfügige bauliche Veränderung ein aufwendiges Genehmigungsverfahren – mit saftigen Gebührensätzen – in Gang setzt und die organisierte Kriminalität zunimmt, während der Autofahrer auf einer schnurgeraden Straße mit 70 km/h in die Radarfalle fährt und kräftig zur Kasse gebeten wird. Oder ein anderes Beispiel: Gelegentlich ist es sehr heilsam, einem selbständigen Handwerksmeister zuzuhören, wenn dieser seine Bemühungen erzählt, angesichts einer hohen örtlichen Arbeitslosigkeit gelernte oder ungelernte Kräfte für seinen Betrieb zu gewinnen, und dabei erfolglos bleibt.

Solche Erfahrungen zersetzen auf Dauer eine freiheitliche Ordnung, weil sie den Zusammenhang von Eigenverantwortung und Gemeinwohlorientierung zerstören. An eben diesem Punkt setzt das Prinzip der Subsidiarität ein, indem es persönliche Verantwortung in das unmittelbare Eigeninteresse des Menschen rückt. Genau hier muß ein Programm des Umbaus freiheitlicher Gesellschaften anknüpfen. Um es in einem Satz zu sagen: Nur wenn dem einzelnen vom

Staat mehr belassen wird, also Steuern und Abgaben sinken, wird der Appell fruchten, sich der eigenen Verantwortung stärker bewußt zu werden. Und umgekehrt gilt: Nur wenn wegen sinkender Einnahmen des Staates und der Sicherungssysteme Leistungen eingefroren oder gar abgebaut werden müssen, wird ein Anreiz entstehen, sich mehr um die eigenen Belange zu kümmern. Und schließlich: Nur wenn die Verführung nicht mehr besteht, scheinbar bedürftig zu werden, um staatliche Hilfe zu erhalten, wird es auf Dauer möglich sein, den tatsächlich Bedürftigen die Unterstützung zu geben, die diese allemal erhalten müssen.

Der Umbau zur Verantwortungsgesellschaft[5] stellt sich demnach als eine gesamteuropäische Aufgabe. Er ist keineswegs nur ein Auftrag an die Mittel- und Osteuropäer nach dem Zusammenbruch des Kommunismus. Bei Licht betrachtet stehen auch die westeuropäischen Gesellschaften – und die alte Bundesrepublik zumal – vor dieser Herausforderung. Der Gedanke der Verantwortungsgesellschaft zielt in diesem Zusammenhang auf eine Ordnung, die jeden einzelnen, sofern er sich verantwortlich im Sinne des Gemeinwohls verhält, dafür nicht bestraft, sondern im Gegenteil das Interesse des einzelnen mit der Unterstützung des Gemeinwohls verbindet. Von dieser Maxime hat sich auch die Gesellschaft der alten Bundesrepublik ziemlich weit entfernt. So muß zum Beispiel ein Facharbeiter heute rund fünf Zeitstunden arbeiten, um sich mit seinem ihm entsprechend verbleibenden Nettoverdienst eine einzige Bruttozeitstunde zurückkaufen zu können. Das Ergebnis kann wenig überraschen: Die Flucht in die Schwarzarbeit erscheint vielen angesichts solcher Umstände nicht mehr als unmoralisch. Die wettbewerbsfähige Sicherung von Arbeitsplätzen wird zudem auf diesem Wege auch nicht gerade verbessert. Die Folgen sind leicht vorhersehbar: Während die Arbeitslosigkeit steigt, sinken die Einnahmen des Staates und der Solidargemeinschaften, gleichzeitig wachsen die Ausgaben entsprechend der größer werdenden Zahl der Hilfsempfänger – und entweder eine steigende Verschuldung oder eine erneute Erhöhung von Steuern und Abgaben ist die Folge.

Dieser unversehens einsetzende Teufelskreis kann nur durchbrochen werden, indem zunächst die Steuer- und Abgabenlast des einzelnen gesenkt wird. Gleichzeitig muß der Staat – angesichts der Höhe seiner heutigen Gesamtverschuldung – seine Aufgaben kritisch überprüfen und zurückführen. Gleiches gilt für alle Systeme der kollektiven Sicherung. Statt aber beherzt diese Aufgabe anzugehen, leidet der Staat bis heute an dem Vertrauen in die vermeintliche Unerschöpflichkeit seiner Ressourcen.

Deshalb gehört zu den wenigen zentralen Fragen unserer Zeit die Aufgabe, den Wirkungskreis des Staates und die von ihm ausgehende Regelungsdichte in unserer Gesellschaft neu zu vermessen. Welche Aufgaben der Staat selbst zu erfüllen hat, ist eine von Generation zu Generation neu zu beantwortende Frage. Je länger wir uns um eine Antwort herumdrücken, um so mehr wachsen uns die Probleme über den Kopf. Dabei wissen alle: Letzte Sicherungsgarantien kann der Staat so wenig geben, wie Vollkaskosysteme der sozialen Sicherung auf Dauer Bestand haben können und finanzierbar bleiben.

Die hier beschriebenen großen gesellschaftspolitischen Herausforderungen stellen sich als eine allen Europäern gemeinsame Aufgabe und darüber hinaus in durchaus vergleichbarer Weise auch hinsichtlich der zukünftigen inneren Ordnung der Europäischen Union. Deutsches Interesse und deutsche Verantwortung geben der Dringlichkeit der Osterweiterung der Union ein besonderes Gewicht. Dabei kommt es entscheidend darauf an, in der politischen und gesellschaftlichen Debatte weniger – wie gemeinhin üblich – über die Unterschiede zwischen West- und Osteuropa zu spekulieren, als vielmehr die Vergleichbarkeit der Aufgaben und Probleme in den Vordergrund zu stellen. Natürlich soll gar nicht bestritten werden, daß es tiefgreifende Unterschiede in der Problembeschreibung zwischen dem westlichen und dem östlichen Teil des Kontinents gibt. Aber der Blick auf diese Unterschiedlichkeiten kann zu einem fatalen Mißverständnis führen, wenn nämlich die allen Europäern gemeinsame Chance des Umbruchs verkannt wird. Ganz Europa ist auf der Suche nach einer neuen gesellschaftspolitischen Ordnung, die eine Balance zwischen Freiheit und Betreuung, Selbstverantwortung und Gemeinwohl verspricht. Der Umbau zur Verantwortungsgesellschaft ist in Tat und Wahrheit eine gesamteuropäische Antwort auf die Herausforderungen des Umbruchs.

Politik und Gesellschaft in Deutschland haben gerade erst damit begonnen, sich mit dieser Aufgabe auseinanderzusetzen – als Folge einer friedlichen Revolution und als Konsequenz von Veränderungen, die Europa nach dem Zusammenbruch der Diktaturen in die Freiheit zurückführen. Die schwierigen ökonomischen Probleme einer den ganzen Kontinent erfassenden Strukturkrise und die Notwendigkeit einer Neubegründung freiheitlicher Gesellschaftsordnungen lassen sich auf diesen gemeinsamen Bezugspunkt zurückführen, nämlich die zentrale Frage nach dem Preis der Freiheit. So sehr es zutrifft, daß nur eine freie Gesellschaft auf Dauer überlebensfähig ist, so sehr hängt gerade diese Überlebensfähigkeit von der Einsicht ab, daß es Bestandsbedingungen von Freiheit gibt, die nicht zur Disposition stehen dürfen. Zum Preis der Freiheit gehört unverrückbar auch die Anerkenntnis der Ungleichheit: Wer weniger reglementiert, wer mehr Luft zum Atmen läßt, wer mehr Spontaneität und Kreativität will, mehr Existenzgründungen, mehr Risikobereitschaft, mehr Eigenverantwortung und mehr Selbständigkeit – um nur einige Forderungen aus der aktuellen politischen Debatte zu nennen –, der muß bereit sein, den Bedrohungen einer freiheitlichen Demokratie durch eine Übertreibung ihrer eigenen Prinzipien zu begegnen. Zu diesen Bedrohungen gehört – das sei hier nur beispielhaft gesagt – die gefährliche Entwicklung vom Rechtsstaat zum Rechtsmittelstaat ebenso wie die trügerische Vorstellung vieler Politiker, die Menschen seien zu unmündig, als daß man sie sich selbst überlassen könnte. Die Konzeption einer Verantwortungsgesellschaft ruft das Individuum in seine Souveränität zurück und fordert den Bürger dazu auf, seine Interessen zu verfolgen und – im Rahmen der gesellschaftlichen Ordnung – gerade dadurch und im Zusammenwirken mit anderen seiner Verantwortung gerecht zu werden.

Die Familie im Fadenkreuz von moralischer Orientierung und marktwirtschaftlicher Ordnung

Eine Aufgabe, bei der die Bedeutung dieser Argumentation besonders einsichtig wird, ist die Erziehung von Kindern. Hier, in den Familien, werden die moralischen Grundlagen für eine freiheitliche Ordnung gelegt. Kinder, die in funktionsfähigen Gemeinschaften groß werden, lernen schon früh, ihr Interesse mit den Interessen der anderen zu vermitteln. Sie müssen in ihren Beziehungen jenes Gleichgewicht von Freiheit und Verantwortung halten, das man als

„solidarischen Individualismus" bezeichnen kann. Eine solche Einstellung ist für die Funktionsfähigkeit marktwirtschaftlicher Ordnung von einer unverzichtbaren Bedeutung. Die christliche Anthropologie erscheint dabei in verschiedener Hinsicht als besonders geeignet, jenes Lebensgefühl zu vermitteln, das einen angemessenen Umgang mit marktwirtschaftlichen Gesellschaftsstrukturen ermöglicht.[6] Eine Schwächung elterlicher Erziehung erscheint daher aus der Sicht eines engagierten Marktwirtschaftlers als besonders bedenklich und mit vielfältigen nachteiligen Folgen behaftet.

Gegenwärtig diskutieren wir viel über die Nachhaltigkeit wirtschaftlicher Entwicklung und beziehen das nahezu ausschließlich auf die ökologischen Grundlagen unserer Wirtschaftsweise. Unberücksichtigt bleibt dabei, was mindestens ebenso stark über die langfristigen Entwicklungschancen unseres Wirtschaftsmodells entscheidet: die Rolle der Familie. Sie wird von ganz unterschiedlichen Entwicklungen beeinträchtigt, die teilweise in allen modernen Gesellschaften zu beobachten sind, teilweise aber auch die besondere deutsche Situation charakterisieren. Die Folgen dieser Entwicklungen, die auf eine Schwächung der Bindekraft der Familien hinauslaufen, treffen uns eher schleichend und hintergründig, dafür aber nicht weniger radikal. Sie zeigen sich sowohl als Rückgang der Kinderzahl (und zwar im Widerspruch zum ausdrücklichen Wunsch potentieller, aber „verhinderter" Eltern) als auch der Qualität der Kindererziehung.[7] Eine nähere Betrachtung vieler Fragen, die gegenwärtig in der Öffentlichkeit diskutiert werden – wie beispielsweise die steigende Jugendkriminalität, die Zukunft der sozialen Sicherungssysteme oder die Qualität des Bildungssystems –, zeigt, daß die Erforschung der Ursachen vieler dieser Probleme immer wieder die Situation unserer Familien in den Blick geraten läßt.

Familien sind die Institutionen, in denen wie in keiner anderen vergleichbaren Institution die moralischen Grundlagen einer gesellschaftlichen Ordnung gelegt werden. Doch auch für die Familien gilt, daß sie ihre Aufgabe in der modernen Gesellschaft nicht mehr unabhängig von bestimmten Voraussetzungen erfüllen können: Funktionierende Familien werden immer mehr von einer Vor-Aufgabe zur Aufgabe zukunftsorientierter Gesellschaftspolitik. Die Debatte der letzten Jahre und nicht zuletzt das Verfassungsgerichtsurteil von 1992 haben den Blick dafür geschärft, daß die Institutionen unserer Gesellschaftsordnung Familien und Kinder in vielfältiger und häufig gut versteckter Weise diskriminieren: Zu Recht wird von einer „strukturellen Rücksichtslosigkeit" unserer Gesellschaft gegenüber dem Tatbestand, daß Menschen Verantwortung für Kinder übernommen haben, gesprochen. Dies gilt für die Struktur unserer sozialen Sicherungssysteme ebenso wie für unsere Arbeitsmarktinstitutionen, das Steuersystem, die Rentenversicherung und vieles andere. Wenn mithin heute viele junge Eltern weniger Kinder haben, als sie sich eigentlich wünschen, wenn schließlich die Entscheidung zwischen Beruf und Familie für viele zu einer zwingenden Alternative gemacht wird, dann hat dies nichts mit einem vermeintlichen individualistischen Werteverfall zu tun, sondern ist vor allem das Ergebnis der Wirksamkeit institutioneller Voraussetzungen unseres gesellschaftlichen Zusammenlebens. Der familienorientierte Umbau unserer Arbeitsmarktinstitutionen ist angesichts der wachsenden Folgeprobleme in diesem Bereich eine der großen Zukunftsaufgaben der Gesellschaftspolitik im 21. Jahrhundert.

Zur Komplementarität von Markt und Moral

Diese Überlegungen zeigen: Der gängige Gegensatz von Markt und Moral erweist sich bei näherem Hinsehen als eine Chimäre.[8] Beide Begriffe dürfen ebensowenig in einen Gegensatz gestellt werden, wie Wirtschafts- und Gesellschaftspolitik nie in einen Widerspruch geraten dürfen. Hohe moralische Standards sind nur dann zu verwirklichen, wenn die ökonomischen Grundlagen dazu gelegt sind. In diesem Sinne läßt sich das oben zitierte Diktum von Rosa Luxemburg neu formulieren: Die Ethik lebt von ökonomischen Grundlagen, die sie selbst nicht reproduzieren kann. Ethik zerstört diese Grundlagen, wenn sie die freiheitliche Ordnung des Marktes insgesamt als unmoralisch diskreditiert. Eine der wichtigsten Zukunftsaufgaben von Politik ist es, das Bewußtsein dieses wechselseitigen Bedingungsverhältnisses wachzuhalten. Soziale Marktwirtschaft wurde vordem in Deutschland nicht nur als eine ökonomische Aufgabe, sondern auch als eine moralische Herausforderung verstanden. Es spricht alles dafür, sich dieser Überzeugung neu zu vergewissern.

1 Vgl. André Habisch, Das „Gemeinsame Wort der Kirchen“ als Dokument christlicher Wirtschaftsethik, in: Sozialwort der Kirchen in der Diskussion. Argumente aus Parteien, Verbänden und Wissenschaft, hrsg. v. Bernhard Nacke, Würzburg 1997, S. 317 ff.

2 Kein Staat kann funktionieren, wenn hinter jedem Bürger ein Polizist stehen muß. Schon Thomas Hobbes hat in diesem Zusammenhang die entscheidende Frage gestellt: Wer kontrolliert unter den Bedingungen eines Polizeistaates die Kontrolleure?

3 Vgl. Francis Fukuyama, Trust: The Social Virtues and the Creation of Prosperity, New York u. a. 1996.

4 Auf diesen Sachverhalt hat schon Alexis de Tocqueville in seinem Buch über die Demokratie in Amerika hingewiesen.

5 Vgl. Christoph Böhr, Der schwierige Weg zur Freiheit. Europa an der Schwelle zu einer neuen Epoche, [1]1994, 2., verb. u. erw. Aufl., Bonn 1995; ders., Die Vision der Verantwortungsgesellschaft. Politik in der Zeit des Umbruchs, Köln 1996; zu den folgenden Ausführungen vgl. bes. S. 13 ff.

6 André Habisch, Christliche Anthropologie und Ethos der Marktwirtschaft, in: Stimmen der Zeit 212 (1994), S. 605 ff.

7 Vgl. ausführlich den 5. Familienbericht der Bundesregierung.

8 Michael Novak, Die katholische Ethik und der Geist des Kapitalismus, [1]1996, Trier 1998: „Wichtige ethische Annahmen sind der freien Wirtschaft immanent.“

REINHARD GÖHNER

Flexibilität für Wettbewerbsfähigkeit und Beschäftigung

Reformstau und Blockade lähmen das Land. So lautet eine durchaus gängige Beschreibung der politischen Situation aus Politik und Wirtschaft. Gängig, aber falsch: Reformstau und Blockade betreffen die veränderungsbedürftigen Sachbereiche, in denen eine Zustimmung von Bundestag und Bundesrat notwendig ist; die Blockade der Steuerreform durch den Bundesrat ist die gravierendste wirtschaftspolitische Fehlleistung der letzten Jahrzehnte. Zu Recht wird von der Koalition vorgetragen, daß alle nicht zustimmungsbedürftigen Reformen durchgesetzt wurden. Das gilt auch für die Reform des Arbeitsrechtes. Die Veränderungen im Kündigungsschutzrecht, bei der Befristung von Arbeitsverhältnissen, im Arbeitsförderungsrecht und die Neuregelung der Lohnfortzahlung sind Beispiele für gesetzliche Veränderungen im Rahmen der Gestaltung von Arbeitsverhältnissen. Das Recht der Arbeitsbedingungen wird aber zu einem erheblichen Teil von der Tarifpolitik bestimmt und nicht vom Gesetzgeber. Und gerade auf diesem Gebiet im Rahmen der Tarifautonomie vollziehen sich grundlegende Reformen, die noch vor wenigen Jahren niemand für möglich hielt. Es vollzieht sich eine stille Revolution in der Tarifautonomie. Während in der Gesetzgebung – wo immer möglich – die Blockade über den Bundesrat geübt wird, geben die Tarifpartner ein Beispiel für notwendige Veränderungen im Konsens.

Die stille Revolution der Tarifpolitik ist dringend notwendig. Die Tarifpolitik bis Mitte dieses Jahrzehnts war durch wesentliche Fehlentwicklungen geprägt: Es wurde mehr verteilt, als erwirtschaftet wurde, es gab mehr Lohn für weniger Arbeit, und die Tarifverträge wurden überfrachtet, geleitzugartig und vereinheitlicht. Die Gewerkschaften erpreßten diese Fehlentwicklungen gegenüber einem Arbeitgeberlager, das in der längsten Aufschwungphase der Wirtschaftsgeschichte zu schwach zur Gegenwehr war.

Diese Fehlentwicklungen werden in den letzten Jahren grundlegend korrigiert, die Tarifpolitik wird tiefgreifend modernisiert: Der Flächentarifvertrag wird abgespeckt, die Bewegungsspielräume auf

Betriebsebene werden kräftig erweitert, und die Lohnentwicklung erfolgt moderat und beschäftigungsorientiert. Die Arbeitgeber betreiben konzeptionell und programmatisch eine Erneuerung der Tarifautonomie mit einer neuen Balance zwischen Tarif- und Betriebsautonomie. „Wir brauchen eine differenzierte Tarifpolitik in Branchen und Regionen sowie Möglichkeiten, im Rahmen von Tarifverträgen und Betriebsvereinbarungen stärker den betrieblichen Besonderheiten und Bedürfnissen Rechnung tragen zu können." So heißt es im Grundsatzprogramm der CDU Deutschlands, Ziffer 94. Diese an die Tarifpartner gerichtete Forderung, beschlossen auf dem Hamburger Parteitag 1994, ist vor dem Hintergrund der starren Flächentarifverträge alter Art nur zu berechtigt.

Heute hat sich das Bild entscheidend gewandelt. In erheblichem Umfang erfolgen Deregulierung, Dezentralisierung und die Flexibilisierung der Tarifinhalte. Nach völlig überzogenen Abschlüssen der Vorjahre leistet die moderate Entwicklung von Löhnen und Gehältern in den vergangenen drei Tarifrunden den wichtigsten Beitrag zur Verbesserung unserer Wettbewerbsfähigkeit. Die Tarifautonomie erweist sich als zukunftsfähig, wenn die begonnenen strukturellen Neuausrichtungen konsequent fortgesetzt werden. Um Arbeitslosigkeit zu verringern, muß die Entwicklung der Löhne und Gehälter unterhalb des Produktivitätszuwachses liegen. In einer globalisierten Wirtschaft mit großem Wettbewerbsdruck müssen unsere Betriebe anpassungsfähig sein, schnell und praxisnah reagieren können und brauchen daher eine neue Beweglichkeit innerhalb der regionalen Branchentarifverträge. Die Tarifautonomie hat in Deutschland eine Zukunft, wenn dieser begonnene Reformkurs konsequent fortgesetzt wird.

Der Flächentarifvertrag speckt ab

Während Staat und Gesetzgeber ständig über die Deregulierung reden, tatsächlich aber immer mehr Gesetze, Verordnungen, Erlasse und Vorschriften schaffen, entrümpeln die Tarifparteien das Regelungsdickicht der Vergangenheit. Dadurch wird eine wesentliche Fehlentwicklung der Tarifpolitik des vergangenen Jahrzehnts korrigiert. In der Vergangenheit wurden Tarifverträge überfrachtet, mit zu vielen Detailregelungen ausgestattet, und damit wurde vereinzelt ein

Dickicht von Regelungen geschaffen, das nur noch Tarifexperten durchschauen konnten. Tarifverträge der Zukunft müssen so gestaltet sein, daß Arbeitnehmer und Arbeitgeber sie auch ohne große Kommentare verstehen und insbesondere eigene Gestaltungsspielräume erkennen und umsetzen können. Ein Beispiel dafür ist der neue Altersteilzeittarifvertrag für die Stahlindustrie. In ganzen zwölf Zeilen wird die gesamte Materie durch die Tarifparteien geregelt. Das Instrument für diesen schlanken Tarifvertrag ist überzeugend: Alle Einzelheiten werden den Vertragspartnern in den Betrieben überlassen. Entweder können Arbeitgeber und Betriebsrat durch Betriebsvereinbarungen Einzelheiten für einen Betrieb treffen, oder aber Arbeitgeber und ein einzelner Arbeitnehmer können auf einzelvertraglicher Grundlage aufgrund dieses Tarifvertrages die Bedingungen für die Altersteilzeit vereinbaren. Der Tarifvertrag sieht allerdings vor, daß solche Vereinbarungen der Zustimmung der Tarifpartner bedürfen. Ein ähnliches Beispiel ist die Tarifeinigung in der chemischen Industrie zur Einführung der Altersteilzeit nach den neuen gesetzlichen Möglichkeiten bis zu zehn Jahren. Sechs Zeilen braucht dazu der Tarifvertrag der chemischen Industrie. Alle Details – wie die Aufstockung des Entgelts und der Rentenversicherungsbeiträge – können nach diesem Tarifvertrag von Arbeitgebern und Betriebsräten durch freiwillige Betriebsvereinbarung oder einzelvertraglich geregelt werden, soweit das Altersteilzeitgesetz Regelungen nicht vorgibt. Hiermit wird Paßgenauigkeit für den jeweiligen Betrieb erreicht. Der Tarifvertrag gibt nicht mehr die Einheitslösung für alle vor.

Öffnungsklauseln, Optionen, Korridore statt alter Einheitslösungen

Viele Tarifverträge enthalten neue Öffnungsklauseln, Optionen oder Korridore. Damit überlassen die Tarifvertragsparteien den Betriebspartnern Wahl- und Gestaltungsmöglichkeiten. Die Gestaltungen in den Tarifverträgen sind vielfältig und höchst unterschiedlich. Zum Teil werden tarifvertragliche Öffnungsklauseln so abgeschlossen, daß Betriebsrat und Arbeitgeber durch Betriebsvereinbarung oder Arbeitgeber und Arbeitnehmer auf einzelvertraglicher Grundlage Abweichungen vom Tarifvertrag vereinbaren können. Solche Abweichungsmöglichkeiten sind zum Teil an Bandbreiten oder inhaltliche Vorgaben geknüpft, zum Teil bedürfen die abweichenden Vereinbarungen der Zustimmung der Tarifpartner, zum Teil müssen abweichende Vereinbarungen den Tarifpartnern nur mitgeteilt werden. Zunehmend werden aber auch Öffnungsklauseln, Optionen oder Korridore angeboten, auf deren Grundlage Abweichungen in den Betrieben vereinbart werden können, ohne daß dafür inhaltliche Vorgaben gemacht werden. Für die Flexibilisierung der Arbeitszeit gibt es solche Regelungsspielräume zur praxisnahen Abweichung vom Tarifvertrag in vielen Tarifbereichen seit langem. In vielen Branchen gibt es jetzt aber auch Korridorlösungen und begrenzte Öffnungsklauseln für Urlaubs- oder Weihnachtsgeld, für sonstige Lohn- und Gehaltsbestandteile und andere tarifvertragliche Kernmaterien. Aus den unzähligen Beispielen seien folgende Öffnungsklauseln und Korridorregelungen genannt:

In der chemischen Industrie ist z. B. als Ergänzung einer linearen Erhöhung der Löhne und Gehälter eine sogenannte Tarifsplittingkomponente vereinbart worden. Diese sieht eine Einmalzahlung in Höhe von 1,1 % des Jahreseinkommens vor. Diese Einmalzahlung kann bei wirtschaftlichen Schwierigkeiten im Betrieb verringert oder gestrichen werden – ohne daß die Abweichung von den Tarifvertragsparteien genehmigt werden muß. Dies ermöglicht wirtschaftlich schwächeren Unternehmen, im Tarifvertrag zu verbleiben und die Belastung angemessen zu gestalten. Darüber hinaus wird erreicht, daß lediglich die Grunderhöhung dauerhaft in das Basisentgelt einfließt. Dies ist ein innovativer Schritt.

Eine besondere Optionsklausel besteht in der chemischen Industrie, wonach der Arbeitnehmer die Möglichkeit bekommen hat, Entgeltbestandteile – u. a. die vermögenswirksamen Leistungen – in betriebliche Altersversorgung umzuwandeln. Diese Regelung ist keine Verpflichtung, sondern ein Angebot an die Betriebe, das sie annehmen können, aber nicht müssen. Gleichzeitig haben die Arbeitnehmer ein Wahlrecht, wenn der Arbeitgeber betriebliche Modelle der Altersversorgung anbietet, die Umwidmung der vermögenswirksamen Leistungen anzunehmen oder nicht. Dieser Ausbau der Tarifverträge hin zu „Cafeteria-Lösungen" ist ein bedeutender Schritt bei der Flexibilisierung der Tarifinhalte.

Entgeltkorridorregelungen bestehen z. B. in der Bauwirtschaft der neuen Länder, wo das Tarifniveau um bis zu 10 % zur Sicherung der Beschäftigung und zur Verbesserung der Wettbewerbsfähigkeit unterschritten werden kann – ebenfalls, ohne daß betriebliche Abweichungen an die Zustimmung der Tarifvertragsparteien gebunden wären. Eine ähnliche Öffnungsklausel in der chemischen Industrie läßt ebenso die Absenkung der Entgelte in den alten Bundesländern um bis zu 10 % zu. Hier ist eine Zustimmungspflicht der Tarifvertragsparteien vereinbart worden.

Bereits seit 1996 können Lohnerhöhungen in der Textil- und Bekleidungsindustrie ausgesetzt werden, wenn der Betrieb im Gegenzug auf betriebsbedingte Kündigungen verzichtet. Die Tarifvertragsparteien haben hier den Tausch Verzicht auf Lohnerhöhungen gegen Verzicht auf betriebsbedingte Kündigungen geregelt. Die Betriebsparteien können auf dieses Tauschgeschäft im Wege einer freiwilligen Betriebsvereinbarung eingehen.

Spezielle Regelungen bieten die Tarifverträge im Handel in den neuen Bundesländern: Die sogenannten Kleinbetriebsklauseln bieten Betrieben mit bis zu 20 Arbeitnehmern die Möglichkeit, vom Tarifvertragsniveau um bis zu 10 % durch Einzelarbeitsvertrag nach unten abzuweichen.

In vielen Bereichen werden auch die Lohnzusatzkosten flexibilisiert: So kann das Weihnachtsgeld in verschiedenen Branchen zur Sicherung der Beschäftigung gestundet, verringert, z. T. ausgesetzt werden; so in der chemischen Industrie und in den chemienahen Tarifbereichen der alten und neuen Bundesländer, den Zeitungsverlagen (Ost), der Druckindustrie (West).

Weit vorangeschritten ist der Prozeß der Flexibilisierung der Tarifverträge in Fragen der Arbeitszeitgestaltung. Flexible Arbeitszeitmodelle, die die Grenzen des Arbeitszeitgesetzes mit Wochenarbeitszeiten bis zu 48 bzw. 60 Stunden und Tagesarbeitszeiten bis zu zehn Stunden ausschöpfen, sind fast überall zulässig. Die Dauer der Arbeitszeit kann in den meisten Tarifbereichen mittlerweile im Jahresablauf variabel verteilt werden, ohne daß die Betriebe von den Tarifverträgen her verpflichtet sind, bei der unterschiedlichen Gestaltung der Arbeitszeiten Überstundenzuschläge zahlen zu müssen. Mittlerweile gehen viele Tarifverträge über die Jahresperiode hinaus und erlauben auch längerfristige Verteilzeiträume.

Eine weitere Dimension in der Arbeitszeitpolitik kam durch die Vereinbarung des Arbeitszeitkorridors in der chemischen Industrie zum Tragen. Dieser erlaubt, auch dauerhaft von der vereinbarten Regelarbeitszeit von 37,5 Stunden abzuweichen, nämlich um 2,5 Stunden nach oben und nach unten. Dabei kann die kürzere Arbeitszeit ohne Teillohnausgleich und die längere Arbeitszeit ohne Zuschläge dauerhaft vereinbart werden. Dieser Ansatz ist heute in mehrere – aber noch zu wenige – Tarifbereiche übertragen worden.

Darüber hinaus gibt es eine neue Flexibilisierungsstufe, nach der die innovativen Unternehmen, aber auch viele Arbeitnehmer rufen: Arbeitszeiten auf Lebensarbeitszeitbasis. Die Vereinbarung der chemischen Industrie, die eine Verteilung der Altersteilzeit auf bis zu zehn Jahre zuläßt, lädt doch gerade zu einer Ausweitung der Arbeitszeitflexibilisierungsspielräume ein. In den Lebensarbeitszeitmodellen können Arbeitszeitguthaben für vorzeitigen Ruhestand, Sabbaticals und Weiterbildungszeiten genutzt werden. Dies würde Modelle unterstützen, die ein lebenslanges Lernen im Betrieb fördern und die Zeitsouveränität des einzelnen im Lebensablauf stärken. Wo es möglich ist, kann die Lebensarbeitszeit an die „Biokurve" des Menschen angepaßt werden, also: in den jungen Jahren längere Arbeitszeiten und in den späten Jahren des Erwerbslebens kürzere Arbeitszeiten ermöglichen. Der Tarifvertrag bei debis enthält erste Ansätze solcher Überlegungen. Solche außergewöhnlichen Flexibilitäten lassen sich allerdings nicht überall verwirklichen, insbesondere nicht in kleinen und mittleren Betrieben. Die betrieblichen Belange bei solchen weitreichenden flexiblen Arbeitszeitgestaltungen erfordern zwingend, daß solche Arbeitszeitvereinbarungen aufgrund von Tarifverträgen nur auf betrieblicher Ebene möglich sind.

Moderate Lohn- und Gehaltsentwicklung auf lange Sicht erforderlich

Die Lohnabschlüsse für die Jahre 1996 bis 1998 waren in den alten Bundesländern zweifellos moderat. Die notwendige Trendumkehr von den z. T. völlig überzogenen Lohnabschlüssen der Vorjahre – insbesondere des Jahres 1995 – ist damit vollzogen worden. Vor allem konnte in den alten Bundesländern eine Veränderung in der Abschlußlage erreicht werden, nämlich zu branchenspezifischen, stärker differenzierten Abschlüssen. In der Vergangenheit haben die Tarifvereinbarungen eines Jahres sich stark an einem Pilotabschluß orientiert. Dies kann und darf nicht der Fall sein, wenn die Branchenkonjunkturen derart unterschiedlich sind. Die Politik hat diese unterschiedliche Ausgangslage aufgefangen, und sie spiegelt sich z. B. im Jahre 1998 in Abschlüssen wider, die Kostensteigerungen in einer Differenzierung von 0 bis 3 % vorsehen. Diese Branchendifferenzierung beweist, daß der Flächentarifvertrag nicht mehr der Gleichmacher ist, der er früher einmal gewesen ist.

Insgesamt sinken aber auch im Jahre 1998 – und damit dem dritten Jahr in Folge – die Lohnstückkosten. Damit können die aufgestauten Wettbewerbsnachteile unserer exportorientierten Industrie stark abgebaut werden. Das bedeutet natürlich nicht, daß wir heute ein Zeichen zur Entwarnung geben können, denn immer noch liegen die deutschen Arbeitskosten weit über dem Niveau im Ausland. Auch wenn man die hohe Produktivität deutscher Betriebe in Rechnung stellt, ergibt sich noch ein Nachteil beim Lohnstückkostenniveau. Wir brauchen daher ein langfristiges Zurückbleiben der Lohnabschlüsse hinter der Produktivität. Nur so kann der begonnene Arbeitsmarktaufschwung in einen dauerhaften Anstieg der Beschäftigung insgesamt überführt werden.

So erfolgreich das Umsteuern der Tarifpolitik in den alten Bundesländern in den vergangenen drei Jahren gelungen ist, so bedauerlich ist die mangelnde Reformbereitschaft von Teilen der Gewerkschaften in den neuen Bundesländern. Gerade dort aber sind tiefgreifende Veränderungen dringender denn je. Die Anpassung der Tarifniveaus an die Westwerte ist durch tarifpolitische Fehler Anfang der 90er Jahre viel zu schnell vorangeschritten. Lediglich in einigen Branchen konnte diese Entwicklung korrigiert werden.

Bündnisse für Arbeit sind möglich – auf der Betriebsebene

Auf der Grundlage der Flächentarifverträge gibt es unzählige Bündnisse für Arbeit zur Beschäftigungssicherung, Beschäftigungsförderung und zur Ausweitung des Ausbildungsplatzangebotes. Solche

Bündnisse für Arbeit erfolgen ausschließlich auf Betriebs- und Unternehmensebene, also dort, wo sie möglich sind und auch hingehören! Einige Standortsicherungsverträge, z. B. bei Opel, Ford oder Viessmann sind öffentlich bekannt geworden. Tausende vergleichbarer Regelungen in Betrieben sind zwar nicht öffentlich, werden aber erfolgreich praktiziert. Spektakuläre Vereinbarungen machen Schlagzeilen. Das gilt z. B. für den mehrjährigen zwischen der IG Metall und dem Verband der hessischen Metallindustrie beschlossenen firmenbezogenen Verbandstarifvertrag für die Firma Viessmann. Damit wurden bestehende Regelungsabreden mit dem Betriebsrat und die einzelvertraglichen Vereinbarungen über die Verlängerung der Arbeitszeit zur Beschäftigungsförderung in eine Tarifregelung faktisch übernommen und z. T. ausgedehnt. Vergleichbare Regelungen gibt es auch in vielen anderen Betrieben, ohne daß sie immer öffentlich bekannt werden. Oftmals haben Arbeitgeber wie Gewerkschaften und Betriebsräte kein Interesse daran, daß über ihre Vereinbarungen öffentlich geredet wird. Die zahlreichen Beispiele belegen, daß das Tarifrecht schon heute sehr flexibel ist, und machen deutlich, daß solche Vereinbarungen um so eher möglich sind – und um so eher möglich sein müssen – je mehr Regelungsspielraum den Betriebspartnern durch die Tarifverträge eröffnet wird.

Die firmenbezogenen Verbandstarifverträge für Dienstleistungsbereiche bei Siemens und die debis-Unternehmen beschreiten ebenfalls tarifpolitisches Neuland. Das Instrument der firmenbezogenen Verbandstarifverträge ist für die Flexibilisierung der Flächentarifverträge sicherlich kein Stein der Weisen. Es wird ein Mittel für Einzelfälle bleiben und nicht das Allheilmittel der Tarifpolitik sein. Allerdings rechtfertigen die außerordentlichen Erfolge bei Viessmann, debis und Siemens diesen Weg. Die Reform der Flächentarifverträge für alle muß dahin gehen, über die Vereinbarung von Rahmenregelungen den Betrieben – den Betriebsparteien und den Arbeitsvertragsparteien – mehr Regelungsspielraum zu eröffnen. Die Vereinbarungen bei debis und Siemens sind beachtlich. So hat die IG Metall bei debis die 40-Stunden-Woche als Regelarbeitszeit – lange ein Tabu für die IG Metall – akzeptiert. Nur für ältere Arbeitnehmer besteht ein Anrecht zur Verkürzung der Arbeitszeit in Richtung der tarifvertraglichen 35-Stunden-Woche.

Daneben sagt die IG Metall bei debis erstmals „ja“ zu einer flexiblen betrieblichen Leistungsentlohnung und zu einer stärker ertragsorientierten Vergütung. Die Entlohnung wird bei debis nicht mehr abschließend tariflich geregelt. Vielmehr werden Jahreszieleinkommen festgelegt, die nach individuellem Einsatz und Ertragslage variieren können. Der Fleißige kann deutlich mehr als das Jahreszielentgelt verdienen. Die Ausgestaltung dieser Leistungsentlohnung bleibt den Betriebsparteien allein überlassen. Dadurch wird die Betriebsautonomie gestärkt, da tariflich nur geregelt ist, wie hoch der variable Anteil der Entgelte am Jahreszielentgelt sein soll. Daneben ist nur noch festgelegt, daß sich das variable Zielentgelt je zur Hälfte aus einer individuellen Leistungskomponente und aus einem ertragsabhängigen Teil speist. Auf diesem Wege wird die betriebliche Entgeltgestaltung flexibler: Bei schlechter Ertragslage wird weniger, in guten Zeiten wird mehr als das Jahreszieleinkommen gezahlt.

Neuland betritt die IG Metall auch bei Siemens. Hier ist ein Dienstleistungsbereich, der ansonsten ausgelagert worden wäre, besonders geregelt worden. Durch stufenweises Herabsetzen der Weihnachts- und Urlaubsgeldleistungen und die Nichtübernahme der vereinbarten Tariferhöhungen kann dieser Unternehmensbereich im Unternehmen selbst gehalten werden. Daneben ist geplant – ähnlich dem Ansatz bei debis –, betrieblich eine stärkere leistungs- und ertragsorientierte Vergütung einzusetzen.

Die Lohnzusatzkosten vermindern

In den letzten Jahren sind die gesetzlichen Lohnzusatzkosten z. T. gestiegen – durch die höheren Sozialversicherungsbeiträge mit höheren Beitragssätzen und die Anhebung der Beitragsbemessungsgrenzen. Demgegenüber sind die tariflichen Lohnzusatzkosten gesunken: Dies geschah im Jahr 1997 durch die Kompensationsregelungen im Zuge der Neuregelung zur Lohnfortzahlung (Verringerung von Weihnachts- und Urlaubsgeld, Herausnahme von Überstunden und Überstundenzuschlägen aus der Bemessungsgrundlage der Entgeltfortzahlung und anderer Zahlungen), also aufgrund einer gesetzlichen Neuregelung.

Die tariflichen Personalzusatzkosten konnten in den letzten Jahren insgesamt deutlich gesenkt werden. Die gesetzlichen Personalzusatzkosten stiegen aufgrund höherer Sozialversicherungsbeiträge leider drastisch. Lohnzurückhaltung und Absenkung der tariflichen Lohnzusatzkosten laufen ins Leere, wenn auf der anderen Seite bei den gesetzlichen Lohnzusatzkosten immer noch Steigerungen erfolgen. Eine Arbeitsteilung, wonach die Tarifpartner für äußerst zurückhaltende Lohnabschlüsse und die Senkung der Lohnzusatzkosten sorgen, der Staat aber die Steuer- und Abgabenbelastung für Arbeitnehmer und Arbeitgeber nach oben treibt, wird nicht auf Dauer gutgehen. Die Tarifpolitik muß daher durch eine Politik der Senkung von Steuern und Abgaben und weiterer Sozialversicherungsreformen ergänzt werden. Wer demgegenüber wie die SPD die Rentenreform und erhebliche Teile der Kranken- und Arbeitslosenversicherungsreformen rückgängig machen will, treibt Abgaben und Steuern weiter nach oben. Die moderne Tarifpolitik braucht daher eine Flankierung durch eine Fortsetzung der Reformpolitik und die Verabschiedung der bisher vom Bundesrat aus parteipolitischen Motiven blockierten Steuerreform.

Vielfältige Instrumente zur Gestaltung der Arbeitsbedingungen

Wirtschaft und Gesellschaft werden seit Jahren von dem großen Megatrend unserer Zeit, nämlich der Individualisierung, geprägt. Diese Entwicklung hat im Ausbau individueller Freiheiten und einer zunehmenden freiheitlichen Eigenverantwortung große Vorzüge. Das Arbeitsrecht kann an diesem gesellschaftlichen Trend der Individualisierung nicht vorbeigehen. Die Gestaltung der Arbeitsbedingungen wird vielfältiger und individueller. Die Flexibilisierung der Flächentarifverträge ist daher auch eine Folge gesellschaftlicher Veränderungen, nicht nur ökonomischer Notwendigkeiten. Die Instrumente zur Gestaltung der Arbeitsbedingungen sind vielfältiger denn je. Der Flächentarifvertrag bleibt in der Regel die Grundlage dieser vielfältigen Gestaltung. Es sind aber nicht nur die Betriebsvereinbarungen, die aufgrund von Flächentarifverträgen durch Öffnungsklauseln, Optionen, Korridore zur Individualisierung und Flexibilisierung in den Betrieben führen. In vielen Fällen werden in den Betrieben auf der Basis von Regelungsabreden individualvertragliche Abmachungen getroffen. Und zunehmend delegiert der Flächentarifvertrag bestimmte Fragen auch direkt an eine Vereinbarung zwischen Arbeitgeber und Arbeitnehmer zurück. Flächentarifvertrag, Betriebsvereinbarung und Individualvereinbarung differenzieren und flexibilisieren die Arbeitsbedingungen im Interesse von Arbeitnehmer und Arbeitgeber, im Interesse von Beschäftigungssicherung und Wettbewerbsfähigkeit. Damit ist die Betriebswirklichkeit heute vielfältig und individuell, differenziert und flexibel. Mit dieser neuen Vielfältigkeit anstelle alter Einfalt schreitet die moderne Tarifpolitik voran und gestaltet die Zukunft. Auf dieser Basis kann und wird der Reformkurs ausgebaut und verbreitert werden.

Natürlich gibt es widerstreitende gewerkschaftliche Stimmen. Innerhalb der Gewerkschaften herrscht eine große Auseinandersetzung über die Modernisierung der Tarifpolitik. Niemand darf übersehen, daß ein ideologisch fixierter Teil der Gewerkschaften diesen Weg der Individualisierung und Flexibilisierung auf der Basis von Flächentarifverträgen nicht will. Die Forderung des IG-Metall-Vorsitzenden Zwickel nach kollektiver Verkürzung der Arbeitszeit zeigt dies. Ein kollektiver Marsch in Richtung 32-Stunden-Woche wäre das glatte Gegenteil der notwendigen Fortsetzung des Reformkurses.

Die pauschale Verkürzung der Arbeitszeiten ist einer der Irrwege der Vergangenheit. Sie ist ein Kostentreibsatz und eine Flexibilisierungsbremse und lenkt von den wahren – nämlich strukturellen – Gründen für Arbeitslosigkeit ab. Die OECD schätzt, daß 90 % der Arbeitslosigkeit in Deutschland strukturbedingt sind. Kollektive Arbeitszeitverkürzungen bieten hierfür keine Lösung. Ganz im Gegenteil: Sie bewirken das Gegenteil des Erhofften und vergrößern die Probleme nur weiter.

Die Reform der Flächentarifverträge braucht aber als wesentliches Kernelement mehr Flexibilität und keine neuen kollektiven Zwangsvorgaben. In der Arbeitszeitpolitik bedeutet dies, daß die Dauer der Arbeitszeit noch stärker Regelungsgegenstand auf Betriebsebene sein muß. In den Betrieben selbst kann schneller und paßgenauer die Arbeitszeit auf die betrieblichen und individuellen Bedürfnisse abgestellt werden. Die Flächentarifverträge müssen daher branchenübergreifend in Zukunft den Weg beschreiten, den die chemische Industrie und die Textil- und Bekleidungsindustrie schon vorgezeichnet haben.

Nicht nur die Arbeitszeitpolitik ist ein Prüfstein, an dem sich die Reformfähigkeit der Gewerkschaften und der Tarifpolitik insgesamt erweisen wird. Immer noch haben wir in den neuen Bundesländern grundlegende tarifpolitische Probleme. Immer noch verweigern viele Gewerkschaften – insbesondere die IG Metall – substantielle Reformschritte. Hoffnung auf ein Einlenken in die Notwendigkeit des Reformprozesses gab die 1997 abgeschlossene Gemeinschaftsinitiative Ost. Hier hatten der DGB, die Bundesregierung und die BDA gemeinsam u. a. tarifpolitische Ziele fixiert, mit denen den Betrieben in den neuen Bundesländern mehr Flexibilität eingeräumt werden und der bestehenden Lohn-Produktivitäts-Lücke von rund 22 % Rechnung getragen werden sollte.

Die tarifpolitische Umsetzung dieser Initiative blieb allerdings ernüchternd. Nur wenige Tarifbereiche konnten Vereinbarungen im Sinne der Initiative schließen. Allen voran konterkarierte die IG Metall die Umsetzung des Bündnisses Ost. Schon kurz nach Unterzeichnung der Gemeinschaftsinitiative im Mai 1997 hat die IG Metall dieses Bündnis öffentlich kritisiert, Verhandlungen zur Umsetzung abgelehnt und damit die Initiative von Anfang an sabotiert. Offensichtlich ist der DGB auf Druck der IG Metall aus der Initiative ausgestiegen, bevor DGB und IG Metall in den neuen Ländern überhaupt bereit waren, die unterschriebenen und vereinbarten Zielsetzungen zu verfolgen.

Die Gewerkschaften dürfen sich nicht wundern, wenn die Arbeitgeber in den neuen Bundesländern nach Alternativen suchen. Die Tarifverträge, die Ostmetall in den neuen Bundesländern mit der Christlichen Gewerkschaft Metall abgeschlossen hat, sind Ergebnis der Verweigerungshaltung der IG Metall zu Reformen in den neuen Bundesländern. Das Bündel von Tarifverträgen, das mit der Christlichen Gewerkschaft Metall unter dem Titel „Phönix" vereinbart worden ist, beinhaltet interessante und wegweisende Elemente, denen sich auch die IG Metall nicht verschließen kann. So sind u. a. ein Arbeitszeitkorridor auf Basis von Jahresarbeitszeiten sowie eine Betriebsklausel für Notlagen zur Absenkung der Entgelte um bis zu 10 % vereinbart worden. In diesen Regelungsbestandteilen offenbart sich ein Gestaltungswille hin zu flexiblen Rahmenregelungen. Nur so kann der regionale Branchentarifvertrag in den neuen Ländern wieder an Attraktivität gewinnen.

In den alten Bundesländern haben wir deutliche Schritte in Richtung einer modernen und zukunftsausgerichteten Tarifpolitik gemacht. Sie gilt es in alle Branchen zu tragen und auf längere Sicht zu verbreitern. In den neuen Bundesländern ist diese Reformpolitik um so dringlicher.

Nach dem Ende der Nationalökonomien und der Epoche der Verteilung steht die Tarifautonomie inmitten einer neuartigen Bewährung. Flexibilität und Anpassungsfähigkeit sind gefordert. Wenn es gelingt, längerfristig eine beschäftigungsorientierte Tarifpolitik fortzusetzen, die gleichzeitig mehr Regelungsspielräume auf die betrieblichen Ebenen überträgt und die Vielfalt der Gestaltung in der betrieblichen Praxis ermöglicht, hat die Tarifautonomie auch eine neue Zukunft unter veränderten Bedingungen.

ROLAND KOCH

Gedanken zum Umbau des Sozialstaates

An der Schwelle zu einem neuen Jahrhundert steht auch die Bundesrepublik Deutschland vor entscheidenden nationalen und internationalen Herausforderungen. Das Wort von der Globalisierung ist dabei in aller Munde, eine politische wie gleichermaßen ökonomische Entwicklung, die nicht nur die großen Industrienationen der Erde zu einschneidenden und grundlegenden strukturellen wie inhaltlichen Veränderungen zwingt. Wie kaum ein anderes Land partizipieren wir vom internationalen Handel, schon deshalb können wir vor dieser Entwicklung nicht die Augen verschließen und uns in eine Nische zurückziehen, sondern wir müssen uns diesem dynamischen Prozeß stellen, der notwendig ist, wenn wir auch zukünftig in dem neuen globalen Wettbewerb erfolgreich sein wollen. Aber auch angesichts der demographischen Entwicklung oder der nachhaltig veränderten Werthaltungen in unserem Land selbst sind Veränderungen notwendig, die zum einen ebenfalls der Wiederherstellung und Verbesserung unserer Wettbewerbsfähigkeit dienen, aber die gleichzeitig die Frage aufwerfen, ob Art und Umfang unserer heutigen Sozialsysteme diesen neuen Herausforderungen noch gerecht werden. Dabei spielt die Frage der Finanzierbarkeit – wir müssen wirtschaftlich erfolgreich sein, wenn wir unseren hohen sozialen Standard erhalten wollen – genauso eine Rolle wie die Frage, wie wir den Problemen begegnen, die unsere Sozialsysteme in sich selbst generieren.

Die Bekämpfung der Arbeitslosigkeit steht dabei auf der Agenda obenan, weil Arbeitsplatz und Einkommen nicht nur wesentliche Bestimmungsfaktoren der sozialpolitisch relevanten Lebenslagen sind, sondern zugleich in unseren Sozialsystemen die Hauptkriterien der Finanzierung sind. In dieser durch äußere und innere Faktoren begründeten Situation schauen die Bürger zu Recht auf die Politik. Es ist nur zu menschlich, daß große Veränderungen zunächst das Gefühl von Unsicherheit erzeugen, deshalb ist es wichtig, daß die Politik ihrerseits eine Vision aufzeigt, weshalb diese Änderungen notwendig sind, zu welchem Ziel sie führen und daß die Veränderungen eben nicht nur Risiken, sondern auch Chancen mit sich bringen.

Die soziale und ökologische Marktwirtschaft als Leitbild für das 21. Jahrhundert

Für das wiedervereinigte Deutschland ist dies eine besondere Herausforderung, weil wir Besonderes zu verteidigen haben. Das Modell der sozialen Marktwirtschaft, das die Union zu einer ökologischen und sozialen Marktwirtschaft erweitert hat, in der sich Ökonomie und Ökologie nicht unversöhnlich gegenüberstehen, in dem sie sich ergänzen und befruchten, ist Leitbild unseres Zusammenlebens geworden. Dieses Modell hat uns Wohlstand und soziale Sicherheit gebracht. Längst ist es – vor allem auch in Osteuropa – zur Leitidee eines modernen und innovativen Gesellschaftssystems geworden. Diese Position gilt es zu wahren, und deshalb müssen wir die soziale und ökologische Marktwirtschaft unter den neuen Rahmenbedingungen als Vision für das 21. Jahrhundert neu gewinnen. Dazu bedarf es nicht nur der Anstrengung, vorhandene Regelungen, die auf die Situation in der Nachkriegszeit zugeschnitten waren und sich dort hervorragend bewährt haben, auf ihre Tauglichkeit unter den neuen Bedingungen hin zu überprüfen, sondern vor allem auch der Erkenntnis, daß wir ökonomisch Weltspitze bleiben müssen, nicht nur um den Industriestandort Deutschland zu erhalten und weiter ausbauen zu können – moderne und sichere Arbeitsplätze zu schaffen –, sondern auch, um den hohen Standard unserer sozialen Sicherung erhalten zu können. Beides ist notwendig, wenn wir erfolgreich sein wollen.

Wir können in Deutschland vielleicht beschließen, daß alle jungen Menschen Abitur machen, das bedeutet aber noch lange nicht, daß alle dann auch weltweit konkurrenzfähige Arbeitnehmer sein werden. Leistungsbereitschaft – bis hin zur gezielten Elitebildung und -förderung – muß in Deutschland künftig noch weit mehr im Zentrum von Bildung und Ausbildung, beim Handwerk ebenso wie in Forschung und Technologie, stehen. Miesmacher sind keine Mitmacher! Am Ende dieses Jahrhunderts, das industriell und technologisch die Welt dramatisch verändert hat, ist dies eine unverzichtbare Erkenntnis staatlichen Handelns in Verantwortung für das Ganze.

Das bedeutet aber auch, daß der Anspruch des einzelnen an den Staat deutlich zurückgeführt werden muß. Wer ein Plädoyer für eine auch in Zukunft sichere Rente hält – und ich tue dies ausdrücklich –, muß den Bürgern sagen, daß dies auch solide finanziert werden muß. Es geht eben nicht um Abbau, sondern um einen effektiven Umbau des Sozialstaates, damit den wirklich Bedürftigen auch in der Welt von morgen wirksam geholfen werden kann. Zu den veränderten Rahmenbedingungen gehört auch, daß wir im Gegensatz zu der Nachkriegssituation ein insgesamt höheres Wohlstandsniveau erreicht haben, das neuen Raum für eigenverantwortliches Handeln gibt, das auch notwendig ist, wenn wir uns in Erkenntnis begrenzter Mittel in der Bekämpfung der wirklichen Problemlagen nicht handlungsunfähig machen wollen. Eigenvorsorge und das Eigenengagement jedes einzelnen ist in einer Welt, die in allem kleiner wird, in der Technologie und Technisierung den Alltag prägen und ihn damit auch ein Stück weit anonymer machen, verstärkt gefordert. Sicher kann der einzelne nicht alles allein leisten, aber ohne die Leistung, die Kreativität, den Willen und die Bereitschaft der einzelnen, sich ganz persönlich einzubringen, wird auch der modernste Sozialstaat sein Fundament verlieren. Es ist selbstverständlich, daß auch der Mißbrauch sozialer Leistungen entschieden bekämpft werden muß.

Die Väter und Mütter des deutschen Wirtschaftswunders glaubten, daß eine Zunahme an Wohlstand auch eine Zunahme an Solidarität bedeuten würde. Deshalb sind die großen kollektiven Sicherungssysteme darauf angelegt, dem wirklich Bedürftigen zu helfen. In der Vergangenheit aber wurden diese oft genug mißbraucht, wenn auch oftmals nur in dem Sinne, daß Leistungen daraus angestrebt wurden, die zumindest den eigenen Beiträgen entsprechen. Darauf sind und waren die Systeme nicht angelegt, dies können sie nicht leisten. Solidarität lief zu oft Gefahr, zu purem egoistischem Anspruchsdenken zu degenerieren. Um so mehr muß es das Wesen einer freiheitlichen Gesellschaft sein, Steuerungsmechanismen zu entwickeln, die Auswüchse verhindern und damit dem Sozialstaat in seinen solidarischen Wurzeln immer wieder zu einem tragfähigen Fundament verhelfen. Eine erfolgreiche Umsetzung solcher prinzipieller Überlegungen fordert von den Verantwortlichen in Politik und Gesellschaft in den kommenden Jahren kontinuierliche Reformarbeit.

Wir werden in einer Gesellschaft leben mit sehr viel mehr älteren und viel weniger jungen Menschen. Steigende Lebenserwartung, stagnierende Geburtenzahlen, die Veränderung der Größe und Gestalt der Familien- und Verwandtschaftsbeziehungen beschreiben genauso die heutige und zukünftige Entwicklung wie die Tatsache, daß der Freiraum für individuell gestaltete Lebensentwürfe größer und vielfältiger wird. Die traditionellen Lebensphasen Ausbildung, Erwerbsarbeit, Familie und Rente werden abgelöst durch vielfältige Kombinationen von Lern- und Kreativzeiten, zeitlich unterschiedlich intensiven Phasen der Berufstätigkeit, der Kindererziehung und des Engagements in der Familie oder Phasen ehrenamtlicher Tätigkeit. Lebensstil und Rollenverständnis der Frauen werden sich weiter verändern, durch die größere Bedeutung der Berufstätigkeit von Frauen und Männern ergeben sich neue Anforderungen für die Gestaltung dessen, was bisher traditionell innerhalb der Familie selbst geleistet wurde. Anhand von einigen Beispielen soll vor diesem Hintergrund eine Linie aufgezeigt werden, wie Politik zu gestalten ist, wenn wir diese Herausforderungen erfolgreich bestehen wollen.

Reform der Alterssicherung

Im Bereich der Altersvorsorge hat diese Reformarbeit bereits begonnen. Dabei ist ein Teil der Reform nichts anderes als die Korrektur von Fehlentscheidungen der sozialliberalen Koalition Anfang der 70er Jahre. Manche heute notwendige schmerzhafte Anpassung wäre völlig unnötig, wenn nicht in einem „Wohlstandsrausch" das Rentenniveau damals von 64 % auf 70 % erhöht worden wäre, also genau um die Prozentpunkte, die in der Rentenreform 1998 wieder zurückgenommen wurden. Die Tatsache, daß die Altersversorgung der heute und in absehbarer Zeit im Ruhestand befindlichen Arbeitnehmer nur umlagefinanziert gewährleistet werden kann, führt zu einer nicht unbeträchtlichen Belastung der jungen Generation. Sie wird sich für eine absehbare Zukunft auf einen Rentenbeitrag von rund 20 % vom Bruttoarbeitseinkommen einstellen müssen. Zugleich aber müssen alle Voraussetzungen geschaffen werden, damit die niedrigeren Rentenanwartschaften, die damit erworben werden, von einer individuellen Vermögensplanung begleitet werden. Neben der staatlichen Rentenversicherung und der Betriebsrente muß es in Zukunft das

Element der privaten Vorsorge geben. Diese dritte Säule wird auch dadurch finanziert, daß die persönliche Ausgabenplanung der jetzt jungen Generation stärker auf die Alterssicherung Rücksicht nehmen muß, als es die vorherige Generation getan hat. Wichtig ist es, die Weichen für große Entscheidungsmöglichkeiten bei der Nutzung dieser dritten Säule zu stellen. Wir brauchen so schnell wie möglich Pensionsfonds-Modelle in Deutschland, die mit unterschiedlicher Risikostruktur erworben werden können. Der konservative Rechner weiß mit 30, was ihm mit 60 gezahlt wird, aber er erhält dafür eben auch nur eine mäßige Rendite. Der Mutige kann einen Teil seines Kapitals gefährden, aber eben auch eine wesentlich höhere Rendite im Alter anstreben. Die Elemente der betrieblichen und überbetrieblichen Vermögensbeteiligung, heute z. B. der Investivlohn, müssen in dieses System ebenso eingepaßt werden. So entsteht auf Dauer eine immer stärker durch Kapitaldeckung finanzierte Alterssicherung kommender Generationen. Diese Kapitaldeckung muß Entscheidungsfreiheit, Vielfalt und unterschiedliche Risikoebenen ermöglichen.

Reform der Krankenversicherung

Ebenso werden wir nicht umhinkönnen, das Krankenversicherungssystem in der Bundesrepublik stärker mit Merkmalen der individuellen Risikobeteiligung zu versehen. Das ist kein schlichter Abbau von Leistungen. Im Gegenteil. Die soziale Marktwirtschaft des 21. Jahrhunderts zu gestalten bedeutet, in der Bundesrepublik Deutschland das mit weitem Abstand humanste Krankenversicherungssystem für alle Bürger zu erhalten. Wenn in unserem Partnerland Großbritannien Menschen mit höherem Lebensalter von immer mehr Gesundheitsleistungen wie der Hüftoperation oder der Dialyse ausgeschlossen werden, dann ist das für christliche Demokraten ein völlig unerträglicher Weg. Große Risiken kollektiv zu sichern und den einzelnen von der Sorge vor existentieller Bedrohung möglichst weitgehend zu befreien, setzt die Bereitschaft voraus, kleine, für den einzelnen tragbare Risiken und das konkrete Maß der Gesundheitsvorsorge persönlich mitbestimmen zu können. Die kürzlich vorgenommene Gesetzesänderung, bei Zahnheilbehandlungen eine Basisbehandlung durch den gesetzlichen Versicherungsschutz zu umfassen und weitere medizinisch verbesserte Behandlungsmethoden von der individuellen Verhandlung zwischen Arzt und Patient abhängig zu machen, ist ein Weg, den es mit Behutsamkeit und im größtmöglichen Konsens zwischen Ärzten, kassenärztlichen Vereinigungen und Krankenkassen fortzuführen gilt. Durch die Beschreibung dieses Weges wird bereits deutlich: Es geht nicht um eine Reduzierung des Anteils der Gesundheitskosten an unserem Volkseinkommen. Es geht lediglich darum, wie hoch der Anteil dieser Gesundheitskosten ist, der durch kollektive staatliche Vorgaben bestimmt wird, und wie hoch in Zukunft der Anteil sein muß, den die betroffenen Personen individuell steuern und dann auch aus ihrem individuellen Einkommen finanzieren. In den Vereinigten Staaten von Amerika ist trotz der sehr viel schlechteren Situation der Krankenversicherung der Anteil am Bruttosozialprodukt, der für die Gesundheit ausgegeben wird, erheblich höher als in der Bundesrepublik. Doch die Bürger müssen ein Recht bekommen, selbst zu entscheiden, was über ihre Basissicherung hinaus aus ihrem persönlichen Einkommen für die Gesundheit aufgewandt werden soll.

Neue Wege der Arbeitsmarktpolitik

Ob jemand einen Arbeitsplatz hat oder nicht, entscheidet nicht nur über Einkommen, sondern beschreibt in unserer arbeitsorientierten Gesellschaft auch die Handlungsspielräume und nicht zuletzt auch, mit welcher Einstellung der einzelne der Gesellschaft gegenübertritt. Deshalb ist die Schaffung von Rahmenbedingungen zur Verbesserung der Beschäftigungslage die herausragende politische Aufgabe. Zwar ist hier vor allem die Wirtschaftspolitik gefragt, den eingeschlagenen Weg zur Verbesserung unserer internationalen Wettbewerbsfähigkeit konsequent weiterzugehen. Dazu gehört die Umsetzung der Steuerreform, deren Notwendigkeit letztlich von keiner politischen Seite bestritten wird und deren Realisierung derzeit allein aus parteitaktischen Gründen von SPD und Grünen über den Bundesrat blockiert wird. Zur Verbesserung der Wettbewerbsfähigkeit gehört aber auch, daß die Lohnzusatzkosten nicht weiter ansteigen und gesenkt werden – ohne daß soziale Standards verkürzt werden. Hier sind allerdings nicht nur die Politiker, sondern vor allem auch die Tarifpartner Handelnde. Wenn man jedoch die sich abzeichnenden Entwicklungslinien analysiert und akzeptiert, daß wir vor allem auf den Gebieten international wettbewerbsfähig sein werden, in denen Spitzentechnologien und höchste Ausbildungsstandards gefragt sind, dann muß man auch akzeptieren, daß nicht alle in unserem Land von ihren Voraussetzungen her in der Lage sind, diesen Anforderungen zu genügen. Dabei steht außer Frage, daß wir nicht mit Niedrigstlohnländern werden konkurrieren können. Mit den Löhnen des Fernen und inzwischen auch des Nahen Ostens kann in unserem Land niemand seinen Lebensunterhalt bestreiten. Wenn man diese Voraussetzungen akzeptiert, dann bedeutet dies, daß wir bereit sein müssen, auch hier grundlegende Veränderungen unseres Denkens vorzunehmen. Mehr Flexibilität, neue Einstiegsmöglichkeiten in die Berufstätigkeit, aber auch eine neuartige Verzahnung von eigenem Arbeitseinkommen und staatlichen Transfers können den Lösungsweg beschreiben, wie wir weniger qualifizierten Menschen in Zukunft die Chance zur Beschäftigung eröffnen können. Das Modell des „Kombilohns" beschreibt einen möglichen Weg, wie eigenes Arbeitseinkommen und staatliche Hilfe zusammengeführt werden können. Dies führt letztlich nicht nur dazu, daß mehr Beschäftigung bei gleichzeitig niedrigeren öffentlichen Aufwendungen im Einzelfall erreicht wird, sondern gewährleistet – bei immer begrenzten öffentlichen Mitteln – die Chance, daß mehr Menschen nicht nur die materielle Sicherung ihres Lebensunterhaltes erhalten, sondern gleichzeitig wieder in ein normales Arbeitsumfeld integriert werden können, in dem sie sich bewähren, in dem sie Bestätigung erhalten und von dem aus sich neue Perspektiven für ihre Berufstätigkeit entwickeln können.

Beteiligung am Produktivvermögen

Zur Vergrößerung der eigenverantwortlich zu nutzenden Handlungsräume und zu mehr Flexibilität gehört auch – neben ordnungs- und verteilungspolitischen Gründen – eine stärkere Beteiligung der Arbeitnehmer am Produktivvermögen, direkt oder indirekt über Aktienbesitz, denn heute halten nur rund 3 % der Privathaushalte etwa

80 % des Produktivkapitals. Über die Bildung von Eigentum durch Beteiligung am Produktivvermögen motiviertere Mitarbeiter und gleichzeitig eine breite Kapitalausstattung für Betriebe und Unternehmen zu erhalten ist ein Ziel, von dem beide Seiten und damit letztlich volkswirtschaftlich der Standort Deutschland profitieren. Tarifverträge erhalten neue Handlungs- und Gestaltungsmöglichkeiten, die Altersvorsorge wird um ein weiteres Standbein ergänzt. Abgesehen von möglichen Wertzuwächsen ergibt sich damit auch eine weitere Einkommensquelle, die auch zur Unterstützung der neuen „Lebens-Arbeitsverläufe" dienen kann, bei denen sich vermutlich stärker Phasen abhängiger Beschäftigung mit Lernphasen und vielleicht auch Phasen der Selbständigkeit abwechseln. Die Weichen dazu sind gestellt, die Debatten um den Investivlohn und das dritte Vermögensbildungsgesetz haben lange genug gedauert, so daß es jetzt um die konkrete Umsetzung und die Fortentwicklung des eingeschlagenen Weges geht.

Weg zu einer Chancengesellschaft

Um diesen Umbau des staatlichen Grundgefüges durchsetzen zu können, bedarf es neben konkreter politischer Vorgaben auch neuer Visionen. Es gilt zu einer Chancengesellschaft zu kommen, die gerade auch im zusammenwachsenden Europa der Subsidiarität Raum zur Gestaltung läßt. High-Tech und Traditionen sind eben kein Widerspruch, sondern notwendige Basis für eine Gesellschaft, die sich als humane Leistungsgesellschaft definiert.

Für viele, die sich in Deutschland in den vergangenen Jahren und Jahrzehnten bequem eingerichtet haben und alles eher skeptisch betrachtet haben, was ihre jetzige Situation verändert, scheinen diese großen Weichenstellungen ein Abgrund zu sein. Man kann sich aber bei richtiger Entscheidung sehr wohl vorstellen, daß Deutschland und Europa mit diesen radikalen Veränderungen einen Sprung in eine sichere Zukunft gerade auch auf ökonomischem, ökologischem und sozialem Terrain schaffen können.

Politik muß – und die Union hat dies immer getan – darauf die richtigen Antworten finden. Mehr denn je gilt die Losung, nicht das zu sagen, was ankommt, sondern das, worauf es ankommt.

Aktive Bürgergesellschaft

Ein anderer Aspekt der Sozialpolitik soll noch betont werden. Christdemokratische Politik muß, will und kann dies leisten, weil wir uns in unserem Menschenbild der Tatsache bewußt sind, daß der Mensch fehlbar ist. Es gibt schon heute auch in Deutschland zahllose Initiativen, die zeigen, wie soziale Netzwerke entstehen, nachbarschaftliche Hilfen in den Bereichen der modernen Sozialpolitik, der Kindererziehung, der Betreuung älterer Menschen, aber auch der Kulturpolitik oder der Partnerschaft der Bürger – etwa beim Schutz vor Kriminalität und Gewalt.

Dabei ist es bezeichnend, daß Untersuchungen aufzeigen, daß offenbar die Menschen zu bürgerschaftlichem Engagement stärker bereit sind, die dies aus ihrem Familienumfeld kennen – ein weiterer wichtiger Grund, die Bedeutung der Familie für die Gesellschaft auch in diesem Zusammenhang nachhaltig zu unterstreichen. Niemand kann neue Entwicklungen ignorieren, die nicht zuletzt durch die Bedingungen der Moderne hervorgebracht und beschleunigt wurden, aber es ist doch bezeichnend, daß eine neue Untersuchung der Soziologin Elisabeth Beck-Gernsheim auf die Frage „Was kommt nach der Familie?" letztlich die Antwort „die Familie" gibt. Hier werden Einstellungen und Werte vermittelt, die in dieser Form und Intensität an keiner anderen Stelle, und schon gar nicht von anonymen Institutionen, gegeben werden können. Deswegen darf die Bedeutung der Rolle der Familie durch keine andere, noch so begründete Entwicklung verringert werden.

So gilt es am Ende dieses Jahrhunderts mehr denn je zuvor, alles zu prüfen, eingeschlagene Wege zu überdenken und offen zu sein für neue Impulse und Reformen. Der Wirtschaftsstandort und der Sozialstaat Deutschland werden sich auch im kommenden Jahrzehnt und darüber hinaus nur dann im bewährten Maßstab behaupten können, wenn jeder einzelne seinen Beitrag dazu leistet, den Staat nicht zu überfordern oder ihn gar zum Spielball rein ideologischer Auseinandersetzungen zu degradieren.

Globalisierung, neue Flexibilität, Mobilität, Verzicht und Leistung, ein klares Bekenntnis zu Eigenverantwortung und Eigeninitiative – das werden zu Beginn des neuen Jahrhunderts die Eckpfeiler einer in der Tat mutigen zukunftsorientierten und konkurrenzfähigen Industriegesellschaft sein. Die Union stellt sich dieser Herausforderung. Sie hat zu vier Fünftel der Geschichte politische Verantwortung in Deutschland getragen, weil sie sich außen- wie innenpolitisch stets gegen die Panik und für das kalkulierbare Wagnis entschied – und damit neuen Chancen, neuer Kreativität und neuer Tatkraft die Türen öffnen half. Genau diese Kraft ist heute wieder gefordert.

ANDREAS STORM

Ein Generationenvertrag für das 21. Jahrhundert

Die demographische Herausforderung

Übereinstimmend sagen alle seriösen Bevölkerungsvorausschätzungen für Deutschland nach dem Jahr 2010 einen Rückgang der Bevölkerungszahl und eine spürbare Erhöhung des Anteils älterer und hochbetagter Menschen voraus. Dieser Prozeß stellt für die Alterssicherungssysteme in unserem Land eine große Herausforderung dar. So wird sich als Folge der seit Beginn der 70er Jahre anhaltend niedrigen Geburtenrate im Zeitraum zwischen 2015 und 2035, wenn die Angehörigen der geburtenstarken Nachkriegsjahrgänge in den Ruhestand gehen, die Zahl der Rentner gegenüber der der Beitragszahler annähernd verdoppeln. Hinzu kommt, daß durch die stetig steigende Lebenserwartung die Versicherten der gesetzlichen Rentenversicherung länger Rente beziehen. Wer 1998 in Rente geht, lebt im Schnitt zwei Jahre länger als derjenige, der seit 1980 Altersrente bezieht. Allein dadurch erhöhten sich die Ausgaben der Rentenversicherung der Arbeiter und Angestellten in diesem Zeitraum um gut 40 Mrd. DM. Das entspricht einer Beitragssatzsteigerung von mehr als 2,5 %-Punkten.

Mit dem erstmaligen Überschreiten der 20-%-Marke hat der Beitragssatz der gesetzlichen Rentenversicherung im Jahr 1997 ein historisches Rekordniveau erreicht. Unbestritten ist, daß die mit dem Anstieg der Sozialbeiträge verbundene Scherenentwicklung von Lohnkosten und Nettoeinkommen der Arbeitnehmer zu einer schweren Bürde auf dem Weg zur Schaffung neuer Arbeitsplätze geworden ist.

Kann vor dem Hintergrund der sich abzeichnenden demographischen Entwicklung das deutsche System der beitrags- und leistungsbezogenen Rente noch als geeignetes Modell für das 21. Jahrhundert betrachtet werden? Unter welchen Bedingungen ist es möglich, den verhängnisvollen Kreislauf aus steigenden Sozialbeiträgen, wegbrechenden Arbeitsplätzen und in der Folge erneut steigender Beitragsbelastung zu durchbrechen?

Der Schlüssel für eine langfristige Stabilisierung der Rentenversicherung liegt in einer Rückbesinnung auf die Wurzeln des Generationenvertrages. Drei Anforderungen gilt es zu erfüllen:

Erstens: Bei der Erneuerung des Generationenvertrages müssen durch systemimmanente Korrekturen die offenen Flanken des unvollständigen Generationenvertrages von 1957 geschlossen werden.

Zweitens: Eine solche Erneuerung kann aber nur gelingen, wenn die demographischen Lasten auf alle Beteiligten – also Beitragszahler, Rentenempfänger und Staat – gerecht verteilt werden.

Drittens: Die Reformmaßnahmen sollen nicht nur eine gerechte Lastenverteilung, sondern auch eine ökonomisch effiziente Weiterentwicklung der Rentenversicherung darstellen. Denn nur dann, wenn das reformierte Alterssicherungssystem die Chancen zur Schaffung neuer Arbeitsplätze gegenüber dem bisherigen System spürbar erhöht, kann die Beschäftigungskrise dauerhaft bewältigt werden.

Die Rentenreform 1999

Herzstück der im Herbst 1997 im Deutschen Bundestag verabschiedeten „Rentenreform 1999" ist die Einfügung einer „demographischen Komponente" in die Rentenformel. Dadurch wird sichergestellt, daß die sich aus der gestiegenen Lebenserwartung mit der Folge längerer Rentenlaufzeiten ergebenden finanziellen Mehrbelastungen hälftig zwischen Rentnern und Beitragszahlern aufgeteilt werden.

Damit ist ein etwas geringerer Anstieg in der Rentenanpassung verbunden. Dies bedeutet aber keineswegs, daß die bestehenden Rentenansprüche gesenkt werden. Vielmehr wird das Tempo der künftigen Rentenanpassungen moderat verringert, ohne daß das Leistungsniveau der gesetzlichen Rentenversicherung in unvertretbarer Weise reduziert wird.

Rentenkürzungen wird es infolge der Einführung der „demographischen Komponente" nicht geben. Langfristig soll das sogenannte Eckrentenniveau, d. h. das Verhältnis einer auf 45 Versicherungsjahren beruhenden Nettorente zum aktuellen Nettodurchschnittsverdienst, nicht unter 64 v. H. (derzeit 70 v. H.) absinken. Wichtig ist: Bis Mitte der 70er Jahre lag das Nettorentenniveau teilweise deutlich unter diesem Zielwert!

Die bereits in Kraft getretenen und die im Rentenreformgesetz '99 vorgesehenen strukturellen Maßnahmen werden sich wegen der erforderlichen Übergangsregelungen erst allmählich dämpfend auf die Ausgabenentwicklung und damit auf die Beitragssatzentwicklung auswirken. Zur Verbesserung der Situation auf dem Arbeitsmarkt sind spürbare Entlastungen bei den Lohnzusatzkosten jedoch schnell erforderlich. Daher ist neben den strukturellen Änderungen auch eine Erhöhung des Bundeszuschusses zur Rentenversicherung der Arbeiter und Angestellten beschlossen worden. Die kurzfristige Stabilisierung des Beitragssatzes in der Rentenversicherung der Arbeiter und Angestellten und die nachhaltige Dämpfung seines langfristigen Anstiegs soll also durch Sparen und Umfinanzierung bewirkt werden.

Die Rentenversicherung wird durch die am 1. April 1998 in Kraft getretene Anhebung des oberen Mehrwertsteuersatzes von 15 % auf 16 % im Jahr 1998 9,6 Mrd. DM und im Jahr 1999 15,6 Mrd. DM als zusätzlichen Bundeszuschuß erhalten. Ab dem Jahr 2000 wird dieser zusätzliche Bundeszuschuß jährlich prozentual entsprechend den höheren Mehrwertsteuereinnahmen angepaßt. Mit dieser Maßnahme können die Beiträge zur gesetzlichen Rentenversicherung bereits kurzfristig stabilisiert werden; ein drohender Beitragssatzanstieg im Jahr 1998 konnte verhindert werden. Damit wird ein wichtiger Beitrag zur Begrenzung der Lohnzusatzkosten geleistet.

Zwischenbilanz: Das Prognos-Gutachten 1998

Das Prognos-Institut in Basel hat im Auftrag des Verbandes Deutscher Rentenversicherungsträger (VDR) drei Jahre nach der Vorlage seiner letzten umfangreichen Rentenstudie im Frühjahr 1998 ein weiteres Gutachten zur Entwicklung der gesetzlichen Rentenversicherung bis zum Jahr 2040 erstellt.

Daraus geht hervor, daß sich der Anteil der 65jährigen und älteren im Verhältnis zu den 20- bis 64jährigen (Altersquotient) in den nächsten vier Jahrzehnten verdoppeln wird. Selbst unter der Einrechnung eines veränderten Erwerbsverhaltens ist auf dieser Grundlage noch mit einer Zunahme der normierten Rentenfallzahlen um mindestens 64 % (oberes Szenario) bis zu knapp 70 % (unteres Szenario) zu rechnen. Trotz dieser massiven Zunahme der Zahl der Leistungsempfänger würde der Beitragssatz für die gesetzliche Rentenversicherung ohne Berücksichtigung des Rentenreformgesetzes 1999 „nur" auf etwa 27 % im Jahr 2040 ansteigen. So konnte bereits durch die Rentenreform 1992 mit der Einführung der Nettorentenanpassung und einem neuen Regelmechanismus für den Bundeszuschuß erreicht werden, daß die Ausgaben der gesetzlichen Rentenversicherung bis zum Jahr 2040 um rd. 20 % niedriger ausfallen als beim vor 1992 angewandten Verfahren der Bruttoanpassung.

Die Simulationsrechnungen des Prognos-Instituts zeigen weiterhin, daß durch die gesetzlichen Regelungen des Rentenreformgesetzes 1999 der Beitragssatz langfristig je nach Szenario um 2,5 bis 3 %-Punkte abgesenkt werden kann. Die Anwendung der demographischen Komponente in der Rentenanpassung ist dabei nicht die einzige, aber sicherlich die wichtigste Komponente der erzielten Beitragssatzsenkung.

Zusätzlich spielen die Auswirkungen aus der Anhebung der Altersgrenze für Schwerbehinderte und aus der Neuregelung der Erwerbsminderungsrenten eine entscheidende Rolle. Dagegen wirkt sich die Höherbewertung der Kindererziehungszeiten ausgabensteigernd aus. Auf der Einnahmenseite bewirkt der zusätzliche Bundeszuschuß in der Größe eines Mehrwertsteuersatzpunktes eine dauerhafte Entlastung der Beitragszahler.

Insgesamt kann der Beitragssatz durch die gesetzlichen Regelungen des Rentenreformgesetzes 1999 bis zum Jahr 2015 bei rd. 20 % stabil gehalten werden. Auf dem Höhepunkt der demographischen Belastungen nach dem Jahr 2035 kann der Beitragssatzanstieg auf 24 bis 25 % begrenzt werden.

Anhaltend schwierige Arbeitsmarktlage

Die eigentliche wirtschaftliche und sozialpolitische Herausforderung des Prognos-Gutachtens ergibt sich aus der dramatischen Einschätzung der Arbeitsmarktentwicklung. Selbst im günstigsten Szenario kommt die Studie zu dem Ergebnis, daß die Arbeitslosenquote bis zum Jahre 2010 allenfalls geringfügig unter die 10-%-Marke gesenkt werden kann. Erst nach dem Jahr 2010 dürfte es nach diesem Szenario zu einer spürbaren Entlastung auf dem Arbeitsmarkt kommen.

Nach der unteren Variante der Modellrechnungen würde die Arbeitslosenquote sogar während des gesamten Projektionszeitraums deutlich über 10 % liegen. Zwar hätte diese anhaltend dramatische Arbeitsmarktlage überraschenderweise nur noch einen marginalen Beitragssatzeffekt in der gesetzlichen Rentenversicherung. Aber für alle anderen Zweige der Sozialversicherung wäre diese negative Beschäftigungssituation mit einem nachhaltigen Anstieg der Beitragsbelastung verbunden, so daß der Gesamtsozialversicherungsbeitrag zu Renten-, Kranken-, Pflege- und Arbeitslosenversicherung von derzeit 42,1 % (1998) auf mehr als 51 % im Jahr 2040 ansteigen müßte. Da im Unterbeschäftigungsszenario auch eine erheblich stärkere Lohnsteuerbelastung der Arbeitnehmer resultiert, würde der den Arbeitnehmern netto verbleibende Teil der Bruttolohn- und Gehaltssumme von 64,4 % (1995) auf rund 56 % (2040) spürbar zurückgehen. Es erscheint kaum vorstellbar, daß ein solcher Anstieg der Abgaben von den Arbeitnehmern und der Wirtschaft hingenommen werden könnte. Deshalb sind zusätzliche Reformmaßnahmen zwingend, wenn das von Prognos skizzierte Unterbeschäftigungsszenario vermieden werden soll.

Reformoptionen für das 21. Jahrhundert

Die große sozialpolitische Herausforderung an der Schwelle zum 21. Jahrhundert liegt darin, den Generationenvertrag in der Alterssicherung so zu modifizieren, daß die verhängnisvolle Spirale zwischen steigenden Sozialbeiträgen und wegbrechenden Arbeitsplätzen dauerhaft durchbrochen und somit die Voraussetzung für eine nachhaltige Besserung der Arbeitsmarktlage geschaffen wird.

Hier gilt es zunächst, den Ausgabenanstieg in der gesetzlichen Rentenversicherung weiter zu begrenzen. Ferner ist die Frage zu klären, ob eine teilweise Ersetzung oder Ergänzung des Umlageverfahrens der gesetzlichen Rentenversicherung durch eine Teilkapitalfundierung einen Beitrag zur langfristigen Stabilisierung des Alterssicherungssystems leisten kann. Schließlich gilt es zu prüfen, ob eine weitere Verlagerung von der Beitrags- zur Steuerfinanzierung in der gesetzlichen Rentenversicherung erforderlich ist.

Begrenzung des Ausgabenanstiegs

Zur Zeit ist bereits jeder neunte Pflichtversicherte in der gesetzlichen Rentenversicherung von Arbeitslosigkeit betroffen. Diese Tatsache wird jedoch bei der jährlichen Rentenanpassung bisher in keiner Weise berücksichtigt. Nach dem Grundsatz: „Die Rente folgt den Nettolöhnen der Beschäftigten" werden lediglich die Einkommenszuwächse der Arbeitsplatzbesitzer an die Rentner weitergegeben. Fakt ist hingegen, daß immer mehr Versicherte nach dem Verlust ihres Arbeitsplatzes massive Einkommenseinbußen hinnehmen müssen. Denn ihre Lohnersatzeinkommen (z. B. Arbeitslosengeld oder Arbeitslosenhilfe) liegen ja deutlich unter ihren bisherigen Arbeitsentgelten.

Die von der Bundesanstalt für Arbeit für die arbeitslosen Leistungsempfänger an die Rentenversicherungsträger entrichteten Beiträge orientieren sich im Regelfall an einer Berechnungsgrundlage von 80 % des zuvor bezogenen Bruttoarbeitsentgelts. Würde man dies bei der jährlichen Rentenberechnung berücksichtigen, so ließen sich mittelfristig Einsparungen in der Größenordnung von 0,5 bis 1,0 Beitragssatzpunkten in der Rentenversicherung erreichen.

Um eine Kürzung bestehender Rentenansprüche zu vermeiden, sollte die Umstellung auf ein solches neues Berechnungsverfahren allerdings in mehreren Stufen bei der jährlichen Rentenanpassung, etwa in einem Drei- oder Vierjahreszeitraum, durchgeführt werden.

Durch diese Form der Solidarität der heutigen Rentnergeneration mit den von Arbeitslosigkeit bedrohten Versicherten könnte bereits kurzfristig ein wichtiger Beitrag geleistet werden, um den Teufelskreis aus steigenden Beiträgen und wegbrechender Beschäftigung zu durchbrechen.

Mit den bereits beschlossenen Rentengesetzen wird die Regelaltersgrenze für den Beginn des Rentenbezugs für Männer und Frauen in Stufen auf das 65. Lebensjahr angehoben. Bei einem weiteren Anstieg der Lebenserwartung wird langfristig – nach dem Jahr 2010 – eine weitere Anhebung der Regelaltersgrenze über das 65. Lebensjahr hinaus kaum zu vermeiden sein. Entscheidend für die Verbesserung der Finanzlage der gesetzlichen Rentenversicherung ist jedoch nicht alleine die Ausdehnung der Beitragszeit in der späteren Lebensphase, sondern auch ein früherer Eintritt ins Erwerbsleben. Deshalb kommt der Verkürzung der Dauer der beruflichen und/oder akademischen Erstausbildung ebenfalls eine entscheidende Bedeutung für die Stabilisierung der Sozialversicherung zu.

Stärkung der familienpolitischen Elemente und Reform der Hinterbliebenenversorgung

Zentrales Element der nächsten Stufe der Rentenreform nach der Bundestagswahl 1998 muß die Neuordnung der familienpolitischen Elemente in der Rentenversicherung und die Neuregelung der Hinterbliebenenversorgung sein. Dabei gilt es zu klären, ob die Forderung nach einer eigenständigen Alterssicherung der Frau durch eine spürbare Stärkung der familienpolitischen Rentenleistungen erfüllt werden kann.

Damit würde dem Anspruch der Rente als Alterslohn für Lebensarbeit durch die konsequente Gleichstellung der Familien- mit der Erwerbsarbeit Rechnung getragen. Durch die systematische rentenrechtliche Stärkung der Familienarbeit könnte die bisherige Rolle der Hinterbliebenenrente als Haupteinkommensquelle zur Aufrechterhaltung des Lebensstandards langfristig durch eine stärkere Anrechnung von eigenem Einkommen modifiziert werden.

Ziel muß es sein, daß künftig beide Ehepartner die Möglichkeit haben, eine eigenständige Rentenbiographie aus Zeiten eigener Erwerbstätigkeit sowie Zeiten von Familienarbeit (Kindererziehung oder Pflegezeiten) aufzubauen.

Eine rasche und vollständige Umstellung des Systems zur Anerkennung von Kindererziehungsleistungen und der Hinterbliebenenversorgung in der Rentenversicherung würde allerdings nicht nur die finanziellen Möglichkeiten übersteigen, sondern auch die Lebensplanung der rentennahen Jahrgänge in unzulässiger Weise berühren. So ist die derzeitige Regelung insbesondere für die heutige Rentnergeneration notwendig, weil viele Witwen keine oder nur unzureichende eigene Rentenansprüche erwerben konnten. Eine Reform des Systems der Hinterbliebenenrente kann deshalb nur in Stufen erfolgen.

Durch die Berücksichtigung der Arbeitsmarktentwicklung bei der Rentenleistungsbemessung, die Ausweitung der Lebensarbeitszeit und eine grundlegende Reform der familienpolitischen Elemente sowie der Hinterbliebenenversorgung kann langfristig der Beitragssatzanstieg um bis zu 3 %-Punkte vermindert werden. Dies wäre ein beachtlicher Beitrag zur gerechteren Lastenverteilung zwischen den Generationen.

Ergänzung der umlagefinanzierten Rentenversicherung durch kapitalgedeckte Vorsorgeleistungen

Alleine durch Einsparungen kann angesichts der Dimension der demographischen Probleme eine langfristige Beitragssatzstabilisierung in der Rentenversicherung nicht erreicht werden. Aus diesem Grund mehren sich in letzter Zeit die Stimmen, die eine Ergänzung des Umlageverfahrens in der Rentenversicherung um eine teilweise Kapitalfundierung der Altersrenten vorschlagen.

So wirbt z. B. der Bund Katholischer Unternehmer (BKU) für den Aufbau einer Rücklage, deren Erträge die Finanzierung der auch künftig überwiegend im Umlageverfahren erwirtschafteten Renten erleichtern sollen. Ein von mir im Jahr 1996 unterbreiteter gleichgerichteter Vorschlag zum Aufbau eines „Generationenfonds“ innerhalb der gesetzlichen Rentenversicherung wurde zwar von der CDU-Rentenreform-Kommission im Februar 1997 als eine mögliche Option zur Stabilisierung der Rentenfinanzen übernommen. Im weiteren Verlauf der Beratungen zum RRG ‘99 wurde dieser Gedanke aber wieder fallengelassen.

Neuen Auftrieb bekam die Idee einer teilweisen Kapitalfundierung der Altersrenten durch einen Grundsatzbeschluß des CSU-Parteitags vom Herbst 1997, der sich für eine Teilkapitaldeckung innerhalb der Sozialversicherung ausspricht. Im Februar 1998 hat schließlich der Wissenschaftliche Beirat beim Bundesminister für Wirtschaft in einem ausführlichen Gutachten empfohlen, „die umlagefinanzierte gesetzliche Rentenversicherung unverzüglich durch eine private Teilkapitaldeckung der Renten zu ergänzen“. Der Beirat sieht angesichts der demographischen Entwicklung „nur noch den Weg, die langfristig fehlenden Erwerbstätigen durch Realkapital zu ersetzen.

Die Mittel, die bei der Ausbildung der Kinder gespart werden, können für den Aufbau eines Kapitalstocks verwendet werden, ohne daß dadurch ungebührliche Lasten entstehen. Der drohende Mangel an Finanzierung kann auf diese Weise überwunden werden.“

Damit stellt sich die Frage, ob der seit Jahrzehnten zwischen Wirtschafts- und Sozialpolitikern mit aller Schärfe geführte Grundsatzstreit um die Vorteilhaftigkeit des Umlage- oder des Kapitaldeckungsverfahrens durch eine Kombinationsstrategie zu einer einvernehmlichen Lösung geführt werden kann. Ein Blick über die Grenzen unseres Landes hinaus hilft hier weiter.

In diesem Frühjahr haben sich die regierenden Sozialdemokraten in Schweden mit den bürgerlichen Oppositionsparteien auf eine grundlegende Reform des schwedischen Rentensystems geeinigt.

An die Stelle der alten „Volksheim“-Rente der Vergangenheit tritt nunmehr ein Rentenmodell, das sich weitgehend an das deutsche System der gesetzlichen Rentenversicherung anlehnt:

- Der Rentenbeitrag soll in Schweden künftig 18,5 % des Bruttolohns betragen. Dieser Beitrag wird hälftig durch Arbeitgeber und Arbeitnehmer aufgebracht.
- 16 Beitragssatzpunkte werden zur Finanzierung der laufenden Renten im Umlageverfahren verwendet – nach deutschem Vorbild.
- Die verbleibenden 2,5 Beitragssatzpunkte werden zum Aufbau eines Teilkapitalstocks verwendet. Dieser Kapitaldeckungsbeitrag kann entweder in einem neu aufgelegten Pensionsfonds, in neuen staatlichen Investmentunternehmen oder in privaten Investmentfonds, die von der schwedischen Finanzinspektion auf ihre Zuverlässigkeit hin geprüft werden, angelegt werden.

Damit weist das „schwedische Reformmodell“ einen Weg auf, wie die schrittweise Einführung kapitalgedeckter Elemente in die Alterssicherung unter grundsätzlicher Beibehaltung des Umlageverfahrens in der gesetzlichen Rentenversicherung möglich ist.

Die positiven Ergebnisse der langjährigen schwedischen Reformdiskussion machen Mut für unsere deutsche Debatte. Um den Beitragssatz der deutschen Rentenversicherung langfristig stabil zu halten, könnte ein obligatorischer Vorsorgebeitrag in Höhe von etwa 2,5 bis 3 % des Bruttoeinkommens eingeführt werden. Angesichts der hohen Arbeitskostenbelastung in Deutschland sollte dieser Vorsorgebeitrag aber anders als in Schweden ausschließlich vom Versicherten selbst und nicht mehr hälftig vom Arbeitgeber und vom Arbeitnehmer aufgebracht werden.

Dem Versicherten sollte eine breite Palette von anerkannten Vorsorgeeinrichtungen, wie z. B. privatwirtschaftliche Alterssicherungssysteme (private Lebensversicherungen mit Mindestlaufzeit, Pensionsfonds, betriebliche Altersvorsorge) sowie getrennte Abteilungen der gesetzlichen Rentenversicherungsträger, zur Auswahl für die Anlage des Vorsorgebeitrags angeboten werden. Wichtig wäre ferner die Anerkennung des Vorsorgebeitrags als steuerrechtlicher Vorsorgeaufwand. Zinserträge sollten ebenso wie bei Lebensversicherungen im Bereich der privaten Vorsorge während der Kapitalansparphase steuerfrei bleiben.

Das Modell des Vorsorgebeitrags würde sich nahtlos in das bestehende deutsche Alterssicherungssystem integrieren lassen. So werden nach dem „Drei-Säulen-Konzept" die Renten der gesetzlichen Rentenversicherung für Arbeiter und Angestellte durch die Leistungen der betrieblichen Altersvorsorge bzw. der Zusatzversorgung im öffentlichen Dienst (zweite Säule) sowie durch private Eigenvorsorge (dritte Säule) ergänzt.

Ein besonderes Problem ergibt sich allerdings daraus, daß die betriebliche Altersversorgung als zweite Säule der Alterssicherung sehr unterschiedlich ausgeprägt ist.

Während in zahlreichen westdeutschen Industriebetrieben gutfundierte Betriebsrentensysteme existieren und auch im Bereich der öffentlichen Hand mit der Zusatzversorgung für die Arbeiter und Angestellten des öffentlichen Dienstes ein starkes zweites Standbein der Altersversorgung besteht, gibt es insbesondere im mittelständischen Bereich und dort vor allem im Handwerk keine oder eine oftmals nur unzureichende betriebliche Altersversorgung. In den neuen Ländern ist die betriebliche Altersversorgung naheliegenderweise völlig unterentwickelt.

Angesichts dieser starken Disparitäten in der zweiten Säule der Alterssicherung würde mit dem Modell des Vorsorgebeitrags an der Nahtstelle zwischen der ersten und der zweiten bzw. dritten Säule nicht nur dem Gedanken der Eigenvorsorge besser Rechnung getragen.

Vielmehr könnte damit zugleich auch ein Anreiz zur Stärkung der bestehenden betrieblichen und privaten Vorsorgesysteme geschaffen werden. Dabei gilt es bei der Einführung eines obligatorischen Vorsorgebeitrages darauf zu achten, daß Arbeitnehmer mit einem bereits bestehenden angemessenen betrieblichen oder staatlichen Zusatzversorgungsanspruch hiervon zu befreien sind.

Änderung der Finanzierungsstruktur

Mit dem Rentenreformgesetz 1992 wurde der Bundeszuschuß durch einen Regelbindungsmechanismus auf 20 % der voraussichtlichen Rentenausgaben eines Jahres angehoben. Seit der am 1.4.1998 erfolgten weiteren Aufstockung des Bundeszuschusses im Rahmen des Rentenreformgesetzes 1999 wird nunmehr nahezu ein Viertel der gesamten Rentenausgaben aus dem Steuertopf finanziert. Damit ist eine ausreichende Kompensation aus allgemeinen Haushaltsmitteln für die von den Rentenversicherungsträgern gewährten sogenannten „nicht beitragsgedeckten Leistungen“ gewährleistet, denn ein Teil dieser Leistungen stellt ein Element des sozialen Ausgleichs innerhalb der Versichertengemeinschaft dar.

Allerdings macht der erforderliche Aufbau eines Teilkapitalstocks zur Milderung der demographischen Belastungen nach dem Jahr 2030 nur dann Sinn, wenn sehr bald mit der Kapitalansammlung begonnen wird. Die hierfür erforderliche Einführung des obligatorischen Vorsorgebeitrages könnte dadurch erleichtert werden, daß der Beitragssatz zur umlagefinanzierten gesetzlichen Rentenversicherung um ein oder zwei Beitragssatzpunkte gesenkt wird. In diesem Fall könnte eine weitere begrenzte Erhöhung des Bundeszuschusses dazu beitragen, den Beitragssatz für die gesetzliche Rentenversicherung dauerhaft auf 18 % des Bruttoarbeitsentgelts zu begrenzen. Allerdings würde auch in diesem Fall langfristig der steuerfinanzierte Anteil der Rentenfinanzierung weniger als ein Drittel der gesamten Einnahmen betragen.

Eine noch stärkere Erhöhung des Bundeszuschusses wäre aus ordnungspolitischen Gründen nicht vertretbar, da in diesem Falle der Charakter des beitrags- und leistungsbezogenen Rentensystems in Frage gestellt wäre.

Reform der Beamtenversorgung und der Zusatzversorgung im öffentlichen Dienst

Die langfristige Sicherung der Finanzierungsgrundlagen stellt für alle Alterssicherungssysteme eine große Herausforderung dar. Der Blick darf sich daher nicht allein auf die gesetzliche Rentenversicherung verengen. Vielmehr müssen auch bei den anderen Alterssicherungssystemen die notwendigen Weichenstellungen vorgenommen werden. Der Deutsche Bundestag hat daher im Frühjahr 1998 ein umfangreiches Maßnahmenbündel zur langfristigen Sicherung der Beamtenversorgung beschlossen. Nahezu zeitgleich haben die Tarifpartner im öffentlichen Dienst den Einstieg in eine grundlegende Reform der Zusatzversorgung des öffentlichen Dienstes vereinbart.

Reform der Beamtenversorgung

Herzstück dieser Reform ist neben verschiedenen Maßnahmen auf der Leistungsseite die Bildung einer Versorgungsrücklage aus allein von Beamten und Pensionären erbrachten Versorgungsbeiträgen. Diese Rücklage wird gespeist durch die Einbehaltung eines Teils der jährlichen Besoldungsanpassung in Höhe von 0,2 %-Punkten der Tariferhöhungen für Arbeiter und Angestellte im öffentlichen Dienst in den Jahren von 1999 bis 2013. Hierdurch erfolgt eine allmähliche Absenkung des Besoldungs- und Versorgungsniveaus um bis zu 3 %. Dadurch soll eine gerechtere Verteilung der Versorgungslasten auf die Gesellschaft einerseits und den öffentlichen Dienst andererseits erreicht werden.

Die in der parlamentarischen Diskussion zunächst beabsichtigte Bildung einer Kapitalreserve durch die Bildung von Rückstellungen innerhalb der öffentlichen Haushalte ist aus ordnungspolitischer und ökonomischer Sicht bedenklich. Dagegen spricht vor allem, daß eine Sicherung dieses Kapitalstocks gegen eine politische Zweckentfremdung nicht nachhaltig gewährleistet werden kann. So wurde bereits der erst jüngst in Schleswig-Holstein mit Privatisierungserlösen in Höhe von mehr als 120 Mio. DM gebildete „Pensionsfonds" zur künftigen Entlastung des Landeshaushalts bei Versorgungsbezügen aufgrund der angespannten aktuellen Finanzlage des Jahres 1997 teilweise wieder aufgelöst und dem allgemeinen Haushalt zugeführt.

Zumindest für den Bereich des Bundes bietet die nunmehr gefundene Lösung, die die Deutsche Bundesbank in die Verwaltung des Kapitalstocks mit einbezieht, eine erhebliche Verbesserung gegenüber dem ursprünglichen Ansatz.

Durch eine Auslagerung der Versorgungsrücklage aus dem Bereich der öffentlichen Hand und die Einrichtung eines Versorgungsfonds mit individueller Kontenführung für jeden Beamten anstelle einer kollektiven Rücklagenbildung könnte eine noch stärkere Sicherheit vor staatlichen Eingriffen erreicht werden.

Modellrechnungen des Gesamtverbandes der Deutschen Versicherungswirtschaft (GDV) verdeutlichen, daß durch eine dauerhafte Errichtung des Versorgungsfonds die Beamtenversorgung auf eine langfristig solide Grundlage gestellt werden kann. Langfristig könnten die aus einer 3-%-Versorgungsabgabe erzielbaren Leistungen ausreichen, um mindestens 9 % der letzten Bruttobezüge der Beamten als dauerhafte Alterssicherung zu garantieren. Bei einem Festhalten an einem Gesamtsicherungsziel von 75 % der letzten Bruttobezüge hätte dies zur Folge, daß aus den allgemeinen Haushaltsmitteln nur noch 66 % der letzten Bruttobezüge bereitgestellt werden müßten.

Der Differenzbetrag müßte dann durch die obligatorische zweite Säule des Versorgungsfonds aufgebracht werden. Angesichts dieses erheblichen Entlastungseffekts sollte die Umwandlung der Versorgungsrücklage von einer temporären zu einer dauerhaften Ergänzung des Systems der Beamtenversorgung ernsthaft erwogen werden.

Reform der Zusatzversorgung im öffentlichen Dienst

Die Zusatzversorgung für Arbeiter und Angestellte des öffentlichen Dienstes gewährt eine an den Grundsätzen der Beamtenversorgung orientierte Gesamtversorgung. Diese beläuft sich bei einer maximalen gesamtversorgungsfähigen Zeit auf rd. 90 % des gesamtversorgungsfähigen Nettoentgelts. Bislang wurden die Leistungen der Zusatzversorgung im öffentlichen Dienst ausschließlich über eine von den Arbeitgebern zu entrichtende Umlage finanziert. Diese belief sich in den alten Bundesländern zuletzt auf 4,8 % der Bruttobezüge. Durch die tarifvertraglichen Regelungen zur Reform der Zusatzversorgung vom Frühjahr 1998 wird die vom Arbeitgeber zu zahlende Umlage (West) ab 1.7.1998 noch einmal um 0,4 %-Punkte auf 5,2 % erhöht. Ab dem 1.1.1999 wird der weitere Finanzierungsbedarf nicht mehr ausschließlich vom Arbeitgeber, sondern je zur Hälfte von Arbeitgebern und Arbeitnehmern getragen. Damit konnte erstmalig der Einstieg in eine duale Beitragsfinanzierung der künftigen Versorgungslasten der Zusatzversorgung erreicht werden.

Das Prognos-Gutachten 1998 zeigt für die Zusatzversorgungssysteme eine Ausgabenentwicklung an, die signifikant über dem Durchschnitt der gesamten Sozialversicherungszweige liegt. Dies wird sich vor allem bis 2010 mit einem Anstieg der Zahl der Versorgungsempfänger von 1,7 Mio. (1997) über 3,1 Mio. (2010) auf 3,5 Mio. (2040) bemerkbar machen. Der durchschnittliche Umlagesatz (West) steigt demzufolge von nunmehr 5,2 % über 8,6 % bis 9,1 % (2010) auf 11,5 % bis 11,7 % (2040) an. Vor dem Hintergrund dieser Ergebnisse erscheinen weitere Reformmaßnahmen mit dem Ziel der Begrenzung eines Ausgabenanstiegs unausweichlich.

Fazit

Der demographische Wandel stellt alle öffentlichen Alterssicherungssysteme vor eine große Herausforderung. Bereits in der zweiten Hälfte der 80er Jahre haben Modellrechnungen aufgezeigt, daß auf der Basis des damals geltenden Rentenrechts ein Beitragssatzanstieg auf mindestens 36 % des Bruttolohns nach dem Jahr 2030 zu erwarten gewesen wäre. Durch das Rentenreformgesetz 1992 konnte mit der Einführung der Nettorentenanpassung und einem neuen Regelmechanismus für den Bundeszuschuß erreicht werden, daß die Ausgaben der gesetzlichen Rentenversicherung bis zum Jahr 2040 um rd. 20 % niedriger ausfallen als beim vor 1992 angewandten Verfahren der Bruttoanpassung. Das 1996 beschlossene Wachstums- und Beschäftigungsförderungsgesetz (WFG) bringt eine weitere Dämpfung des Ausgabenanstiegs mit sich. Mit dem Rentenreformgesetz 1999 – insbesondere der Einfügung der demographischen Komponente in die Rentenformel – kann der voraussichtliche Beitragssatzsanstieg langfristig um weitere zweieinhalb bis drei Beitragssatzpunkte gemindert werden, so daß auf dem Höhepunkt der demographischen Belastungen um das Jahr 2040 mit einem maximalen gesetzlichen Rentenversicherungs-Beitragssatz von 24 % bis 25 % zu rechnen ist.

Trotz dieser beachtlichen langfristigen Konsolidierungserfolge durch die Rentenreformen von 1992 und 1999 stellt sich heute die Frage nach weiteren Reformschritten, um die verhängnisvolle Spirale zwischen steigenden Sozialbeiträgen und wegfallenden Arbeitsplätzen dauerhaft zu durchbrechen. Durch eine Berücksichtigung der Arbeitsmarktentwicklung bei der Rentenleistungsbemessung, eine weitere Ausweitung der Lebensarbeitszeit und eine grundlegende

Reform der familienpolitischen Elemente sowie der Hinterbliebenenversorgung könnte langfristig der Beitragssatzanstieg um bis zu 3 %-Punkte vermindert werden.

Eine dauerhafte Stabilisierung des Beitragssatzes zur gesetzlichen Rentenversicherung könnte durch eine Ergänzung der umlagefinanzierten Rentenversicherung durch kapitalgedeckte Vorsorgeleistungen erreicht werden. Angesichts der hohen Arbeitskostenbelastung in Deutschland sollte ein hierfür erforderlicher obligatorischer Vorsorgebeitrag aber ausschließlich vom Versicherten selbst und nicht mehr hälftig von Arbeitgeber und Arbeitnehmer aufgebracht werden.

Entscheidend ist weiterhin, daß auch in den anderen öffentlichen Alterssicherungssystemen – insbesondere im Bereich der Beamtenversorgung und der Zusatzversorgung des öffentlichen Dienstes – die bereits eingeleiteten Strukturreformen nach der Bundestagswahl 1998 fortgeführt werden.

Nur durch einen konsequenten Ausbau der kapitalgedeckten Vorsorgeleistungen zur Ergänzung der umlagefinanzierten öffentlichen Alterssicherungssysteme kann der Generationenvertrag für das 21. Jahrhundert erneuert werden.

DAGMAR WÖHRL

Perspektiven des Dienstleistungssektors

Dienstleistungen in Deutschland – ein ungenutztes Potential für mehr Wachstum und Beschäftigung?

Wer sich derzeit in Deutschland mit der Dienstleistungswirtschaft und ihrer volkswirtschaftlichen Bedeutung befaßt, kommt um einen Vergleich zwischen den USA und Deutschland nicht herum. Die Argumentation ist einfach und einleuchtend: 75 % aller US-Amerikaner arbeiten im Dienstleistungssektor; die Arbeitslosenquote liegt dort bei rund 5 %. Dagegen arbeiten in Deutschland nur rund 63 % aller Erwerbstätigen im Dienstleistungssektor, und wir haben über 10 % Arbeitslose. Folgerung: Um die Arbeitslosigkeit abzubauen, muß der Anteil der Beschäftigten im Dienstleistungssektor in Deutschland erhöht werden.

Wie so oft bei einfachen Rechnungen, ist auch diese Aussage in der Tendenz richtig, wird aber – einmal ganz abgesehen von der Frage, ob die statistischen Daten wirklich vergleichbar sind – der Wirklichkeit nicht vollständig gerecht. Zwischen den USA und Deutschland bestehen nämlich erhebliche gesellschaftliche und strukturelle Unterschiede.

Erstens: In den USA gilt „Industrie ist Spitzensport, Dienstleistung ist Breitensport". In Deutschland ist dies offenkundig nicht der Fall, denn der Anteil der Dienstleistungswirtschaft an der Bruttowertschöpfung ist mit 63,5 % sogar etwas höher als der Anteil an der Gesamtzahl der Erwerbstätigen mit nur 63,3 %. In allen anderen hochentwickelten Volkswirtschaften verhält es sich umgekehrt. Dienstleistungsarbeitsplätze sind in Deutschland tendenziell hochproduktiv, gut bezahlt und von den Arbeitsuchenden stark nachgefragt. Viele US-Amerikaner gehen dagegen einfachen, schlecht bezahlten Dienstleistungstätigkeiten nach, weil ihnen nichts anderes übrig bleibt, wenn die Ansprüche auf „Welfare" zu gering oder aufgebraucht sind. Da Deutschland über ein im Vergleich zu den USA wesentlich engmaschigeres soziales Netz verfügt, wird sich der Markt für einfache Dienstleistungen bei uns auch nie in gleicher Weise entwickeln wie in den USA.

Zweitens: In Deutschland finden viele Dienstleistungen nach wie vor innerhalb der Industrie statt. In den USA ist das „Outsourcing“ schon viel weiter fortgeschritten als bei uns. Das Auslagern von industriebezogenen Dienstleistungen mag zwar unter Produktivitätsgesichtspunkten sinnvoll sein; für die Gesamtzahl der Arbeitsplätze ist es aber irrelevant, wo diese zugeordnet sind.

Dies habe ich vorausgeschickt, um leichtfertigen Behauptungen entgegenzutreten, die Dynamik des Dienstleistungssektors in Deutschland sei mangelhaft. Das Gegenteil ist richtig: Über 6 Mio. neue Arbeitsplätze sind zwischen 1970 und 1995 in der alten Bundesrepublik im Dienstleistungssektor entstanden. Der Anteil der Dienstleistungswirtschaft an der Bruttowertschöpfung erhöhte sich in diesem Zeitraum von knapp 50 % auf über 63 %. Dienstleistungen sind zu einem Schlüsselbegriff für die Leistungsfähigkeit unserer gesamten Wirtschaft geworden.

Alle Experten sind sich indes darin einig, daß das Potential für mehr Dienstleistungen in Deutschland bei weitem noch nicht ausgeschöpft ist. Besonders den Branchen Unternehmensberatung, Datenverarbeitung, Vermögensberatung und Unterhaltung wird ein beeindruckendes Umsatzwachstum vorhergesagt. Daneben müßte vor allem im Handel und in den privaten Haushalten eine signifikante Zunahme der Beschäftigten möglich sein.

Unternehmensbezogene Dienstleistungen

In Deutschland haben sich die unternehmensbezogenen Dienstleistungen als besonders dynamisch erwiesen. Rechts-, Unternehmens-, Steuer- und Umweltberatung, technisches Consulting, Markt- und Meinungsforschung, Werbeagenturen, Konferenz- und Veranstaltungsdienste, neue Info-Dienste – um nur einige Beispiele für unternehmensbezogene Dienstleistungen zu nennen – verzeichnen ein stürmisches Wachstum bei Umsatz, Ergebnis und Beschäftigung. So betrug das Beschäftigungswachstum der unternehmensbezogenen Dienstleistungen in den alten Bundesländern in den letzten 15 Jahren 55 %, in Bayern sogar knapp 70 %.

Einer der Gründe für dieses Wachstum ist, daß viele Unternehmen im Zuge des sich verschärfenden Wettbewerbs Aktivitäten auslagern, weil sie sich auf ihre Kernkompetenzen konzentrieren und Personalkosten senken wollen und weil die extern angebotenen Leistungen oftmals bessere Qualität zu günstigeren Preisen bieten. Ein umfassendes und breitgefächertes Angebot an unternehmensbezogenen Diensten ist heute für das verarbeitende Gewerbe unverzichtbar.

Zugleich wird immer deutlicher, daß die Verknüpfung eines industriellen Produkts mit einer dazugehörigen Dienstleistung ein zentraler Trend der modernen Industrieproduktion ist. Die industrielle Fertigung ist heute wesentlich individueller und flexibler als noch vor wenigen Jahrzehnten. Die industriellen Serien werden immer kleiner und lassen sich immer besser den Wünschen der Kunden anpassen – vorausgesetzt, qualifizierte Dienstleistungen stehen begleitend zur Verfügung. Der enge Zusammenhang zwischen Produktion und Dienstleistung hat jedoch nichts mit jenen „kommunizierenden Röhren" zu tun, bei denen die Zunahme in der einen stets mit einem Verlust in der anderen Röhre einhergeht: Produktion und Dienstleistung müssen sich gegenseitig ergänzen und befruchten, damit es zum Wachstum in beiden Sektoren kommt.

Wer über die Dienstleistungsgesellschaft referiert, sollte daher nie vergessen, daß eine stabile und wettbewerbsfähige industrielle Basis für die Zukunft der deutschen Wirtschaft unerläßlich ist. Zum einen spielen industrielle Güter eine dominierende Rolle bei den Exporten. Der Exportüberschuß ist eine wesentliche Stütze unseres Wirtschaftswachstums. Zum anderen ist ein Großteil der hochwertigen Dienstleistungen auf die Industrie angewiesen. Ohne Produktionsbetriebe gibt es keine produktionsbezogenen Dienstleistungen.

Beispiele wie Bremen oder das Ruhrgebiet zeigen, daß der Prozeß der industriellen Schrumpfung nicht durch die Ansiedlung von Dienstleistungsunternehmen allein kompensiert werden kann. Mit Deindustrialisierung gibt es keine Wachstumsdynamik – auch nicht im Dienstleistungsbereich.

Das bedeutet nicht, daß wir unsere Ressourcen für den Erhalt veralteter Industrien vergeuden sollten. Das ist der falsche Weg. Unsere Zukunft liegt in einer modernen, zukunftsfähigen Industriebasis. Das ist die beste Grundlage für einen wachstumsträchtigen Dienstleistungssektor, der auch neue Arbeitsplätze schafft.

Informations- und Kommunikationstechnik

Der Nutzung und kontinuierlichen Weiterentwicklung moderner Informations- und Kommunikationstechniken kommt für eine positive Entwicklung des Dienstleistungssektors eine Schlüsselrolle zu, und zwar in zweifacher Hinsicht. Erstens stellen Informations- und Telekommunikationsdienste selbst einen der dynamischsten Bereiche aus dem großen Spektrum der Dienstleistungen dar. Zweitens erweitert und verbessert die Nutzung von Informations- und Kommunikationstechniken das Leistungsangebot klassischer Dienstleister z. B. in Handel, Verkehr oder Gesundheitswesen.

Der Umsatz der Telekommunikationsdienste und der privaten Netzbetreiber wächst in Deutschland von Jahr zu Jahr mit zweistelligen Zuwachsraten. Neue Arten von Dienstleistungen kommen ständig hinzu. Vor wenigen Jahren hätte keiner erwartet, daß die Erstellung von Webseiten nicht nur die EDV-Spezialisten der Großunternehmen, sondern auch Hunderte kleiner, von jungen Leuten neu gegründeter Unternehmen beschäftigt. Informationssuchdienste, die uns helfen, das weltweit vorhandene Wissen zu ordnen und verfügbar zu machen, erfreuen sich einer großen Nachfrage. Entwickler von Telelearning-Produkten, die sowohl pädagogische als auch EDV-Qualifikationen vorweisen können, sind gesucht.

Handelsunternehmen – die klassischen Dienstleister schlechthin – werden nicht umhinkönnen, Informations- und Kommunikationsdienste offensiv zu nutzen, wenn sie ihre Wettbewerbsfähigkeit dauerhaft sichern und steigern wollen. Die elektronischen Dienste ermöglichen es dem Handel, auf Kundenwünsche schneller zu reagieren, Innen- und Außenbeziehungen zu optimieren und neue Angebots- und Vertriebsformen zu nutzen. Betroffen sind sowohl die Geschäftsabläufe zwischen dem Händler und seinen Lieferanten aus Großhandel und Produktion als auch die Kundenbeziehungen. Es wird geschätzt, daß das Teleshopping neben dem klassischen Einzel- und Versandhandel in wenigen Jahren einen Marktanteil von 5 bis 10 % erreichen wird.

Da insbesondere der mittelständische Handel oftmals den Einsatz von Informations- und Kommunikationstechniken scheut, der über Kassensysteme und Lagerverwaltung hinausgeht, ist es sehr begrüßenswert, daß Bund und Länder hier Anstöße geben: das Bundeswirtschaftsministerium mit seiner Konferenz „Electronic Commerce“, Bayern mit seinem Projekt „Bayerns Handel im Internet“. Das bayerische Projekt zielt sowohl auf die professionelle und erfolgreiche Präsentation kleiner und mittlerer Einzelhandelsunternehmen im Internet als auch auf die Verbesserung der betrieblichen Ablaufsteuerung zwischen Herstellern, Großhändlern, Einzelhändlern und Kunden ab.

Die deutsche Fremdenverkehrsbranche ist ohne die Einbeziehung in zentrale, dem weltweiten Zugriff offenstehende Reservierungssysteme, wie wir sie für den Urlaub auf den Kanaren oder in der Karibik schon lange nutzen, auf Dauer nicht konkurrenzfähig.

Im Verkehrssektor wird der Einsatz der sogenannten Telematik für mehr Effizienz sorgen. Speditionen, die über moderne Güterverkehrslogistiksysteme verfügen, die eine optimale Routenplanung, Laderaumnutzung und Transportsicherheit gewährleisten, haben gegenüber ihren Konkurrenten die Nase vorn.

Das dienstleistende Handwerk kann sein Leistungsspektrum durch Teleservice verbreitern und Reparaturdienste kostengünstiger und fristgerechter erbringen.

Im Gesundheitsbereich ist es dank der Entwicklung der Telemedizin inzwischen möglich, daß ein weltweit ausgewiesener Spezialist eine Operation leitet, obwohl er sich nicht im OP und beim Patienten, sondern in seinem ein paar tausend Kilometer entfernten Heimatinstitut aufhält.

Deutsche Defizite beim Dienstleistungsexport

Die Globalisierung der Wirtschaft macht auch vor dem Dienstleistungssektor nicht halt. Informations- und Kommunikationstechnologien machen moderne Dienstleistungen international handelbar. 1996 lag der Anteil der Dienstleistungen am gesamten Welthandel bei 19 %.

Güter können für ihre Zielmärkte an den geographisch und unter Kostengesichtspunkten günstigsten Standorten hergestellt werden, während die zugehörigen Produktionsdienstleistungen, wie u. a. Prozeßsteuerung, Forschung und Entwicklung, Konstruktion und Design, mit den Mitteln der Telekommunikation über große Entfernungen bereitgestellt werden. Gerade für ein Hochlohnland wie Deutschland ist es deshalb wichtig, daß nicht auch noch die Produktionsdienstleistungen ins Ausland abwandern, wenn schon die Güterproduktion nicht zu halten ist.

Man sollte meinen, daß die Exportstärke der deutschen Industrie – bei der Warenausfuhr sind wir Vizeweltmeister nach den USA – einen mindestens ebenso starken Dienstleistungsexport nach sich zieht. Dies ist leider nicht im wünschenswerten Umfang der Fall. Wir sind nur der viertgrößte Dienstleistungsexporteur der Welt, während wir bei den Dienstleistungsimporten an dritter Stelle stehen. Da die Deutschen „Reiseweltmeister“ sind, schlägt der hohe negative Saldo des Reiseverkehrs auf die gesamte Dienstleistungsbilanz durch. Dies allein sollte uns noch nicht beunruhigen, da Urlaubsreisen schließlich Ausdruck von Wohlstand und Lebensqualität sind. Aber: Auch wenn man den Reiseverkehr herausrechnet, bleibt die deutsche Dienstleistungsbilanz defizitär. Dienstleistungen haben in Deutschland nur einen Anteil von 10 % am Außenhandel, während dieser Anteil in den USA bei 20 % liegt.

Dabei gibt es in Deutschland durchaus Dienstleistungsbranchen, die auch im Ausland sehr erfolgreich sind. Ich denke dabei z. B. an die Versicherungswirtschaft. Dank einer national wie international sehr erfolgreichen Geschäftstätigkeit der ansässigen Unternehmen ist München die Versicherungshauptstadt Europas und Sitz des weltgrößten Rückversicherers. Das beweist, daß man in Deutschland als international tätiger Dienstleister sehr erfolgreich sein kann, wenn kontinuierliche Produktinnovation und die systematische Erschließung von Auslandsmärkten die Geschäftspolitik bestimmen.

Der Dienstleistungsexport erfordert beim Unternehmer ein weitaus höheres Maß an interkultureller und sprachlicher Kompetenz als der Warenexport. Daran mangelt es bisweilen bei den die deutsche Wirtschaftsstruktur kennzeichnenden kleinen und mittleren Unternehmen, die aufgrund ihres exzellenten technischen Know-hows im Warenexport zwar erfolgreich sind, die ausländischen Dienstleistungsmärkte aber im Alleingang kaum erschließen können. Die deutschen Dienstleistungsunternehmen sollten daher Kooperationen mit ausländischen Partnern nicht scheuen, die die Schwierigkeiten überwinden helfen. Nur so kann es gelingen, daß deutsche Dienstleister den außenwirtschaftlichen Erfolg haben, der ihrer hohen Qualifikation gerade bei den unternehmensbezogenen Dienstleistungen entspricht.

Die Defizite beim Dienstleistungsexport sind auch von staatlicher Seite aus erkannt. Die Außenwirtschaftsförderung des Bundes steht Dienstleistern offen und wird verstärkt auf sie ausgerichtet. Es liegt an den Unternehmen, diese Angebote in Anspruch zu nehmen.

Existenzgründer im Dienstleistungssektor

Es steht außer Frage, daß die bestehenden Unternehmen den Beschäftigungsaufbau, der zu einer spürbaren Rückführung der Arbeitslosigkeit notwendig ist, allein nicht bewältigen können. Wir brauchen neue Unternehmen und einen höheren Anteil Selbständiger an der Erwerbsbevölkerung. Dank einer positiven Entwicklung des Gründungsgeschehens in den letzten 15 Jahren ist die Selbständigenquote in Deutschland von etwa 7 % Anfang der 80er Jahre auf rund 9 % gestiegen. Dieser Trend muß fortgesetzt und verstärkt werden.

Besondere Chancen für die Gründung einer selbständigen Existenz bietet der Dienstleistungssektor. Für die Gründung eines Dienstleistungsunternehmens wird im Schnitt weniger Kapital als für den Aufbau eines Produktionsbetriebs benötigt; zugleich bieten sich jungen Dienstleistungsunternehmen hervorragende Wachstumspotentiale. So ist es kein Wunder, daß heute neun von zehn Existenzgründungen im Dienstleistungssektor stattfinden.

Dennoch dürfen die für die Gründung eines innovativen Dienstleistungsunternehmens erforderlichen Investitionen nicht unterschätzt werden. Nicht nur für die Entwicklung der anzubietenden Dienstleistung, sondern auch für Marktuntersuchungen und Markterschließungsmaßnahmen können hohe Aufwendungen anfallen. Anders als Sachinvestitionen sind diese Investitionen in „Human Capital“ als bankmäßige Sicherheiten nicht geeignet.

Auch die klassischen Instrumente der Gründungsförderung wie das Eigenkapitalhilfeprogramm oder Existenzgründungskredite beziehen sich auf „harte“ Investitionen, für die eine banküblich Besicherung zu erhalten ist.

Inzwischen hat der Bund aber Instrumente geschaffen, die auch von innovativen Dienstleistern sinnvoll genutzt werden können. So werden mit dem ERP-Innovationsprogramm Beteiligungskapital und Darlehen mobilisiert, wobei der Bund einen wesentlichen Teil des Ausfallrisikos übernimmt. Seit Anfang dieses Jahres stellt zudem die bundeseigene Deutsche Ausgleichsbank Mittel aus ihrem Existenzgründungsprogramm auch für Investitionen in „Human Capital“ zur Verfügung.

Es wäre erfreulich, wenn diese stärkere Ausrichtung der staatlichen Förderprogramme auf Dienstleister den Anstoß zu einem Sinneswandel der Banken dahingehend gäbe, daß Ideen und Unternehmenskonzepte genauso kreditwürdig werden wie Sachinvestitionen.

Gerade bei Existenzgründungen im Dienstleistungssektor ist eine Finanzierung durch Beteiligungskapital oft sinnvoller als die Fremdfinanzierung durch Darlehen. Der Wagniskapitalmarkt entwickelt sich inzwischen auch in Deutschland sehr dynamisch. Im Laufe des Jahres 1997 ist das Portfolio der Kapitalbeteiligungsgesellschaften um über 15 % auf ein Volumen von rund 7 Mrd. DM angestiegen. Mit dem Kapitalaufnahmeerleichterungsgesetz und dem Dritten Finanzmarktförderungsgesetz hat der Gesetzgeber die Möglichkeiten für Existenzgründer, Beteiligungskapital zu erhalten, wesentlich verbessert.

Privatisierung öffentlicher Dienstleistungen

Die Privatisierung öffentlicher Dienstleistungen bringt für den Staat und die Volkswirtschaft einen mehrfachen Nutzen.

Erstens kommen wir damit dem Ideal des schlanken, sparsam wirtschaftenden Staates ein großes Stück näher. Für die effektive Wahrnehmung seiner ureigenen, hoheitlichen Aufgaben schafft sich der Staat neue Kapazitäten.

Zweitens erhält die öffentliche Hand durch die Vergabe von Dienstleistungsaufträgen an Private vielfach bessere und effizientere Leistungen, mehr Innovation und Dynamik. Die öffentlichen Bediensteten, die nichthoheitliche Dienstleistungsaufgaben wahrnehmen, sind zwar gewiß gut qualifiziert und auch motiviert. Aber durch das enge Korsett des Haushalts- und öffentlichen Dienstrechts bleiben Effizienzreserven und Innovationspotentiale eher ungenutzt als in der privaten Wirtschaft.

Drittens kann die Privatisierung öffentlicher Dienstleistungen zu einer Erhöhung der Selbständigenquote und mehr Existenzgründungen einen wesentlichen Beitrag leisten.

Die Bundesregierung, allen voran der Post- und der Verkehrsminister, haben mit den Privatisierungen von Bahn, Post, Telekom und Lufthansa Jahrhundertprojekte auf den Weg gebracht. Telekom und Lufthansa haben bereits private Anteilseigner und behaupten sich an der Börse; Bahn und Post werden auf den schrittweisen Übergang in private Hände intensiv vorbereitet. Mit diesen Privatisierungen denkbar größten Ausmaßes hat der Bund die Grundlage für moderne Dienstleistungunternehmen der Zukunft geschaffen.

Auch in den meisten Ländern hat sich inzwischen der Nutzen von Privatisierungen herumgesprochen. So haben sich viele Länder von ihren Beteiligungen an den Energieversorgungsunternehmen getrennt. Der Freistaat Bayern geht dabei mit gutem Beispiel voran. Die Privatisierungserlöse von rund 5,5 Mrd. DM in den letzten Jahren hat die Bayerische Staatsregierung – im Unterschied etwa zum Berliner Senat – nicht zum Stopfen von Haushaltslöchern verwendet, sondern in die wirtschaftliche, soziale und kulturelle Zukunft des Landes reinvestiert.

Dennoch liegen in den Ländern und Kommunen noch viele Dienstleistungen in öffentlicher Hand. Sie müssen alle auf den Prüfstand. So sind Prüf- und Testverfahren, Beratung und Schulung, Planungs- und Überwachungsleistungen Dinge, die in vielen Fällen von privater Hand effizienter, marktgerechter und besser erbracht werden können.

Eine insbesondere bei den Kommunen vielfach zu beobachtende Fehlentwicklung sind die sogenannten Scheinprivatisierungen. Hier werden bestimmte kommunale Aufgaben organisatorisch ausgegliedert und in privater Rechtsform wahrgenommen, aber die Anteile an den neuen Gesellschaften bleiben zu 100 % in der öffentlichen Hand. Dadurch werden nicht nur keine neuen Existenzen geschaffen. Die fortbestehende Subventionierung dieser scheinprivatisierten Gesellschaften verzerrt zudem den Wettbewerb und drängt konkurrierende Freiberufler und andere private Dienstleister ins wirtschaftliche Aus.

Personenbezogene Dienstleistungen – Chancen nicht nur für Geringqualifizierte

Der Begriff „personenbezogene Dienstleistungen“ ruft erfahrungsgemäß viele Mißverständnisse hervor. Eine präzise Abgrenzung gibt es nicht. Fest steht jedoch, daß zu den personenbezogenen Dienstleistungen keineswegs nur schlechtbezahlte Jobs für Ungelernte zählen. Die medizinische Behandlung durch den Arzt ist ebenso eine personenbezogene Dienstleistung wie die Darbietung eines Künstlers. Klassische Dienstleistungen wie Einzelhandel oder Gastronomie sind zweifellos personenbezogen.

Auch den personenbezogenen Dienstleistungen wird in allen wissenschaftlichen Untersuchungen eine kräftige Expansion vorhergesagt, wenn auch nicht ganz so stark wie bei den unternehmensbezogenen Dienstleistungen. Spitzenreiter ist das Gesundheits- und Pflegewesen, gefolgt vom Sektor Kultur und Unterhaltung.

Den personenbezogenen Dienstleistungen ist gemeinsam, daß sie sich nur dort gut entwickeln können, wo eine Dienstleistungskultur vorhanden ist. In einer Gesellschaft, in der das Dienen verpönt ist, kann sich ein Markt für personenbezogene Dienstleistungen kaum entwickeln. Hilfsbereitschaft, Zuverlässigkeit und Höflichkeit sind Tugenden, die jeder braucht, der mit Dienstleistungen sein Geld verdienen will. Das Dienen kommt vor dem Verdienen – leider wird das manchmal vergessen. Jeder von uns hat schon schlechte Erfahrungen mit unerfreulichen „Dienstleistungen“ gemacht: im Gasthaus, im Supermarkt oder am Bahnschalter, mit Reparaturbetrieben oder öffentlichen Ämtern. Wenn die schlechten Erfahrungen seltener und die guten häufiger werden, werden die personenbezogenen Dienstleistungen auch in Deutschland die Wertschätzung erhalten, die ihnen zusteht.

Zur Dienstleistungskultur gehört aber auch die Bereitschaft, Dienste in Anspruch zu nehmen. Wer sich „bedienen“ läßt und dafür bezahlt, braucht sich nicht zu schämen. Im Gegenteil: Zu viel Do-it-yourself ist für die Volkswirtschaft von Nachteil.

Koalition und Bundesregierung haben in den letzten Jahren wirksame Maßnahmen ergriffen, um Beschäftigungschancen bei den personenbezogenen Dienstleistungen besser zu erschließen. Personalausgaben im Haushalt können in weit höherem Umfang als früher als steuerliche Sonderausgaben geltend gemacht werden, vorausgesetzt, es handelt sich um reguläre, sozialversicherungspflichtige Arbeitsverhältnisse. Mit „Dienstleistungsschecks“ werden die privaten Arbeitgeber von bürokratischen Pflichten entlastet.

Demographische und gesellschaftliche Veränderungen werden zu einem Wachstum der personenbezogenen Dienstleistungen beitragen. Wegen des steigenden Bevölkerungsanteils älterer Menschen wird sich der Bedarf an Gesundheits-, Pflege- und Betreuungsdiensten erhöhen. Die zunehmende Frauenerwerbstätigkeit läßt für die Kinderbetreuung rasches Wachstum erwarten.

Eine verantwortungsbewußte Beschäftigungspolitik darf auch Geringqualifizierte nicht aus den Augen verlieren. Die früher sehr zahlreichen Arbeitsplätze für ungelernte Hilfskräfte in der Industrie verschwinden immer mehr, weil der Einsatz moderner, elektronisch gesteuerter Maschinen diese Tätigkeiten weitgehend ersetzen kann. Die betroffenen Menschen müssen in den Dienstleistungssektor ausweichen. Damit dies gelingt, müssen solche Dienstleistungen auch nachgefragt werden. Die Bundestagsfraktionen der CDU/CSU und der FDP haben es in ihrem Antrag „Mehr Beschäftigung im Dienstleistungssektor“ auf den Punkt gebracht: Bürger und Unternehmen sollen auch einfachere Leistungen wieder stärker zu akzeptablen Preisen in Anspruch nehmen können.

Flexibilisierung des Arbeitsmarktes, Liberalisierung der Dienstleistungsmärkte, Deregulierung der Dienstleistungsberufe

Der unterentwickelte Markt für einfache Dienstleistungen bei gleichzeitig hoher Arbeitslosigkeit zeigt eindeutig, daß sich in Deutschland auch strukturelle Änderungen vollziehen müssen, damit sich der Dienstleistungssektor voll entfalten kann. Der Arbeitsmarkt muß noch freier werden, damit sich mehr Beschäftigungsmöglichkeiten ergeben.

Mit den arbeitsrechtlichen Reformen der letzten Jahre, insbesondere mit den Erleichterungen für Zeitarbeit und befristete Arbeitsverhältnisse sowie der Lockerung des Kündigungsschutzes, ist das

Einstellungsrisiko für Arbeitgeber verringert worden. Starre Tarife und Arbeitszeitregelungen stehen aber nach wie vor einem breiten Beschäftigungsaufbau gerade im Dienstleistungssektor entgegen. Stärkere Tarifdifferenzierung und Lockerung tarifvertraglicher Bindungen sind notwendig, damit auch lohnintensive Dienstleistungen nachfragegerecht angeboten werden können.

In die falsche Richtung gehen da die Überlegungen, das Instrument der geringfügigen Beschäftigungsverhältnisse, der sogenannten 620-DM-Jobs, zu stark einzuschränken oder gar abzuschaffen. Gerade Dienstleistungsunternehmen sind auf dieses Instrument angewiesen, um Nachfragespitzen flexibel und schnell bewältigen zu können. Viele Betriebe im Tourismus und in der Gastronomie müßten ohne dieses Instrument aufgeben, da die Kosten für ineffiziente Vollzeitarbeitsplätze durch die Erträge nie gedeckt werden könnten. Umgekehrt würde sich bei einer Sozialversicherungspflicht der geringfügigen Beschäftigungsverhältnisse kein Arbeitnehmer mehr für diese Tätigkeiten finden.

Die Dienstleistungswirtschaft gedeiht am besten in einem freien Markt. Das gilt nicht nur für den Faktor Arbeit, sondern auch für die Wettbewerbsordnung. Die Liberalisierung der Verkehrs-, Telekommunikations- und Energiemärkte wird ein rasches Wachstum dieser Dienstleistungsbranchen zur Folge haben. Voraussetzung ist, daß der Wettbewerb funktioniert. Dafür haben wir im Telekommunikations- und Postgesetz, mit der Energierechtsreform und der 6. Kartellnovelle die besten Voraussetzungen geschaffen.

Überzogene berufs- und standesrechtliche Regelungen können ein weiterer Hemmschuh für eine positive Entwicklung des Dienstleistungssektors sein. Politiker wissen, daß es nicht einfach ist, Änderungen etwa beim Handwerksrecht oder beim Recht der freien Berufe durchzusetzen. Jede Deregulierung führt zu mehr Wettbewerb, was von den etablierten Anbietern oft als lästige Konkurrenz empfunden wird. Aus der Sicht der gesamten Volkswirtschaft gilt jedoch: Nicht das Verhindern von neuen Märkten schafft Arbeit, sondern nur das Ermöglichen neuer Angebote und Märkte. Effizientere Angebotsstrukturen und Leistungserbringung aus einer Hand sind vor allem bei europäischen und internationalen Aktivitäten unerläßlich. Wichtige Reformen im Recht der freien Berufe konnten wir durchsetzen. Die Novelle der Handwerksordnung, die handwerksübergreifende Dienstleistungen verstärkt ermöglicht, ist zum 1. April 1998 in Kraft getreten.

Wir können heute sagen: Deutschland ist ein hervorragender Standort für Dienstleistungen. Zwar sind die Potentiale bei weitem noch nicht ausgeschöpft. Aber die Voraussetzungen für ein breites Wachstum, das unseren Wohlstand sichert und neue Arbeitsplätze schafft, sind vorhanden.

Zusammenfassung

- Das Potential für mehr Dienstleistungen in Deutschland ist bei weitem noch nicht ausgeschöpft.
- Deutschland braucht auch in Zukunft eine stabile und wettbewerbsfähige industrielle Basis. Nur mit ihr können sich die unternehmensbezogenen Dienstleistungen weiterhin dynamisch entwickeln.
- Die intensive Nutzung der Informations- und Kommunikationstechnik stärkt die Dienstleistungswirtschaft insgesamt.
- Beim Dienstleistungsexport hat Deutschland Nachholbedarf. Die deutsche Wirtschaft sollte ihre starke Position beim Warenexport dafür nutzen, die Auslandsmärkte auch für produktbezogene Dienstleistungen zu erschließen.
- Der Dienstleistungssektor bietet Existenzgründern hervorragende Chancen. Investitionen in „Human Capital" sollten nicht nur vom Staat, sondern vor allem von privaten Kapitalgebern stärker gefördert und mitgetragen werden.
- Mit der Privatisierung öffentlicher Dienstleistungen kann der schlanke Staat verwirklicht und eine Vielzahl von Existenzgründungen im Dienstleistungssektor ermöglicht werden.
- Auch die personenbezogenen Dienstleistungen haben gute Entwicklungsperspektiven, wenn wir in Deutschland die Dienstleistungskultur pflegen und weiterentwickeln.
- Ein flexibler Arbeitsmarkt, offene Märkte ohne Wettbewerbsbeschränkungen und deregulierte Berufe sind die besten Voraussetzungen für eine dynamische Entwicklung der Dienstleistungswirtschaft.

ANGELA MERKEL

Soziale Marktwirtschaft in ökologischer Verantwortung

Mit der Einführung der sozialen Marktwirtschaft in Deutschland vor fast genau 50 Jahren begann eine beispiellose wirtschaftliche Erfolgsgeschichte. Die Basis dieses Erfolges ist die Fähigkeit des Marktes, die durch Eigeninteresse gelenkten Aktivitäten der einzelnen harmonisch zu koordinieren. Der Eigeninitiative der Privaten wird breiter Raum gegeben. Durch Kreativität und Tatkraft kann jeder seine Chance ergreifen und im eigenen Interesse verwirklichen. Durch den Wettbewerb am Markt werden diese Einzelinteressen „wie durch eine unsichtbare Hand" so aufeinander abgestimmt, daß letztlich das Gemeinwohl insgesamt gesteigert wird.

Der Markt löst das Koordinierungsproblem zwischen Einzelinteressen und Gemeinwohl für eine unüberschaubare Zahl von gesellschaftlichen Entscheidungsprozessen. Dies ist die unübertroffene Leistung der Marktwirtschaft.

Der Markt allein kann jedoch in einigen Bereichen aus strukturellen Gründen die gewünschte Koordinierungsrolle nicht erfüllen. Die klassischen Aufgaben des Staates wie z. B. die Landesverteidigung können nicht über den Markt geregelt werden. Auch im sozialen Bereich ist eine Flankierung der Marktwirtschaft erforderlich, die die Marktwirtschaft zur sozialen Marktwirtschaft macht.

Auch im Umweltschutz besteht die Gefahr, daß der Wettbewerb am Markt nicht zu einer ökonomisch und ökologisch sinnvollen Nutzung der natürlichen Ressourcen führt. Die Inanspruchnahme des öffentlichen Gutes Umwelt ist aus gesamtwirtschaftlicher Sicht für den jeweiligen Verursacher zu billig. Die negativen Folgen der verschmutzten Luft oder der verseuchten Abwässer werden nicht vom Verursacher allein, sondern von einer Vielzahl von Mitbürgern getragen. Der Verursacher selbst hat daher keinen ausreichenden Anreiz, sich umweltfreundlich zu verhalten. Daher ist es notwendig, daß der Staat die Anreize der Privaten zur Nutzung der natürlichen Ressourcen korrigiert und damit die negativen Folgen einer Übernutzung vermeidet. Die soziale Marktwirtschaft muß ökologische Verantwortung übernehmen. Um dieses Ziel zu erreichen, setzt der Staat einen ökologischen Rahmen für die Marktwirtschaft, innerhalb dessen sich wiederum die Kreativität und die Innovationsfreude der Privaten frei entfalten soll.

Gerade in den Anfängen der Umweltpolitik in den 70er Jahren wurde dieser ökologische Rahmen in Form von ordnungsrechtlichen Vorgaben gesetzt, die sich am Stand der Technik orientierten. Damit wurde festgeschrieben, daß bei bestimmten wirtschaftlichen Aktivitäten bestimmte Grenzwerte bei der Emission von Schadstoffen in die Luft oder das Wasser einzuhalten waren. Diese Politik der anlagebezogenen Grenzwerte war bei der Reduzierung von Massenschadstoffen überaus erfolgreich. So konnten bei gleichzeitig wachsender Wirtschaft die Gewässerqualität in Deutschland spürbar verbessert und die Schadstoffbelastungen in der Luft durch einen Rückgang der SO_2- und NO_x-Emissionen deutlich reduziert werden.

Das Instrument der ordnungsrechtlichen Vorgaben nach dem Stand der Technik war zur Vermeidung und Verminderung dieser zunächst im Vordergrund stehenden „klassischen" Umweltprobleme gut geeignet. Diese Umweltprobleme sind in der Regel lokaler Natur, sie sind unmittelbar vor Ort erkennbar, klar einem Verursacher zuordenbar, und sie können relativ einfach durch nachgeschaltete Anlagen wie z. B. Kläranlagen oder Luftfilter reduziert werden. In einer solchen Situation sind ordnungsrechtliche Vorgaben in der Lage, schnell und zuverlässig die entsprechenden Emissionsminderungen sicherzustellen. Darüber hinaus stellen solche Vorgaben an jeden einzelnen Marktteilnehmer unabhängig voneinander die gleichen Anforderungen, so daß sie keine wettbewerbsverzerrenden Wirkungen haben. Dies entspricht der Idee eines Rahmens für die Marktwirtschaft, der in das Marktgeschehen selbst praktisch nicht eingreift.

Nachteilig an ordnungsrechtlichen Vorgaben in Form von Grenzwerten ist jedoch, daß sie dem Verursacher keine hinreichenden dynamischen Anreize zur Verminderung des Schadstoffausstoßes über die festgelegten Grenzwerte hinaus geben. Diese dynamischen Anreize sind jedoch ein Wesensmerkmal der Marktwirtschaft und der Grund für die hohe Innovationskraft von Marktwirtschaften. Daher liegt es nahe, auch in der Umweltpolitik nach Instrumenten zu suchen, die dem Verursacher dynamische Anreize für die weitere Verminderung von Emissionen und für die Entwicklung von Innovationen geben. Als marktwirtschaftliche Instrumente der Umweltpolitik bezeichnet man daher solche Eingriffe in das Marktgeschehen, die versuchen das Marktversagen bei Umweltproblemen unmittelbar zu beheben. Dies kann entweder geschehen, indem durch den Staat die ansonsten vernachlässigten Umweltschutzkosten über Steuern oder Abgaben in die Preissignale internalisiert werden, oder indem der Staat einen speziellen Markt für Verschmutzungen künstlich schafft und entsprechende Lizenzen handeln läßt. Bei aller theoretischen Vorteilhaftigkeit dieser Instrumente ist jedoch zu berücksichtigen, daß sie zum Teil erhebliche praktische Schwierigkeiten bei der Umsetzung aufweisen. Das ideale umweltpolitische Instrument, das in jedem Fall die erste Wahl ist, gibt es nicht. Erforderlich ist vielmehr eine sorgfältige Prüfung des jeweiligen umweltpolitischen Problems und der jeweils vorliegenden gesamtwirtschaftlichen Rahmenbedingungen.

Am Ende des 20. Jahrhunderts wird die Umweltpolitik vor neue Herausforderungen gestellt. Die heutigen Umweltprobleme – beispielsweise die Zerstörung der Ozonschicht oder die Gefahr einer sich über mehrere Jahrzehnte hinziehenden, allmählichen Erwärmung des Klimas – gehen über die oben angesprochenen klassischen Umweltprobleme in zeitlicher, örtlicher und qualitativer Hinsicht hinaus:

- Zeitlich übersteigt der langfristige Charakter vieler Umweltprobleme oft unser Vorstellungsvermögen.
- Örtlich lassen sich Umweltprobleme oft nicht lokal oder national einengen, sondern sind grenzüberschreitend oder sogar globalen Ausmaßes.
- Qualitativ sind die auslösenden Faktoren – wie etwa das Verbrennungsgas CO_2 – so gestaltet, daß sie integrierte Lösungen erfordern und sich einer Behandlung mit nachgeschalteten Technologien entziehen.

Die oft langfristigen umweltrelevanten Prozesse finden nur schwer Eingang in unser Denken. Heute etwas zu tun, um eine Bedrohung abzuwenden, die erst in der ferneren Zukunft eintritt – dies überfordert in vielen Fällen die eher kurzfristig orientierten politischen und gesellschaftlichen Entscheidungsprozesse. Auch der Markt hat in der Regel Schwierigkeiten, sehr langfristige Entwicklungen unter Berücksichtigung zukünftiger Generationen zutreffend zu bewerten, und kann schon allein deswegen diese Probleme schwer lösen.

Für die mit dem Übergang zu einem nachhaltigen Wirtschaften einhergehenden notwendigen Änderungen sind eine breite Akzeptanz in der Gesellschaft und aktives Handeln eines jeden einzelnen erforderlich. Nur auf der Basis dieser politischen Akzeptanz läßt sich das erforderliche Handeln des Staates rechtfertigen, mit dem die ökologische Verantwortung der sozialen Marktwirtschaft verankert wird. Um das Bewußtsein für Langfristprobleme in der Gesellschaft zu stärken, halte ich es für dringend erforderlich, Umweltprobleme, aber auch die Ergebnisse unserer Anstrengungen zur Bewältigung von Umweltproblemen, meßbar zu machen. Die Umweltpolitik hat bisher kein bekanntes, allgemein anerkanntes Maß für Erfolg oder Mißerfolg. Im Gegensatz zu anderen Politikbereichen fehlt es der Umweltpolitik an einigen wenigen Meßgrößen, die eine Beurteilung der Umweltsituation ermöglichen und damit eine Leitfunktion für die umweltpolitische Diskussion übernehmen können. Während z. B. das Bruttosozialprodukt, die Arbeitslosenquote oder die Inflationsrate eine zentrale Rolle in der politischen Diskussion spielen, gibt es für die Umweltpolitik keine vergleichbaren Indikatoren.

Im April 1998 habe ich den Entwurf eines umfassenden umweltpolitischen Schwerpunktprogramms für die nächsten zehn bis 15 Jahre zur Diskussion gestellt. Ein zentraler Bestandteil dieses Schwerpunktprogramms ist das Umwelt-Barometer Deutschland, ein Satz von wenigen Umweltindikatoren, die ab sofort jedes Jahr veröffentlicht werden. Diese Indikatoren decken die wichtigsten Themenschwerpunkte des Umweltschutzes ab und sind mit politischen Zielfestlegungen verbunden.

Das Umwelt-Barometer kann allerdings – genauso wie das Bruttosozialprodukt – die für konkrete politische Entscheidungen auf lokaler, regionaler, nationaler und internationaler Ebene benötigten Detailinformationen nicht ersetzen. Antworten soll es auf folgende Fragestellungen geben, die in besonderem Maße für die Stärkung eines langfristig ausgerichteten Ansatzes in der Umweltpolitik relevant sind:

1. Wie ist die Trendentwicklung bei den prioritären Umweltproblemen? Werden umweltpolitische Ziele erreicht?

2. In welchen Bereichen bestehen aus ökologischer Perspektive die größten Abweichungen vom Pfad einer nachhaltigen Entwicklung? Wo liegt der größte umweltpolitische Handlungsbedarf?

Für mich ist das Umwelt-Barometer Deutschland ein wesentliches Element einer rationalen Umweltpolitik, das es uns erleichtern wird, den notwendigen ökologischen Rahmen für die soziale Marktwirtschaft mit Blick auf eine nachhaltige Entwicklung zu definieren.

Die heute im Vordergrund stehenden Umweltprobleme haben neben der neuen zeitlichen Dimension zunehmend grenzüberschreitenden oder sogar globalen Charakter, sind also örtlich kaum zuzuordnen. Zugleich nehmen die weltweiten wirtschaftlichen Verflechtungen in bisher ungekanntem Ausmaß zu und erzwingen international abgestimmte Lösungen und oft weltweite Zusammenarbeit in Umwelt- und Wirtschaftspolitik.

In Europa haben wir diese Herausforderung schon frühzeitig begriffen und haben die wirtschaftliche Integration schon früh mit intensiver umweltpolitischer Zusammenarbeit verknüpft. Seit Jahrzehnten ist es in Europa eine Selbstverständlichkeit, daß der Abbau von wirtschaftlichen Grenzen den Aufbau eines europäischen ökologischen Ordnungsrahmens erfordert. Dieser ökologische Ordnungsrahmen trägt nicht nur zu dem anerkannt hohen Umweltschutzniveau in Europa bei, sondern schafft auch für die Unternehmen Rechtssicherheit und schützt vor Wettbewerbsverzerrungen zwischen den europäischen Volkswirtschaften. Die europäische Dimension wird künftig für den Umweltschutz weiter an Bedeutung gewinnen.

Zu den wichtigsten Handlungsfeldern auf Gemeinschaftsebene gehören in den nächsten Jahren die Klimaschutzpolitik, der Schutz des Naturhaushaltes, die Verminderung der Schadstoff- und Lärmemissionen im Verkehrsbereich, die Durchsetzung der Produktverantwortung als Beitrag zur Ressourcenschonung, die verstärkte Integration der Umweltpolitik in andere Gemeinschaftpolitiken sowie die Harmonisierung und Weiterentwicklung des umweltpolitischen Instrumentariums. Ebenso ist die anstehende schrittweise Aufnahme mittel- und osteuropäischer Staaten in die EU eine wichtige Herausforderung.

Daß Umweltprobleme über den Rahmen der Europäischen Union hinaus zunehmend der weltweiten umweltpolitischen Zusammenarbeit bedürfen, ist selbstverständlich. Beispiele hierfür sind der Schutz der Erdatmosphäre, der Schutz der biologischen Vielfalt, der Schutz der Wälder, die Schonung von Ressourcen oder der Meeresschutz.

In diesem Zusammenhang müssen wir aber auch berücksichtigen, daß die Weltwirtschaft in den vergangenen Jahren weiter zusammengewachsen ist. Moderne Verkehrs-, Informations- und Kommunikationstechnologien ermöglichen es, die ökonomischen Vorteile verschiedener Standorte immer reibungsloser zu kombinieren und Innovationen immer schneller verfügbar zu machen. Die rasche Verbreitung moderner Technologie und der mit der Globalisierung einhergehende Strukturwandel kommen häufig auch dem Umweltschutz zugute, doch hat die globalisierte Wirtschaft ohne wirksame Gegenmaßnahmen beispielsweise auch einen drastischen Anstieg des Verkehrsaufkommens zur Folge, der Ursache von Klimaänderungen, Waldschäden, Flächenverbrauch und Gesundheitsschäden ist. Zugleich führt die wachsende Verflechtung der Weltwirtschaft dazu, daß sich der Wettbewerb zwischen verschiedenen Wirtschaftsstandorten verschärft und die nationalen Spielräume für die Politikgestaltung enger werden. Zunehmend müssen wir erkennen, daß ein rein nationaler ökologischer Rahmen für die Marktwirtschaft die Fähigkeit zur Problemlösung verliert.

Ob positive oder negative Umwelteffekte der Globalisierung überwiegen, wird von politischen Entscheidungen abhängen: Ohne effektive nationale und vor allem auch internationale Umweltpolitik werden die Auswirkungen der Globalisierung tendenziell die jetzt schon bestehenden Umweltprobleme verstärken. Gleichzeitig steigert der durch die Globalisierung verstärkte Wettbewerb den Druck auf Regierungen, die Wettbewerbsfähigkeit der heimischen Industrie nicht durch höhere Umweltstandards als die, die ausländische Wettbewerber erfüllen müssen, zu verschlechtern.

Die Antwort der Umweltpolitik auf die Globalisierung der Wirtschaftsbeziehungen muß meiner Ansicht nach ein globaler ökologischer Ordnungsrahmen sein. Für alle Akteure auf den Weltmärkten muß es klare Spielregeln geben, die sicherstellen, daß auch im globalen Wettbewerb der Schutz der Umwelt einen ausreichenden Stellenwert behält. Auch weltweit gilt, daß die Einschränkung von nationalen Regelungsmöglichkeiten durch den Aufbau von Regelungsmöglichkeiten auf internationaler Ebene kompensiert werden muß. Dabei sind flexible Regelungen anzustreben, die auf die Umweltsituation und andere Besonderheiten einzelner Länder Rücksicht nehmen, wo dies geboten erscheint.

Ein ökologischer Rahmen fordert zunächst klare international abgestimmte rechtliche Vorgaben für umweltverträgliches Wirtschaften. Die internationalen und regionalen Umweltabkommen müssen ausgebaut werden, die internationalen Umweltinstitutionen gestärkt werden. Gestärkt werden muß aber auch die regionale Umweltzusammenarbeit insbesondere dort, wo eine Liberalisierung der regionalen Wirtschaftsbeziehungen etwa durch Freihandelsabkommen vorangetrieben wird.

Über den Ausbau der internationalen Umweltpolitik hinaus gewinnt hierfür die Integration von Umweltaspekten in internationale Handels-, Investitions- und Finanzierungsaktivitäten zunehmend an Bedeutung. Bei jedem internationalen Wirtschaftsabkommen, aber auch bei sonstigen international koordinierten Wirtschaftsaktivitäten sollte geprüft werden, inwieweit eine Berücksichtigung von Umweltaspekten zu einer nachhaltigen Entwicklung beitragen kann. Es sollten entsprechende Umweltregelungen aufgenommen werden. Beispiele sind die WTO-Regeln und die Investitionsregelungen des Multilateralen Investitionsabkommens der OECD (MAI), aber auch regionale und interregionale Freihandelsabkommen sowie die OECD-weite Einführung von praktikablen Umweltmindeststandards bei staatlich gestützten Exportkreditversicherungen.

Bei allen Bemühungen um einen ökologischen Ordnungsrahmen für die Weltwirtschaft müssen Flexibilität und Eigenverantwortung aller Wirtschaftsakteure einen hohen Stellenwert haben. Bereits jetzt zeigt sich, daß Wirtschaftsunternehmen in vielen Fällen eigenverantwortlich internationale Aktivitäten für ein nachhaltiges Wirtschaften durchführen. Ein besonders wichtiges Beispiel ist die Erarbeitung der internationalen Normen zum Umweltmanagement (ISO 14000 ff.). Zunehmend wirken Hersteller auch auf ihre Lieferanten ein, um so über die ganze Lieferkette hinweg Verbesserungen für ein nachhaltiges Wirtschaften zu erreichen. Oft ist hier Druck von der Verbraucherseite entscheidend. Der Staat muß diese Entwicklung auch weiterhin fördern.

Als Beitrag zur ökologischen Komponente der Globalisierung muß schließlich meiner Ansicht nach die internationale Staatengemeinschaft die institutionellen Möglichkeiten der Umweltkooperation über die traditionellen Inhalte internationaler Umweltabkommen hinaus weiterentwickeln und die Aufgabe in Angriff nehmen, internationale Umweltmindeststandards zu erarbeiten. Bisher enthalten nur einige Umweltabkommen konkrete Reduzierungsziele; viele Verpflichtungen sind nur allgemeine Handlungsanweisungen. Mittel- bis langfristig muß ein dauerhafter ökologischer Ordnungsrahmen für die Weltwirtschaft daneben auch konkrete technische Mindeststandards für Anlagen oder Produkte sowie Verfahrensstandards etwa zur Umweltverträglichkeitsprüfung umfassen. Hier kann die Umweltpolitik der Europäischen Union ein Vorbild sein.

Nicht nur zeitlich und örtlich weisen die Umweltprobleme des 21. Jahrhunderts eine neue Dimension auf, sondern auch qualitativ. Gerade die qualitative Dimension der Umweltprobleme verlangt neue Strategien und Lösungsansätze in der Umweltpolitik. Das umweltpolitische Instrumentarium in Deutschland hat – wie bereits dargelegt – seinen Schwerpunkt traditionell im Ordnungsrecht, das auch in Zukunft eine unverzichtbare Grundlage der Umweltpolitik bleiben wird. Viele Umweltprobleme lassen sich heute jedoch mit anlagenbezogenen Grenzwertregelungen allein nicht lösen. CO_2-Emissionen z. B. lassen sich nur schwer durch nachgeschaltete Techniken vermeiden; Umweltbelastungen aus einer Vielzahl diffuser Quellen können ebenfalls mit dem traditionellen anlagenbezogenen Umweltrecht nicht bewältigt werden.

Hinzu kommt die Herausforderung, Umweltprobleme nicht isoliert ohne Rücksicht auf die Auswirkungen in anderen Umweltbereichen zu lösen, sondern eine Gesamtbetrachtung aller von einer Quelle ausgehenden Belastungen vorzunehmen. Gefordert sind integrierte Lösungen, die bereits bei der Konzeption des gesamten Produktionsprozesses und der Produkte ansetzen müssen.

Die Umweltpolitik muß den Erfordernissen, die sich aus einem in Produkte und Verfahren zu integrierenden Umweltschutz ergeben, den ihnen gebührenden Stellenwert in der gesellschaftlichen Diskussion und in Entscheidungsprozessen verschaffen. Kennzeichnend für unsere Umweltpolitik ist darum ein Ansatz umfassender Einbindung aller Entscheidungsträger, die zu einem integrierten Umweltschutz beitragen müssen.

Die umfassende Einbindung aller staatlichen Behörden in eine integrierte Genehmigungsentscheidung auf der Grundlage der IVU-Richtlinie ist ein wichtiger Schritt in diese Richtung. Wir wollen diesen Übergang zu einer integrierten Genehmigung mit einem noch umfassenderen Vorhaben verknüpfen: der Integration des Umweltrechts in einem einheitlichen Umweltgesetzbuch. Bisher sind in Deutschland die Vorschriften des Umweltrechts auf viele Einzelgesetze verteilt. Dies erschwert nicht nur ihr Auffinden, sondern hat auch zu unterschiedlichen Begrifflichkeiten, Systemen und Regelungsansätzen geführt.

Das Umweltgesetzbuch soll die zentralen umweltrelevanten Vorschriften nicht nur in einem einheitlichen Gesetzeswerk zusammenfassen und harmonisieren, sondern auch vereinfachen und das Umweltrecht weiterentwickeln. Das Umweltrecht wird so schneller und besser vollziehbar, ohne daß dies mit einem Verlust von verfahrensrechtlichen oder materiellen Standards verbunden wäre. Zudem bietet das Umweltgesetzbuch Gelegenheit, das klassische Ordnungsrecht mit neuen Instrumenten zu verbinden, den Beteiligten mehr Eigenverantwortung zu übertragen und dabei gleichzeitig die Anzahl der Vorschriften zu verringern.

In einem ersten Schritt soll mit dem Ersten Buch zum Umweltgesetzbuch (UGB I) eine einheitliche Grundlage für die Prüfung und Genehmigung von großen umweltrelevanten Vorhaben, wie etwa Industrieanlagen, Abfalldeponien, Abwasserbehandlungsanlagen und Leitungsanlagen, geschaffen werden. Im Zusammenhang damit steht die Anpassung bestehender und zugleich die Schaffung neuer untergesetzlicher Normen- und Regelwerke zur Konkretisierung der Anforderungen des UGB I. Dabei ist der produktionsintegrierte Umweltschutz besonders zu berücksichtigen.

Dem integrierten Umweltschutz dient aber auch das Instrument der Selbstverpflichtungen, dessen Stellenwert in der Umweltpolitik deutlich gewachsen ist. Mit diesem Instrument soll Akteuren aus der Wirtschaft Gelegenheit gegeben werden, bestimmte umweltpolitische Ziele in einer bestimmten Frist durch eigenverantwortliches Handeln zu verwirklichen und damit staatliche Eingriffe überflüssig zu machen. Wirtschaftsverbände bzw. Unternehmen verpflichten sich gegenüber dem Staat auf ein konkretes umweltpolitisches Ziel und legen fest, wie der Nachweis der Einhaltung der Verpflichtung geführt werden soll. Eine Kontrolle der Zielerreichung von seiten des Staates ist jedoch unabdingbar.

Zusätzliche Umweltentlastungspotentiale können mit dem Instrument Selbstverpflichtungen gerade im Bereich des integrierten und des produktbezogenen Umweltschutzes ausgeschöpft werden, da insoweit der klassische ordnungsrechtliche Ansatz oft nicht sinnvoll ist. Hier kann durch die Aktivierung der ökologischen Eigenverantwortung – insbesondere im Rahmen umfassender langfristiger Zielsetzungen – ein „Mehr" an Umweltschutz erreicht werden.

Der Anspruch, bereits bei der Konzeption des gesamten Produktionsprozesses und der Produkte anzusetzen, und die Bewältigung des Übergangs zum produkt- und produktionsintegrierten Umweltschutz sind nicht nur eine Herausforderung an die Politik, sondern primär eine Herausforderung an die Innovationsfähigkeit unserer Wirtschaft. Expertenbefragungen im Rahmen der Delphi-Studie des Bundesforschungsministeriums zeigen die erheblichen technologischen Potentiale im Umweltbereich auf. Genannt werden z. B. die äußerst sparsame Energieverwendung durch kombinierte Wärmenutzung und die großtechnische Anwendung der Erzeugung von Wasserstoff unter Nutzung der Sonnenenergie; hierdurch würden extrem hohe Schadstoffreduktionen im Anlagenbereich und fast völlige Schadstofffreiheit im Kfz-Verkehr ermöglicht. Die Fortsetzung einer marktwirtschaftlichen Umweltpolitik schafft Anreize für Innovationen und gibt damit Impulse für die Modernisierung der Wirtschaft und zugleich auch für die Ausschöpfung von teilweise erheblichen Kostensenkungspotentialen.

Durch innovativen Umweltschutz kann ein Beitrag zur Erhöhung der betrieblichen Effizienz und der Rentabilität geleistet werden. Nach Expertenmeinung sind die betrieblichen Kosten unterlassenen Umweltschutzes inzwischen in vielen Bereichen höher als die Kosten von Umweltschutzmaßnahmen. Das bedeutet, daß ein konsequent durchgeführter Umweltschutz in einem Unternehmen z. B. durch Reduzierung des Energie-, Wasser- oder Rohstoffverbrauchs, durch Abfalltrennung und -verwertung oder durch Wiederverwendung von Verpackungen erhebliche Kostensenkungspotentiale ermöglicht.

Hierfür gibt es bereits eine Vielzahl von Erfolgsbeispielen. Und dies betrifft keineswegs nur Großunternehmen, sondern es wurden auch in kleinen und mittelständischen Betrieben bemerkenswerte umweltschutzbedingte Kosteneinsparungen realisiert. Voraussetzung dafür ist eigenverantwortliches und kreatives Handeln der Unternehmer, aber auch der Mitarbeiter. Und da sich das Thema Umweltschutz in besonderer Weise zur Mitarbeitermotivation eignet, kann von der Umsetzung einer umweltorientierten Unternehmensführung auch ein allgemeiner Produktivitätsschub erwartet werden.

Sicher zeigen die bisherigen Erfahrungen, daß Effizienzsteigerungen allein nicht automatisch zu einem Rückgang des absoluten Ressourcenverbrauchs und der absoluten Umweltbelastung führen. Dennoch bringt uns jeder einzelne Schritt, der durch betriebliche Innovationen dazu beiträgt, den klassischen, nachsorgenden Umweltschutz zu einem vorsorgenden, in die Entscheidungsprozesse der Unternehmen integrierten Umweltschutz weiterzuentwickeln, gleichzeitig einen Schritt in Richtung einer nachhaltigen Entwicklung voran.

Eine zentrale Rolle bei der Realisierung von integrierten Umweltschutzmaßnahmen sehe ich bei der umweltorientierten Unternehmensführung. Für mich ist eine vorausschauende, umweltorientierte Unternehmensführung, die dazu dient, intelligente Lösungen für Produkt- und Prozeßgestaltung sowie für organisatorische Strukturen zu identifizieren und umzusetzen, eindeutig eine notwendige Voraussetzung für eine erfolgreiche und zugleich nachhaltige Unternehmenspolitik.

Als zentrales Instrument gehört das Umweltmanagement in vielen Unternehmen bereits zur guten betrieblichen Praxis und dient dabei nicht nur dem Umweltschutz. Durch vielfältige ökonomische Vorteile eröffnet es auch neue Chancen im Wettbewerb. Zu den unmittelbaren ökonomischen Vorteilen sind unter anderem die Kostensenkungspotentiale betrieblicher Umweltschutzmaßnahmen z. B. durch Einsparungen in den Bereichen Energie, Abfall und Abwasser zu zählen. Betriebliches Umweltmanagement hat aber neben den unmittelbaren ökonomischen Vorteilen noch zahlreiche weitere positive Effekte:

- laufende Optimierung und Erneuerung der Produktionsstrukturen durch kontinuierlichen Verbesserungsprozeß in bezug auf Anlagen und Aggregate;

- erhöhte „Rechtsbefolgungssicherheit" durch die Verpflichtung zur Einhaltung des geltenden Umweltrechtes;
- stärkere Mitarbeitermotivation, die einen regelrechten Produktivitätsschub bewirken kann;
- ein reduziertes Störfallrisiko, das sich auf Beseitigungs- und Wiederherstellungskosten, Imageverlust, Versicherungsbeiträge usw. günstig auswirken kann;
- verbesserte Absatzmöglichkeiten durch Imagegewinn;
- und – nicht zuletzt – weniger Konfliktsituationen mit Aufsichts- und Genehmigungsbehörden durch optimierten Informationsfluß und optimierte Kommunikation.

Der Umweltschutz wird durch ein derartiges Umweltmanagement in die gesamtunternehmerische Sicht integriert. Die Erwartungen, daß ein solches Konzept eine gewisse Eigendynamik bei der Umsetzung und Entwicklung des betrieblichen Umweltschutzes hin zu einem integrierten, d. h. eben auch anlagen- und abteilungsübergreifenden Umweltschutz mit sich bringt, haben sich anscheinend voll bestätigt. Ein effektives Umweltmanagement stimuliert die Innovationsfähigkeit und Flexibilisierung des Unternehmens und trägt zu dessen besserer marktlicher Positionierung bei. Gleichzeitig leistet es mit der Modernisierung von Produkten und Verfahren einen wichtigen Beitrag für die gesamte Volkswirtschaft. Ein konsequent in die Unternehmen integrierter Umweltschutz ermöglicht überhaupt erst die Entwicklung hin zu einer nachhaltigen, umweltgerechten Wirtschaftsweise.

Betriebliches Umweltmanagement ist ein zentrales Element zur eigenverantwortlichen Bewältigung von Umweltproblemen. Der Staat unterstützt insbesondere mit der EG-Öko-Audit-Verordnung und dem Umweltauditgesetz die Einführung moderner Umweltmanagementsysteme. Das Anwendungsgebiet der Öko-Audit-Verordnung in Deutschland wurde 1997 auch auf Teile des Dienstleistungssektors ausgedehnt.

Produktbezogener Umweltschutz ist fast schon per definitionem integrierter Umweltschutz. Im Bereich der Produktgestaltung besteht ein erhebliches Reduzierungspotential. Gerade hier sind aber flächendeckende ordnungsrechtliche Regelungen, die über einzelne besonders emissionsrelevante Produkte hinausgehen, nicht machbar bzw. würden zu einem unvertretbaren Anstieg von Bürokratie bis hin zur Planwirtschaft führen. Produktbezogener Umweltschutz berührt naturgemäß in hohem Maße das Funktionieren des europäischen Binnenmarkts. Daher halte ich ein europäisch abgestimmtes Vorgehen auf diesem Gebiet für dringlich.

Eine wichtige Entscheidungshilfe im produktbezogenen Umweltschutz sind Ökobilanzen, die eine umfassende und integrierte Bewertung der von Produkten ausgehenden Umweltbelastungen ermöglichen. Das Bundesumweltministerium hat daher die Aktivitäten zur Fortentwicklung dieses Instruments erheblich verstärkt und wird sich hierbei auch weiter engagieren. Auch international haben die Normungsarbeiten auf dem Gebiet produktbezogener Ökobilanzen inzwischen bemerkenswerte Fortschritte gemacht. Ökobilanzen sollten überall dort eingesetzt werden, wo Bewertungen und Entscheidungen mit Auswirkungen auf den Umweltschutz und eine nachhaltige Entwicklung erforderlich sind. Dies betrifft nicht nur die Industrieunternehmen, sondern z. B. auch den Handel, die Verbraucherzentralen, die Umweltberatungsstellen und die Gewerkschaften.

Einen besonderen Stellenwert für den produktbezogenen Umweltschutz hat das Konzept der Kreislaufwirtschaft. Von zentraler Bedeutung für den Weg zur Kreislaufwirtschaft war die Erkenntnis, daß Probleme der Abfallwirtschaft in erster Linie durch Maßnahmen bei der Gestaltung von Produkten und Produktionsabläufen zu lösen sind und daß diese Maßnahmen von der Wirtschaft und nicht von staatlicher Seite ergriffen werden müssen. Die Wirtschaftssubjekte werden zu solchen Maßnahmen jedoch nur dann bereit sein, wenn die durch die Politik vorgegebenen Rahmenbedingungen Anreize zu einer derartigen Verhaltensänderung anbieten.

Die Durchsetzung dieses Prinzips verfolgen wir z. B. mit der Einforderung der Produktverantwortung. Diese stellt eindeutig klar: Wer Güter produziert und vermarktet, ist für die Vermeidung, Verwertung und umweltverträgliche Entsorgung der dabei anfallenden Abfälle selbst verantwortlich. Die alte Rollenverteilung, bei der der private Sektor produzierte und konsumierte, der öffentliche Sektor jedoch auf Kosten der Allgemeinheit die dabei entstehenden Abfälle zu entsorgen hatte, ist passé.

Die soziale Marktwirtschaft in ökologischer Verantwortung hat mit den sich wandelnden Umweltproblemen eine andere Ausrichtung bekommen. Die ursprüngliche Vorstellung des ordnungsrechtlichen Rahmens ging davon aus, daß staatlicherseits an einigen eher begrenzten Stellen Grenzwerte für individuelles Verhalten festgesetzt werden könnten und dies für den Erhalt unserer Lebensgrundlagen letztlich ausreichend sei. Inzwischen müssen wir erkennen, daß wir vor neuen Herausforderungen stehen, die andere Lösungsstrategien erfordern. Der Staat kann und darf letztlich nicht alle unsere Umweltprobleme lösen wollen, indem er in den unendlich vielen umweltrelevanten Bereichen bis zur einzelnen Anlage oder Aktivität »heruntergebrochene« Grenzwerte setzt. Einerseits erhielte die soziale Marktwirtschaft damit im Ergebnis keinen Rahmen mehr, sondern ein stark einschnürendes Korsett. Andererseits fehlt dem Staat aufgrund der neuen Qualität der Umweltprobleme die notwendige Allwissenheit, um eine solche Strategie auch nur halbwegs sinnvoll umzusetzen.

Auf dem Weg zu einer umweltgerechten nachhaltigen Entwicklung benötigen wir einen in alle Lebensbereiche integrierten Umweltschutz. Integrierter Umweltschutz läßt sich nicht mit althergebrachten Ansätzen in der Umweltpolitik bewältigen, integrierter Umweltschutz erfordert neue Strategien in der Umweltpolitik. Die Umweltpolitik hat diese Herausforderung angenommen und eine Reihe neuer Instrumente zum Einsatz gebracht. Diesen Instrumenten ist gemeinsam, daß sie nicht den Anspruch erheben, den Wirtschaftsakteuren den Übergang zu integriertem Umweltschutz im Detail vorzuschreiben. Vielmehr gehen sie davon aus, daß neben dem Umdenken bei den Verbrauchern neue Strategien für integrierte Ansätze in den Unternehmen selbst von zentraler Bedeutung sind. Die Umweltpolitik bindet darum die Unternehmen in ihre umweltpolitische Verantwortung verstärkt ein. Die Entwicklung hin zu einem in Verfahren, Techniken und Produkte integrierten Umweltschutz verlangt eigenverantwortliches Handeln in den Unternehmen und ein hohes Maß an Kreativität. Konzernstrategen, die ihren Entwicklungsabteilungen rechtzeitig die richtigen Vorgaben machen, mittelständische Unternehmer, die Energiespartechniken zur Marktreife bringen, Banken, die ihre Klienten auch unter ökologischen Aspekten betrachten, und Kunden, die ein Gefühl für die ökologische Qualität der Produkte entwickeln, können gemeinsam den Weg in eine Zukunft weisen, die weiterhin durch hohe Lebensqualität, soziale Gerechtigkeit und Wohlstand geprägt sein wird. Dies ist der Weg, auf dem wir die ökologische Verantwortung der sozialen Marktwirtschaft verstärken müssen. Die ökologische Verantwortung ist somit gleichzeitig immer auch ein Appell an Verbraucher und Unternehmer, durch ihre Eigeninitiative an einer umweltgerechten nachhaltigen Entwicklung aktiv und kreativ mitzuwirken.

IV.
Europapolitik für Deutschland

MARKUS FERBER

Verkehrspolitik als Wirtschaftsfaktor in Europa

Europäische Verkehrspolitik als Motor für den Binnenmarkt

Erst 27 Jahre nach der Gründung der Europäischen Wirtschaftsgemeinschaft durch die Römischen Verträge im Jahr 1957 wurde in ganz Europa ernsthaft begonnen, eine gemeinsame europäische Verkehrspolitik zu entwickeln. Anlaß war nicht zuletzt eine Untätigkeitsklage des Europäischen Parlaments aus dem Jahr 1983, aufgrund deren der Europäische Gerichtshof in seinem Urteil vom 22. Mai 1985 den Rat aufforderte, im Rahmen der Dienstleistungsfreiheit einheitliche Regeln im Bereich der Verkehrspolitik in der Europäischen Gemeinschaft festzulegen.

Unterstützt durch die Vorbereitungen zur Vollendung des Binnenmarktes Mitte der 80er Jahre wurde die Notwendigkeit einer europäischen Verkehrspolitik immer deutlicher, sind doch die Grundfreiheiten des Binnenmarktes, insbesondere der freie Waren- und Personenverkehr, nur mit leistungsfähigen, grenzüberschreitend verknüpften Verkehrssystemen realisierbar.

Mit dem Maastrichter Vertrag wurde schließlich der Europäischen Union die Zuständigkeit zuerkannt, ein transeuropäisches Verkehrsnetz in Zusammenarbeit mit den Mitgliedstaaten zu definieren und grenzüberschreitende, prioritäre Projekte zu entwickeln. Damit wurde durch die Mitgliedstaaten die besondere Bedeutung der Verkehrspolitik als wirksames Instrument zur Vollendung des Binnenmarktes anerkannt und vertraglich festgeschrieben.

Europäische Verkehrspolitik kann deswegen nicht bedeuten, über zentralistischen Dirigismus Verkehrsträger oder Streckenführung vorzuschreiben, sondern europäische Verkehrspolitik muß Garant dafür sein, daß die Vorteile eines gemeinsamen Marktes – die Kraft einer in ganz Europa arbeitsteilig organisierten Wirtschaft – letztendlich auch zur Entfaltung kommen können. Wohlstand und soziale Sicherheit in ganz Europa können auch im nächsten Jahrtausend nur gesichert werden, wenn der freie Warenverkehr dauerhaft gewährleistet werden kann. Europäische Aufgabe ist es, anhand bestimmter Kriterien eine effiziente Transportmöglichkeit zur Verfügung zu stellen. Jeder andere Ansatz würde zwangsläufig zu Staatsdirigismus und damit zu einer Schwächung der Wettbewerbsfähigkeit auf den internationalen Märkten führen. Der wirtschaftlich integrative Ansatz der europäischen Einigung ist der Schlüssel zum Verständnis der Bedeutung einer Verkehrspolitik für ganz Europa.

Leitlinien europäischer Verkehrspolitik

Zu Unrecht wird Verkehrspolitikern vorgeworfen, sie würden alles daransetzen, daß möglichst viel Verkehr erzeugt wird, um dann große Infrastrukturvorhaben realisieren zu können. Genau das Gegenteil ist der Fall: Verantwortungsbewußte Verkehrspolitik heißt, dafür zu sorgen, daß vorhandene Infrastruktur möglichst effizient genutzt werden kann. Dies gilt insbesondere auf europäischer Ebene. Gleichzeitig gilt es auch, den Verkehrsträger zum Einsatz zu bringen, der darüber hinaus am besten geeignet ist, am umweltschonendsten eine Transportaufgabe zu lösen. Unter dem Begriff „Sustainable Mobility", nachhaltige Verkehrspolitik, lassen sich solche Überlegungen zusammenfassen. Nah- und Lieferverkehre lassen sich optimal nur mit Lkw realisieren. Dagegen ist für große Strecken die Binnenschiffahrt oder die Schiene, je nach Verfügbarkeit, der ideale Verkehrsträger. Geht es um Geschwindigkeit, ist der Lufttransport sicherlich am besten geeignet. Nachhaltigkeit bedeutet ebenso, daß Leerfahrten, die heute noch rund 30 % des Lkw-Verkehrs in Deutschland ausmachen, vermieden werden.

Gleichzeitig geht es aber auch darum, eine marktorientierte Verkehrspolitik anzubieten. Zu diesem Grundsatz hat sich die Europäische Union immer bekannt. Zur Marktorientiertheit gehört auch, daß staatliche Eingriffe in den Verkehrsmarkt bestimmte Vorgaben erfüllen müssen. Einseitige Verteuerung eines Verkehrsträgers kann nicht der Ersatz einer wettbewerbsfähigen Verkehrspolitik sein. Nur wenn dieser Grundsatz, der bei allen wirtschaftlichen Überlegungen auf europäischer Ebene im Mittelpunkt stehen muß, konsequent angewandt wird, können die großen Herausforderungen im Bereich der Verkehrspolitik auch wirklich gelöst werden.

Nie umstritten in Europa war und ist das Prinzip der Nichtdiskriminierung. Jede politische Entscheidung in Europa hat für ganz Europa und alle Europäer gleich zu gelten. Gerade im Bereich der Alpenverkehrspolitik hat man immer wieder den Eindruck, daß dieses Prinzip deutlich verletzt wird, um sich innenpolitische Vorteile zu verschaffen. Nichtdiskriminierung heißt ganz konkret, daß zum Beispiel Straßenbenutzungsgebühren für alle Benutzer einer Straße gelten, auch für die, die bereits über Kraftfahrzeug- oder Mineralölsteuer ihren Beitrag zur Finanzierung einer Strecke geleistet haben. Nichtdiskriminierung heißt, daß ein Gesamtverkehrsnetz betrachtet werden muß und nicht bestimmte Strecken besonders hoch mit Gebühren belastet werden können. Schließlich bedeutet Nichtdiskriminierung auch, daß Einzelfahrten im Verhältnis zu Jahreskarten nicht überteuert sein dürfen. Dieses Prinzip gilt es zum Beispiel bei der Erhebung von allgemeinen Straßenbenutzungsgebühren strengstens zu beachten.

Neben der freien Wahl des optimalen Verkehrsträgers geht es ebenfalls darum, auch aus ökologischen Gesichtspunkten heraus, Umwegverkehre zu vermeiden und nach dem Prinzip des kürzesten Weges Transporte zu realisieren. Nur wenn nicht das St.-Florians-Prinzip gilt, sondern alle Regionen ihren Beitrag dazu leisten, daß vorhandene Infrastruktur optimal genutzt werden kann, sind freier Warenverkehr und damit wettbewerbsfähige Produktionsbedingungen gewährleistet. Von daher kommt den Verkehrsverhandlungen mit der Schweiz eine besondere Bedeutung zu, weil dort einseitige Maßnahmen, wie Nachtfahrverbote oder 28-t-Beschränkungen, ergriffen wurden, die innerhalb einer Übergangszeit von der Europäischen Union auch akzeptiert wurden, die aber gleichzeitig zu großen Umwegverkehren – insbesondere über den Brenner – geführt haben. Damit wurden die innenpolitischen Probleme der Schweiz kurzerhand auf die Nachbarn abgewälzt.

Daneben darf nicht verkannt werden, daß nur durch eine intelligente Verknüpfung der Verkehrsmittel, also durch die Nutzung der Multimodalität der Verkehrsträger, dauerhaft kostengünstig und umweltverträglich Verkehre in Europa durchgeführt werden können. Entscheidende Bedeutung kommt dabei einer sinnvollen Umstiegsmöglichkeit von einem Verkehrsträger auf einen anderen zu. Gerade die Verknüpfung Straße – Schiene durch entsprechende Terminals und Güterverkehrszentren ist ein wichtiger Meilenstein hin zu einem multimodalen Verkehr und damit zu einer erhöhten Wettbewerbsfähigkeit der europäischen Wirtschaft.

Schließlich muß auch gewährleistet sein, daß alle Maßnahmen auf der Grundlage eines vertretbaren Kostenniveaus durchgeführt werden. Kostenwahrheit muß dabei für alle Verkehrsträger gelten, einseitige Verteuerungen widersprechen diesem Prinzip. Mit ihrem Grünbuch über faire und effiziente Preise im Gütertransport hat die Kommission zum Beispiel den einseitigen Versuch unternommen, die Straße schlechtzureden und die Schiene hochzujubeln. Dabei wurde ausdrücklich vergessen, daß der externe Nutzen von Verkehren, wie zum Beispiel die Realisierung eines arbeitsteiligen Marktes in ganz Europa, bei einer Gesamtkalkulation ebenso berücksichtigt werden muß. Vorschläge der Kommission wie das oben angeführte Grünbuch sind ungeeignet, dem Prinzip eines vertretbaren Kostenniveaus gerecht zu werden. Verantwortungsvolle Politik muß deshalb bedeuten, Kostenwahrheit und Wettbewerbsfähigkeit für alle Verkehrsträger zu erreichen.

Nur wenn sich Europa dauerhaft auf diese Prinzipien verständigt und sie zur Grundlage aller verkehrspolitischen Maßnahmen macht, werden wir in der Lage sein, die Transportaufgaben im neuen Jahrtausend zu bewältigen und damit die Wettbewerbsfähigkeit unserer Wirtschaft gegenüber unseren Konkurrenten aus den Vereinigten Staaten von Amerika und dem asiatischen Bereich zu stärken. Verkehrspolitik nach dem Muster der Steinzeit, das heißt Wertschöpfung nur im lokalen oder regionalen Umfeld, geringer Warenaustausch zwischen den Regionen und damit weitgehende Autarkie in den einzelnen Regionen, wird nicht in der Lage sein, diese Wettbewerbsfähigkeit zu gewinnen oder zu halten.

Instrumente europäischer Verkehrspolitik

Aufbauend auf den genannten Prinzipien, hat die Europäische Union verschiedene Instrumente entwickelt, um einen einheitlichen Rechtsrahmen für ganz Europa schaffen zu können. Dabei handelt es sich nicht um die sogenannte Binnenmarktgesetzgebung, wie die dringend notwendige Harmonisierung von Steuersätzen, z. B. bei der Kfz-Steuer oder der Mineralölsteuer, einheitliche Sozialvorschriften, wie Lenk- und Ruhezeiten, oder einheitliche Umweltvorschriften, wie zum Beispiel Emissionsgrenzwerte bzw. die Qualität von Kraftstoffen. Während bei den letztgenannten Punkten viele Fortschritte erreicht werden konnten, sind die Fragen der Steuerharmonisierung bis heute ungelöst und stellen eine grobe Wettbewerbsverzerrung dar, die dauerhaft – insbesondere in einem vollständig liberalisierten Verkehrsbereich – so nicht hingenommen werden darf.

Im Bereich der Infrastrukturplanung wurden der Europäischen Union erst mit dem Maastrichter Vertrag im Rahmen der transeuropäischen Netze Kompetenzen zuerkannt. Dabei geht es im wesentlichen darum, die nationalen Verkehrswegeplanungen europäisch abzustimmen und europäische Verbindungen von prioritärem Interesse, wie zum Beispiel die Strecke Berlin – München – Verona, zu definieren. Die Realisierung obliegt dabei auch zukünftig selbstverständlich den Mitgliedstaaten, die Europäische Union ist nur bei der Finanzierung von Machbarkeitsstudien sowie in klar bestimmten Grenzen bei den Investitionen behilflich.

Grundidee der transeuropäischen Netze war, in enger Abstimmung mit den Mitgliedstaaten dafür zu sorgen, daß vorhandene Infrastruktur so verknüpft wird, daß grenzüberschreitend eine optimale Nutzung der vorhandenen Ressourcen gewährleistet werden kann. Darüber hinaus ging und geht es um die Schaffung eines europäischen Hochgeschwindigkeitsschienennetzes, das dauerhaft in der Lage ist, die wichtigsten Wirtschaftszentren in Europa miteinander zu verknüpfen und so eine Vielzahl von innereuropäischen Flügen unnötig zu machen. Schließlich geht es auch darum, Fehlinvestitionen zu vermeiden und somit die knappen vorhandenen Finanzmittel der einzelnen Mitgliedstaaten optimal einzusetzen. Erste Erfolge dieser gemeinsamen Strategie bei der Infrastrukturplanung zeichnen sich bereits heute ab. Wichtige europäische Verbindungen, wie zum Beispiel die Bahnlinie Brüssel – Köln oder die Hochgeschwindigkeitsverbindung Paris – Straßburg – München – Wien, konnten deutlich vorangebracht werden.

Ein zweiter Schwerpunkt der europäischen Rechtssetzung betrifft die Liberalisierung und Umstrukturierung der einzelnen Verkehrsträger. Damit wird dauerhaft gewährleistet, daß die Wettbewerbsfähigkeit nicht nur der Transportsysteme, sondern der gesamten europäischen Wirtschaft erhöht werden kann. Staatliche Monopole, die in der Vergangenheit sicherlich ihre Berechtigung hatten, werden dauerhaft nicht in der Lage sein, effizient den Gütertransport in Europa sicherzustellen.

Dabei ergeben sich für die einzelnen Verkehrsträger durchaus unterschiedliche Konsequenzen. Sehr weit fortgeschritten sind die Liberalisierungsbemühungen im Luftverkehrsbereich. Nicht nur durch die Beihilfekontrolle bei den Luftfahrtgesellschaften, sondern auch durch die Liberalisierung der Bodenverkehrsdienste in den Flughäfen wurden Fakten geschaffen, die dauerhaft zum Wohle der Verbraucher beitragen werden. Ein weiterer Schritt ist die konsequente Privatisierung der heute noch oft in staatlicher Hand befindlichen Fluggesellschaften. Hier ist Deutschland mit der vollständigen Privatisierung der Lufthansa im europäischen Bereich mit am weitesten vorangeschritten. Wenn das deutsche Beispiel in anderen Ländern Europas Schule machen würde, wären viele Beihilfefragen dauerhaft von der europäischen Tagesordnung verschwunden.

Im Schienenbereich gibt es ebenfalls keine Alternative zu einer weiteren Liberalisierung der Eisenbahnen in Europa. Erste Schritte hat die Europäische Union in diesem Zusammenhang bereits unternommen. Dauerhaft wird dies bedeuten, daß – wie in Deutschland – Fahrweg, Personenverkehr und Güterverkehr zumindest buchhalterisch voneinander getrennt werden und die vorhandene Schieneninfrastruktur auch privaten Anbietern zu bestimmten Konditionen überlassen wird. Dies erfordert in vielen Mitgliedstaaten der Union ein radikales Umdenken, andere Möglichkeiten gibt es aber nicht, will man die Schiene zu einer wettbewerbsfähigen Alternative gegenüber dem Straßengüterverkehr weiterentwickeln. Einseitige Verteuerung der Straße ist kein Konzept, das die Schiene zukunftsfähig gestaltet. Auch im Schienenbereich müssen Kosten gesenkt werden, um damit die Vorteile der Schiene insbesondere im Langstreckenbereich voll zur Geltung zu bringen.

Ein wichtiger Schritt für die Steigerung der Attraktivität der Bahn stellt die Definition von sogenannten Güter-Freeways dar. Ziel dieser international abgestimmten Freeways ist es, Langstreckenverbindungen grenzüberschreitend zu realisieren, auf denen ohne große Formalitäten Gütertransporte abgewickelt werden können. Durch die Definition von Korridoren entlang dieser Freeways und geeignete Zugangskomponenten wie Güterverkehrszentren ist dabei sichergestellt, daß auch Regionen, die nicht direkt durch einen solchen Freeway angebunden sind, die Vorteile dieses Systems nutzen können.

Im Straßengüterverkehr schließlich ist mit der Verabschiedung der sogenannten Kabotage-Richtlinie die Liberalisierung am weitesten fortgeschritten. Auf der anderen Seite sind insbesondere bei der Besteuerung und der Kontrolle der Sozialvorschriften weitere Harmonisierungen nötig. Gerade im Straßengüterverkehr, der heute völlig internationalisiert ist, zeigen sich die Defizite nichtabgestimmter Steuerpolitik. Große Herausforderungen werden zusätzlich durch die geplante Osterweiterung auf den Straßengüterverkehr zukommen. Jedem ist heute klar, daß bei den Umweltvorschriften und auch bei der vorgeschriebenen Mindestbesteuerung Übergangszeiten festgelegt werden müssen. Das bedeutet aber gleichzeitig, daß auch der freie Zugang zum europäischen Transportmarkt nur mit Übergangsbestimmungen erfolgen kann, da ansonsten eine einseitige Verzerrung zugunsten der beitrittswilligen Staaten stattfindet.

Ein weiterer Schwerpunkt der Aktivitäten der Europäischen Union ist es, zu Angleichungen und Verbesserungen der technischen Standards zu kommen. Eisenbahninfrastruktur, die in Europa fünf verschiedene Stromversorgungen kennt, kann keinen Beitrag zu einer schnellen Verknüpfung verschiedener europäischer Wirtschaftsregionen garantieren. Unter dem Stichwort Interoperabilität verstecken sich Überlegungen der Union, hier zu einer Angleichung der technischen Systeme zu kommen. Auch durch intelligente Signaltechnik oder die Verkürzung von Blockabständen können zusätzliche Ressourcen auf der Schiene ohne die Notwendigkeit teurer Neubaustrecken geschaffen werden.

Auch durch den Einsatz von Telematik-Anwendungen bestehen hervorragende Chancen, vorhandene Infrastruktur optimal zu nutzen und Neubauten zu vermeiden. Dauerhaft wird nur eine intelligente Verknüpfung der einzelnen Verkehrsträger, verbunden mit der Bereitstellung einer Vielzahl von Informationen, in der Lage sein, den wachsenden Anforderungen an Transport und Logistik dauerhaft gerecht zu werden. Durch frühzeitiges Ableiten oder Umleiten können Staus vermieden oder schneller wieder aufgelöst werden, durch entsprechende Warnhinweise können Gefahrstellen aufgrund von Baustellen, schlechten Wetterbedingungen oder Unfällen entschärft werden, durch Telematik-Anwendungen stehen den Transportunternehmen und deren Kunden alle nötigen Informationen zur Verfügung, wo sich ein Gut momentan befindet, und auch der Autofahrer kann mit intelligenten Systemen eine optimale Fahrtroute wählen. Innerstädtischer Verkehr kann reduziert, Lieferverkehr optimiert werden, der Parkplatzsuchverkehr, der bis zu 40 % des Autoverkehrs in den deutschen Innenstädten ausmacht, kann reduziert werden; es gibt eine breite Anwendungspalette für Telematik-Anwendungen.

Dabei darf nicht übersehen werden, daß, falls es Europa gelingen sollte, entsprechende Techniken zur Verfügung zu stellen, ein Wettbewerbsvorteil auch für Telematik- und Logistikkonzepte erreicht werden kann, der zu zusätzlichen Aufträgen aus anderen Regionen der Welt führen kann. Nicht nur Europa steht vor großen Herausforderungen im Verkehrsbereich, auch andere Länder, insbesondere im asiatischen Bereich, benötigen dringend intelligente Infrastruktur, um ihren Verkehr bewältigen zu können. Wer hier die Entwicklung verschläft, wird keine Chance haben, an diesem stark wachsenden Markt teilnehmen zu können. Hier liegt nicht nur eine große Herausforderung für die europäische Verkehrspolitik, auch die Forschungspolitik muß dazu beitragen, die nötigen Entwicklungen erfolgreich zu begleiten.

Schließlich – und das darf nicht verschwiegen werden – stehen der Europäischen Union, wenn auch nur in eingeschränkter Weise, fiskalische Mittel zur Umsetzung ihrer Verkehrspolitik zur Verfügung. So ist zum Beispiel die Euro-Vignette, also eine allgemeine Straßenbenutzungsgebühr für Lkw, eine solche fiskalische Maßnahme, die dazu beitragen soll, daß von allen Nutzern von Straßeninfrastruktur ein Beitrag für den Erhalt bezahlt wird. Nach dem Verursacherprinzip ist eine solche Gebühr ebenso gerechtfertigt wie aus der Überlegung heraus, daß sie alle Benutzer, unabhängig von ihrer Nationalität, gleich trifft.

Dauerhaft werden wir allerdings nicht umhinkönnen, durch sogenanntes „Road Pricing“, also eine entfernungsabhängige Straßenbenutzungsgebühr, für mehr Kostenwahrheit in ganz Europa zu sorgen. Auch für diese Überlegungen stellen Telematik-Anwendungen eine wirksame technische Lösung dar. Die Europäische Kommission hat bereits mehrfach darauf verwiesen, daß ab der Jahrtausendwende „Road Pricing“ eingeführt werden soll. Allerdings stellen sich heute noch viele Fragen bei der technischen Realisierung oder der Wahrung des Datenschutzes. Unabhängig davon werden wir dauerhaft nicht umhinkönnen, solche Lösungen zumindest für den Straßengüterverkehr anbieten zu müssen. Ob es letztendlich möglich sein wird, solche Ideen auch für den Pkw-Verkehr umsetzen zu können, wird noch eingehend zu prüfen sein.

Mobilität als Integrationsfaktor in Europa

Gäbe es die Europäische Union nicht, man müßte sie dringend erfinden. Noch nie in der Geschichte unseres Kontinents ist es gelungen, so dauerhaft und nachhaltig Frieden, Freiheit und soziale Sicherheit für so viele Menschen zu gewährleisten wie heute. Die Geschichte Europas basiert auf Kriegen, Friedensschlüssen, neuen Kriegen und neuen Friedensschlüssen. Aber noch nie ist es gelungen, eine europäische Architektur zu errichten, die die Eigenständigkeit des einzelnen Staatswesens akzeptierte und dennoch Methoden der gemeinsamen Politikgestaltung entwickelte und damit eine dauerhafte Friedenssicherung in Europa ermöglichte. Erst die europäische Integration, begründet am 9. Mai 1950 im Plan des damaligen französischen Außenministers Robert Schuman, für Kohle und Stahl eine europäische Agentur einzurichten und sie damit der nationalen Kontrolle zu entziehen, ist Garant dafür, daß wir die längste Friedensperiode auf unserem Kontinent, seit es eine Geschichtsschreibung gibt, erleben dürfen.

Als Motor der europäischen Einigung wurde damals bewußt die wirtschaftliche Integration gewählt, zunächst nur im Bereich kriegsrelevanter Industrien wie Kohle und Stahl sowie später im Bereich der friedlichen Nutzung der Kernenergie, gleichzeitig aber wurde ein Prozeß in Gang gesetzt, an dessen Ende nun mit der Einführung einer einheitlichen Währung für ganz Europa ein solches Maß an wirtschaftlicher Zusammenarbeit erreicht wurde, wie es auf diesem Kontinent noch nie der Fall war. Ausdruck dieser Integrationserfolge sind Frieden, Freiheit, Wohlstand und soziale Sicherheit auf einem Niveau, das so noch nie in einem größeren Wirtschaftsraum erreicht wurde.

All dies war nicht eine automatische oder selbstverständliche Entwicklung, sondern Frucht der weitblickenden Politik in ganz Europa nach Ende des Zweiten Weltkrieges. Begegnungen durch Städtepartnerschaften, internationale Zusammenarbeit bei bestimmten politischen Themen, Kooperationen von Industriebetrieben oder auch einfach nur die neuen Möglichkeiten, in ganz Europa Urlaub zu machen, kennzeichneten diese Entwicklung. Voraussetzung dafür aber war immer – auch wenn in den Römischen Verträgen von 1957 kein Wort darüber verloren wurde – eine ausreichend vorhandene Transportkapazität, um diese Faszination der europäischen Einigung Wirklichkeit werden zu lassen. Ausreichend vorhandene Infrastruktur, rechtliche Rahmenbedingungen, die einen einheitlichen Wirtschaftsraum entstehen lassen, sowie Unternehmen, die sich der Transportaufgabe stellen, sind der Motor der heute erreichten Einigung der Völker Europas.

Wer im Verkehrsbereich Stillstand verordnet, läuft Gefahr, daß viel mehr als nur Arbeitsplätze im Transportgewerbe vernichtet werden. Die Wettbewerbsfähigkeit der gesamten europäischen Wirtschaft steht ebenso auf dem Spiel wie die soziale Sicherheit und damit letztendlich auch der Erfolg der europäischen Integration. Bei vielen Diskussionen auf europäischer Ebene hat man immer wieder den Eindruck, als ob diese Dimension nicht genügend bedacht würde. Auf der anderen Seite bedeutet dies nicht, daß der Verkehrspolitik alle anderen Politikfelder untergeordnet werden müssen, auch dieser Ansatz wäre der falsche. Ohne Mobilität wäre Europa nicht so geworden, wie wir es heute erleben, gleichwohl sehen wir heute klarer denn je die Grenzen einer ungezügelten Mobilität. Deshalb ist es jetzt die Aufgabe, einen gerechten Interessenausgleich zwischen diesen Polen verkehrspolitischer Betrachtung zu finden. Nur marktwirtschaftliche Instrumente werden diese Probleme vernünftig lösen können.

Bedeutung des Verkehrssektors für die europäische Wirtschaft

Neben all diesen grundsätzlichen Erwägungen darf die wirtschaftliche Bedeutung des Verkehrssektors nicht vernachlässigt werden. Kein anderer Wirtschaftszweig ist in den letzten Jahren so kontinuierlich gewachsen und kann auch in den kommenden Jahren mit weiteren Zuwachsraten rechnen. So nahm der Gütertransport in der Europäischen Union von 824 Mrd. tkm im Jahr 1970 auf 1.439 Mrd. tkm im Jahr 1995 zu. Daß dabei der Anteil der Schiene und der Binnenschiffahrt in tkm in etwa gleichgeblieben ist, während das gesamte Wachstum von der Straße aufgenommen wurde, zeigt die großen Herausforderungen in der Verkehrspolitik auf.

In Deutschland sind alleine im Straßengüterverkehr ca. 350.000 Menschen in rund 56.000 Unternehmen, davon ca. 5.000 Speditionen, beschäftigt und erwirtschaften einen Umsatz von 79 Mrd. DM (alle Zahlen: 1995). Zusätzlich müssen die Bahn, die alleine in Deutschland 1994 52,6 Mrd. tkm transportiert hat, die Binnenschiffahrt mit 1.395 Unternehmen und 2.384 Schiffen sowie der Güterluftverkehr hinzugezählt werden, um die gesamte Bedeutung des Transportgewerbes in Deutschland erahnen zu können. Ähnliche Zahlen gelten auch für alle anderen Länder der Europäischen Union. Damit stellt der Verkehrssektor einen Wirtschaftszweig dar, der zu rund 5 % am Bruttosozialprodukt der Europäischen Union beiträgt und insbesondere in weniger entwickelten Regionen einen wichtigen Beitrag zur Beschäftigung leistet.

Auch im grenzüberschreitenden Güterverkehr läßt sich die enorme Entwicklung der wirtschaftlichen Integration Europas ablesen. 1970 wurden 24 Mio. t grenzüberschreitend nach Deutschland transportiert, 1995 waren es 126,5 Mio. t. Ähnlich sieht es bei den Ausfuhren aus, die von 17,2 Mio. t in 1970 auf 95,8 Mio. t in 1995 zunahmen. Im Bereich Transit durch Deutschland stieg der Gütertransport von 2,4 Mio. t (1970) auf 32,6 Mio. t (1995). Der Anteil des deutschen Transportgewerbes beträgt dabei ungefähr ein Drittel aller nach Deutschland oder aus Deutschland transportierten Güter.

Darüber hinaus ist der Bereich Ausbau und Instandhaltung von Infrastruktur heute der größte öffentliche Investor, wobei Deutschland mit rund 20 Mrd. DM über den größten Investitionshaushalt der gesamten Europäischen Union verfügt. Mit 1 Mrd. DM an Investitionen werden dabei im Baugewerbe und in den vor- und nachgelagerten Branchen durchschnittlich 12.500 Arbeitsplätze gesichert. Hinzu kommt in der Betriebsphase eine nutzungsbedingte Beschäftigungswirkung von 3.500 Arbeitsplätzen pro 1 Mrd. DM Investitionsvolumen, zum Beispiel aufgrund der besseren Erreichbarkeit einer Region.

Alleine im Rahmen der transeuropäischen Netze wird von einem Investitionsvolumen von 2 Billionen DM für Straße, Schiene, Wasserwege und Flughäfen ausgegangen. Alleine die prioritären Projekte haben ein Investitionsvolumen von ca. 180 Mrd. DM, wobei 80 % auf die Schiene entfallen und 9 % auf die Verknüpfung von Straße und Schiene. Insgesamt steht für diese Maßnahmen eine Vielzahl von Finanzierungsinstrumenten zur Verfügung. So sind im Haushalt des Jahres 1997 der Europäischen Union 700 Mio. DM für die transeuropäischen Netze ausbezahlt worden, 58 % davon für Schienenausbauprojekte. Darüber hinaus stehen im Kohäsionsfonds, im Europäischen Fonds für regionale Entwicklung und im Europäischen Investitionsfonds weitere Mittel zur Verfügung. Hauptfinanzierungsinstrument mit einem Anteil von über 50 % ist jedoch die Europäische Investitionsbank, die über entsprechend günstige Darlehen hilft, Infrastrukturvorhaben in ganz Europa vorwärtszubringen.

Ausblick

Bei allen wirtschaftlichen und politischen Überlegungen im Verkehrsbereich muß eines klar sein: Ohne eine ausreichend vorhandene Infrastruktur und ohne Mobilität wird vieles, was heute selbstverständlich ist, in Zukunft unmöglich sein. Deshalb muß die Aufgabe jetzt sein, daß grenzüberschreitend für ganz Europa eine optimale Auslastung der vorhandenen Ressourcen stattfindet, daß gemeinsam Engpässe im Infrastrukturbereich abgebaut werden und damit auch für das nächste Jahrtausend ausreichend Kapazitäten zur Verfügung stehen, daß ohne sozialistischen Dirigismus und ohne die Störung des freien Wettbewerbs alle Transportaufgaben gemeistert werden können.

Wer heute meint, mit einseitigen nationalen Aktionen, wie Benzinpreiserhöhungen, Besteuerung von Flugbenzin oder Fahrverboten, die Verkehrsprobleme des 21. Jahrhunderts meistern zu können, liegt so völlig daneben, daß eine seriöse Auseinandersetzung nicht mehr möglich ist. Nur mit marktwirtschaftlichen Instrumenten, die sich an bestimmten Grundprinzipien orientieren, wird Europa seine wirtschaftliche Basis ausbauen können und damit einen dauerhaften Beitrag zu Frieden, Freiheit, Wohlstand und sozialer Sicherheit in ganz Europa leisten können.

ARMIN LASCHET

Moderne Außenwirtschaftspolitik im Rahmen globaler Zukunftssicherung

Mitte Mai 1998 fanden in Genf die offiziellen Feierlichkeiten anläßlich des 50jährigen Bestehens der Welthandelsordnung statt. Eine illustre Festgemeinde aus 132 Mitgliedsländern war am Sitz der Welthandelsorganisation (WTO), die vor drei Jahren aus dem 1948 gegründeten Allgemeinen Zoll- und Handelsabkommen (GATT) hervorgegangen war, zusammengekommen, um die im letzten halben Jahrhundert erreichten Erfolge des multilateralen Handelssystem zu würdigen. Richtiger Jubel wollte sich aber dennoch nicht einstellen. Etliche Protestveranstaltungen von sogenannten Globalisierungsgegnern begleiteten die Feierlichkeiten, die teilweise nur unter starkem Polizeischutz stattfinden konnten. Auf Plakaten wurde immer wieder vor dem „Monster Globalisierung" und vor ungezügeltem Kapitalismus gewarnt, die die soziale Ungleichheit vergrößerten, die Gewerkschaften entmachteten und Menschenrechte verletzten.

Die jüngsten Ereignisse in Genf haben einmal mehr veranschaulicht, wie sehr sich am Begriff der Globalisierung die Gemüter scheiden. Die Optimisten sehen in der Globalisierung die eigentliche Triebkraft der Integration in die Weltwirtschaft, die den Wettbewerb und die internationale Arbeitsteilung fördert und so zur Steigerung von Wachstum und Wohlstand aller beteiligten Länder beiträgt. Vor allem nach der Aufhebung der bipolaren Weltordnung sehen sie in der Globalisierung eine langfristige Chance für alle. Für die Pessimisten hingegen ist die Globalisierung ein „race to the bottom", das zu Lohndumping führt, ruinösen internationalen Steuerwettbewerb auslöst und soziale Sicherheit und Umweltstandards gefährdet. Sie empfinden die Globalisierung wie eine Bedrohung des erreichten Lebensstandards.

Die Ängste, die viele Menschen mit dem Begriff Globalisierung verbinden, sind durchaus nachvollziehbar. Sie hängen damit zusammen, daß der sicherlich nicht neue, aber durch den technischen Fortschritt der letzten Jahrzehnte und die weltpolitischen Entwicklungen der letzten Jahre beschleunigte Globalisierungsprozeß äußerst komplex und somit für viele auch undurchsichtig ist; daß die weltweite Verdichtung der ökonomischen, aber auch der politischen, der sozialen und der kulturellen Aktivitäten mit einer rasanten Dynamik vonstatten geht und unsere Welt in kürzester Zeit radikal verändert hat; und daß die hinter dieser Entwicklung stehenden treibenden Kräfte anonym sind und somit als nicht mehr steuerbar erscheinen.

Die Debatte jedoch, ob man positiv oder negativ zur Globalisierung steht, ist rückwärtsgewandt, denn Globalisierung findet statt, ohne daß sie von Parlamenten oder Regierungen beschlossen wird. Der Nationalstaat ist heute nicht mehr in der Lage, die Probleme und Herausforderungen globalen Ursprungs im Alleingang zu lösen oder die Auswirkungen zu verhindern. Fortschritt und Innovation im internationalen Transportwesen sowie in der Telekommunikations- und Informationstechnologie haben nicht nur den grenzüberschreitenden Transfer von Waren, Kapital, Technologie, Dienstleistungen und Wissen globalisiert, sondern auch vormals regional begrenzte Sicherheitsrisiken wie Rauschgiftschmuggel, Terrorismus oder die Proliferation von spaltbarem Material. Die Globalisierung macht vielmehr die Interdependenz zwischen Bevölkerungswachstum, Unterentwicklung, Armut, ethnischen Konflikten, weltweiten Klimaveränderungen, Verteilungskämpfen um natürliche Ressourcen und Migrationsbewegungen deutlich, deren globale Auswirkungen das „Ende der Geographie“ zu beschwören scheinen. Wir leben in dem Bewußtsein, nicht mehr nur für uns selbst Verantwortung zu tragen und vielleicht eines Tages auch unter den Folgen des Fehlverhaltens anderer leiden zu müssen. Der im konziliaren Prozeß der Krichen geprägte Begriff der „Einen Welt“ ist existentielle Realität geworden.

Vor diesem Hintergrund macht sich bei vielen Menschen ein Gefühl der Ohnmacht breit. Viele befürchten, den Auswirkungen der Globalisierung nicht gewachsen zu sein. Sie geben sich entweder fatalistisch dem vermeintlichen Schicksal Globalisierung hin oder geben ihr pauschal die Schuld an den Problemen unserer Zeit, vor allem wenn es um die steigende Arbeitslosigkeit oder das Abwandern von Unternehmen ins Ausland geht. Diese passive Einstellung einer sich nur als Objekt der Globalisierung verstehenden Öffentlichkeit nicht zur generellen Volksstimmung degenerieren zu lassen, wird eine der wichtigsten Aufgaben globaler Zukunftspolitik sein.

Mit der Globalisierung wird auch der weltweite Wettbewerb der Produkte, der Produktionsverfahren, der Arbeitskosten, der Sozial- und Umweltstandards, der Institutionen und damit der Standorte an Schärfe zunehmen. Die Globalisierung ist zugleich auch ein ambivalenter Prozeß, der nicht nur Gewinner hervorbringen wird, sondern auch Verlierer. Aber wer letztendlich von internationaler Arbeitsteilung und Globalisierung profitieren und dauerhafte Wohlstandsgewinne erzielen wird und wer nicht, steht nicht etwa in den Sternen geschrieben, sondern hängt vom Willen und der Fähigkeit eines jeden Landes ab, als Subjekt der Globalisierung zu wirken, den erforderlichen Strukturwandel im eigenen Land voranzubringen und an der Entwicklung und Gestaltung eines tragfähigen multilateralen Ordnungsrahmens mitzuwirken.

Aufgabe der deutschen Politik wird es sein, sich am Bau eines internationalen politischen Systems zu beteiligen, das zur Formulierung gemeinsamer Ziele und zur Lösung von Problemen fähig ist, deren Antwort nur auf globaler Ebene zu finden ist. Gerade weil die autonomen Handlungsmöglichkeiten des Nationalstaates marginalisiert sind, müssen wir dazu beitragen, daß in Bereichen, in denen die nationale Ordnungspolitik zu kurz greift und die nationalstaatliche Souveränität erodiert, der Rahmen für eine internationale Ordnungspolitik gesetzt wird, und zwar nicht nur zur Regulierung der Wirtschaft, sondern auch zur Verankerung von Umwelt- oder Sozialstandards, denn ohne die Berücksichtigung sozialer und ökologischer Belange läuft auch die wirtschaftliche Entwicklung Gefahr, nicht nachhaltig zu sein. So wie die soziale Marktwirtschaft Alfred Müller-Armacks und Ludwig Erhards nationalstaatlich der Marktwirtschaft Rahmenbedingungen setzte, so muß dies heute im europäischen und langfristig weltweiten Maßstab zu einer sozialen und ökologischen Marktwirtschaft mit fairen und vergleichbaren Standards führen im Sinne der Erkenntnis von Rio, die nicht zuletzt durch den deutschen Bundeskanzler Helmut Kohl zunächst auf die Agenda der Weltwirtschaftsgipfel und schließlich zu den Weltkonferenzen der Vereinten Nationen in den 90er Jahren führte.

Mit der Globalisierung wächst aber auch der Druck auf jeden einzelnen Staat, sich den Herausforderungen im eigenen Land zu stellen und die internen Rahmenbedingungen zu verbessern. In der Weltwirtschaft werden sich die Länder als am leistungsfähigsten erweisen, die es verstehen, ihren Wirtschaftsstandort entsprechend den neuen Anforderungen zu gestalten. Da Globalisierung auch dazu führt, daß sich die Transparenz über gute und schlechte Standortbedingungen und damit die internationale Standortkonkurrenz erhöht, machen sich, abgesehen vom Auf und Ab der Konjunktur, auch bei uns die Schwächen des Standorts Deutschlands bemerkbar. Um unseren Standort attraktiver zu machen und auf das 21. Jahrhundert vorzubereiten, gibt es noch in vielen Bereichen erheblichen Reformbedarf: Wir brauchen eine stärkere Entlastung der Bürger und Unternehmen von Steuern und Abgaben, einen flexibleren Arbeitsmarkt, weitere Fortschritte bei Deregulierung und Privatisierung sowie eine Reform der Bildungssysteme und die Stärkung von Forschung und Entwicklung.

Gleichzeitig kommen durch die zunehmende Integration der Weltwirtschaft aber auch die Stärken eines Standortes viel besser zur Wirkung. Der Standort Deutschland ist in den letzten Jahren reformiert worden: Post- und Telekommunikationsmärkte wurden liberalisiert, Bahn und Lufthansa privatisiert, die Öffnung der Energiemärkte ist eingeleitet, und auch das Kartellgesetz wird reformiert; Vermögen- und Gewerbekapitalsteuer wurden abgeschafft, die Rahmenbedingungen für Wagniskapital an den Märkten verbessert; die gesetzliche Rentenversicherung wird mit der Rentenreform 1999 angepaßt, das Vermittlungsmonopol für die Bundesanstalt für Arbeit wurde abgeschafft, und auch das Hochschulrahmengesetz ist im Sinne von mehr Autonomie und Wettbewerb reformiert worden. Dies alles sind Maßnahmen, die Wirkung zeigen und die unsere Chancen, aus der internationalen Arbeitsteilung dauerhafte Wohlfahrtsgewinne für alle zu erzielen, erheblich erhöhen.

Wenn sich Deutschland als „Global Player“ im internationalen Wettbewerb behaupten und den Globalisierungsprozeß zugunsten aller steuern und mitgestalten will, darf in der Standortdiskussion ein Aspekt nicht zu kurz kommen: Es gilt, auch die traditionellen Pluspunkte und bereits vorhandenen Stärken, die den Wirtschaftsstandort Deutschland seit Jahrzehnten auszeichnen, optimal zur Geltung zu bringen und konsequenter zu nutzen. Die hervorragende Infrastruktur, das dichte Netz an Verkehrswegen, eine nahezu perfekte Elektrizitätsversorgung und modernste multimediale Informations-

und Kommunikationsverbindungen bieten alle Möglichkeiten, die eine hochmoderne, international konkurrenzfähige Wirtschaft verlangt.

Zu den Pluspunkten des Standorts Deutschland gehört auch die hervorragende Berufsausbildung. Die gewerbliche Ausbildung mit dem „dualen System" wird im Ausland hoch anerkannt und immer wieder kopiert. In diesem Punkt sind „deutsche Verhältnisse" weltweit eine Orientierungsmarke. Mit der hohen Qualifikation deutscher Facharbeiter muß aber auch im akademischen Bereich eine verstärkte Elitenförderung einhergehen. Oft wird zuwenig beachtet, daß Unternehmen, die im internationalen Wettbewerb Spitzenpositionen beanspruchen, auch die „besten Köpfe" und talentiertesten Mitarbeiter gewinnen müssen. Nur wenn das gelingt, werden deutsche Unternehmen die Chance haben, den Wettbewerb tatsächlich anzuführen und zur Sicherung des Wirtschaftsstandortes Deutschland beizutragen.

Eine weitere Stärke des Standorts Deutschland ist die traditionell starke Außenwirtschaft, deren Bedeutung als Standortfaktor oft unterschätzt wird. Dabei ist die Außenwirtschaft unverzichtbare Grundlage unserer politischen und sozialen Stabilität und tragender Pfeiler der Konjunktur. Deutschland ist zur zweitgrößten Exportnation der Welt aufgestiegen: Die Warenausfuhren sind 1997 dem Wert nach um 12,5 % gestiegen, und der Handelsbilanzüberschuß erreichte mit 122 Mrd. DM fast wieder die Spitzenwerte aus dem Exportboom vor der Wiedervereinigung. Der deutsche Export von Gütern und Dienstleistungen entspricht fast einem Viertel des deutschen Bruttosozialproduktes, und jeder fünfte Arbeitsplatz in Deutschland hängt vom Außenhandel ab. Es ist unumstritten, daß gerade in Deutschland die Mehrung des gesamtwirtschaftlichen Wohlstands maßgeblich auf der Einbindung in die internationale Arbeitsteilung beruht.

Die steigende Bedeutung der Außenwirtschaft für die Volkswirtschaft wird auch dadurch belegt, daß deutsche Unternehmen in den vergangenen zwei Jahren ca. 100 Mrd. DM im Ausland investierten. Der Nettokapitalexport im Bereich der Direktinvestitionen erreichte 1997 den Rekordwert von 58 Mrd. DM. Das verstärkte unternehmerische Engagement im Ausland kann dabei nicht pauschal als Reflex verschlechterter Standortbedingungen im Inland gewertet werden. Im Gegenteil: Zum einen werden dadurch die Absatzmärkte in der Welt erweitert, zum anderen weisen die besonders stark im Ausland engagierten Branchen eine relativ günstige inländische Beschäftigungsbilanz, eine relativ hohe Forschungs- sowie eine überdurchschnittlich hohe Exportintensität auf. Auch dies ist ein Beitrag zur Arbeitsplatzsicherung in Deutschland. In diesem Sinne sind die wachsenden Auslandsinvestitionen deutscher Unternehmen zu begrüßen.

Doch auch im Bereich der Außenwirtschaft dürfen wir uns nicht auf den Lorbeeren ausruhen. Einem verstärkten Auslandsengagement deutscher Unternehmen steht nämlich beispielsweise ein vergleichsweise geringes Engagement ausländischer Unternehmen in Deutschland gegenüber, und die Lücke zwischen deutschen Direktinvestitionen im Ausland und ausländischen Direktinvestitionen in Deutschland wächst bedenklich. Ein Zustand, den wir keineswegs so hinnehmen können. Mitte der 80er Jahre flossen noch rund 3,5 % aller grenzüberschreitenden Investitionen nach Deutschland, 1996 war es nur noch knapp 1 %. Das ist sicherlich zum Teil darauf zurückzuführen, daß Deutschland unter ausländischen Investoren das Image eines Hochlohnlandes hat und Deutschland im Dienstleistungssektor noch eine besonders hohe Regulierungsdichte zugeschrieben wird. Hier besteht noch erheblicher Handlungs- und Reformbedarf, um das Investieren und Schaffen von Arbeitsplätzen in Deutschland wieder attraktiver zu machen. Die deutsche Wirtschaft wird den Herausforderungen der Globalisierung noch besser gewachsen sein, wenn wir auch die ausländischen Investoren wieder von der dynamischen Entwicklung des Standorts Deutschland überzeugen können.

Trotz des florierenden Exportes in Deutschland, ist seit 1990 der deutsche Anteil an den Weltexporten um 2,3 % auf 9,9 % in 1996 gesunken. Keine der 15 wichtigsten Exportnationen hat so gewaltige Einbußen hinnehmen müssen. Der absolute Exportanstieg verdeckt zudem, daß auf längere Sicht für Deutschland ein Wettbewerbsproblem entstehen könnte, weil die Struktur unserer Exporte nicht zu den komparativen Produktionsvorteilen eines Industrielandes paßt. Verbesserungsmöglichkeiten bestehen vor allem im Bereich der Dienstleistungsexporte. Im Dienstleistungssektor, gegenüber dem gerade in Deutschland mehr Aufgeschlossenheit und weniger Regulierung angebracht wäre, herrscht auf den internationalen Märkten, besonders nach den jüngsten WTO-Liberalisierungen im Kommunikations- und

Finanzdienstleistungsbereich, ein erhebliches Wachstumspotential, das offensiv angegangen werden muß. Die jüngsten Privatisierungen im deutschen Telekommunikationssektor schaffen auch in Deutschland neue Wettbewerbsfähigkeit. Aber auch technische Dienstleistungsunternehmen und freie Berufe können durch Kooperation und im Verbund mit der Industrie Zugang zu Auslandsmärkten erhalten.

Es ist unumstritten, daß der Außenhandel entscheidenden Anteil an der Prosperität der Wirtschaft und am Wohlstand der Bevölkerung hat. Seine Exporterfolge hat Deutschland dabei in hohem Maße der im Rahmen des GATT bzw. der WTO vereinbarten Liberalisierung des Welthandels zu verdanken. So hat sich während der letzten 50 Jahre der Welthandel versechzehnfacht, und die Zollbelastungen für industrielle Güter sanken im gleichen Zeitraum von 35 % auf unter 4 %. Das sind beachtliche Erfolge, die aber nicht vergessen lassen dürfen, daß ein Land wie Deutschland auch in Zukunft auf die Dynamik des internationalen Handels angewiesen sein wird und weitere Liberalisierungsschritte braucht. Aufgabe der Außenwirtschaftspolitik wird es sein, die internationalen Rahmenbedingungen für deutsche Unternehmen weiter zu verbessern und dabei insbesondere auf die Beachtung multilateraler Regeln sowie den weiteren Abbau noch bestehender Marktzugangsschranken hinzuwirken.

Der Welthandel wird 1997 und 1998 um 8 % zunehmen. Zwischen 1982 und 1992 nahmen die weltweiten Direktinvestitionen im Ausland mehr als dreimal so schnell zu wie der Welthandel. 1997 stiegen die weltweiten Güterexporte dreimal so stark an wie das reale Bruttosozialprodukt der Welt. Das bedeutet, daß ein immer größerer Teil des Bruttosozialproduktes und damit des Einkommens der Bürger mit Verkäufen im Ausland verdient wird – und für den Einkauf von Importen wieder ins Ausland fließt. Gerade für Deutschland als exportabhängige Volkswirtschaft, die einen großen und weiter wachsenden Anteil ihrer Arbeitsplätze der weltwirtschaftlichen Integration und den Erfolgen deutscher Unternehmen im Ausland verdankt, werden eine optimale Vorbereitung auf den internationalen Wettbewerb und eine offensive Außenwirtschaftsstrategie von enormer Bedeutung sein.

Deutsche Unternehmen müssen ihre Chancen in Zukunft auf den Weltmärkten noch stärker wahrnehmen als bisher. Im Mittelpunkt werden dabei stets die Eigeninitiativen der Wirtschaft stehen, aber vor dem Hintergrund, daß eine aktive Außenwirtschaftspolitik immer auch eine Politik für mehr Arbeitsplätze ist, sind Zusammenarbeit und Aufgabenteilung zwischen Wirtschaft und Staat hier unerläßlich. Zu den Kernaufgaben der staatlichen Außenwirtschaftspolitik gehören dabei die Durchsetzung weltweit verbindlicher Regeln für Außenhandel und Direktinvestitionen, die konkrete Beratung, Betreuung und Unterstützung deutscher Unternehmen bei Investitionsvorhaben und der Erschließung neuer Märkte sowie das weltweite Eintreten für den Investitionsstandort Deutschland. Die Federführung bei der Wahrnehmung dieser Aufgaben liegt primär beim Bundeswirtschaftsminister, sie kann und wird aber durch Maßnahmen in anderen Ressorts und Politikfeldern ergänzt und flankiert. Der Bundesregierung steht dafür ressortübergreifend ein breitgefächertes Instrumentarium zur Verfügung:

Auf multilateraler Ebene setzen sich die beteiligten Ressorts über die Europäische Union und im Rahmen der WTO für die weitere Liberalisierung des Welthandels und den verbesserten Marktzugang sowohl für deutsche Unternehmen in Drittländern als auch für Drittlandswaren auf dem EU-Markt ein. Auf bilateraler Ebene bieten Auslandshandelskammern (AHK), die Bundesstelle für Außenhandelsinformation (BfAI) sowie die Deutschen Industrie- und Handelszentren (DIHZ) deutschen Unternehmen vielfältige Beratungs- und Serviceleistungen an. Sie setzen sich für die Interessen der Wirtschaft beider Länder ein und fördern den Wirtschaftsverkehr in beide Richtungen. Die Förderung der Auslandsmessebeteiliung durch das Bundesministerium für Wirtschaft zählt zweifelsfrei zu den effektivsten Maßnahmen der Außenwirtschaftspolitik, denn rund 25 % der Exportumsätze deutscher Unternehmen werden unmittelbar durch die Beteiligung an Messen und Ausstellungen im Ausland initiiert. Die Auslandsmesseförderung bewirkt Exportumsätze von rd. 3,7 Mrd. DM jährlich und sichert somit 15.000 Arbeitsplätze. Länderspezifischen Informations- und Kontaktveranstaltungen im In- wie im Ausland sowie bilaterale Dialoggremien und Foren auf Wirtschafts- und Regierungsebene unterstützen den Auf- und Ausbau industrieller Kooperations- und Handelsbeziehungen sowie die Sondierung von Investitions- und Kooperationsmöglichkeiten im Ausland. Durch gezielte Programme und Einrichtungen, wie beispielsweise das „Zentrum für die Betreuung von Auslandsinvestoren" (ZfA) in Berlin, die Ernennung eines Standortbeauftragten oder die geplante Agentur „Investieren in Deutschland" intensiviert die Bundesregierung auch die direkte Werbung für den Standort Deutschland.

Um wirtschaftliche und politische Risiken der Unternehmer im Ausland zu minimieren und Auslandsinvestitionen deutscher Unternehmen zu fördern, garantiert der Bund Ausfuhrgewährleistungen in Form von Hermes-Bürgschaften und übernimmt Kapitalanlagegarantien. Weitere Förderungsmöglichkeiten der Außenwirtschaft bieten das Mittelstandsprogramm Ausland der Kreditanstalt für Wiederaufbau (KfW), das Niederlassungs- und Technologieprogramm des Bundesministeriums für wirtschaftliche Zusammenarbeit und Entwicklung (BMZ) sowie die bundeseigene Deutsche Investitions- und Entwicklungsgesellschaft (DEG). Für die Mobilisierung zusätzlichen Kapitals für entwicklungspolitisch förderungswürdige Vorhaben stehen außerdem Instrumente der Misch- bzw. Verbundfinanzierung des BMZ zur Verfügung. Bilaterale Investitionsförderungsverträge und Doppelbesteuerungsabkommen fördern den gegenseitigen Schutz von Kapitalanlagen und schützen deutsche Unternehmen im Ausland vor zu hohen steuerlichen Belastungen.

Neben dem Wirtschafts-, dem Finanz- und dem Entwicklungsressort engagiert sich besonders auch die auswärtige Politik im Bereich der Außenwirtschaftsförderung. Das Auswärtige Amt, vor allem aber die diplomatischen Vertretungen der Bundesrepublik Deutschland im Ausland stehen der deutschen Wirtschaft zur Unterstützung und Dienstleistung zur Verfügung, setzen sich für die Verbesserung der Marktzugangsbedingungen ein, beraten deutsche Unternehmen und fördern die Durchsetzung deutscher Wirtschaftsinteressen gegenüber Regierungsstellen. Auch die auswärtige Kulturpolitik kann über die Vermittlung eines umfassenden, lebendigen und attraktiven Deutschlandbildes Werbung für den Standort Deutschland betreiben und die Aktivitäten deutscher Unternehmer im Ausland erleichtern.

Auch das Bundesbildungs- und das Bundesumweltministerium sind in eine moderne Außenwirtschaftspolitik eingebunden: Die internationale Attraktivität deutscher Universitäten ist ein wichtiger

Standortfaktor, denn Studierende von heute sind Entscheidungsträger von morgen, und Kontakte und Netzwerke, die ausländische Studenten während ihres Studiums in Deutschland aufbauen, können später einmal die Basis fruchtbarer Geschäftsbeziehungen sein. Die Junge Gruppe der CDU/CSU-Bundestagsfraktion hat dazu 1997 eine große Anfrage an die Bundesregierung eingebracht (BT-Drs. 13/8165), deren Beantwortung Defizite und Chancen aufgezeigt hat. Wenn Kleinstaaterei von 16 Kultusbürokratien der Länder in der Bildungspolitik zum Standortproblem wird, ist der Bund gefordert. Auch im rasant expandierenden Bereich der Umwelttechnologie gilt es, gezielt für die deutsche Umweltindustrie zu werben, die 1993 am Welthandel mit Umweltschutzgütern einen Anteil von 18,5 % hatte und damit im internationalen Vergleich hinter den USA auf Platz zwei lag. Eigens zu diesem Zweck werden seit 1996 bei neuen Auslandshandelskammern sogenannte „Umwelt-Area-Manager“ eingesetzt. Der Bund ist außerdem an dem 1996 gegründeten Internationalen Transferzentrum für Umwelttechnologie (ITUT) mit Sitz in Leipzig beteiligt.

Die vielfältigen Instrumente und Maßnahmen, die der staatlichen Außenwirtschaftsförderung zur Verfügung stehen, verdeutlichen, daß die Außenwirtschaftspolitik eine ressortübergreifende Aufgabe darstellt, die neben dem Wirtschaftsressort von vielen anderen Politikbereichen ergänzt bzw. flankiert wird. Die Bewahrung einer hohen Standortqualität ist gerade für die deutsche Volkswirtschaft, die wie keine andere von ihren Außenbeziehungen abhängig ist, von so vitaler Bedeutung, daß es keinem Ressort möglich ist, sich in Fragen der Außenwirtschaftspolitik a priori als „nicht zuständig“ zu betrachten. Alle Politikbereiche müssen sich heute verstärkt auf ihren Beitrag zur Verbesserung des Wirtschaftsstandorts Deutschland überprüfen lassen.

Betrachtet man aber die Realität, so läßt sich erkennen, daß es neben dem Wirtschaftsressort einige Politikbereiche gibt, die sich relativ offen zur Förderung außenwirtschaftlicher Interessen „bekennen“, und andere, in denen diese Zielausrichtung eher umstritten erscheint. Die deutsche Außenpolitik beispielsweise, die in den ersten Jahrzehnten der Nachkriegszeit noch auffallend zurückhaltend war, wenn es darum ging, einzelne Unternehmen im Ausland zu fördern, unterstützt heute mit ihrer Wirtschafts- und Handelsdiplomatie aktiv die Belange der deutschen Außenwirtschaft. Ein anderes Bild zeigt sich hingegen bei der Entwicklungspolitik. Ihre originäre Aufgabe ist es nicht, Außenwirtschaftspolitik zu betreiben, sondern sie selbst ist eine Querschnittsaufgabe als Politik globaler Zukunftssicherung. Dennoch gibt es Rückwirkungen auf die Außenwirtschaftspolitik, die sie nicht negieren kann.

Deutschland ist kein Einzelfall. In allen OECD-Ländern besteht ein Spannungsverhältnis zwischen außenwirtschaftlichen und entwicklungspolitischen Interessen, wobei sich die Akzente in Abhängigkeit von der Wirtschaftslage oder den Präferenzen der jeweiligen Regierung verschieben. Dies liegt in erster Linie daran, daß die Entwicklungs- bzw. Schwellenländer in den letzten Jahren für die Weltwirtschaft an Bedeutung gewonnen haben. Das Wachstum in den 90er Jahren liegt dort durchschnittlich bei etwa 6 %, somit um 2 % höher als in den 80er Jahren, und stellt damit das Wachstum der Industrieländer in den Schatten. Die Entwicklungsländer erzeugen mittlerweile zwei Fünftel des Weltsozialproduktes (berechnet nach Kaufkraftparitäten), sie sind am Welthandel mit mehr als einem Viertel beteiligt, und unter den 20 größten Exporteuren bzw. Importeuren der Welt (EU als eine Einheit betrachtet) sind mittlerweile mehr als die Hälfte südliche Schwellenländer. Nach Schätzungen der Weltbank werden die Entwicklungsländer bis zum Jahr 2000 ihren Anteil an den Welteinfuhren von 24 % auf 30 % und bei den Exporten von 17 % auf 22 % erhöhen können. Mittelfristig liegt in diesen Ländern ein enormes wirtschaftliches Potential. Als Absatzmarkt wie als Standort für Direktinvestitionen werden die Entwicklungsländer für die deutsche Wirtschaft immer interessanter. So hat sich der Außenhandel der Bundesrepublik Deutschland mit Entwicklungsländern bei den Importen 1997 im Vergleich zum Vorjahr um 11,5 %, bei den Exporten um 13,9 % erhöht, und 26,4 Mrd. DM des deutschen Exportüberschusses von 1997 wurden bereits im Handel mit den Entwicklungsländern (außer MOE) erzielt.

Die Katalysatorrolle, die die Entwicklungszusammenarbeit für die Außenwirtschaft haben kann, und die Wirkung wirtschaftlicher Zusammenarbeit auf die ökonomische und soziale Entwicklung der Partner- (ganz besonders der Schwellen-)länder wird oft übersehen.

So entsteht einserseits eine Ideologisierung der Entwicklungszusammenarbeit, die wirtschaftliche Zusammenhänge zu leugnen versucht, und andererseits eine Begehrlichkeit der Außenwirtschaft, den Entwicklungsetat ausschließlich als Fond für die Finanzierung „weicher Kredite“ zum Zwecke der Exportförderung mißzuverstehen. Beide Haltungen verkennen, daß es zwischen diesen Kooperationsfeldern bereits heute so viele Schnittstellen und Wechselbeziehungen gibt, daß es naiv wäre, beide Politikbereiche, jedenfalls was den Aktionsbereich der teilindustrialisierten Schwellenländer betrifft, vollständig trennen zu wollen.

Umfang und Breite der außenwirtschaftlichen Beziehungen eines Landes hängen nicht primär von der Größe, sondern von dem Entwicklungsniveau des Partnerlandes ab. Eine Förderung der wirtschaftlichen und sozialen Entwicklung der Partnerländer durch die Entwicklungszusammenarbeit hat langfristig immer auch positive Rückwirkungen auf die wirtschaftliche Zusammenarbeit. Das hohe Geschäftsvolumen, das deutsche Unternehmen mit den heutigen Schwellenländern abwickeln, ist nicht zuletzt auch ein Erfolg der Entwicklungszusammenarbeit der letzten Jahrzehnte. Die fortgeschrittenen Entwicklungsländer sind ein Beispiel dafür, daß die Entwicklungszusammenarbeit auch als eine Investition betrachtet werden kann, die für die Außenwirtschaftspolitik der Bundesrepublik mit den Entwicklungsländern langfristig eine hohe Rendite abwirft. Eine nachhaltige Entwicklungszusammenarbeit hilft langfristig auch, Märkte zu erschließen und vertrauensvolle Partner auf diesen Märkten zu gewinnen. Die Kürzungen des Entwicklungsetats sind auch aus diesem Grund in besonderem Maße kurzsichtig und müssen korrigiert werden.

Andererseits dürfen auch die zahlreichen entwicklungspolitischen Effekte, die von den einzelnen Formen der wirtschaftlichen Zusammenarbeit ausgehen, nicht unterschätzt werden. Die deutsche Wirtschaft kann durchaus Ziele der Entwicklungszusammenarbeit unterstützen. Der steigende Welthandel eröffnet für Entwicklungs- und Transformationsländer die Möglichkeit für wirtschaftliches Wachstum und Modernisierung. Der wachsende Austausch von Gütern und Dienstleistungen steigert den Wohlstand und schafft Spielräume, um die sozialen und ökologischen Probleme zu bewältigen und Armut zu bekämpfen. Außerdem ist die Ausweitung der Exportchancen von

Entwicklungs- und Schwellenländern ein wichtiger Ansatz für einen mittel- und langfristigen Abbau ihrer hohen Auslandsverschuldung. Das heißt sicherlich nicht, daß intensive Wirtschaftsbeziehungen mit dem Ausland automatisch einen dynamischen Entwicklungsprozeß in Gang setzen, denn Intensität und Nachhaltigkeit der von der wirtschaftlichen Zusammenarbeit ausgehenden entwicklungspolitischen Effekte hängen in hohem Maße von den Rahmenbedingungen und den Politiken des jeweiligen Entwicklungslands ab. Dennoch kann man feststellen, daß Länder mit einer stark binnenwirtschaftlich ausgerichteten Wirtschaftspolitik gegenüber den stärker außenorientierten Ländern generell in ihrer Entwicklung zurückgefallen sind. Die zentrale Rolle marktwirtschaftlicher Ordnungssysteme, die Bedeutung eines funktionsfähigen Wettbewerbs und privaten Unternehmertums als tragende Säule von Entwicklungsprozessen wird auch von der UNCTAD und ihren Mitgliedern inzwischen anerkannt. Wie wichtig die wirtschaftlichen Beziehungen und die damit zusammenhängenden Flüsse von Privatkapital für die Entwicklungsländer sind, zeigt die Tatsache, daß die Direktinvestitionen in den letzten Jahren zur ihrer wichtigsten Finanzierungsquelle geworden sind und vom Volumen her den Umfang der staatlichen Entwicklungszusammenarbeit (ODA) weit hinter sich gelassen haben. Privatinvestitionen machen mittlerweile rund 80 % des langfristigen Geldzuflusses in Entwicklungsländer aus.

Diese Zusammenhänge zwischen beiden Politikbereichen zeigen, daß wirtschaftliche Zusammenarbeit und Entwicklungszusammenarbeit in der Realität meist komplementäre und nicht grundsätzlich gegensätzliche Politiken darstellen. Es handelt sich häufig nicht um entgegengesetzte Interessen, sondern vielmehr um gleichgerichtete Vorhaben, nämlich die Förderung der wirtschaftlichen und sozialen Entwicklung im Partnerland. Im Bereich der Schwellenländer kann man von einem grundlegenden Zusammenhang zwischen der Entwicklungspolitik und den wirtschaftlichen Eigeninteressen eines Landes sprechen. Beide Politikfelder können sich, wenn die geeigneten Rahmenbedingungen gegeben sind, gegenseitig positiv beeinflussen. Die wirtschaftliche Zusammenarbeit ist eine Teilmenge der Entwicklungszusammenarbeit, deren Aufgabenstellung als Politik globaler Zukunftssicherung allerdings umfassender ist.

Es gibt sicherlich Möglichkeiten zur Optimierung des Zusammenspiels von Außenwirtschafts- und Entwicklungspolitik, wo es auch weiterhin zu Konflikten kommen wird: Protektionistische Tendenzen der Industrieländer zum Schutz ihrer einheimischen Industrie oder subventionierte Exporte von Agrarüberschüssen in Entwicklungsländer stehen im klaren Gegensatz zu entwicklungspolitischen Zielen. Auch die Verbundfinanzierung mit sogenannter Lieferbindung kann dazu führen, daß die durch die Lieferbindung begünstigten Unternehmen ihre gewonnene Vorzugsstellung zu erheblichen Preisaufschlägen nutzen und dem Empfängerland nicht mehr der volle Nutzen aus dieser Form der Entwicklungszusammenarbeit zufließt. Negativbeispiele wie diese können aber nicht zum Anlaß genommen werden, die entwicklungspolitische Bedeutung der wirtschaftlichen Zusammenarbeit und die außenwirtschaftliche Bedeutung der Entwicklungszusammenarbeit insgesamt herunterzustufen.

Die Einbindung der deutschen Wirtschaft in die Entwicklungszusammenarbeit und die Nutzung von Interessenidentitäten zwischen Entwicklungszusammenarbeit und Auslandsengagement der Privatwirtschaft werden heute allgemein mit dem Begriff der „öffentlich-privaten Partnerschaft“ umschrieben. Dieser partnerschaftliche Ansatz findet darin seinen Ausdruck, daß bei gemeinsamen Projekten die Ziele und Interessen beider Seiten gewahrt bleiben. Die stärkere Einbindung der Privatwirtschaft leistet einen wesentlichen Beitrag zur Erhöhung der Wirksamkeit entwicklungspolitischer Maßnahmen. Eine zielorientierte Bündelung privatwirtschaftlicher Initiativen und entwicklungspolitischer Instrumente in den Entwicklungsländern ermöglicht Synergieeffekte, also einen Mehrwert, der mit einer ausschließlich öffentlichen oder privaten Kooperation nicht zu erreichen wäre.

Im Sinne dieser öffentlich-privaten Partnerschaft ist die Förderung der Privatwirtschaft fester Bestandteil und ein Schwerpunkt der entwicklungspolitischen Konzeption der Bundesregierung geworden. 1996 hat das BMZ das sektorübergreifende Konzept „Privatwirtschaftsförderung in Partnerländern des BMZ“ vorgestellt, das von der Erfahrung ausgeht, daß erfolgreiche privatwirtschaftliche Entwicklung nicht allein durch marktwirtschaftsfördernde Rahmenbedingungen auf staatlicher Ebene, durch leistungsfähige Selbstverwaltungsorgane im Unternehmensumfeld und durch das Vorhandensein innovativer Unternehmensstrukturen entsteht, sondern durch das

Zusammenspiel auf allen drei Ebenen. Es geht darum, der Privatwirtschaftsförderung durch eine Verbesserung der Zusammenarbeit mit der deutschen Wirtschaft Gestalt zu geben. Die Förderung der Privatwirtschaft in den Entwicklungsländern dient der wirtschaftlichen Zusammenarbeit in zweifacher Hinsicht: Zum einen hat sich im Laufe der letzten Entwicklungsdekaden gezeigt, daß ohne Einbeziehung von Privatinitiativen und privatwirtschaftlichen Aktivitäten eine rasche und nachhaltige Entwicklung nicht möglich ist, zum anderen erfordert eine aktive Beteiligung der Privatwirtschaft am Entwicklungsprozeß zugleich eine Anerkennung marktwirtschaftlicher Strukturen in den Entwicklungsländern, auf denen die internationale wirtschaftliche Kooperation im wesentlichen beruht.

Als weitere Instrumente, die im Rahmen der „Public-Private Partnership" in Entwicklungsländern zum Einsatz kommen, sei die betriebliche Ausbildungsförderung genannt, die Unternehmen und Trägern von Ausbildungsstätten in Entwicklungsländern Zuschüsse aus dem Haushalt des BMZ gewährt; der integrierte Beratungsdienst für die (Privat-)Wirtschaft in Partnerländern (IBD), der durch fachlich spezialisierte Beratung in allen betrieblichen Bereichen zur Verbesserung der Leistungs- und Wettbewerbsfähigkeit von kleinen und mittleren Unternehmen beiträgt; die Beratungseinsätze des Senior Experten Service (SES), der die fachliche und persönliche Erfahrung von Menschen, die aus dem aktiven Wirtschaftsleben ausgeschieden sind, in den Dienst der Entwicklung in Partnerländern stellt; sowie die Handels- und Messeförderung (PROTRADE), die Kurzzeitberatungsmaßnahmen sowie Zuschüsse für Messeteilnahmen im In- und Ausland für kleinere und mittlere Unternehmen in Partnerländern umfaßt.

Auch im Bereich des Umweltschutzes ergeben sich zahlreiche Ansatzpunkte für eine verstärkte öffentlich-private Partnerschaft in Schwellenländern. Obwohl das globale Ökosystem vor allem durch die Industrieländer gefährdet ist, tragen zunehmend auch die Entwicklungsländer, insbesondere die Schwellenländer, aufgrund ihres hohen Bevölkerungs- und Wirtschaftswachstums sowie der anhaltenden Vernichtung natürlicher Ressourcen zu seiner Destabilisierung bei. Der Entwicklungszusammenarbeit als Politik der globalen Zukunftssicherung fällt hierbei die wichtige Aufgabe zu, Bemühungen in den Entwicklungsländern zu initiieren und zu unterstützen, die eine Stabilisierung des globalen Ökosystems zum Ziel haben. Da die Entwicklungsländer selbst nicht in ausreichendem Maße über die entsprechenden Umwelttechnologien und Finanzierungsmöglichkeiten verfügen, bietet sich auf diesem Feld eine Zusammenarbeit mit ausländischen Unternehmen an. Gerade Deutschland, das im Bereich der Umwelttechnologie einen hohen Standard aufweist und wo rund 700.000 Arbeitsplätze von Umweltschutzmaßnahmen abhängen, kann den Entwicklungsländern hierbei neue Wege eröffnen. Ökonomie und Ökologie bedingen sich hier gegenseitig und eröffnen im Bereich der Schwellenländer ein Kooperationsfeld zwischen Entwicklungszusammenarbeit und Außenwirtschaftspolitik. Mit dem vom BMZ entwickelten Programm „Zukunftssicherung durch Umwelttechnologie" ist in der deutschen Entwicklungspolitik bereits ein wichtiger Schritt eingeleitet worden, die Sicherung des globalen Systems mit der Sicherung des Wirtschaftsstandorts Deutschland zu verbinden.

Besonders deutlich wird diese Verbindung zwischen Entwicklungs- und wirtschaftlicher Zusammenarbeit am Beispiel Chinas. China ist bereits heute nach Japan der zweitgrößte Handelspartner Deutschlands in der asiatisch-pazifischen Region. Mit einem Wirtschaftswachstum von 12 %, einem Weltanteil an den Direktinvestitionen von über 10 % und einem Potential von rund 100 Mio. Interessenten für deutsche Konsumgüter nimmt China im Außenwirtschaftskonzept der Bundesregierung einen zentralen Platz ein. Gleichzeitig besitzt China immer noch den Status eines Entwicklungslandes, und vor allem in den ländlichen Gebieten leben Millionen Menschen unter der Armutsgrenze. Zu den Schwerpunkten der deutschen Entwicklungszusammenarbeit mit China gehören daher zum einen Projekte der Armutsbekämpfung und – angesichts der Tatsache, daß im Zuge von Bevölkerungswachstum und fortschreitender Industrialisierung Chinas Anteil an den weltweiten CO_2 -Emissionen auf bis zu 30 % steigen kann – Projekte im Umwelt- und Klimaschutz. So fördert das BMZ beispielsweise ein Aufforstungsprojekt im Jangtse-Tal, das die Verminderung der Erosion und somit die Sicherung landwirtschaftlicher Produktion zum Ziel hat, sowie ein Ernährungssicherungsprogramm in der Provinz Shandong. Außerdem unterstützt die deutsche Entwicklungszusammenarbeit die rationellere Nutzung von Energie und den Einsatz erneuerbarer Energien. Sie wirkt an der Rehabilitierung vorhandener sowie an der Finanzierung neuer, umweltschonender Kraftwerke mit und fördert den Bau zweier Windparks. Der Zuschlag für die Lieferung eines Teils dieser Anlagen wurde nach Deutschland vergeben, das im Bereich Umwelttechnologie führend ist. Dieses Beispiel zeigt, wie Entwicklungszusammenarbeit sich auch für den Standort Deutschland auszahlen kann.

Die öffentlich-private Partnerschaft in der Entwicklungszusammenarbeit nutzt die Interessenidentitäten zwischen Entwicklungszusammenarbeit und Auslandsengagement der Privatwirtschaft und unterscheidet sich damit deutlich von außenwirtschaftlichen Fördermaßnahmen, bei denen es vor allem um die direkte Exportförderung deutscher Unternehmer geht. Im Rahmen der Entwicklungszusammenarbeit wird das gemeinsame Interesse von Wirtschaft und Entwicklungspolitik am Aufbau nachhaltiger Strukturen in den Partnerländern auch zukünftig Vorrang vor einer reinen Exportförderung haben müssen. Die Fördermaßnahmen müssen danach ausgewählt werden, wieweit sie zum sozialen und wirtschaftlichen Fortschritt im Partnerland beitragen und das Prinzip der nachhaltigen Entwicklung berücksichtigen. Wenn sich aus dem Vollzug dieser Entscheidungen auch unmittelbare Vorteile für die deutsche Wirtschaft in Form von Aufträgen ergeben, so ist dies natürlich ein willkommener Nebeneffekt. Aufgrund der Wettbewerbsfähigkeit der deutschen Wirtschaft sind die Rückflüsse aus der bilateralen und multilateralen Entwicklungszusammenarbeit in der Tat beträchtlich. Eine Beschäftigungswirksamkeit der deutschen Entwicklungszusammenarbeit zur Sicherung der Arbeitsplätze in Deutschland ist vor dem Hintergrund, daß die Globalisierung den Standortwettbewerb immer härter werden läßt und sich der Standort Deutschland in diesem Wettbewerb behaupten muß, auch grundsätzlich als positiv zu beurteilen.

Die Schnittstellen und Interessenüberschneidungen, die sich im Zusammenspiel von Entwicklungszusammenarbeit und Außenwirtschaftspolitik in Schwellenländern ergeben, sind vielfältig. Der komplementäre Einsatz entwicklungspolitischer und außenwirtschaftlicher Instrumente in diesen Zielgebieten kann die Effektivität und Nachhaltigkeit des Mitteleinsatzes sowohl für die Schwellenländer als auch für die Wirtschaft und damit für den Standort Deutschland erhöhen. Insgesamt geht es darum, die jeweiligen Ziele beider Bereiche verstärkt auf Gemeinsamkeiten zu überprüfen und zu einer künftig selbstverständlicheren Zusammenarbeit zwischen Entwicklungspolitik und deutscher Wirtschaft zu gelangen. Der grundlegende Zusammenhang zwischen der Entwicklungszusammenarbeit einerseits und den wirtschaftlichen Eigeninteressen andererseits sollte nicht heruntergespielt, sondern offensiv vertreten werden.

Um „Reibungsverluste“ zwischen beiden Politikbereichen und somit auch den Verlust wertvoller Synergieeffekte zu vermeiden, müssen Außenwirtschafts- und Entwicklungspolitik einem kohärenten Gesamtansatz folgen. Beides sind Querschnittsaufgaben der Politik, werden also auch von anderen Ressorts mitbeeinflußt, und beide verfolgen für unsere Zukunft im globalisierten 21. Jahrhundert Ziele von höchster Bedeutung: zum einen die Sicherung des Standorts Deutschland, zum anderen die nachhaltige Entwicklung auf unserem Planeten. So wie alle die Entwicklungspolitik flankierenden Politikbereiche daraufhin überprüft werden sollten, ob und inwieweit sie mit den entwicklungspolitischen Zielen der Bundesregierung übereinstimmen und soziale oder ökologische Kriterien berücksichtigen, genauso sollten alle die Außenwirtschaftspolitik flankierenden Politikbereiche auf ihre Kohärenz gegenüber außenwirtschaftspolitischen Zielsetzungen hinterfragt werden. Eine moderne Außenwirtschaftspolitik muß idealerweise im Einklang mit der deutschen Umwelt- und Entwicklungspolitik stehen und negative soziale und ökologische Konsequenzen vermeiden. Aber auch die Entwicklungszusammenarbeit muß sich in bestimmten Fällen an den Kooperationsinteressen der deutschen Wirtschaft orientieren und darf diese nicht bewußt bremsen. Nur so kann verhindert werden, daß einerseits die Außenwirtschaftspolitik das untergräbt, was die Entwicklungszusammenarbeit geleistet hat, und andererseits die Entwicklungszusammenarbeit den wichtigen Zielen der Außenwirtschaftspolitik im Wege steht. Inwieweit dieses Ziel verwirklichbar ist, wird sich von Einzelfall zu Einzelfall zeigen müssen.

FRIEDRICH MERZ

Der Euro – Herausforderung für die deutsche Wirtschaftspolitik

„Alea iacta est!" – so hätte am Abend des 3. Mai 1998 auch der amtierende Präsident des Europäischen Rates in Brüssel ausrufen können. In der Tat, die Würfel sind gefallen, der Rubikon ist überschritten, der Euro wird am 1.1.1999 in elf von 15 Mitgliedstaaten der Europäischen Union eingeführt. Die Entscheidung, die Europäische Wirtschafts- und Währungsunion pünktlich wie vorgesehen an den Start gehen zu lassen, dürfte die letzte große, wahrhaft historische Entscheidung sein, die im ausgehenden 20. Jahrhundert für Europa getroffen wurde.

Es wird sich bald herausstellen, daß die Einführung des Euro einen weit über die monetären und ökonomischen Aspekte hinausreichenden politischen Integrationsschub auslöst. Zuvor wird es zu einer weiteren Marktintegration in Europa kommen, die eine Reihe von Fragen an die handelnden Akteure auf europäischer, nationaler und regionaler Ebene aufwirft. Diese wirtschaftspolitischen Herausforderungen sollen im folgenden Beitrag näher beleuchtet werden.

Der Euro – Vollendung des europäischen Binnenmarktes

Zunächst gilt es aber darauf hinzuweisen, daß der Euro nicht etwa eine völlig neue, aus jedem bestehenden Zusammenhang herausgelöste politische Weichenstellung darstellt. Die Europäische Wirtschafts- und Währungsunion ist vielmehr die logische und konsequente Fortsetzung und Vollendung des Binnenmarktprogramms. Die Einführung der Freiheit des Personenverkehrs sowie des Waren- und Dienstleistungsverkehrs und die vollständige Liberalisierung des Kapitalverkehrs blieben auf Dauer unvollständig, wenn nicht eine einheitliche europäische Währung hinzukäme. Ja, der Bestand der erreichten Marktöffnung wäre gefährdet, wenn eine Vielzahl von nationalen Währungen den Leistungsaustausch im Binnenmarkt behindern und erschweren würde. Der nach dem früheren luxemburgischen Ministerpräsidenten Pierre Werner benannte Plan, bereits Anfang der 70er Jahre eine europäische einheitliche Währung einzuführen, kam für die Gemeinschaft sicher zu früh. Heute, fast sechs Jahre nach der Einführung des Binnenmarktes und nach Abschluß eines Konvergenzprozesses in den beteiligten Mitgliedstaaten, der eine zum Teil erstaunliche Annäherung der makroökonomischen Daten – beispielsweise bei der Teuerungsrate und bei den langfristigen Zinsen – gebracht hat, ist die Zeit für die Währungsunion reif. Wenn man die Währungsunion nicht grundsätzlich ablehnt, gibt es keinen besseren Zeitpunkt für ihren Start als Anfang 1999.

Der Euro – Weltreservewährung neben dem US-Dollar

Vielleicht noch wichtiger, mindestens aber ebenso wichtig wie die binnenmarktorientierte Funktion des Euro wird seine zukünftige Stellung im Weltwährungssystem sein. Nachdem die Amerikaner das Projekt zunächst weitgehend ignoriert haben, dann an den erfolgreichen Abschluß der Vorbereitungsarbeiten nicht geglaubt haben, beginnen sie sich seit etwa zwei Jahren mit den Konsequenzen des Euro für die Stellung des US-Dollar ernsthaft zu beschäftigen. Anfänglich harter Kritik ist – zumindest in der amerikanischen Administration und den offiziellen Stellungnahmen der Regierung – nüchterne Zustimmung gefolgt. Die tatsächlichen Konsequenzen dürften sich aber erst nach und nach herausstellen, denn der Euro wird eine von Branche zu Branche ganz unterschiedliche Entwicklung auslösen.

Zunächst dürfte der US-Dollar dort, wo Welthandelsmärkte bestehen, eine dominierende Rolle behalten. Dies gilt beispielsweise für den Ölmarkt, soweit der Preis von der OPEC beeinflußt wird. Die Rohstoffpreise insgesamt dürften auf absehbare Zeit weltweit in Dollar berechnet werden.

Allerdings gibt es Branchen, die nur noch aus wenigen weltweit handlungsfähigen Unternehmen bestehen, und in denen die Europäer eine starke Marktposition haben. Dazu zählt mit an erster Stelle die Luft- und Raumfahrtindustrie, die durch die militärisch notwendige und industriepolitisch absolut richtige Entscheidung, den Eurofighter anzuschaffen, einen besonderen Anschub bekommen hat. Der zwischenzeitlich freigewordene Weg für ein europäisches privatrechtliches Airbus-Unternehmen wird zeigen, welches Potential in der Entwicklung und Produktion modernsten Gerätes für die Luft- und Raumfahrt in der Europäischen Union steckt. Die Europäer haben in dieser Industrie den Anschluß an den bisher von den Amerikanern beherrschten Weltmarkt gefunden. Der Euro wird schon ab 1999 eine interne Rechnungslegung auf der Basis einer einheitlichen Währung ermöglichen. Gleichzeitig wird der Zahlungsverkehr mit der großen Zahl der Zulieferbetriebe auf Euro umgestellt. Spätestens mit der Umstellung des Barzahlungsverkehrs im Jahr 2002 entfällt damit in einer ganzen Branche das bisher bestehende Wechselkursrisiko innerhalb des Unternehmens. Gleichzeitig dürfte Airbus zunehmend in der Lage sein, den Abnehmern gegenüber den Euro als Zahlungsmittel durchzusetzen. Damit entfallen auch sämtliche Kurssicherungsgeschäfte für die europäische Airbus-Industrie.

Das Beispiel macht deutlich, welche internen Wirkungen der Euro entfalten kann bei gleichzeitig zurückgehender Abhängigkeit vom US-Dollar. Diese Entwicklung liegt im europäischen, aber auch und gerade im deutschen Interesse. Es war ja immer wieder die D-Mark, die in den letzten Jahren unter latentem Aufwertungsdruck stand. Damit wurden die Importe in die Bundesrepublik Deutschland billiger und die Exporte teurer. Diesen Aufwertungsdruck wird es in der Euro-Zone nicht mehr geben. Die Amerikaner ihrerseits werden sich nicht noch einmal der Kritik ausgesetzt sehen, die sie in den 80er Jahren erfahren haben, als sie ihre enormen Haushaltsdefizite durch einen schwachen Außenwert des Dollar versucht haben auszugleichen.

Die Europäische Zentralbank vor schwierigen Entscheidungen

Gleichwohl dürfte die Europäische Zentralbank EZB in Frankfurt vor einigen schwierigen Entscheidungen stehen. Nach der Festlegung des Wechselkurses zu Beginn des Jahres 1999 wird es nur noch eine einheitliche europäische Währungspolitik und damit nur noch einen einheitlichen Zinssatz in ganz Europa geben. Darin steckt jedenfalls dann ein nicht zu unterschätzendes Konfliktpotential, wenn die realwirtschaftliche Entwicklung in einzelnen Mitgliedstaaten unterschiedlich verläuft.

Anzunehmen ist, daß die EZB von Anfang an eine harte geldpolitische Linie verfolgen wird. Die EZB muß das Vertrauen der Kapitalmärkte rechtfertigen, daß in der Euro-Zone jedes Inflationsrisiko sofort im Keim erstickt wird. Diese restriktive Geldpolitik der EZB wird auf der einen Seite eine starke internationale Stellung des Euro begründen, auf der anderen Seite die Beschäftigungsprobleme insbesondere dort offen zutage treten lassen, wo die Flexibilität des Arbeitsmarktes nicht genügend ausgeprägt ist. Dieser Zusammenhang ist den Sozialdemokraten in Deutschland natürlich bewußt. Deshalb unternimmt der Parteivorsitzende ja auch den Versuch, den Stabilitätsbegriff des Maastricht-Vertrages über die Geldwertstabilität hinaus auszuweiten auf soziale und arbeitsmarktpolitische Stabilität.

Gegen die Ausweitung des Stabilitätsbegriffs

Dagegen steht der eindeutige und klare Wille des Maastricht-Vertrages. Nach Geist und Buchstabe des Vertrages ist allein Geldwertstabilität gemeint. Die Stabilität des Geldwertes zu wahren ist und bleibt die prioritäre Aufgabe der EZB und der fortbestehenden nationalen Zentralbanken. Nach Art. 105 Abs. 1 des EG-Vertrages ist es deren „vorrangige(s) Ziel, die Preisstabilität zu gewährleisten". Alle anderen Ziele haben demzufolge dahinter zurückzustehen. In dem Wort „gewährleisten" steckt nicht nur der Auftrag, im Rahmen der geldpolitischen Instrumente der EZB aktiv tätig zu werden, sondern auch eine Garantenstellung der europäischen Notenbank eben für dieses eine Ergebnis.

Daraus folgt natürlich nicht, daß die EZB vollkommen ohne Beachtung der allgemeinen wirtschaftspolitischen Entwicklung in den Mitgliedstaaten eine sture Antiinflationspolitik verfolgen wird. Auch insoweit gibt der EG-Vertrag der Bank einen Handlungsspielraum innerhalb des zu erfüllenden Gewährleistungsauftrages Preisstabilität. Nach Art. 105 Abs. 1 „unterstützt das ESZB[1] die allgemeine Wirtschaftspolitik in der Gemeinschaft, um zur Verwirklichung der in Artikel 2[2] festgelegten Ziele der Gemeinschaft beizutragen". Damit ist der gesamtwirtschaftliche Kontext hergestellt, aber die Priorität der Geldwertstabilität ist eindeutig.

Nach allen Erfahrungen, die Deutschland in diesem Jahrhundert gemacht hat, sollten gerade wir an diesem eindeutigen Stabilitätsauftrag des Maastricht-Vertrages nicht den geringsten Zweifel aufkommen lassen. Geldwertstabilität ist die Grundlage für eine erfolgreiche Wirtschafts-, Arbeitsmarkt- und Sozialpolitik. Deshalb darf der Stabilitätsbegriff des Vertrages nicht aufgeweicht werden. Nur auf der Basis einer stabilen Währung ist in den Mitgliedstaaten der Europäischen Union ein hohes Maß an Beschäftigung erreichbar. Geldwertstabilität schließlich ist die Grundlage für ein hohes Maß an sozialer Sicherheit. Gerade für die Altersversorgung durch die Rentenversicherung ist die Stabilität der Währung eine grundlegende Voraussetzung. Die Entwertung des Geldes bedroht vor allem die Bezieher kleiner Einkommen, bedroht inländische Ersparnisse und kleine Renten. Inflation ist der Taschendieb des kleinen Mannes!

Auf dem Weg zu einer europäischen Arbeitsmarktpolitik?

Gerade weil die Sozialdemokraten – manche von ihnen zähneknirschend – diesem und keinem anderen Text des EG-Vertrages zugestimmt haben, der die Gemeinschaft auch noch auf den „Grundsatz einer offenen Marktwirtschaft mit freiem Wettbewerb“[3] festlegt, versuchen sie seit Monaten, der Bundesregierung die Zustimmung zu einer europäischen Arbeitsmarktpolitik abzuringen. Dieses sei, so werden führende Sozialdemokraten nicht müde zu behaupten, vom EG-Vertrag sogar ausdrücklich verlangt, nur die Bundesregierung sperre sich in neoliberaler Verbohrtheit gegen diesen erfolgreichen Weg, die Massenarbeitslosigkeit zu bekämpfen.

Zunächst lohnt auch hier wieder ein Blick in den Text des Vertrages. Durch den Vertrag von Amsterdam ist der EG-Vertrag um ein Beschäftigungskapitel ergänzt worden.

Nach Art. 2 des neuen Beschäftigungskapitels[4] „betrachten die Mitgliedstaaten die Förderung der Beschäftigung als Angelegenheit von gemeinsamem Interesse und stimmen ihre diesbezüglichen Tätigkeiten … im Rat aufeinander ab, wobei die einzelstaatlichen Gepflogenheiten in bezug auf die Verantwortung der Sozialpartner berücksichtigt werden".

Schon diese Formulierung macht deutlich, daß die gemeinsame Beschäftigungspolitik in der Union im wesentlichen in einer – ja auch sinnvollen – Koordinierung besteht. Noch deutlicher wird die subsidiäre Rolle der europäischen Beschäftigungspolitik in den Formulierungen des Artikels 3 des neuen Titels. Danach „trägt die Gemeinschaft zu einem hohen Beschäftigungsniveau bei, indem sie die Zusammenarbeit zwischen den Mitgliedstaaten fördert und deren Maßnahmen in diesem Bereich unterstützt und erforderlichenfalls ergänzt. Hierbei wird die Zuständigkeit der Mitgliedstaaten geachtet."

Deutlicher hätte die Nachrangigkeit der europäischen Arbeitsmarktpolitik nicht formuliert werden können. Die Arbeitsmarktpolitik als wichtiger Bestandteil einer beschäftigungsorientierten Wirtschaftspolitik bleibt eine nationale Aufgabe. Auf nationaler Ebene sind die Handlungsnotwendigkeiten durch den Euro eher größer, die Handlungsmöglichkeiten aber eher kleiner geworden. Darauf wird noch einzugehen sein. Die lautstarke und in gewissem Maß sicher auch populäre Forderung der SPD nach einer europäischen Beschäftigungspolitik entpuppt sich jedenfalls bei näherem Hinsehen als eine Flucht vor der unangenehmen Wahrheit im eigenen Land: Die Wahrheit nämlich ist, daß Deutschland um ein Fitneßprogramm in Fortsetzung der im wesentlichen angebotsorientierten Wirtschafts- und Finanzpolitik der letzten Jahre nicht herumkommt.

Der Euro und die Gewerkschaften

Neue Herausforderungen kommen in der Euro-Zone insbesondere auf die Gewerkschaften zu. Fritz Scharpf, Direktor des Max-Planck-Instituts für Gesellschaftsforschung in Köln, weist in einem bemerkenswerten Beitrag in „Le Monde"[5] darauf hin, daß in der Währungsunion praktisch kein Spielraum für defizitfinanzierte Beschäftigungsprogramme mehr besteht und die nationalen Regierungen auch die für die Zukunft notwendige Haushaltsdisziplin einhalten müssen. Der geltende Haftungsausschluß für die öffentlichen Schulden der Mitgliedstaaten untereinander werde dazu führen, daß die nationalen Probleme gerade des Arbeitsmarktes auf nationaler Ebene gelöst werden müssen und eine europäische „Wirtschaftsregierung“ nicht viel ausrichten könne. Daraus ergebe sich ein erhebliches Problem für die Gewerkschaften, die zwar vollständig transparente Löhne, ausgedrückt in einer Währung, aber erhebliche Unterschiede in der Produktivität der Standorte vorfinden werden.

In der Tat scheinen die Arbeitnehmervertretungen auf diese Herausforderung, die sich mit der Einführung des Euro verbindet, noch nicht ausreichend vorbereitet zu sein. Während Wissen, Kapital und Rohstoffe vollkommen mobil geworden sind, ist die Flexibilität der Arbeitsmärkte gerade in Ländern wie Deutschland, Frankreich und anderen hinter den Notwendigkeiten zurückgeblieben. Die Tarifrunden in diesen Ländern dürften in den ersten Jahren der Währungsunion schwierig werden. Dies gilt vor allem dann, wenn die Tarifvertragsparteien – so wie in Deutschland – nur ein geringes Eigeninteresse daran haben, den Faktor Arbeitslosigkeit in ihre Verhandlungen mit einzubeziehen. Die Tarifverhandlungen in Deutschland scheinen von den Gewerkschaften wieder mehr in eine Richtung gelenkt zu werden, in der die Besserstellung der Arbeitsplatzbesitzenden Vorrang einnimmt vor dem Zutritt der Arbeitslosen in den Arbeitsmarkt. Binnenmarkt und Währungsunion verschärfen auf dem Arbeitsmarkt einen Verteilungskonflikt, der leicht zu Lasten der Schwächsten, nämlich der Arbeitslosen, gelöst werden könnte.

Der Euro im Wettbewerb der Standorte

Diese These scheint nur im Widerspruch zu stehen zu den Hoffnungen, die sich mit dem Euro für die Arbeitsmärkte verbinden. Der Euro wird, darüber sind sich große Teile der Wissenschaft und Wirtschaft einig, langfristig Arbeitsplätze in Europa erhalten und neue ermöglichen. Damit ist aber die Frage noch nicht beantwortet, welche Standorte innerhalb der Währungsunion vom Euro Vorteile haben werden. Gleichzeitig mit der Stärkung der europäischen Unternehmen auf dem Weltmarkt geht einher eine nachhaltige Verschärfung des Wettbewerbs innerhalb des Wirtschaftsraumes der Währungsunion. Für Deutschland stellt sich damit die Frage, wie wir mit dieser weiteren Verschärfung des Wettbewerbs umgehen.

Die SPD gibt dazu eine ganz einfache und auf den ersten Blick einleuchtende Antwort: Jeder Wettbewerb um günstige Löhne ist Lohndumping, jeder Wettbewerb um Standards und Bedingungen des Arbeitsmarktes ist Umweltdumping und Sozialdumping. Deshalb muß an die Stelle des Wettbewerbs ein möglichst weltweites Abkommen zur Vereinheitlichung der Angebotsbedingungen treten, um diesen Wettbewerb auszuschalten. Die These der SPD lautet: Deutschland hält den Wettbewerb nicht aus, also müssen Regeln zu dessen weitgehender Vermeidung aufgestellt werden.

Der Vorwurf des Dumpings hat sich zwischenzeitlich weit über den Kreis der Befürworter einer europäischen Arbeitsmarktpolitik festgesetzt. Deshalb lohnt an dieser Stelle ein Exkurs: Von Dumping spricht man, wenn der Preis einer exportierten Ware oder Dienstleistung – also auch einer Arbeitsleistung – unter dem Inlandspreis des exportierenden Landes gehalten wird, um dadurch im Land des Imports einseitige Wettbewerbsvorteile zu erzielen („Schmutzkonkurrenz"). Portugiesische Arbeitnehmer müßten also bei heute schon bestehender Freizügigkeit ihre Arbeitsleistung in Deutschland zu einem Preis anbieten, der unterhalb des in Portugal geltenden Niveaus liegt. Dies behaupten bisher aber noch nicht einmal die deutschen Sozialdemokraten, wie überhaupt der Vorwurf des Lohndumpings in der europäischen sozialdemokratischen Zusammenarbeit keine Rolle gespielt hat!

Aber zurück zu den verlangten internationalen Abkommen. Abgesehen von der Tatsache, daß die SPD und ihr Vorsitzender Oskar Lafontaine, der die Partei auf diesen Kurs festgelegt hat, weder zum Inhalt solcher Vereinbarungen noch zu deren Durchsetzbarkeit etwas aussagen, klingt der Vorschlag zugegebenermaßen einfach gut. Er ist vor allem bequem, denn wer wollte sich nicht an der vom lästigen Wettbewerb freien Wahrnehmung seines am besten noch im Grundgesetz garantierten Rechtes auf Arbeit an den reichhaltigen Früchten dieser seiner Arbeit erfreuen? Das einzige Problem ist, daß sich außer uns Deutschen niemand auf dieser Welt eine solche Politik zu eigen machen würde. Warum sollten aufstrebende Länder in und außerhalb Europas auch auf ihre komparativen Vorteile verzichten? Allein Oskar Lafontaine zuliebe werden sie es nicht tun.

Also bleibt nur eine *Alternative*: Deutschland muß sich mehr als je zuvor dem scharfen Wettbewerb stellen. Dazu bedarf es allerdings einer Reihe von politischen Grundentscheidungen, ohne die dieser Wettbewerb nicht zu gewinnen ist:

- Deutschland muß an der Spitze des technischen Fortschritts stehen bzw. dorthin zurückkehren. In einem Märchenland voll grüner Wiesen, frei von Technik und Industrieanlagen, ist Wohlstand und soziale Gerechtigkeit nicht zu wahren. Deshalb ist die erfolgreiche Initiative von Bundesforschungsminister Jürgen Rüttgers in der Biotechnologie gar nicht hoch genug zu bewerten.
- Unser Bildungssystem ist den Anforderungen der Zukunft nicht wirklich gewachsen. Wir sollten uns zu einem differenzierten, leistungsbezogenen und international attraktiven Bildungssystem von der Grundschule über die berufliche Bildung bis hin zu den Universitäten nicht nur bekennen, sondern es auch in die Wirklichkeit umsetzen. Die Forderung der SPD nach einem Verbot von Studiengebühren, an der das neue Hochschulrahmengesetz zu scheitern droht, wirkt vor diesem Hintergrund geradezu lächerlich. Derweil liegt die Bildungspolitik in den SPD-regierten Bundesländern am Boden – wie jüngste Gutachten international renommiertester Institute belegen.
- Deutschland braucht auch in Zukunft eine erstklassige Infrastruktur für Schiene, Straße, Wasserwege, Flughäfen und Telekommunikation. Der Bestand ist im wesentlichen gut, aber nicht überall gut genug. Besonders die zum Teil langwierigen Genehmigungsverfahren können weiter verkürzt werden. Dagegen muß der um sich greifende Ökowahn ein Ende haben – Nordrhein-Westfalen liefert abschreckende Beispiele genug, und zwar gerade in den entwicklungsfähigen ländlichen Räumen, die das begehrte Ziel grüner Umweltideologen geworden sind.
- *Die* zentrale wirtschaftspolitische Aufgabe schließlich ist die Verwirklichung einer grundlegenden Steuerreform. Die nominalen Steuersätze in Deutschland sind zu hoch, auch die tatsächliche Steuerbelastung der ausgeschütteten wie der thesaurierten Unternehmensgewinne ist höher als in den meisten konkurrierenden Industrienationen. Die Kapitalrentabilität ist dementsprechend in vielen europäischen und außereuropäischen Ländern besser. Nach der EU-Bilanzstatistik liegt die Eigenkapitalrendite in Schweden bei 18,3 %, in Großbritannien bei 17,7 %, in den Niederlanden bei

16,5 %, in Frankreich immerhin noch bei 7,8 %, in Deutschland aber nur bei 7,3 %. Also muß eine Steuerreform verwirklicht werden, die mehr Investitionen, ein höheres wirtschaftliches Wachstum und damit auch neue Arbeitsplätze in Deutschland ermöglicht. Wertvolle Zeit vor dem Start der Währungsunion ist sinnlos vertan durch eine in der Geschichte der Bundesrepublik Deutschland einzigartige Ignoranz und Blockade der Mehrheit des Bundesrates.

Harmonisierung der Fiskalpolitik?

Auch in der Steuerpolitik wird schließlich der Ruf nach europäischer Harmonisierung lauter. Richtig ist, daß in einem einheitlichen Wirtschaftsraum auch eine weitgehende Anpassung der Steuerpolitik erzwungen wird. Allerdings sollten die Instrumente differenziert eingesetzt werden.

Im Bereich der indirekten Steuern erteilt der EG-Vertrag einen Harmonisierungsauftrag, soweit es um binnenmarktrelevante Steuern geht. Dies ist hinsichtlich der Mehrwertsteuer, der Mineralölsteuer, der Tabaksteuer und der Alkoholsteuer der Fall. Diese Steuerarten sind im wesentlichen harmonisiert, auch wenn das Erhebungssystem der Mehrwertsteuer mit dem fortgeltenden Bestimmungslandprinzip[6] unvereinbar ist mit den Grundsätzen des Binnenmarktes. Aber jedenfalls die Steuersätze und die Besteuerungsgrundsätze sind weitgehend aneinander angepaßt.

Dagegen stehen die direkten Steuern – also im wesentlichen die Einkommen- und die Körperschaftsteuer – im Standortwettbewerb miteinander. Dieser Steuerwettbewerb ist kein Nachteil und vor allem kein Steuerdumping. Im Gegenteil, für die Steuerpflichtigen wie für den Fiskus kann sich dieser Wettbewerb als äußerst hilfreich erweisen. Zum einen führt der Wettbewerb der Steuersysteme und der Steuersätze zu einer Vermeidung der Übermaßbesteuerung. Staaten mit zu hohen Steuersätzen werden schlicht von Investitionsentscheidungen ausgeschlossen. Zum anderen sorgen niedrige Steuersätze für hohe Steuereinnahmen, wie vielfältige Beispiele belegen. Die Steuerreform, die Gerhard Stoltenberg als Bundesfinanzminister Ende der 80er Jahre durchgesetzt hat, hat bei einer Nettoentlastung der Steuerpflichtigen in Höhe von rund 25 Mrd. DM schon im Folgejahr des Inkrafttretens der Reform höhere Steuereinnahmen als im Vorjahr mit sich gebracht. Dieses Ergebnis ist auch einfach nachvollziehbar, da die Wirtschaftstätigkeit durch niedrigere Steuern sprunghaft steigt. Höhere Einkommen- und Körperschaftsteuereinnahmen und bei ansteigender Beschäftigung höhere Lohnsteuereinnahmen sind die Folge.

Es gibt also keinen Grund, der für eine Harmonisierung der direkten Steuern spricht. Allerdings gibt es einzelne Sachverhalte, die eine einheitliche europäische Lösung erfordern. Dazu zählt die Beseitigung von einseitigen Steuervorteilen für Steuerausländer wie die besonderen Rückstellungsmöglichkeiten für ausländische Investitionsgesellschaften in den Niederlanden und von besonderen Steuergebieten wie die irländischen Docklands und viele andere „Steueroasen". Der von Bundesfinanzminister Theo Waigel auf europäischer Ebene ausgehandelte Verhaltenskodex zur Vermeidung unfairen Steuerwettbewerbs trägt diesem Anliegen Rechnung und wird die Gleichmäßigkeit der Besteuerung sicherstellen. Darüber hinaus hat die Kommission nach langen Diskussionen einen Richtlinienvorschlag unterbreitet zur Sicherung einer Mindestbesteuerung von Sparerträgen in Form von Zinsen innerhalb der Gemeinschaft. Auch dieser Weg zur Mindesterfassung von Zinserträgen in der Gemeinschaft ist notwendig und richtig. Allumfassender Harmonisierung der direkten Steuern bedarf es dagegen aus den aufgezeigten Gründen nicht.

Schluß

Deutschland und die Europäische Union stehen also vor großen Zukunftsaufgaben. Dabei überwiegen die Chancen bei weitem die Risiken. Allerdings müssen Politik, Wirtschaft, Gewerkschaften und Verbände sich einstellen auf eine nachhaltige Verschärfung des Wettbewerbs in der Währungsunion. Wenn in der Wirtschafts- und Finanzpolitik der Bundesrepublik Deutschland ein klarer, ordnungspolitisch fundierter Kurs gehalten wird, können wir auf einem stabilen Fundament in das nächste Jahrhundert eintreten. Der Politik wird dabei mehr als je zuvor die Aufgabe zufallen, die Grundtatsachen und

Zusammenhänge unserer marktwirtschaftlichen Ordnung zu verdeutlichen. Es gilt, den Mut zu Entscheidungen aufzubringen, die sich langfristig als richtig und tragfähig für eine menschliche und soziale Ordnung herausstellen. Die Wirtschafts- und Währungsunion wird sich als eine solche Entscheidung erweisen.

[1] Europäisches System der Zentralbanken, bestehend aus der EZB und den nationalen Notenbanken, s. Art. 4 a EG-Vertrag.

[2] Artikel 2 EG-Vertrag lautet: „Aufgabe der Gemeinschaft ist es, durch die Errichtung eines gemeinsamen Marktes und einer Wirtschafts- und Währungsunion ... eine harmonische und ausgewogene Entwicklung des Wirtschaftslebens innerhalb der Gemeinschaft, ein beständiges, nicht-inflationäres Wachstum, einen hohen Grad an Konvergenz der Wirtschaftsleistungen, ein hohes Beschäftigungsniveau, ein hohes Maß an sozialem Schutz, die Hebung der Lebenshaltung und der Lebensqualität, den wirtschaftlichen und sozialen Zusammenhalt und die Solidarität zwischen den Mitgliedstaaten zu fördern."

[3] Art. 105 Abs. 1 Satz 2 EG-Vertrag.

[4] Das Beschäftigungskapitel ist als neuer Titel VII in den EG-Vertrag integriert.

[5] Ausgabe vom 7. Mai 1998.

[6] Es wird der Mehrwertsteuersatz erhoben, der am Ort des letzten Verbrauchs innerhalb der Gemeinschaft gilt, womit der „Grenzübertritt" einer Ware und einer Dienstleistung in einem Raum ohne Binnengrenzen immer noch der Steuertatbestand ist!

PETER MÜLLER

Die deutsch-französische Zusammenarbeit als Motor europäischer Wirtschaftspolitik

Die Kooperation zwischen Deutschland und Frankreich ist eine der wichtigsten und am meisten beachteten Entwicklungen der europäischen Nachkriegsgeschichte. Vor allem die wirtschaftliche Zusammenarbeit – die Frage des marktwirtschaftlichen Erfolgs und nicht zuletzt des Wohlstandes der beiden Nationen – gilt als Indikator für die Qualität des deutsch-französischen Verhältnisses, dem ein breites Publikum stets große Aufmerksamkeit schenkt. Die Zusammenarbeit zwischen Bonn und Paris ist eine jahrzehntelange Erfolgsstory, doch sie ist auch im wirtschaftspolitischen Bereich keine Selbstverständlichkeit, sondern vielmehr das Ergebnis gemeinsamer, permanenter Anstrengungen. Wie wichtig die gemeinsame Linie unserer beiden Länder weit über den bilateralen Bereich hinaus ist, haben die Irritationen, Deutungen und Kommentare zum Verlauf des Brüsseler Euro-Gipfels von Anfang Mai 1998 gezeigt. Angesichts der Diskussion um den ersten Präsidenten der Europäischen Zentralbank sahen einige vorschnelle Beobachter das deutsch-französische Verhältnis bereits in einer Krise. Als jedoch in den folgenden Tagen und Wochen das politische Leben weiterging und sich die deutsch-französische Partnerschaft von dieser vielfach dramatisierten Debatte nicht beirren ließ, erwiesen sich die Kassandrarufe als substanzlos. Einmal mehr zeigte sich, daß die Kooperation beiderseits des Rheins einen längeren Atem besitzt als periodisch auftretende Probleme oder die Schar der ewigen Nörgler. Das Herz der europäischen Integrationspolitik ist stark geblieben, und es läßt sich auch durch gelegentliche Streßsituationen nicht aus dem Rhythmus bringen. Nun, nachdem Deutschland und Frankreich gemeinsam die wirtschafts- und finanzpolitischen Probleme gelöst haben, ist der Weg frei für einen entscheidenden Abschnitt der europäischen Integration. Dennoch herrscht kein Mangel an weiteren Herausforderungen: So ist trotz der schon traditionellen Partnerschaft laut einer Forsa-Umfrage vom

Juni 1997 die deutsch-französische Freundschaft „etwas, das nur in den Köpfen der Politiker existiert".

Eine „echte Verbundenheit zwischen den Menschen in den beiden Ländern" sehen nur 28 % der Befragten. Dies macht deutlich, daß unsere Nationen noch einiges an „Basisarbeit" leisten müssen, um die Fundamente ihrer Freundschaft für die Zukunft zu rüsten.

Das Verhältnis zwischen Frankreich und Deutschland ist zum tragenden Pfeiler der Europäischen Union geworden. So ist nach Jahrhunderten von Konflikten und Rivalitäten unter dem Druck des Ost-West-Gegensatzes in relativ kurzer Zeit aus der angeblichen „Erbfeindschaft" eine enge politische Bindung entstanden, in der die wirtschaftliche Komplementarität voll zum Tragen kommen kann und in der die Lösungsansätze für die aktuellen politischen Probleme in einem immer dichter werdenden Mechanismus gegenseitiger Konsultationen eng aufeinander abgestimmt werden.

Die Gründerväter: Adenauer und de Gaulle

Die Auftaktphase der deutsch-französischen Kooperationspolitik wurde von Charles de Gaulle und Konrad Adenauer geprägt. Der 1949 gegründete Europarat enttäuschte viele Anhänger der europäischen Einigung. Der nächste Startversuch der europäischen Kooperation ging von Frankreich aus; angesichts der Nachkriegssituation waren damit handfeste wirtschaftliche Interessen verbunden: Frankreich produzierte seit 1949 zuviel Stahl und erhielt zuwenig Ruhrkohle; die Saarkohle stellte aufgrund ihrer geringeren Güte keinen Ersatz dar, und die Saarfrage belastete zusätzlich die deutsch-französischen Beziehungen. Daher entwickelte Jean Monnet das Projekt einer Europäischen Gemeinschaft für Kohle und Stahl (EGKS). Am 9. Mai 1950 schlug er vor, die europäische Kohle- und Stahlproduktion einer gemeinsamen „hohen Behörde" zu unterstellen. Damit sollten Absatz- und Lieferprobleme gelöst, die westdeutsche Produktion kontrolliert und das Saarproblem vereinfacht werden. Der Effekt der EGKS bestand nicht nur in den wirtschaftspolitischen Erleichterungen, sondern in seiner historischen Dimension auch in einem ersten wirksamen Schritt auf dem Wege der europäischen Integration und damit zur Überwindung des deutsch-französischen

Gegensatzes. Ein Krieg zwischen den Nachbarn sollte künftig ausgeschlossen werden. Das Vertragswerk wurde von bilateralen Abkommen und Institutionen flankiert. Dazu zählten das bereits 1950 unterzeichnete deutsch-französische Handelsabkommen und die 1955 gegründete Offizielle Deutsch-Französische Handelskammer. Die Saarfrage wurde ebenfalls geregelt: Die Mehrheit der Bevölkerung lehnte das 1954 ausgehandelte Saarstatut ab, und so wurde das damalige Saargebiet mit dem Luxemburger Vertrag am 1. Januar 1957 das jüngste Bundesland der Bundesrepublik Deutschland zum damaligen Zeitpunkt.

Jean Monnet hatte die EGKS maßgeblich mitgestaltet. Er glaubte, der französischen Wirtschaft im europäischen Verbund eine neue Dynamik verleihen zu können und Frankreichs Führungsrolle im europäischen Einigungsprozeß abzusichern. Schließlich wurde mit der Montanunion eine Methode entwickelt, den europäischen Einigungsprozeß über die schrittweise Integration einzelner Sektoren voranzutreiben.

Die effektive Umsetzung des EWG-Vertrages erfolgte in Frankreich unter General de Gaulle ab der Gründung der V. Republik. De Gaulle verfolgte das Ziel, Westeuropa zu einer homogenen wirtschaftlichen und politisch-militärischen Einheit zusammenzuschließen, wobei er allerdings eine supranationale Föderation ablehnte und ein „Europa der Vaterländer" im konföderalen Rahmen anstrebte. Die EWG sollte nun die Zollschranken zwischen den Partnerländern aufheben und den freien Warenverkehr mit marktwirtschaftlicher Konkurrenz zwischen den Unternehmen der sechs Mitgliedsländer ermöglichen. Personen-, Dienstleistungs- und Kapitalverkehr sollten ebenfalls geöffnet werden. Hinter diesen Maßnahmen stand als Ziel die politische Einigung Europas, deren konkrete Ausgestaltung allerdings umstritten blieb.

Vor dem Hintergrund der EWG und des „Wirtschaftswunders" in der Bundesrepublik leitete de Gaulle die Modernisierung der französischen Wirtschaft ein. Außerhalb der EWG-Mechanismen beschloß auf seinen Vorstoß 1961 die Konferenz der Staats- und Regierungschefs der EWG eine engere politische Zusammenarbeit; die Pläne einer Union der europäischen Völker scheiterten jedoch im April 1962 an der Frage des Integrationsgrades. Ab diesem Zeitpunkt setzte de Gaulle verstärkt auf die Zusammenarbeit mit Deutschland:

Adenauers Staatsbesuch in Frankreich im Sommer 1962 und de Gaulles Gegenbesuch in der Bundesrepublik im Herbst des gleichen Jahres legten die Grundlage für den am 22. Januar 1963 unterzeichneten deutsch-französischen Freundschaftsvertrag. Kernstück und Motor der europäischen Einigung sollten die deutsch-französischen Beziehungen werden – darin waren sich die beiden Staatsmänner schon seit 1959 einig, und der Vertragstext sprach von der „Erkenntnis, daß die Verstärkung der Zusammenarbeit zwischen den beiden Ländern einen unerläßlichen Schritt auf dem Wege zu dem vereinigten Europa bedeutet, welches das Ziel beider Völker ist".

Die Ära Kohl: Initiativen, Ausbau, Vertiefung

Die Beziehungen zwischen dem sozialistischen Präsidenten François Mitterand und dem christdemokratischen Bundeskanzler Helmut Kohl konnten in vielerlei Hinsicht auf Vorarbeiten aufbauen, doch erforderten die 80er und 90er Jahre mit ihren gesamtpolitischen Herausforderungen erhebliches diplomatisches Geschick. Seit 1982 wurde das deutsch-französische Verhältnis mehr denn je intensiviert und zum wesentlichen Faktor der europäischen Integration. Trotz bestehender unterschiedlicher Interessen brachten Deutschland und Frankreich eine Reihe gemeinsamer Entscheidungen auf den Weg, etwa die Agrarfinanzierung oder die Süderweiterung; daneben förderten sie das EUREKA-Projekt und das europäische Weltraumprogramm.

Die deutsch-französische Zusammenarbeit bewies ihre Wirksamkeit bei der Durchsetzung aller Beschlüsse, die man 1983 und 1984 bei den Ratssitzungen in Stuttgart, Athen und Brüssel als vordringlich auf die europäische Tagesordnung gesetzt hatte. Bei Ende der europäischen Präsidentschaft Frankreichs Ende Juni 1984 war eine Einigung in schwierigen Finanzfragen erzielt. Der britische Finanzbeitrag war geregelt, die Gemeinschaftsmittel wurden erhöht, gleichzeitig die Beiträge ermäßigt, die die Bundesrepublik wegen der Stärke der D-Mark für den Währungsausgleich bei Agrarimporten zahlte. An den vorbereitenden Verhandlungen war Mitterand selbst durch häufige Reisen in die europäischen Hauptstädte aktiv beteiligt.

Im März 1985 wurde die Erweiterung der Gemeinschaft um Spanien und Portugal abgeschlossen. Mitterand hatte sich in dieser Frage von politischen Überlegungen leiten lassen: der Stärkung der demokratischen Entwicklung auf der Iberischen Halbinsel und der Stärkung eines Südflügels der Gemeinschaft.

Aufbauend auf den Regelungen von Fontainebleau und auf der Basis eines deutsch-französischen Vorschlags setzte dann, nach einem Wechselbad von Projekten und Fehlschlägen, der Mailänder Europa-Gipfel vom 28./29. Juni 1985 eine Entwicklung in Gang, die bis zum Frühjahr 1988 alle Fragen der europäischen Verfassung zu einem Abschluß brachte: Mit der „Einheitlichen Europäischen Akte" vom Dezember 1985 wurden die „Europäische Politische Zusammenarbeit" und die Wirtschaftsgemeinschaft rechtlich miteinander verklammert und auf die „Europäische Union" als gemeinsames Ziel ausgerichtet. Die Beschlußfassung innerhalb der Wirtschaftsgemeinschaft wurde durch die weitgehende Einführung von Mehrheitsentscheidungen wesentlich vereinfacht. Man einigte sich weiter darauf, den einheitlichen Binnenmarkt, also die Abschaffung aller Beschränkungen für den Warenaustausch innerhalb der Gemeinschaft, bis 1992 zu erreichen.

1988 einigte man sich dann auf die dringende Reform des Agrarmarkts, dessen Kosten unaufhörlich wuchsen; man vereinbarte kostensenkende Maßnahmen und Kostengrenzen und beschloß auch eine deutliche Erhöhung der Eigenmittel, die nun für die strukturelle Entwicklung ländlicher Gebiete, Ausbildungshilfen und neue Industrien bereitgestellt wurden.

Frankreich war überzeugt, damit auch den Exportinteressen der deutschen Industrie entgegengekommen zu sein, und reagierte in den folgenden Jahren empfindlich, wenn Bonn gemeinsamen Anstrengungen zur Überwindung der Wirtschaftskrise aus dem Wege ging und sich gegenüber einer gemeinsamen Industriepolitik reserviert zeigte. In Paris sprach man vom „D-Mark-Egoismus." Später, nach der deutschen Einheit, war dies ein beliebtes Schlagwort gegen die Hochzinspolitik der Deutschen Bundesbank.

Dagegen beteiligte sich die Bonner Regierung an Mitterands Bemühungen um eine europäische Technologiepolitik. Als Paris 1985 im Rahmen des EUREKA-Programms ein Konzept für eine Zusammenarbeit an Technologieprojekten vorlegte und zu einer Konferenz einlud, zu der 17 europäische Länder Delegationen schickten, sprach Bundeskanzler Helmut Kohl von einer „vitalen Notwendigkeit für

Europa". Noch im selben Jahr konnte bei einer gemeinsam einberufenen Folgekonferenz in Hannover eine erste Liste von konkreten Abmachungen verwirklicht werden. Mitterands Gedanke, jeweils bis zu vier Interessenten für ein konkretes Großprojekt einzubringen, erwies sich als zukunftsträchtig.

Herausforderungen als Bewährungsproben

Die enge und erfolgreiche Zusammenarbeit zwischen Bonn und Paris in europäischen Fragen und die Annäherung der Wirtschaftsbeziehungen förderten beständig die gegenseitigen Beziehungen. Die Spitzenpolitiker, vor allem Helmut Kohl und François Mitterand, arbeiteten stets an einem partnerschaftlichen Verhältnis. Die Tragfähigkeit dieser Partnerschaft zeigte sich in den Tagen der deutschen Einheit, die entgegen anfänglichen Befürchtungen nicht zu einer Abkühlung des deutsch-französischen Verhältnisses führte und auch kein Ungleichgewicht der Kräfte in Europa zur Folge hatte. Frankreich und Deutschland zeigten 1989/90, daß sie aus der Vergangenheit gelernt hatten: Sie warfen nach einer kritischen Orientierungsphase alte Ängste und Ressentiments über Bord und verstanden die deutsche Einheit als entscheidenden Schritt innerhalb der europäischen Integration. Mit dem 3. Oktober 1990 stießen 16 Mio. Menschen auch zur EG. Ob ein Land 80 Mio. Einwohner wie das vereinte Deutschland, 57 Mio. wie Frankreich oder 250 Mio. Einwohner wie die USA hat, ist in Zeiten der Globalisierung mehr denn je zweitrangig.

Die Vollendung des **Binnenmarkts** zum 1. Januar 1992 markierte die nächste Etappe der europäischen Einigung. Während zuvor schon der freie Warenverkehr realisiert war, ermöglichte nun der Gemeinsame Markt auch den freien Personen-, Dienstleistungs- und Kapitalverkehr zwischen den Mitgliedstaaten. 279 Einzelmaßnahmen zählte das von der Kommission vorgelegte Weißbuch, um das notwendige Maß an Gemeinsamkeit zu erzielen. Und wiederum war das Projekt Binnenmarkt ein Produkt der deutsch-französischen Zusammenarbeit: Geht es doch auf die 1985 beschlossene Einheitliche Europäische Akte zurück, mit der Kohl und Mitterand die „Eurosklerose" der 80er Jahre überwanden.

Nächster Schritt mußte die **Wirtschafts- und Währungsunion** sein; Frankreich und Deutschland legten der EG-Kommission 1990 gemeinsame Anträge für die Gründung der „Europäischen Union" vor, die bis Ende 1991 zu den Maastrichter Verträgen führten. Diese gingen auf Beschlüsse des Europäischen Rats vom Dezember 1989 in Luxemburg zurück und waren im wesentlichen durch die bewährte deutsch-französische Expertenkooperation und eine Initiative von Kohl und Mitterand entstanden.

Der Euro, die gemeinsame Währung für das Europa des 21. Jahrhunderts, stellt einen Meilenstein in der Nachkriegsgeschichte Europas dar: „Erstmals trifft", so Klaus Hänsch, der ehemalige Präsident des Europaparlaments, „eine europäische Entscheidung jeden einzelnen Bürger der Union unmittelbar, ist für ihn unvermittelt erkennbar und im Sinne des Wortes faßbar."

In seiner Regierungserklärung vom 13. Dezember 1991 wies Helmut Kohl auf die wichtige Funktion der deutsch-französischen Kooperation bei der Realisierung der WWU hin: „Daß es uns gelungen ist, der europäischen Einigung neuen Auftrieb zu geben, ist in besonderem Maße dem engen Schulterschluß mit Frankreich zu verdanken. Die deutsch-französische Partnerschaft war, ist und bleibt entscheidend für Europa. Vor allem mit Frankreich sind wir uns in der Vision eines Europa einig, das nicht nur wirtschaftlich, sondern auch politisch zusammenwächst."

Präsident Mitterand unterstrich diese Einschätzung aus französischer Sicht: „Wir wollten eine Wirtschafts- und Währungsunion mit einer einheitlichen Währung, und wir wollten darüber hinaus, daß ein Zeitpunkt festgelegt wird. Das ist geschehen. Ich meine also, daß Maastricht in diesem Bereich ein wirklicher Erfolg ist. Wir wollten (...), daß eine politische Union auf mehreren Gebieten, vor allem in der Außenpolitik, entsteht. (...) Ich bin der Ansicht, daß Frankreich in den Punkten, an die man sofort denkt – Wirtschafts- und Währungsunion, politische Union, Auftakt zu gemeinsamen Streitkräften –, das erreicht hat, was es erreichen wollte."

Wieder einmal zeigte sich bei der Wirtschafts- und Währungsunion, wie Deutsche und Franzosen aus unterschiedlichen Ansätzen zum selben Ergebnissen gelangen. Während für uns Deutsche der Euro ein wirtschaftliches Band zwischen den Teilnehmerländern zur Sicherung der Stabilität in Europa ist, argumentierte man in Frankreich aus anderer Perspektive: Wie Pierre Moscovici, Minister für europäische Angelegenheiten, sehen die Franzosen den Euro als Instrument, „das dem Dollar die Stirn bieten kann“.

Die anschließenden Diskussionen über die Zieldefinition für die Europäische Zentralbank im Spannungsverhältnis zwischen Geldwertstabilität, Beschäftigung und Dollarkurs sind vor diesem Hintergrund kaum verwunderlich. Letztlich spiegeln sie die unterschiedlichen Wirtschaftstraditionen links und rechts des Rheins wider: der französische Voluntarismus drüben, das Vertrauen in die Kräfte des Marktes hüben. Dennoch schießt die „Financial Times“ über das Ziel hinaus, wenn sie schreibt: „Die Europäische Währungsunion ist ein Kampf um Macht und Ideen, den Frankreich gewinnen will.“

Die unterschiedlichen Konzepte in der Wirtschaftspolitik sind um so mehr evident im Bereich der **Industriepolitik**. Das Favorisieren der „national champions“ und das gleichzeitige Abschotten der eigenen Wirtschaft vor der rauhen Luft des Weltmarkts ist beileibe nicht nur Eigenart der Franzosen. Eine französisch-belgische Initiative, die Kommission mit der Kompetenz für die Industriepolitik auszustatten, konnte in Maastricht zum Teil im Rahmen eines großen „geschnürten Pakets“ verhindert werden. Die deutsche Wirtschaft ist weit mehr vom Weltmarkt abhängig als die französische und hat nicht zuletzt deshalb ein größeres Interesse am freien Zugang zu den globalen Märkten.

Die Beispiele nationaler Prestigeobjekte wie der Hochgeschwindigkeitszug TGV, die Concorde, das Ariane-Projekt oder der Ärmelkanaltunnel zeigen allerdings auch, daß unser westlicher Nachbar technologische Innovationen in erster Linie als Chance begreift, während in Deutschland gerade von der SPD und den Bündnisgrünen oft skepsis- und furchtdominierte Debatten über das Für und Wider des Fortschrittes geführt werden. Schon der in diesem Zusammenhang immer wieder auftauchende Begriff der „Technikfolgenabschätzung“ ist ein deutliches Zeugnis dieser pessimistischen Geisteshaltung. In Frankreich dagegen wurden symbolträchtige Technologieprojekte von allen maßgeblichen politischen Kräften von Anfang an mit Nachdruck gefördert.

Wo gemeinsame Industriepolitik sinnvoll ist, stehen auch die Deutschen nicht abseits. Noch beim 71. deutsch-französischen Gipfel in

Avignon beschlossen Bundeskanzler Kohl und Präsident Chirac, das europäische Airbus-Konsortium in einen wettbewerbsfähigen Konzern umzuwandeln, der die Europäer technologische Überlegenheiten gegenüber dem amerikanischen Flugzeughersteller Boeing besser nutzen lassen sollte.

Angesichts zweistelliger Arbeitslosenquoten in vielen Mitgliedstaaten der Europäischen Union wurde zur Mitte der 90er Jahre der Druck gerade auch aus Frankreich auf die Gemeinschaft größer, sich auch dieses Problems anzunehmen. Dem in Maastricht beschlossenen Sozialprotokoll traten in Amsterdam im Juni '97 auch die Briten bei, der Vertrag wurde um ein **Beschäftigungskapitel** ergänzt. Dieses sieht koordinierte Strategien für den Arbeitsmarkt und jährliche Berichte über die Beschäftigungslage vor. Es war ein Erfolg der deutschen Seite, daß sich Forderungen nach zusätzlichen, teuren Beschäftigungsprogrammen nicht durchsetzen konnten. Daß man mittels öffentlich finanzierter Programme Arbeitslosigkeit wirksam beseitigen kann, gehört ins Reich des Aberglaubens. Das zeigt die Erfahrung: So hat Frankreich seit 1977 über 50 Programme gegen Jugendarbeitslosigkeit gestartet, dennoch ist heute jeder vierte junge Franzose ohne Arbeit. Die hohe Arbeitslosigkeit in vielen europäischen Staaten hat vielmehr strukturelle Gründe. Länder wie Großbritannien, die Niederlande, aber auch Spanien, die strukturelle Reformen am Arbeitsmarkt durchgesetzt haben, beweisen dies. Die Reaktionen in der Fachwelt auf das Beschäftigungskapitel waren entsprechend scharf – bis hin zum Vorwurf des „Rückfalls in den Interventionismus".

Die Beispiele Beschäftigungs- und Industriepolitik verdeutlichen eines: Gerade in der deutsch-französischen Zusammenarbeit muß die deutsche Seite mit der notwendigen ordnungspolitischen Klarheit auftreten. Nicht umsonst stand die Ordnungspolitik im Mittelpunkt der Überlegungen der Gründer der sozialen Marktwirtschaft. Signale wie die gesetzliche Einführung der 35-Stunden-Woche in Frankreich und die Reaktionen in der deutschen Sozialdemokratie dokumentieren die Notwendigkeit einer Fortsetzung der Koalition der Mitte.

Die deutsche Wirtschaftspolitik zeichnet sich dadurch aus, daß sich ab 1948 mit der „sozialen Marktwirtschaft" unter der Federführung der CDU ein ordnungspolitisches Leitbild durchgesetzt hat, dessen

Grundlagen die wirtschaftspolitischen Orientierungen bis heute prägen: Vorrang des Marktes, Beschränkung staatlicher Aufgaben auf die Bereitstellung von Infrastrukturen, auf die Wahrung der Rahmenbedingungen für den Wettbewerb und auf sozialen Ausgleich. Zwar hat auch in Deutschland eine Ausweitung des Sozial- und Interventionsstaates stattgefunden; doch die Pluralität der staatlichen Akteure (Bund, Länder, Bundesbank usw.) trägt dazu bei, daß der staatliche Interventionismus in der Bundesrepublik gebremst wird. Eine wichtige Rolle spielt auch die gängige Praxis der Auslagerung öffentlicher Aufgaben auf Verbände und private Organisationen. Zusätzlich reduzieren die kooperative Kultur in Wirtschaft und Gesellschaft und die hohe Bereitschaft und Fähigkeit der Wirtschaftsverbände zur Selbstorganisation und -regulierung den Bedarf direkter staatlicher Interventionen erheblich. Die Standortdebatte stellt dieses konsens- und kooperationsorientierte „deutsche Modell" radikal in Frage, weil es notwendige Strukturanpassungen zugunsten einer marktwirtschaftlichen Erneuerung im Zeitalter einer globalisierten Konkurrenz behindere. Es ist nicht das geringste Paradox im deutsch-französischen Dialog, daß die französische Seite in dem Augenblick die Vorzüge des „rheinischen Kapitalismus" entdeckt, in dem sich Teile der deutschen Wirtschaft von diesem Modell zu verabschieden beginnen. Insgesamt bedeutet der Standortwettbewerb jedoch nicht, daß Deutschland und Frankreich ihre jeweiligen Wirtschaftsmodelle über Bord werfen müßten. Anstatt die Globalisierung für eine Vielzahl interner Probleme verantwortlich zu machen und als Rechtfertigung für unpopuläre sozialpolitische Maßnahmen zu benutzen, sollte sie beiderseits des Rheins als Chance erkannt und genutzt werden, die Strukturen wohlüberlegt und im Rahmen der eigenen Identität zu erneuern.

Bilanz einer erfolgreichen Kooperation

Der Umfang und die in der EU erbrachten Leistungen können sich sehen lassen: Nach der jüngsten Erweiterung von 1995 lebten in der EU auf 3,2 Mio. qkm rund 371 Mio. Menschen, 21 Mio. mehr als vorher. Das Bruttoinlandsprodukt betrug 6,2 Billionen Ecu, der Anteil des gegenseitigen Handels der EU-Länder lag bei rund 63 %.

Deutschland wickelt 58 % seiner Ausfuhren innerhalb der EU ab, Frankreich 63 % der Exporte und 68 % der Importe.

Frankreich und die Bundesrepublik unterhalten heute miteinander die engsten und intensivsten Handelsbeziehungen aller großen Industrieländer. Jeder der beiden Staaten ist jeweils der wichtigste Handelspartner des anderen und wiegt als größter Kunde und Lieferant sehr schwer in der Handelsbilanz des Nachbarn: So importierte Deutschland 1996 Waren im Wert von 71 Mrd. DM, 10,3 % seiner gesamten Einfuhr, aus Frankreich und exportierte 10,7 % seiner Warenausfuhr oder 84 Mrd. DM zu seinem linksrheinischen Nachbarn. Das französische Handelsdefizit vis-à-vis Deutschland betrug so 1996 mit 13 Mrd. DM nur noch knapp die Hälfte der Werte in den 80er Jahren, wenn auch wieder fast ein Drittel mehr als 1992.

Auch der Austausch in der beruflichen Bildung zwischen Deutschland und Frankreich ist ein Stück Erfolgsgeschichte in den Beziehungen beider Länder. So hatten bis Ende 1997 rund 37.000 Auszubildende und Fachkräfte an Programmen teilgenommen. Bei 110 Austauschprogrammen pro Jahr konnten jährlich etwa 2.600 Auszubildende und Berufsfachschüler, rund 200 Weiterbildungsteilnehmer und 600 Fach- und Sprachbegleiter die Ausbildung und den Alltag im Nachbarland kennenlernen. Sie erwarben zusätzliches Fachwissen und erlernten eine andere Sprache. Mit diesen Aktivitäten wurden wichtige Grundlagen für die Vorbereitung auf eine berufliche Zukunft gelegt, die sich nicht mehr primär an nationalen Arbeitsmärkten orientiert, sondern europäisch und international ausgerichtet ist.

Die Politik des starken Franc, die Jacques Delors als Wirtschaftsminister 1983 in Gang setzte, zeigt Erfolge. Die früher notorisch hohe französische Inflation liegt unter der deutschen. Von 1991 bis '96 stieg das französische Bruttoinlandsprodukt um jährlich 1,2 %, das deutsche immerhin noch um 1,4 %. Die französische und die deutsche Volkswirtschaft sind mittlerweile von einem hohen Maß realer Konvergenz gekennzeichnet, einer wichtigen Voraussetzung für den Erfolg des Euro.

Saarland: Lafontaine verschläft Europa

Gerade im regionalen Zusammenhang werden die deutsch-französischen Gemeinsamkeiten und Unterschiede, aber auch die Auswirkungen der europäischen Politiken deutlich. So ist es heute schon möglich, Gewerbegebiete grenzüberschreitend auszuweisen. Daß dies im Saarland, dessen Ministerpräsident so gerne die länderübergreifende Zusammenarbeit in Sonntagsreden herausstreicht, bisher nicht geschehen ist, ist kennzeichnend für die Diskrepanz zwischen Anspruch und Wirklichkeit der SPD in Sachen Europas. Es ist um so schlimmer für eine Region, der die europäische Perspektive eine hervorragende Chance für den Strukturwandel bietet. Wie man diese europäische Chance nutzt, wie man Gelder aus Brüssel sinnvoll einsetzt, das könnte sich Lafontaine bei den lothringischen Nachbarn ansehen: Dank unbürokratischer Projektrealisierung, niedriger Energie- und Entsorgungskosten sowie der Vorhaltung ausreichender Gewerbeflächen wandelt sich das lothringische Kohlebecken in einen der besten Standorte Europas. Die Ansiedlung des Smart-Werks kurz hinter der saarländischen Grenze war eine Niederlage der sozialdemokratischen Wirtschaftspolitik im Saarland. Während in Lothringen die letzte Kohlengrube schließt, füllt Saarberg Halden jenseits der Grenze auf – eine sichere Einnahmequelle für die betreffende französische Gemeinde. Die Tatsache, das die EU insbesondere in grenznahen Regionen den Standortwettbewerb fördert und verstärkt Strukturwandel erzwingt, will nicht allen politischen Kräften einleuchten. Andernfalls würde SPD-Landeschef Reinhard Klimmt in der Öffentlichkeit wohl kaum die Mär verbreiten, daß man „es den saarländischen Bergleuten nicht zumuten kann, für den geringeren Lohn im lothringischen Smart-Werk zu arbeiten“. Anstatt flexibles und leistungsorientiertes Denken im europäischen Rahmen zu unterstützen, fördern Lafontaine und sein Statthalter Klimmt diffuse Ängste vor Wandel und Veränderungen. Während daher in Lothringen längst sinnvolle Ansiedlungspolitik betrieben wird, verhindern die Sozialdemokraten im Saarland, dem Bundesland mit Brückenfunktion zu Frankreich, eine zukunftsgerichtete europäische Politik. Dabei lebt gerade die deutsch-französische Zusammenarbeit davon, daß die Partner voneinander lernen und gegenseitig Impulse voneinander aufnehmen. Als Motor der europäischen Integration konstituierte sie nie eine Hegemonie, sondern war immer ein Angebot an die anderen Mitgliedsländer, ihre eigenen Interessen einzubringen und so Fortschritte im Einigungsprozeß zu erreichen. Dies wird von den anderen europäischen Partnern auch so verstanden.

Perspektiven

Das deutsch-französische Paar ist so ein Glücksfall für Europa – gerade auch für die Zusammenarbeit in der Wirtschaftspolitik und die Zukunft des Einigungsprozesses. Denn die Europäische Union steht vor großen Herausforderungen: Mit der Agenda 2000 stehen Reformen der Finanzverfassung, des institutionellen Rahmens, der Agrar- und Strukturpolitik an – und nicht zu vergessen die Erweiterung um mittel- und osteuropäische Staaten. Ganz im Hintergrund bleibt noch die Frage nach der Finalität: Wie tief soll die Integration reichen, wieweit soll die politische Union den Nationalstaat überflüssig machen?

Die Deutschen und die Franzosen müssen Antworten auf diese Herausforderungen finden. Denn, so der frühere Kommissionpräsident Jacques Delors: „Wenn sich Deutsche und Franzosen dieser Herausforderung nicht annehmen, wenn es nicht gelingt, gemeinsame Positionen zu finden, dann fürchte ich um die zukünftige Funktionsweise der Europäischen Union und um ihre Möglichkeiten, politische Fortschritte zu machen.“

Heute stehen beide Staaten vor der Aufgabe, ihre Wirtschaft an die veränderten Bedingungen der Globalisierung anzupassen. Gesucht wird ein Wirtschaftsmodell, das die ökonomische Wettbewerbsfähigkeit sichert und gleichzeitig den gesellschaftlichen Zusammenhang bewahrt. Dabei sucht Frankreich nach dem Abschied vom übermächtigen Zentralstaat nach einer neuen gleichgewichtigen Rollenverteilung zwischen Staat, Gebietskörperschaften, Marktmechanismen und Kräften der Zivilgesellschaft. Deutschland hingegen kämpft mit den Verfestigungen, dem Status-quo-Denken und der nachlassenden Innovationsbereitschaft, d. h. den Kehrseiten seiner jahrzehntelang erfolgreichen Wirtschafts- und Gesellschaftsstruktur. Der eigentliche Horizont dieser Entwicklungen aber sind die Zukunft und die Selbstbehauptungskraft der europäischen Wirtschaft. Ein vertiefter deutschfranzösischer Dialog, der nicht bei Reizworten stehenbleibt, sondern den jeweiligen nationalen Diskursen und Praktiken nüchtern auf den Grund geht und die Agenda für künftiges gemeinsames Handeln herausarbeitet, ist dazu notwendiger denn je.

Zu viel steht auf dem Spiel, sowohl wirtschaftlich als auch politisch. Der deutsch-französische Motor kann nur reibungslos laufen, wenn wir in Deutschland und Frankreich:

- das mit der europäischen Integration bisher Erreichte besser nutzen und herausstellen, anstatt uns an Nebensächlichkeiten aufzuhalten,
- die unterschiedlichen Positionen, Konzepte und Zwänge des Partners berücksichtigen und
- den oftmals latenten Stimmungen in der Bevölkerung mehr Beachtung schenken.

Ein letzter Punkt ist meines Erachtens hervorzuheben: Politik wird nicht um der Politiker willen gemacht, sondern zum Wohle des Volkes. Wenn, wie zu Beginn gesehen, nur noch ein Bruchteil der deutschen Bevölkerung – in Frankreich sieht es nicht viel anders aus – die deutsch-französischen Beziehungen und deren Bedeutung für den Zusammenhalt Europas erkennt, ist es Aufgabe der Politik, hier ein klares Zeichen zu setzen.

Die europäische Integration war für die Franzosen nach dem Zweiten Weltkrieg die Fortsetzung nationaler Politik mit europäischen Mitteln, für die Deutschen, die bis 1990 nur eingeschränkte Souveränität besaßen, der Ersatz nationaler Politik durch europäische Mittel. Beide Partner gingen, wie oben gesehen, oft mit unterschiedlichen Zielsetzungen an die Sache heran. Das Ergebnis bedeutete aber fast immer Fortschritt in der europäischen Einigung.

Dennoch bleiben gelegentliche Dissonanzen nicht aus. Der schon seit 1957 andauernde, immer wieder an die Oberfläche kommende Streit um die Wirtschaftsverfassung in Europa zeigt dies. Gerade weil die deutschen Auffassungen oftmals von den französischen Positionen differierten, boten Kompromisse zwischen beiden Partnern eine gute Grundlage für die Einigung auf europäischer Ebene. Gerade das Überwinden anfänglicher Schwierigkeiten festigt die Verständigung zwischen Deutschen und Franzosen. Unsere enge Zusammenarbeit sichert nun schon seit über 50 Jahren Frieden und Freiheit in Europa.

An den entscheidenden Wegmarkierungen der Europapolitik hat die deutsch-französische Kooperation die wesentlichen Führungsimpulse gesetzt. Diese Gesetzmäßigkeit gilt auch im umgekehrten Sinne. Es stimmt, was Günther Nonnenmacher in der „FAZ" schrieb: „Wenn sich Frankreich und Deutschland einig sind, ist vieles möglich; wenn sie zerstritten sind, geht nichts." Konflikte gibt es gelegentlich, aber: „Ein Grund, deshalb jedesmal das Zerbrechen des deutsch-französischen Verhältnisses und das Ende der europäischen Einigung vorherzusagen, ist das nicht."

FRIEDBERT PFLÜGER

Weltmacht Europa

Die EU-Osterweiterung als politische und ökonomische Renaissance der „Alten Welt"

Europa ist wieder da. Nach der Schwächung durch die Bruderkriege dieses Jahrhunderts und den kalten Krieg, der zur Teilung des Kontinents sowie zur Hegemonie der USA und der Sowjetunion über die europäischen Völker führte, meldet sich nun die „Alte Welt" machtvoll zurück. Die „Eurosklerose", jene Mischung aus Bequemlichkeit und Risikoscheu, ausuferndem Wohlstandsstaat, Technikfeindlichkeit, Überregulierung, Bürokratismus und fehlender Aufbruchsvision, scheint (fast) überwunden.

Europa verfügt über einen gewaltigen Binnenmarkt mit derzeit fast 380 Mio. Verbrauchern und einem Anteil von rund 20 % am Weltsozialprodukt. Von den 100 umsatzstärksten Unternehmen gehören 36 Europäern, nur 24 Amerikanern. Während sich in Südostasien Finanzkrisen und soziale Unruhen verbreiten, Japan in eine nachhaltige Rezession driftet, Indien und Pakistan ihre enormen Ressourcen in Atombewaffnungen und neuen Rüstungswettläufen vergeuden und auch China noch mindestens zwei Jahrzehnte Stabilität und innere Reformen benötigt, um an den Wohlstand Europas wenigstens annähernd anknüpfen zu können –, meldet Europa die Wiederherstellung leistungsfähiger Volkswirtschaften. Insbesondere die Erwartung des Euro hat überall auf dem Kontinent zu einer neuen ökonomischen Stabilitätskultur geführt, eine Konsolidierung der Staatshaushalte bewirkt, den staatlichen Sektor zurückgedrängt, überfrachtete Sozialsysteme zurückgeschnitten und neuer Wettbewerbsfähigkeit im Zeitalter der Globalisierung den Weg geebnet. Die europäische Industrie hat bei Zukunftstechnologien aufgeholt, ihre Maschinen und Autos sind nach wie vor die besten in der Welt. War die als Fusion bezeichnete Übernahme Chryslers durch Daimler nicht ein Vorgang, der symbolhaft auf zukünftige Entwicklungen hinweist?

Paul Kennedy, Autor des Buches „Aufstieg und Fall der Großmächte", jedenfalls gibt den Amerikanern nur noch „fünf Jahre zum

Feixen"; das nächste Jahrhundert wird seiner Meinung nach ein europäisches. Auch der weltbekannte Harvard-Politikwissenschaftler Samuel Huntington glaubt, daß der „Stab der Weltführung" auf Europa übergehen könnte. „Europe is back" konstatiert selbst das „Wall Street Journal".

Im Zentrum dieser sich andeutenden neuen Europaeuphorie steht die europäische Wirtschafts- und Währungsunion. Noch vor zwei Jahren haben die meisten Amerikaner und Asiaten nicht wirklich daran geglaubt, daß es den Europäern gelingen könnte, eine gemeinsame Währung einzuführen. Man bekundete öffentlich zwar sein Wohlwollen für das Projekt, äußerte intern aber nicht selten ironische Skepsis. Nun zeigt sich fast überall auf der Welt ein unverkennbarer Respekt vor der neuen Währung und dem sie tragenden (wesentlich von Bonn durchgesetzten) Stabilitätssystem. Anfangs werde es zwar politisches Chaos und immense technische Probleme geben, mutmaßt Jeffrey Garten, Managementprofessor an der Yale-Universität. Doch schon bald werde die neue Währung Europa zur Supermacht machen: „Euroland wird Amerikas Überlegenheit in Frage stellen." Gail Fosler, die Chefökonomin des „Conference Boards", glaubt, daß der Euro weiteren Strukturwandel erzwingen und so Europa noch dynamischer machen wird.

Aber neben dem Euro und den durch ihn erzwungenen Reformen benötigt Europa noch vier weitere Entwicklungen, um wirklich wieder Weltmacht zu werden:

- die institutionelle Reform der EU-Institutionen einschließlich eines neuen Finanzrahmens (Agenda 2000),
- eine wirklich Gemeinsame Europäische Außen- und Sicherheitspolitik (GASP) mit der Westeuropäischen Union (WEU) als militärischem Arm (und einer europäischen Rolle der französischen und britischen Nuklearstreitkräfte),
- eine Konsolidierung der europäischen Luft- und Raumfahrtindustrie sowie der europäischen Rüstungsunternehmen und schließlich vor allem
- die Erweiterung der EU nach Mittel- und Osteuropa.

Dieser letzte Punkt bildet das Thema der kommenden Ausführungen.

Es ist im Interesse eines jeden europäischen Staats, die Osterweiterung der EU zügig und umfassend voranzutreiben und gleichzeitig die institutionellen Reformen durchzuführen, um ein Europa mit 20 oder 25 Staaten handlungsfähig zu halten. Die Bundesrepublik Deutschland hat seit Beginn der Erweiterungsdiskussion Anfang der 90er Jahre eine führende Rolle, eine Anwaltsrolle für die Reformdemokratien des Ostens, gespielt. Vor allem Bundeskanzler Helmut Kohl gilt überall in Mittel- und Osteuropa (MOE) als der Architekt und Motor der EU-Erweiterung. Er könnte eines Tages als der europäische Staatsmann in die Geschichte eingehen, der die Grundlagen nicht nur der deutschen, sondern auch der europäischen Einheit gelegt und so Europa wieder zu einem politisch wie ökonomisch machtvollen Subjekt der Weltpolitik gemacht hat. Niemand hat seit 1990 mehr Interesse, Engagement und Zuwendung in Mittel- und Osteuropa investiert als der deutsche Kanzler und die CDU/CSU-Bundestagsfraktion.

Diese Politik wurde nicht aus kosmopolitischem Idealismus oder postnationalem Romantizismus geboren (obwohl ein wenig davon auch nicht schadet), sondern weil die großen Probleme dieser Welt – Arbeit für alle, Bekämpfung der Armut, Energiegewinnung, Umweltschutz, Kriminalitäts- und Terrorismusbekämpfung, Menschenrechte, Freiheit und Frieden – nicht mehr im nationalstaatlichen Rahmen lösbar sind. Namentlich die Globalisierung duldet keine nationalen Volkswirtschaften mehr. Vertiefung und Erweiterung Europas liegen im Interesse der Deutschen. Nicht weil Deutschland ein „deutsches Europa" anstrebt, eine neue Hegemonie (diesmal mit einem von Frankfurt beherrschten Euro, nicht mehr mit aus Berlin geführten Panzern!), sondern weil Deutschland sich heute als eine (wichtige) europäische Nation unter vielen versteht. Deutschland will gleichwertiger Partner sein, das eigene Gewicht verantwortungsvoll gebrauchen und seine Kraft nicht mehr zerstörerisch in Europa einsetzen, sondern zum Nutzen von sich und seinen Partnern verwenden.

Wenn man von manchen Befürchtungen einzelner Politiker – nicht zuletzt in Großbritannien – absieht, vertrauen die Nachbarn der deutschen Politik, die die deutschen Interessen innerhalb Europas zwar engagiert wahrnimmt, aber vor allem erkennt, daß das übergeordnete deutsche Interesse eben in Wahrheit Europa und nicht „mein Land zuerst" heißt. Auf der Tagung der Staats- und Regierungschefs der Europäischen Union am 12./13. Dezember 1997 erklärte Helmut

Kohl in diesem Sinne: „Für uns als Deutsche ist dies ein großer Tag, weil die Perspektive deutscher Politik am Ende dieses Jahrhunderts und im Übergang zum 21. Jahrhundert, das zugleich ein neues Jahrtausend bedeutet, etwas bringt, was wir noch nie hatten, nämlich in der politischen Landschaft Europas in allen Richtungen – nach West, nach Ost, nach Nord und nach Süd – von Freunden und Partnern umgeben zu sein. … Für uns Deutsche ist es eine existentielle Frage, daß die Ostgrenze Deutschlands nicht zugleich die Ostgrenze der Europäischen Union ist."

Neben dem unbezahlbaren Gewinn, den die EU-Erweiterung für dauerhaften Frieden und Stabilität bedeutet, rechnet sie sich auch wirtschaftlich. Die mittel- und osteuropäischen Staaten sind neue zukunftsfähige Märkte, vom Handel mit ihnen profitieren alle, aber nicht zuletzt die exportorientierte deutsche Wirtschaft. Das von Helmut Schmidt eingeführte und seitdem leider immer wiederkehrende Gerede vom „Zahlmeister Europas" ist deshalb so töricht wie das Geschwätz von Deutschland als „Packesel der Welt", mit dem die Gegner der Weimarer Republik deutschen Nationalismus gegen europäische Zusammenarbeit in Stellung brachten.

Helmut Kohl hatte recht, als er im April 1994 in einem Interview mit der „Süddeutschen Zeitung" feststellte: „Wir Deutschen haben den größten wirtschaftlichen Nutzen von der europäischen Integration. Europa ist eben für Deutschland kein Luxus, sondern eine existentielle Notwendigkeit. Deshalb ist es kurzsichtig, darüber zu klagen, daß wir den größten finanziellen Beitrag zum EU-Haushalt leisten."

In der Tat gehört die Bundesrepublik Deutschland zu den „Nettozahlern", d. h., die direkten Rückflüsse nach Deutschland sind deutlich geringer als die Beiträge. Aber wie sollte eine Gemeinschaft auch funktionieren, wenn jeder Teilnehmer mindestens das an Rückflüssen erhält, was er einzahlt? Jeder Mitgliedstaat trägt zum EU-Haushalt vielmehr entsprechend seinem Wohlstand bei. Daß Deutschland als größte Volkswirtschaft der Mitgliedstaaten mit 28,5 % im Jahre 1997 auch der größte Einzahler ist, ist angesichts seiner wirtschaftlichen Leistungsfähigkeit nur folgerichtig. Korrekturen bei den Zahlungen mögen sinnvoll, ja notwendig sein. Aber generell kann von einer unfairen Belastung der Deutschen nicht gesprochen werden. Das Horrorgemälde von Milliardenschecks, die eine blauäugige Bundesregierung in Brüssel abliefern muß, während Mittelverschwender und Betrüger aus dem Süden kräftig abzocken, ist eben nur Stammtischniveau.

Das gilt zumal deshalb, weil Nettosalden nur ein sehr einseitiges Bild von den Vor- und Nachteilen der deutschen Mitgliedschaft in der EU zeichnen. So enthalten sie keinerlei Information über den allgemeinen politischen und wirtschaftlichen Nutzen der EU-Mitgliedschaft. Die positiven gesamtwirtschaftlichen Rahmenbedingungen, die allein der Zusammenschluß in der EU hervorbringen kann, tragen vor allem in der Bundesrepublik maßgeblich zu wirtschaftlichem und sozialem Wohlstand bei. Gerade die Industrie- und Exportnation Deutschland hat enorme Handelserleichterungen durch den europäischen Binnenmarkt erzielen können. Seit 1985 ist in Deutschland der Anteil des innergemeinschaftlichen Exports am Bruttoinlandsprodukt kontinuierlich gestiegen. Er hat sich seit den 60er Jahren verdoppelt. Deutsche Exporte ins Ausland machen allein 30 % des deutschen Bruttosozialproduktes aus, und mehr als zwei Drittel aller deutschen Exporte gehen in die europäischen Länder. Allein im ersten Halbjahr 1996 ist der Anteil der EU-Mitgliedstaaten am gesamten deutschen Außenhandel auf 56,2 % geklettert, die Tendenz bleibt steigend. Bei den Importen liegt der Anteil bei 54,7 % (178,5 Mrd. DM), bei den Exporten bei 57,1 % (212,8 Mrd. DM). Die EU-Mitgliedstaaten waren damit weiterhin der wichtigste Handelspartner Deutschlands mit einem Handelsvolumen von 391,3 Mrd. DM in diesem Halbjahr. Wenn man bedenkt, daß in Deutschland fast jeder vierte Arbeitsplatz direkt von diesen Handelsbeziehungen abhängt, dann fällt es schwer, die Bedeutung der EU für den Wirtschaftsstandort Deutschland nur nach „Nettosalden“ zu beurteilen.

Es ist auch wahr, daß die Mittel des Struktur- und Kohäsionsfonds naturgemäß in erster Linie den am wenigsten entwickelten und ärmsten Regionen der EU zugute kommen. Begünstigt sind vor allem die vier ärmsten Mitgliedstaaten, nämlich Portugal, Irland, Griechenland und Spanien. Bei einer EU-Erweiterung werden zusätzliche Mittel benötigt, um die Strukturdefizite der vormals sozialistischen Länder beheben zu helfen. Wie kurzsichtig aber ist es, darin eine ungerechtfertigte Belastung der reichen Länder zu sehen! Ohne die Mittel der Gemeinschaft für den armen Süden hätte die Arbeitskräftewanderung nach Mitteleuropa, insbesondere nach Deutschland, nicht seit Ende der 60er Jahre entscheidend gebremst werden können. Die Not in den südlichen Regionen ist durch die strukturpolitische Leistung der EU weitgehend beseitigt, so daß die dort lebenden Menschen nicht mehr gezwungen sind, ihre vertraute Umgebung zu verlassen. Heute erfolgt eher umgekehrt eine Wanderungsbewegung von hochqualifizierten Arbeitnehmern aus dem Norden in den Süden. Auch sind die strukturhilfeberechtigten Staaten bevorzugte Empfänger von Anlageinvestitionen, bei denen die deutsche Wirtschaft besonders stark ist. Wenn dort Kraftwerke, Staudämme, Flughäfen, Schienenwege oder Kläranlagen gebaut werden, so gibt es Zuschüsse aus dem EU-Haushalt. Aber oft erhalten deutsche Firmen die entsprechenden Aufträge, so daß erhebliche Mittel auf diese Weise zurückfließen. Ähnlich wird es mit den MOE-Staaten sein: Strukturhilfe dort, unterstellt, sie wird richtig eingesetzt, wirkt gleichzeitig auch als Auftrags- und Exportförderung für die deutsche Wirtschaft. Vor allem aber werden dadurch in der Zukunft leistungsfähige und nachfragestarke Märkte geschaffen (vgl. zum Thema: „Nettozahler“ die ausgezeichnete Studie von Elmar Brok „Das Finanzsystem der EU – Neue Ansätze und Perspektiven“, in: Interne Studien der Konrad-Adenauer-Stiftung, Nr. 142 aus 1997).

Ferner muß auf die alte Einsicht hingewiesen werden: Wer zahlt, der bestimmt. Wäre es möglich gewesen, den europäischen Binnenmarkt nach deutschen marktwirtschaftlichen Kriterien auszurichten ohne den hohen deutschen EU-Beitrag? Hätten wir die Stabilitätskultur der D-Mark mit einer unabhängigen Zentralbank auf Europa ausdehnen können, wenn wir nicht der größte „Nettozahler“ wären? Und schließlich: Würden wir nicht unseren Einfluß auf Tempo und Bedingungen der EU-Osterweiterung verlieren, wenn wir unsere Brüsseler Beiträge drastisch zurückfahren würden? Vielmehr gilt: Wenn wir Deutschen das Europa von morgen gestalten wollen, wenn wir von den gewaltigen Märkten im Osten profitieren möchten – dann müssen wir auch bereit sein, dafür jetzt einen angemessenen Preis zu zahlen! Und schließlich: Schafft das teure Projekt der EU-Erweiterung nicht letztlich dauerhaft Frieden und Stabilität auf unserem Kontinent? Und wie wollte man diesen Wert in Heller und Pfennig rechnen! Man sollte manchmal etwas weniger von den Kosten der europäischen Einheit und mehr über den Nutzen sprechen!

Im Gegensatz zu den Franzosen und vor allem den Engländern hat Deutschland sehr frühzeitig die enorme strategische Bedeutung der mittel- und osteuropäischen Staaten erkannt und sich frühzeitig engagiert. Aber es hat dieses Engagement zumeist nicht mit dem Ziel kurzfristigen Profites selbstsüchtig und aggressiv unternommen, sondern mit einem politisch-ökonomischen Gesamtkonzept, das vor allem auf die langfristige Position der deutschen Politik und Wirtschaft in diesen Ländern zielt: Konferenzen, Stiftungen, Parlamentarierkontakte, Kultur- und Jugendaustausch, humanitäre Hilfe, militärische Kooperation, Wirtschaftsberatung, Sprach- und Managementtraining, Stipendien und Praktika etc. und eben nicht nur: „Tagesgeschäft". Ein führender rumänischer Sozialist sagte mir kürzlich im persönlichen Gespräch: „Alle, die nach Bukarest kommen, wollen Geld verdienen. Aber sich für uns interessieren, sich wirklich zuwenden – das tun nur die Deutschen!"

Dieses neue Ansehen der Deutschen zahlt sich mittel- und langfristig auch in Heller und Pfennig aus – bei der Privatisierung von Staatsunternehmen, bei der Vergabe von Großprojekten und Konzessionen beim Handel. Deshalb verhalten sich diejenigen auch ökonomisch töricht, die aus populistischen Erwägungen eine Verschiebung der Osterweiterung der EU fordern: Je länger die EU-Erweiterung dauert, desto länger müssen wir warten, bis die ökonomischen Vorteile „eingefahren" werden. Je größer das Wohlstandsgefälle, desto stärker die Wanderungsbewegungen und die Kriminalität, die auch viel kosten! Und schließlich: Wenn Deutschland seine Anwalts- und Motorrolle verliert, zerstört es das neue Vertrauen der MOE-Partner, die sich dann wieder stärker an andere Staaten, vor allem an die USA, wenden werden. Dann wird eben Boeing aus Amerika gekauft, kein Airbus aus Europa!

Anders herum gilt aber auch: Wenn die westeuropäischen Staaten gewaltige Ressourcen in Strukturmaßnahmen im Osten investieren, dürfen sie auch erwarten, daß die MOE-Staaten dann der europäischen Wirtschaft faire Wettbewerbschancen einräumen und sich für große Umwelt-, Verkehrs- oder Rüstungsprojekte nicht nur amerikanische Partner holen. Deutsche und Europäer müssen ihre diesbezüglichen (völlig legitimen) Interessen allerdings gegenüber den

Regierungen in Mittel- und Osteuropa deutlicher als bisher artikulieren – ohne freilich den souveränen Staaten in irgendeiner Weise „Vorschriften" machen zu wollen.

Wie sehr die deutsche Wirtschaft schon heute von der Annäherung der Staaten des ehemaligen COMECON an die EU profitiert, beweisen die folgenden Zahlen und Fakten:

1997 überstieg der Anteil der MOE-Staaten am deutschen Außenhandel mit 10,1 % erstmals die 10-%-Grenze. Damit hat der deutsche Osthandel einen wichtigen Beitrag zum konjunkturellen Aufschwung in Deutschland geleistet, der 1998 und 1999 an Kraft deutlich zunimmt.

Die Nachfrage nach deutschen Investitionsgütern und Konsumwaren wächst weiter. Der Wert der Ausfuhren Deutschlands in die MOE-Staaten übersteigt mittlerweile die Lieferungen in die USA. Mit mehr als 40 % am gesamten EU-Handel mit dieser Region ist Deutschland wichtigster Handelspartner der MOE-Nationen.

Einen Spitzensatz im deutschen Osthandel behauptet seit einiger Zeit Polen. Mit einem Gesamtumsatz von 35 Mrd. DM – dabei entfielen 20,7 Mrd. DM auf deutsche Exporte, 14,3 Mrd. DM auf Importe – wurde ein Anteil am deutschen Osthandel von 22 % erreicht. Nach Jahren der Stagnation wurden in den beiden zurückliegenden Jahren auch im Handel mit Rußland kräftige Steigerungsraten erreicht. 1997 stieg der Warenaustausch mit Rußland um 25 % auf 33,6 Mrd. DM. Den dritten Platz im deutschen Außenhandel mit den MOE-Staaten hält weiterhin die Tschechische Republik mit einem Umsatz von 30,3 Mrd. DM. Hohe Steigerungsraten zwischen 1996 und 1997 wurden auch im Warenverkehr mit Ungarn (40 %), den baltischen Republiken (45–55 %), der Ukraine (38 %) und Weißrußland (47 %) u. a. erzielt.

Die deutschen Direktinvestitionen in die Länder Mittel- und Osteuropas haben sich in den 90er Jahren verdreifacht. Bis Mitte 1997 flossen nahezu 12 Mrd. DM in diese Region. Damit war Deutschland einer der führenden Investoren in Mittel- und Osteuropa. Mehr als 80 % der Investitionen entfielen auf die Reformländer Ungarn, Tschechien und Polen. In diesen Ländern gibt es je rund 6.000 Joint Ventures mit deutscher Beteiligung.

Die gesamte Struktur der Außenwirtschaftsverflechtung mit den

MOE-Staaten nähert sich immer deutlicher der Struktur mit unseren westlichen Nachbarn an, d.h., es gibt eine große Nachfrage nach deutschen Investitions- und hochwertigen Gebrauchsgütern, deutsche Überschüsse im Handelsverkehr und einen immer stärkeren Ausgleich in der Gesamtbilanz durch die Dienstleistungsbereiche. Die positive Entwicklung in den nächsten Jahren dürfte sich fortsetzen. Besonders die wirtschaftliche Verflechtung mit den künftigen EU-Mitgliedstaaten wird sehr schnell breiter und tiefer werden. Die MOE-Staaten werden immer mehr zu einem „Wachstums- und Arbeitsplatzmotor". Ängste vor Billigkonkurrenz im Osten sind im allgemeinen nicht berechtigt. Es ist zwar wahr, daß die Mercedes-Benz-Transporter und -Stadtbusse im Werk Jelcz bei Breslau von polnischen Partnerunternehmen montiert werden. Aber ohne die neuen Märkte in Osteuropa würden sie keinen Sinn machen, und außerdem stärken auch sie die Standorte im Westen: Motor, Getriebe und Lenkung kommen nämlich aus Deutschland und sichern einen Wertschöpfungsanteil von über 50 % eines traditionellen Standortes. Es ist keine Frage: Die Deutschen profitieren auch ökonomisch von der Überwindung von Mauer und Stacheldraht und der zunehmenden Heranführung der früheren sozialistischen Staaten des Ostens an die EU.

Die Politik ist gefordert, immer wieder den Versuch zu unternehmen, solche komplexen Zusammenhänge gegen populistisches Marktgeschrei zu verdeutlichen. Die EU-Erweiterung eignet sich bestens zum Anstacheln von Emotionen: Warum gehen Mittel des deutschen Steuerzahlers in Autobahnen oder Kläranlagen in Osteuropa, während es doch hier Arbeitslosigkeit und zuwenig Kindergärten gibt! Aber der Glaube an eine isolierte nationale Politik muß der Vergangenheit angehören. Langfristig wird sich auch der Westen Europas in der globalisierten Weltwirtschaft nur halten können, wenn der Osten seine ganze Kraft entfaltet.

Notwendig ist nicht kleinkrämerische Aufrechnung und von kurzfristigen Interessen gelenkte Verzögerungstaktik, sondern das Denken in großen Entwürfen und Konzepten: die Wiederauferstehung einer Hanseregion an der Ostsee – von Lübeck und Rostock nach Stettin, Danzig, Riga und Tallin bis nach St. Petersburg. Oder große Verkehrsachsen wie Berlin – Warschau – Moskau oder München – Wien – Budapest – Bukarest – Sofia – Athen. Es geht darum, die Ausbeutung der Energiereserven des Kaspischen Meeres nicht allein Amerika zu überlassen, sondern die Transportwege von Aserbaidschan und Georgien auch über das Schwarze Meer, Bulgarien und Rumänien bis zur Adria zu legen.

Ohne Zweifel werden solche Projekte noch auf viele Schwierigkeiten treffen. Vor allem setzen sie eine Festigung der Demokratie und eine Fortsetzung der marktwirtschaftlichen Reformen im früheren sowjetischen Machtbereich voraus. Die MOE-Staaten müssen wissen, daß die EU-Mitgliedschaft nicht nur neue Finanzspritzen für die nationalen Volkswirtschaften bedeutet, sondern vor allem auch gewaltige Anstrengungen. Die breite Zustimmung, auf die eine EU-Mitgliedschaft in den meisten mittel- und osteuropäischen Ländern trifft, könnte ins Stocken geraten, wenn den Bürgern dieser Länder klar wird, daß der geforderte Anpassungsprozeß – etwa im Agrarbereich oder bei der Schwerindustrie – enorme Strukturveränderungen und zunächst hohe Arbeitslosigkeit in einzelnen Bereichen zur Folge haben wird. Nicht nur bei uns im Westen, auch in den MOE-Staaten muß der Prozeß der Osterweiterung gegen populistische Ressentiments nationalistischer Kreise verteidigt werden. Es gilt, besorgte Bürger immer wieder von neuem von der Richtigkeit des gesamteuropäischen Kurses zu überzeugen.

Die mittel- und osteuropäischen Staaten haben bereits seit 1989 gewaltige Veränderungen hinter sich gebracht. Während der Bestand an gemeinsamen EU-Regeln, der sogenannte „acquis communautaire“, früher nur einige Aktenordner füllte, sind es heute rund 80.000 Seiten. Allein für den Binnenmarkt gibt es mehr als 1.300 Richtlinien und Verordnungen. Auch wenn man schon heute weiß, daß es für die neuen EU-Mitglieder zum Teil erhebliche Übergangsfristen geben wird – etwa bei der Landwirtschaft, der Stahlindustrie, beim Abbau von Grenzkontrollen, bei der Freizügigkeit der Arbeitnehmer –, so muß doch letztlich jedes vollwertige Mitglied den „acquis communautaire“ auf Punkt und Komma erfüllen. Das bedeutet, daß auch das Bankensystem, die Sozialversicherung, die Verwaltungen und die Justiz auf EU-Niveau gebracht werden müssen. Seit dem 31. März 1998 führt die EU mit Ungarn, Polen, Estland, der Tschechischen Republik, Slowenien und Zypern individuelle Beitrittsverhandlungen.

Die übrigen fünf nicht berücksichtigten MOE-Staaten, nämlich Rumänien, die Slowakei, Lettland, Litauen und Bulgarien, sind Teil eines mehrstufigen Erweiterungsprozesses, mit dem sämtlichen Beitrittsanwärtern eine realistische Perspektive für deren schrittweise Annäherung an die EU eröffnet werden soll. Mit einer „intensivierten Heranführungsstrategie“, d. h. Beitrittspartnerschaften und Heranführungshilfe, werden alle Reformstaaten des Ostens in ihrer Vorbereitung auf den EU-Beitritt künftig besonders unterstützt. Die EU hat eine regelmäßige Überprüfung der Beitrittsfähigkeit der Bewerberstaaten vereinbart und die Möglichkeit geschaffen, den Kreis der Verhandlungspartner zu erweitern. Es ist möglich, daß Kandidaten, die später erst mit Verhandlungen beginnen, dennoch früher zum Abschluß kommen (Überholspur), wenn sie besonders erfolgreich sind.

Die Verhandlungen beginnen mit einem analytischen und systematischen Vergleich („Screening“) des „acquis communautaire“ mit der derzeitigen Gesetzgebung der Beitrittsanwärter. Der erwähnte Rechtsbestand der EU von 80.000 Seiten Text (davon ca. 40.000 Seiten zur Landwirtschaft) ist in 31 Kapitel von der Agrarpolitik bis zum Umweltschutz aufgegliedert worden. Die Dauer dieses Screening-Prozesses wird wohl in das Jahr 1999 hineinreichen. Erst im Anschluß daran beginnen die eigentlichen Beitrittsverhandlungen, zur Zeit ist noch offen, ob die Verhandlungen in bestimmten Sektoren (z. B. Binnenmarkt) bereits vor Beendigung des gesamten Screening begonnen werden können.

Am 27. März 1998 hat der EU-Verwaltungsausschuß für das sogenannte Phare-Programm neue Leitlinien für die zehn Beitrittskandidaten für die Jahre 1998 und 1999 verabschiedet. Phare ist das wichtigste und umfangreichste Finanzinstrument der EU zugunsten der mittel- und osteuropäischen Staaten. Es dient zur Vorbereitung der Beitrittskandidaten auf die EU-Mitgliedschaft. Zwischen 1995 und 1999 sind dafür insgesamt 6,7 Mrd. Ecu bereitgestellt. Etwa 30 % dieses Finanzrahmens sollen ab 1998 zur Verstärkung der Kapazitäten in den Bereichen Verwaltung und Justiz verwendet werden, 70 % für Investitionen im Zusammenhang mit der Übernahme und Umsetzung des „acquis communautaire“. Neben Ausbildungs- und technischer Hilfe, richtet sich nun die Unterstützung vor allem auf Partnerschaften zwischen Behörden und Einrichtungen in den beitrittswilligen

Staaten und den EU-Mitgliedstaaten. Durch Beamten- und Expertenaustausch soll ein konkretes Verständnis der Anpassungsnotwendigkeiten und daraus resultierend der richtige Einsatz der erforderlichen Hilfe geschaffen werden. Mit den Ländern, mit denen nicht sofort verhandelt wird, wird im Rahmen der Phare-Haushaltsrichtlinie für die Jahre 1998 und 1999 eine sogenannte Aufholfaszilität (catch-up facility) in Höhe von 100 Mio. Ecu zur Reduzierung des Rückstandes – insbesondere in den Sektoren Privatisierung und Umstrukturierung, Förderung ausländischer Investitionen und Korruptionsbekämpfung – zur Verfügung gestellt werden. Für die Jahre 2000 bis 2006 sieht die EU schließlich Beitrittshilfen in Höhe von jährlich 3,12 Mrd. Ecu vor.

Was aber bedeutet eine reformierte und erweiterte EU mit einer Gemeinsamen Außen- und Sicherheitspolitik und dem Euro für das europäisch-amerikanische Verhältnis? Richtet sich die Stärkung der EU etwa gegen Amerika? Sollen die USA herausgedrängt werden aus Europa? Kehren undankbare und sich selbst überschätzende Europäer zukünftig Washington den Rücken zu?

Nichts davon. Europa und ganz besonders Deutschland bleiben den Vereinigten Staaten unverbrüchlich als Partner und Freund verbunden. Trotz der beschriebenen europäischen Fortschritte: Es wird noch lange brauchen, bis die „Krise Europas“ (Karl Dietrich Bracher) überwunden ist und Europa auch in Konfliktfällen außenpolitisch agieren kann. Derzeit bleiben die europäischen Staaten fast immer auf amerikanische militärische Unterstützung und Führung angewiesen: in Bosnien, im Kosovo, in der Irak-Krise oder beim Zwischenfall um die Felseninsel Imia, der Anfang 1996 fast zu einem Krieg zwischen Griechenland und der Türkei geführt hätte.

Niemand sollte über die große Macht des heutigen Amerika Klage führen, im Gegenteil: Wir Europäer haben ihr unendlich viel zu verdanken. Aber niemand weiß, wie lange die Amerikaner bereit sein werden, sich in allen Konfliktgebieten der Welt so massiv zu engagieren wie bisher. Niemand weiß, ob nicht in einigen Jahren eine Mehrheit der amerikanischen Bürger ihren Präsidenten zum (partiellen) Rückzug aus der Weltpolitik zwingen wird. Hat der Wähler in Alabama oder Nebraska nicht recht, wenn er die Frage nach dem „burden sharing“ der Europäer stellt?

Langfristig werden wir die USA nur dann als Freund und Partner behalten, wenn Europa ein starker und damit attraktiver Partner in der Weltpolitik wird. Ökonomische Kraft und militärische Fähigkeiten Europas stellen keine Bedrohung Amerikas dar, sie sind vielmehr die Voraussetzung für die Entwicklung Europas zu einem Partner, der Verantwortung übernimmt und mitentscheidet. In seinem Buch „Die einzige Weltmacht“ hat der frühere Sicherheitsberater Präsident Carters, Zbigniew Brzezinski, den Eindruck vermittelt, als seien die europäischen Länder für Amerika kaum mehr als Schachfiguren auf dem „grand chessboard“. Er spricht von einer amerikanischen „Hegemonie neuen Typs“, von „globaler Vorherrschaft“ und von „Vasallenstaaten“ der USA in Europa und Asien. Amerika ist für ihn die „einzige Supermacht“, der „derzeitige Herrscher der Welt“.

Das kann nicht der Zustand sein, den die Europäer auf Dauer akzeptieren könnten. Aber auch Brzezinski selbst weiß genau, daß die USA überfordert wären, wenn sie die Welt – wie einst Rom – auf Dauer alleine zu beherrschen trachteten. Wann und in welcher Form Europa zum echten Partner wird, das entscheiden die Europäer. Je schneller und umfassender sie sich einigen, desto mehr werden sie an der Gestaltung der Welt von morgen mitwirken können.

Die EU-Erweiterung ist eine wahrhafte Jahrhundertaufgabe. Aber ist sie nicht – trotz aller Mühen, Konflikte und zu erwartenden Rückschläge – eine überaus lohnende, ja schöne Aufgabe? Wir überwinden Totalitarismus und Nationalismus, die das alte Europa allzu lange zerstückelt und geschwächt hatten. Wir machen die gute „Alte Welt“ wieder zu einem Faktor der Weltpolitik und schaffen Frieden, Freiheit und Wohlstand für alle Europäer. Sollten wir nicht dankbar sein, daß Deutschland heute als Architekt und Wegbereiter eines neuen Europas wirkt und nicht mehr als kriegstreibender Zerstörer europäischer Kultur und Zivilisation? Kann man sich einer erfüllenderen Aufgabe verschreiben als der politischen und ökonomischen Renaissance Europas?

Autorenverzeichnis

Ole von Beust, MdL, wurde am 13. April 1955 in Hamburg geboren. 1973 machte er im Walddörfer-Gymnasium sein Abitur. Anschließend arbeitete er als Assistent bei der CDU-Bürgerschaftsfraktion. Von 1975 bis 1980 studierte er in Hamburg Rechtswissenschaften und schloß das Studium 1980 mit dem ersten juristischen Staatsexamen ab, 1983 folgte das zweite. Seither ist er selbständiger Rechtsanwalt. 1971 trat Ole von Beust in die CDU und in die Junge Union ein. Von 1977 bis 1983 stand er als Landesvorsitzender an der Spitze der CDU-Jugendorganisation. Im Jahre 1978 wurde er zum erstenmal in die Bürgerschaft gewählt. 1993 entschied sich die CDU-Bürgerschaftsfraktion zu einem Führungswechsel und wählte Ole von Beust zu ihrem Vorsitzenden. 1997 führte er die CDU in den Bürgerschaftswahlkampf (Ergebnis: plus 5,6 Prozent). Im September 1997 wurde er im Amt des Vorsitzenden der CDU-Fraktion bestätigt.

Christoph Böhr, MdL, geboren 1954, studierte Politikwissenschaft, Germanistik, Philosophie und Neuere Geschichte. Nach seinen Examina arbeitete er als Wissenschaftlicher Mitarbeiter an der Universität, im Wissenschaftlichen Dienst des Deutschen Bundestages sowie in der Fort- und Weiterbildung. Von 1983 bis 1989 war er Bundesvorsitzender der Jungen Union Deutschlands. Seit 1988 ist er Fraktionsvorsitzender im Trierer Stadtrat und seit 1994 Fraktionsvorsitzender der CDU im Landtag Rheinland-Pfalz. 1997 wurde Böhr zum Landesvorsitzenden der CDU Rheinland-Pfalz gewählt. Er hat zahlreiche Bücher veröffentlicht, u. a. zur Geschichte des Jugendprotestes im demokratischen Staat (Politischer Protest und parlamentarische Bewältigung, Baden-Baden 1984), zum Konzept des Minimalstaates (Liberalismus und Minimalismus, Heidelberg 1985) sowie zuletzt zu Theorie und Praxis der Verantwortungsgesellschaft (Der schwierige Weg zur Freiheit, Bonn 1994).

Klaus Escher (32) wurde 1965 in Güls (Mosel) geboren. Nach Abitur und Wehrdienst nahm er 1987 sein Studium der Rechtswissenschaften, Politischen Wissenschaften und Neueren Geschichte in Bonn auf. Das Studium schloß Studien- und Praktikumsaufenthalte an der University of Surrey (Guildford), der Georgetown University (Washington D. C.) sowie in London, Tours, Grenoble und Salamanca ein und wurde 1991 nach acht Semestern mit der Ersten Juristischen Staatsprüfung abgeschlossen. Nach dem juristischen Vorbereitungsdienst zwischen 1992 und 1995 und dem Zweiten Juristischen Staatsexamen begann er im Sommer 1995 seine Tätigkeit bei der Deutschen Bank Düsseldorf als Trainee und wechselte Ende 1996 als Vorstandsassistent des Insituts nach Frankfurt. Berufsbegleitend absolvierte er einen Postgraduate-Master-Studiengang an der Universität Sankt Gallen, Master of European and International Business Law, M.B.L.-HSG. Escher ist seit 1994 Vorsitzender der Jungen Union Deutschlands und Mitglied des Bundesvorstands der CDU.

Markus Ferber, MdEP, Jahrgang 1965, Diplomingenieur, CSU, Mitglied des Europäischen Parlaments (EVP-CD) seit 1994, Mitglied im Ausschuß für Forschung, technologische Entwicklung und Energie, Mitglied im Ausschuß für Verkehr und Fremdenverkehr sowie im Haushaltsausschuß, Parlamentarischer Geschäftsführer der CSU-Europagruppe, Mitglied der Delegation im Gemischten Parlamentarischen Ausschuß EWR, Mitglied der Delegation für die Beziehungen zu Japan, Mitglied im Robert-Schumann-Stiftungsrat, seit 1990 Stadtrat in Bobingen, seit 1993 stellvertretender CSU-Kreisvorsitzender im Landkreis Augsburg-Land, seit 1996 Kreisrat im Landkreis Augsburg.

Dirk Fischer, MdB, Rechtsanwalt, geboren am 29.11.1943 in Bevensen. 1964 Abitur, 1966 Studium der Rechtswissenschaften an der Universität Hamburg. Erstes juristisches Staatsexamen 1975, zweites juristisches Staatsexamen 1978. Seit 1967 Mitglied der Jungen Union und Landesvorsitzender von 1970 bis 1977. Landesvorsitzender der CDU Hamburg und Mitglied des CDU-Bundesvorstandes seit 1992. Mitglied der Hamburger Bürgerschaft von 1970 bis 1981. Mitglied des Deutschen Bundestages seit 1980. Vorsitzender der Arbeitsgruppe Verkehrspolitik und verkehrspolitischer Sprecher der CDU/CSU-Bundestagsfraktion seit 1989. Vorsitzender der Landesgruppe Hamburg im Deutschen Bundestag seit 1994.

Dr. Reinhard Göhner, MdB, geboren 1953, Rechtsanwalt, Fachanwalt für Arbeitsrecht. MdB seit 1983. 1990 bis 1994 Parlamentarischer

Staatssekretär in den Bundesministerien Wirtschaft und Justiz. Vorsitzender der Grundsatzprogramm-Kommission der CDU Deutschlands und Mitglied des CDU-Bundesvorstandes 1992 bis 1996. Mitglied im Präsidium und Hauptgeschäftsführer der Bundesvereinigung der Deutschen Arbeitgeberverbände.

Peter Jacoby, MdB, wurde 1951 geboren. Nach einem rechts- und sozialwissenschaftlichen Studium Abschluß als Diplomsoziologe. Anschließend Referendarausbildung zum Wirtschaftsassessor. Von 1980 bis 1994 Mitglied im Saarländischen Landtag. Dort u. a. parlamentarischer Geschäftsführer und von 1990 bis 1994 Fraktionsvorsitzender. Von 1986 bis 1990 Vorsitzender des CDU-Landesverbandes Saar. Seitdem stellvertretender Landesvorsitzender. Kreisvorsitzender der CDU Saarbrücken. Mitglied im Bundestag seit 1994. Mitglied im Haushaltsausschuß, dort Berichterstatter für Fragen der allgemeinen Finanzpolitik. Stellvertretendes Mitglied im Wirtschaftsausschuß.

Roland Koch, MdL, geboren 1958, seit 1985 selbständiger Rechtsanwalt mit den Schwerpunkten Wirtschafts- und Wettbewerbsrecht, Mitglied des Hessischen Landtages seit 1987, Vorsitzender der CDU-Fraktion im Hessischen Landtag seit 1993, Vorsitzender der Fraktionsvorsitzendenkonferenz der CDU/CSU-Bundestags- und Landtagsfraktionen seit 1997, seit Januar 1998 Landesvorsitzender der CDU Hessen, Mitglied der Grundsatzprogrammkommission und der Steuerkommission der CDU Deutschlands. Jüngste Publikationen: „Chancengesellschaft“ (Herausgeber), 1997, „Aktive Bürgergesellschaft“ (Herausgeber), 1998.

Manfred Kolbe, MdB, geboren am 17.8.1953 in Naunhof/Sachsen, evangelisch, verheiratet, drei Kinder, seit 1991 wohnhaft in Belgershain/Muldentalkreis. Schule in Rom, Studium der Rechtswissenschaft in Berlin und München, 1983–1990 Bayerisches Finanzministerium. Mai 1990 Landesstrukturbeauftragter für Finanzen im Koordinierungsausschuß des Landes Sachsen und Notar in Grimma. Seit Dezember 1990 direkt gewählter Bundestagsabgeordneter des Wahlkreises 312 (Döbeln-Grimma-Oschatz), Mitglied des Haushaltsausschusses des Deutschen Bundestages und haushaltspolitischer Sprecher der CDU-Abgeordneten aus den östlichen Bundesländern. Kreisvorstand CDU Muldental und Landesvorstand CDU Sachsen.

Dr. Norbert Lammert, MdB, ist Parlamentarischer Staatssekretär beim Bundesminister für Verkehr und Koordinator der Bundesregierung für die Deutsche Luft- und Raumfahrt. Er gehört seit 1980 dem Bundestag und seit 1989 der Bundesregierung, zunächst als Parlamentarischer Staatssekretär im Bundesministerium für Bildung und Wissenschaft, dann im Bundesministerium für Wirtschaft, an.
Lammert ist 1949 in Bochum geboren; nach einem Studium der Sozialwissenschaften freiberuflich tätig sowie Lehrbeauftragter an Fachhochschulen. Zahlreiche Veröffentlichungen im Bereich der Parteienforschung und zu wirtschafts- und gesellschaftspolitischen Problemen.
Mitglied der CDU seit 1966; seit 1986 Vorsitzender des CDU-Bezirksverbandes Ruhrgebiet und Mitglied des Landesvorstandes der CDU Nordrhein-Westfalen. Vorsitzender der Landesgruppe NRW in der CDU/CSU-Fraktion.

Armin Laschet, MdB, geboren 1961 in Aachen, studierte Rechts- und Staatswissenschaften in Bonn und München. Seit 1994 vertritt er seine Heimatstadt Aachen im Deutschen Bundestag. Dort ist er tätig im Ausschuß für wirtschaftliche Zusammenarbeit und Entwicklung, im Ausschuß für die Angelegenheiten der Europäischen Union und im Auswärtigen Ausschuß. Armin Laschet ist außerdem stellvertretender Vorsitzender des Bundesfachausschusses Entwicklungspolitik der CDU Deutschlands und Mitglied der Bundesfachkommission Europapolitik des Wirtschaftsrates der CDU e.V., der Deutschen Gesellschaft für Auswärtige Politik, des Vorstands der Deutschen Gesellschaft für die Vereinten Nationen sowie der Europäischen Akademie der Wissenschaften und Künste.

Dr. Angela Merkel, MdB, geboren 1954 in Hamburg, wuchs in Templin in der Uckermark auf, studierte 1973 bis 1978 in Leipzig Physik und arbeitete bis 1990 im Zentralinstitut für physikalische Chemie an der Akademie der Wissenschaften in Ost-Berlin; Promotion 1986. 1989 trat Angela Merkel dem Demokratischen Aufbruch bei und war von März bis Oktober 1990 stellvertretende Regierungssprecherin des Kabinetts de Maizière. Seit Dezember 1990 ist sie Mitglied des Bundestages. 1991 bis 1994 war sie Bundesministerin für Frauen und Jugend, seit November 1994 leitet sie das Bundesministerium für Umwelt, Naturschutz und Reaktorsicherheit. Seit August 1990 ist Angela Merkel Mitglied, seit Dezember 1991 Stellvertretende Vorsitzende der CDU Deutschlands.

Friedrich Merz, MdB, geboren 11.11.1955 in Brilon, verheiratet, drei Kinder, 1975 Abitur, Wehrdienst, 1982 erstes, 1985 zweites juristisches Staatsexamen, Richter am Amtsgericht Saarbrücken, seit 1986 Rechtsanwalt, bis 1989 beim Verband der Chemischen Industrie beschäftigt, von 1989 bis 1994 Mitglied im Europäischen Parlament für den Bezirk Sauer-/Siegerland, 1990 Eintritt in die Anwaltssozietät Leinen & Derichs, Köln/Brüssel/Potsdam, seit Oktober 1994 Mitglied im Deutschen Bundestag für den Hochsauerlandkreis, seit 1996 Obmann der CDU/CSU-Bundestagsfraktion im Finanzausschuß, seit 1997 Mitglied im Landesvorstand der CDU Nordrhein-Westfalen, 1998 Berichterstatter für die CDU/CSU-Bundestagsfraktion für die Einführung des Euro.

Peter Müller, MdL, geboren am 25. September 1955 in Illingen/ Saar,verheiratet, drei Kinder; Landes- und Fraktionsvorsitzender der CDU des Saarlandes. 1971 Eintritt in die Junge Union,1974 Abitur am Realgymnasium Lebach, 1975–1983 Studium der Rechts- und Politikwissenschaften in Bonn und Saarbrücken. 1983–86 Rechtsreferendariat, Wissenschaftlicher Assistent am Lehrstuhl für Staats- und Verwaltungsrecht II der Universität des Saarlandes, 1983–87 Landesvorsitzender der Jungen Union Saar. 1986–90 Richter, zuletzt am Landgericht in Saarbrücken. Lehrbeauftragter der Universität des Saarlandes, 1990–94 Parlamentarischer Geschäftsführer der CDU-Landtagsfraktion, seit 1994 Vorsitzender der CDU-Fraktion im Landtag des Saarlandes, seit 1995 Landesvorsitzender der CDU des Saarlandes.

Claudia Nolte, MdB, geboren am 7. 2.1966 in Rostock, katholisch, verheiratet, ein Sohn. Nach Abschluß der Polytechnischen Oberschule Lehre als Elektronikfacharbeiterin. Nach dem Abitur 1985 Ingenieurstudium für Automatisierungstechnik und Kybernetik an der Technischen Hochschule in Ilmenau, 1990 wissenschaftliche Mitarbeiterin an der Technischen Hochschule Ilmenau. 1989 Mitarbeit im Neuen Forum, 1990 Eintritt in die CDU. 1990 Wahl in die erste frei gewählte Volkskammer; hier Obmann für Jugend und Sport der CDU-DA-Fraktion. Seit 3.10.1990 Mitglied des Deutschen Bundestages als direkt gewählte Abgeordnete in Südthüringen. Von 1991 bis 1994 frauen- und jugendpolitische Sprecherin der CDU/CSU-Bundestagsfraktion, Mitglied des Fraktionsvorstandes. Von 1992 bis 1994 Mitglied des Thüringer CDU-Landesvorstandes und Vorsitzende des Landesfachausschusses Familienpolitik der CDU Thüringen. Am 17.11.1994 Ernennung zur Bundesministerin für Familie, Senioren, Frauen und Jugend und seit Oktober 1996 Mitglied des Präsidiums der CDU Deutschland.

Günther H. Oettinger, MdL, geboren am 15. Oktober 1953 in Stuttgart, evangelisch, verheiratet. Volksschule in Ditzingen, Gymnasium und Abitur in Korntal. Studium der Rechtswissenschaft und Volkswirtschaft in Tübingen. Erste juristische Staatsprüfung 1978. Wissenschaftliche Hilfskraft an der Universität Tübingen. Zweite juristische Staatsprüfung 1982. 1982 bis 1984 als Assessor angestellter Mitarbeiter eines Wirtschaftsprüfers und Steuerberaters. 1984 bis 1988 als Rechtsanwalt angestellter Mitarbeiter eines Wirtschaftsprüfers und Steuerberaters. Lehrbeauftragter an der Berufsakademie Stuttgart. Seit 1988 selbständiger Rechtsanwalt. Geschäftsführer. Politische Funktionen: Mitglied des Landtags von Baden-Württemberg seit 12. April 1984. Fraktionsvorsitzender der CDU im Landtag von Baden-Württemberg seit 29. Januar 1991. Vorsitzender der CDU Ditzingen von 1977 bis 1985. Landesvorsitzender der Jungen Union Baden-Württemberg von 1983 bis 1989. Mitglied des Präsidiums und des Landesvorstandes der CDU Baden-Württemberg. Stellvertretender Bezirksvorsitzender der CDU Nordwürttemberg. Kreisrat in Ludwigsburg von 1979 bis 1993. Stadtrat in Ditzingen von 1980 bis 1994, Fraktionsvorsitzender der CDU im Gemeinderat von Ditzingen von 1981 bis 1994.

Dr. Friedbert Pflüger, MdB, geboren 1955 in Hannover, vertritt seine Heimatstadt Hannover seit 1990 im Deutschen Bundestag. Zuvor war er acht Jahre einer der engsten Mitarbeiter Richard von Weizsäckers und zwei Jahre Geschäftsführer in einem Unternehmen für Finanzdienstleistungen. Er ist abrüstungspolitischer Sprecher der CDU/CSU-Fraktion und stellvertretender Landesvorsitzender der CDU Niedersachsen. Pflüger ist Mitglied des Kuratoriums der Theodor-Heuss-Stiftung, der Stiftung St. Barbara und von AIESEC-Deutschland. Er ist Autor und Herausgeber mehrerer Bücher, z. B. „Der Friede bleibt bedroht" (1998), „Die Zukunft des Ostens liegt im Westen" (1994), „Feinde werden Freunde" (1993), „Ein Planet wird gerettet" (1992).

Thomas Rachel, MdB, wurde am 17. Mai 1962 in Düren geboren. Nach einem Studium der Politischen Wissenschaften, der Geschichte und des Staatsrechts ist er seit 1992 bei der Wirtschaftsvereinigung Stahl in Düsseldorf tätig.
Er gehört dem Landesvorstand der CDU Nordrhein-Westfalens sowie dem Bundesvorstand der CDU-Mittelstands- und Wirtschaftsvereinigung an. Im Alter von 32 Jahren errang er bei der Bundestagswahl 1994 das Direktmandat in seinem Wahlkreis Düren-Jülich. Rachel ist ordentliches Mitglied des Bildungs- und Forschungsausschusses des Deutschen Bundestages. Als verantwortlicher Berichterstatter der CDU/CSU-Bundestagsfraktion ist er zuständig für Hochschulpolitik, Luft- und Raumfahrt und für Technikfolgenabschätzung. Darüber hinaus engagiert er sich für Kirchenfragen und ist Landesvorsitzender des Evangelischen Arbeitskreises (EAK) der CDU Nordrhein-Westfalen. Thomas Rachel ist verheiratet und lebt in Düren.

Dr. Peter Ramsauer, MdB, geboren am 10.2.1954 als Sohn einer alteingesessenen Müllerfamilie in Traunwalchen, Landkreis Traunstein; verheiratet, vier Töchter. Nach dem Studium der Betriebswirtschaftslehre an der Universität München 1978 Prädikatsexamen als Diplomkaufmann; Promotion 1985. Neben dem Studium Ausbildung im Müllerhandwerk mit Meisterprüfung 1985. Mitglied im Landes- und Parteivorstand der CSU, stellvertretender Landesvorsitzender der Mittelstandsunion der CSU seit 1992. Seit 1990 Mitglied des Deutschen Bundestages als direkt gewählter Abgeordneter des Wahlkreises Traunstein/Berchtesgadener Land. Arbeits- und Sozialpolitischer Sprecher der CSU-Landesgruppe von November 1995 bis Januar 1998. Seit Januar 1998 Parlamentarischer Geschäftsführer der CSU-Landesgruppe im Deutschen Bundestag.

Hans-Peter Repnik, MdB, Jurist, wurde am 27.5.1947 in Konstanz geboren, ist katholisch, verheiratet, hat zwei Töchter. Er ist seit 1980 Mitglied des Deutschen Bundestages. Von 1980 bis 1989 war er Mitglied des Ausschusses für wirtschaftliche Zusammenarbeit und Mitglied im Auswärtigen Ausschuß. Zwischen 1985 und 1989 war er Vorsitzender der Landesgruppe Baden-Württemberg der CDU/CSU-Bundestagsfraktion, Mitglied im Vorstand der CDU/CSU-Bundestagsfraktion sowie Mitglied des Parteipräsidiums der CDU Baden-Württemberg. Von 1989 bis 1994 war er Parlamentarischer Staatssekretär beim Bundesminister für wirtschaftliche Zusammenarbeit und Entwicklung. Seit 1991 ist er Bezirksvorsitzender der CDU Südbaden, seit 1992 Mitglied des Bundesvorstands der CDU Deutschlands und seit 1994 Stellvertretender Vorsitzender der CDU/CSU-Bundestagsfraktion, zuständig für die Bereiche Finanzen, Haushalt, Wirtschaft, Fremdenverkehr und Tourismus sowie den Parlamentskreis Mittelstand.

Andreas Storm, MdB, geboren am 20.5.1964, studierte in Frankfurt a. M. Volkswirtschaftslehre mit den Schwerpunkten Sozialpolitik und empirische Wirtschaftsforschung. Nach einer Tätigkeit als wissenschaftlicher Mitarbeiter am Institut für Entwicklung, Umwelt und quantitative Wirtschaftsforschung in Frankfurt a. M. war er Referent in der Grundsatzabteilung des Bundesministeriums für Wirtschaft. Seit 1994 gehört er dem Deutschen Bundestag an. Storm ist Mitglied der CDU-Rentenreformkommission und Vorsitzender der sozialpolitischen Kommission der Mittelstands- und Wirtschaftsvereinigung der CDU/CSU.

Gunnar Uldall, MdB, geboren am 17. November 1940 in Hamburg; evangelisch-lutherisch; verheiratet, drei Kinder. Abitur 1960. Studium der Volkswirtschaft in Hamburg, Examen als Diplomvolkswirt 1966. Wehrdienst 1960 bis 1962, letzter Dienstgrad: Oberleutnant d. R.

Tätig als Unternehmensberater seit 1966; Partner der Mummert und Partner Unternehmensgruppe. 1962 Eintritt in die CDU, 1980 Schatzmeister der Hamburger CDU. 1966 bis 1983 Mitglied der Hamburger Bürgerschaft. Mitglied des Bundestages seit 1983.

Matthias Wissmann, MdB, hat in Tübingen und Bonn Jura, Politik und Volkswirtschaft studiert und ist seit 1980 als Rechtsanwalt Partner in einer Ludwigsburger Sozietät. Von 1973 an war er zehn Jahre Bundesvorsitzender der Jungen Union Deutschlands; seit 1976 vertritt er als direkt gewählter Abgeordneter den Wahlkreis Ludwigsburg im Bundestag, wo er von 1983 bis 1993 als wirtschaftspolitischer Sprecher der CDU/CSU-Bundestagsfraktion das Profil der Union als klassischer Partei der sozialen Marktwirtschaft mitgeprägt hat. Seit 1993 gestaltet er diese im Bundeskabinett – zunächst als Bundesminister für Forschung und Technologie und bis heute als Bundesminister für Verkehr. Seit dem Frühjahr 1998 ist Matthias Wissmann zudem wirtschaftspolitischer Sprecher des CDU-Bundesvorstands.

Dagmar Wöhrl, MdB, CSU-Bundestagsabgeordnete, Rechtsanwältin und Unternehmerin. Geboren am 5.5.1954 in Stein bei Nürnberg, evangelisch, verheiratet, zwei Söhne. Nach ihrem Studium der Rechtswissenschaften an der Friedrich-Alexander-Universität Erlangen-Nürnberg gründete sie eine eigene Rechtsanwaltskanzlei. 1989 übernahm sie im eigenen Familienunternehmen die Rechtsberatung der Wöhrl-Textil-Gruppe und hat seitdem auch die Leitung der konzerneigenen Rechtsabteilung inne. 1990 gründete sie ihr erstes eigenes Unternehmen – die DACA-Parkhausverwaltungs-GmbH. Nach ihrer Direktwahl in den Deutschen Bundestag 1994 wurde Dagmar Wöhrl zum ordentlichen Mitglied des Wirtschaftsausschusses des 13. Deutschen Bundestages berufen. In ihrer Funktion als Vizeausschußvorsitzende für das „European Recovery Program" ist sie insbesondere mit dem Bereich Existenzgründungen und Eigenkapitalhilfeprogramme betraut. Seit 1995 ist sie Schatzmeisterin und Präsidiumsmitglied der CSU. Anfang 1998 wurde Dagmar Wöhrl zur wirtschaftspolitischen Sprecherin der CSU-Landesgruppe gewählt. Sie ist gleichzeitig auch Stellvertretende Vorsitzende der Arbeitsgruppe III „Wirtschaft" der CDU/CSU-Bundestagsfraktion und Vorsitzende des Arbeitskreises II der CSU-Landesgruppe für Wirtschaft, Landwirtschaft und Städtebau.

Cornelia Yzer, MdB, geboren am 28. Juli 1961 in Lüdenscheid. Studium der Rechtswissenschaften und der Wirtschaftswissenschaften in Münster und Bochum; erstes und zweites juristisches Staatsexamen. Rechtsanwältin. 1989 bis 1997 Leitende Mitarbeiterin der Bayer AG. Seit 1997 Hauptgeschäftsführerin des Verbandes Forschender Arzneimittelhersteller (VFA). Mitglied im Vorstand der European Federation of Pharmaceutical Industries and Associations (EFPIA) Seit 1990 Mitglied des Deutschen Bundestages. Parlamentarische Staatssekretärin im Bundesministerium für Frauen und Jugend von 1992 bis 1994; im Bundesministerium für Bildung, Wissenschaft, Forschung und Technologie von 1994 bis 1997. 1985/86 Mitglied des CDU-Landesvorstandes Westfalen-Lippe. Seit 1987 Mitglied des Landesvorstandes der CDU Nordrhein-Westfalen. Seit 1994 Mitglied des CDU-Bundesvorstandes. 1994 bis 1997 Aufsichtsratvorsitzende des Deutschen Krebsforschungszentrums (DKFZ), Heidelberg; Aufsichtsratvorsitzende des Max-Dellbrück-Zentrums (MDC), Berlin-Buch; Aufsichtsratvorsitzende der Gesellschaft für Mathematik und Datenverarbeitung (GMD), Sankt Augustin. Seit 1998 Mitglied im Industriebeirat der GFE, Jülich. Mitglied im Beirat IMS, Frankfurt.